高速公路特殊路段
主动防冰除雪技术研究

刘文江　侯福金　赵然　郑辉　耿磊　著

中国水利水电出版社
www.waterpub.com.cn
·北京·

内容简介

本书主要内容包括：①缓释型化学类主动融冰雪技术研究，以国际新型抗冻材料路丽美、马飞龙为对比，介绍近几年项目团队研发的新型缓释型防冻剂对路面长期性能的影响及融冰雪效果评价；②电加热融冰雪技术研究，主要介绍导电超薄磨耗层融冰雪技术，对其导电行为特征、路用性能及电热性能进行了系统研究；③固定喷淋式智能防冰、除冰系统技术研究；④主动防冰除雪技术总结，介绍自主研发的“高速公路冰雪灾害预警与自动处置系统”的组成和功能，以及其硬件开发和软件设计技术。

本书可供从事高速公路、城市道路及机场道路等冬季融雪除冰养护、管理的工程技术人员学习和参照，也可作为交通运输工程 土木工程 道路工程等相关专业的教师 研究生、高年级本科生的教材与教学用书。

图书在版编目（CIP）数据

高速公路特殊路段主动防冰除雪技术研究 / 刘文江等著. —北京 ：中国水利水电出版社，2020. 2

ISBN 978-7-5170-8411-2

Ⅰ. ①高… Ⅱ. ①刘… Ⅲ. ①高速公路—冬季养护—研究 Ⅳ. ①U418. 4

中国版本图书馆 CIP 数据核字（2020）第 027428 号

书　　名	高速公路特殊路段主动防冰除雪技术研究 GAOSU GONGLU TESHU LUDUAN ZHUDONG FANGBING CHUXUE JISHU YANJIU
作　　者	刘文江　侯福金　赵然　郑辉　耿磊　著
出版发行	中国水利水电出版社 （北京市海淀区玉渊潭南路 1 号 D 座　100038） 网址：www. waterpub. com. cn E-mail：sales@ waterpub. com. cn 电话：（010）68367658（营销中心）
经　　售	北京科水图书销售中心（零售） 电话：（010）88383994、63202643、68545874 全国各地新华书店和相关出版物销售网点
排　　版	北京智博尚书文化传媒有限公司
印　　刷	三河市佳星印装有限公司
规　　格	185mm×260mm　16 开本　18. 5 印张　445 千字
版　　次	2020 年 6 月第 1 版　2020 年 6 月第 1 次印刷
印　　数	0001—2000 册
定　　价	89. 00 元

前　言

冬季降雪结冰时，在高速公路桥梁，长大纵坡路段，隧道出入口，上、下匝道，山区的背阴处等特殊路段，因为路面附着力小，极易引发交通事故，导致交通堵塞，严重时甚至危害人民生命和财产的安全。但是传统的除冰融雪手段，包括机械除雪、撒布砂石材料、撒布除雪剂等，都存在一定的被动性和滞后性，而且存在效率低、容易损伤路面等缺点。尤其是二次结冰问题，传统手段无法解决。

针对上述问题，本书采用新理念、新技术和新材料对除冰技术进行较为深入的研究。第1篇针对项目团队研发的缓释型防冻剂的融冰雪效果及其对路面长期性能的影响进行分析和研究，并提出一种温敏型防冻剂的制备方法，即在抗冻材料中加入“温敏开关”，有效地扩大抗冻材料的使用范围、延长抗冻材料的使用寿命。第2篇研究了电加热融冰雪技术，对其导电行为特征、路用性能及电热性能进行了系统研究。第3篇研究了固定喷淋式智能防冰、除冰系统技术。对自主研发的“高速公路冰雪灾害预警与自动处置系统”的组成和功能，以及硬件开发和软件设计进行详细介绍。上述三种技术，将被动融雪除冰方式转变为主动融雪除冰方式，具有主动、实时、智能、高效等诸多优点，有效解决了高速公路特殊路段融雪除冰问题和二次结冰问题。第4篇是主动防冰除雪技术总结。

本书由山东交通学院刘文江，山东高速建设集团有限公司侯福金、赵然，湖南工业大学郑辉，东南大学耿磊等共同完成。从撰写到成型，得到了湖南交通科研院袁铜森高工、山东高速科技发展集团有限公司白玉铎研究员的指正，特此感谢！

本书的出版由山东交通学院道路交通应急保障技术团队获批的“山东省高等学校优势学科人才团队培育计划”和山东省交通科技计划项目“高速公路特殊路段主动式防冰除雪成套技术研究”经费资助。在此表示衷心的感谢！

限于作者的水平，书中难免有不足之处，敬请批评指正。

作　者

2020年1月

目　　录

第2篇 电加热融冰雪技术研究

第3篇 固定喷淋式智能防冰除冰系统研制与技术研究

第 4 篇 主动防冰除雪技术总结

第 1 章

绪　论

1.1 概　述

交通运输是国民经济的动脉，道路是交通运输设施必不可少的重要组成部分。公路和城市道路的建设与正常运营，对整个国民经济发展起着不可估量的作用。截至 2019 年 5 月，高速公路里程已经达到 14.65 万 km。高速公路的建设取得了长足的发展，我国高速公路通车总里程稳居世界第一，发达的交通运输是保障我国经济快速增长的基础。

我国 3/4 的国土属于冬季积雪地区，有些地区积雪期长达 3~4 个月。降雪、结冰将直接导致路面防滑性能的下降，导致汽车刹车失灵、方向失控，从而易引发交通事故。相关资料表明，干燥沥青路面的附着系数约为 0.6，而积雪路面的附着系数为 0.2，结冰道路的附着系数为 0.15，降低为干燥沥青路面的 1/3 和 1/4。因此，在冰雪路面上汽车容易打滑、跑偏，制动距离显著延长，严重影响了车辆的操作稳定性和安全性，交通事故发生率较高。图 1.1 所示为某市各月份交通事故发生率统计数据，可以看出，在每年的 11 月至次年 3 月的冬季低温季节，交通事故率明显上升。图 1.2 所示为由于路面结冰而导致的交通事故及冰雪封堵的道路。

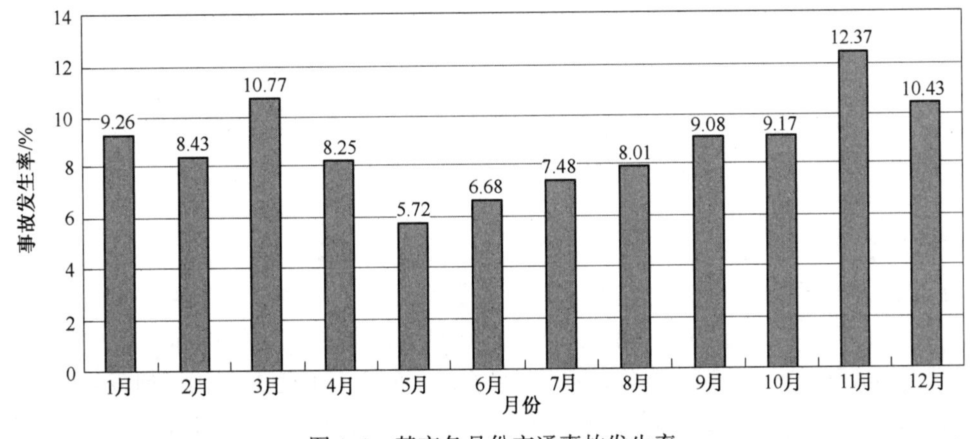

图 1.1　某市各月份交通事故发生率

近年来，全球恶劣天气频繁出现，触及广泛，持续长久，对道路的畅通、安全造成了极

图 1.2　由于路面结冰而导致的交通事故及冰雪封堵的道路

大的影响，尤其因为冰雪天气的影响，不仅造成行车不稳，更易导致翻车、碰撞等事故。2008 年年初湖南的特大冰灾，在这期间我国多省市的道路受到极大的影响，高速公路因结冰长时间处于关闭状态，冰灾对各省市造成的直接损失高达 11 亿元，间接损失高达 22 亿元。2009 年 11 月，河北省多个城市遭受特大暴雪，导致多条高速公路严重拥堵或封闭，成千上万的人与车滞留在高速公路上长达 70 多个小时，堵车长达 100 多 km。2016 年 1 月 23 日，在潭邵高速公路邵阳南互通往邵阳东方向 2 km 处，由于路面结冰导致一辆运载着牲畜的大货车打滑，导致失控横在马路中间，后车因在高速行驶的状态下，来不及躲闪造成 9 车追尾的惨状。冰雪天气不仅制约着我国交通通行效益发展，也对道路使用者的人身安全造成了极大的影响。根据里贾纳大学的 J. Suggett 对因冰雪导致交通事故研究表明：冰雪天气下行车发生的事故率是正常天气状态下的 2 倍，其中，发生伤亡的事故高达 70%。美国联邦公路管理局指出 2018 年因冰雪天气导致的事故为 283 377 起，其中因事故致使死亡的有 1 790 起，致使受伤的有 262 000 起。据统计，冬季 15%~30%的交通事故与路面积雪结冰有关。全世界每年由于路面积雪结冰所造成的直接经济损失达数亿元。

我国北方冬季气候寒冷，许多公路与城市道路经常遭受冰雪的危害，降雪较大时基本呈冰雪路面状态，通常需要动用大量的人力与物力来清除冰雪。随着高速公路里程与日俱增，交通量激增，超载车辆增多，以及平均车速的提高，对沥青路面的路用性能提出了更高的要求。冬季降雪时，在隧道出入口、转弯处、桥梁、飞机场跑道、停车场、山区的背阴处、长大纵坡段、城市道路的交叉口以及高速公路的上、下匝道等特殊路段，因为路面附着力小，因此极易引发交通事故。路面凝冰的存在使其抗滑能力大幅度降低，既降低了道路的通行能力和容易产生恶性交通事故，又会对道路及其附属构造物产生破坏，严重时还会造成交通中断、人们的生活和生产无法正常进行，甚至危害人民生命和财产的安全。

基于此，为了打破传统除冰理念的束缚，课题组采取了三种新型道路除冰方式进行研究，分别是：第一，化学类主动融冰雪技术研究。目前全世界商业化的抗冻材料主要为瑞士的“路丽美”（Verglimit）、日本的“马飞龙”（Mafilon，MFL）和近几年国内研发生产的新型缓释型防冻剂。本项目基于新型路面防冻剂开展对国产路面防冻剂的沥青混合料设计与性能研究，以在满足路面使用性能的前提下，研究防冻剂对路面长期性能的影响及融冰雪效果，为防冻路面的研究推广奠定基础。第二，电加热融冰雪技术研究。路面热力除冰雪技术主要是以电、水、微波等方式实现对路面的加热，使路表温度维持在冰点以上，进而实现融冰除雪的目的。本项目主要进行了碳纤维加热融冰雪、石墨烯加热融冰雪以及发热电缆加热融冰雪，并对其路用性能进行对比研究。第三，固定喷淋式智能防冰除冰系统研制与技术研究。课题组把传统除冰手段和信息采集处理技术、预测技术、预警预报技术、自动控制技术、除冰材料技术相结合，开发出一套高速公路冰雪灾害预警预报与自动处置系统，研制一个冰雪预警预报平台和一套道路桥梁智能防冰、实时除冰装备，促使除冰模式从被动除冰向主动防冰转变。项目目前在济南二环南路匝道口以及世界海拔最高的西藏米拉山隧道进行了工程应用，具有良好的应用前景。

1.2 国内外研究现状

路面结冰积雪会给道路畅通和行车安全带来严重的不良影响。冰雪使路面附着系数大大降低，使汽车打滑、制动距离显著延长，甚至刹车失灵、方向失控，造成严重的交通事故。为保证道路畅通和安全，一些多雪国家和地区为解除冰雪的危害，研究应用了一些有效预防和清除冰雪的方法。总结起来，这些方法可归纳为被动和主动两大类。

1.2.1 被动清除冰雪方法

被动清除冰雪是最为常用的方法，主要包括人工清扫、机械清除，撒布砂石材料和撒布除雪剂等。

（1）人工清扫、机械清除。人工清扫对冰雪清除较彻底，但效率低，费用高，作业时影响车辆通行及行车安全，不能长时间作业，适用于雪量较小时或重点、难点路段的冰雪清除。机械清除包括机械铲冰雪和机械吹雪两类。机械铲冰雪适合于雪量较大、结冰之前大面积清除作业。机械吹雪适用于未经碾压过的厚度较薄的路面积雪，通常只适用于机场等便于管理的较小范围的除雪。

（2）撒布砂石材料。在冰雪路面上撒布一定粒径的砂石材料，如沙、石屑、炉灰、煤渣和砂盐混合料等，能提高冰雪路面的摩擦系数。由于碎石的存在，一方面，使冰雪层的冻结强度不均匀；另一方面，砂石在冰雪层的运动使得雪不易压实，达到了抗滑的目的。与除雪剂的方法比较，化学除雪剂的使用效果要好于沙等传统的防滑材料；但采用沙、盐进行防滑养护，可取得比单独撒砂或单独撒盐好得多的效果。

（3）撒布除雪剂。融雪剂是最为常见的除冰雪手段，融冰雪效果也比较好。但融雪剂在被大量应用的同时，其副作用也逐渐被关注。盐类融雪剂中的氯离子与钢筋中的铁发生反应，会加速铁的锈蚀，加速桥梁的锈蚀。同时对植物来说，高浓度的氯盐溶液渗透到植物的根部，形成反渗透，大量吸取植物体内的水分，导致植物失水，被盐分浸渍而死亡。另外，含有高浓度盐类的雪水流到地下，还会污染地下水，并腐蚀地下管道。醇类融雪剂对钢筋混凝土没有腐蚀作用，但价格昂贵，在经济上难以负担，但是受环境温度影响小，具有防结冰效果。

融雪剂主要有三种类型，即氯盐型、非氯盐型以及混合型。从化学组成上进行划分也可以分为三类，即无机、有机和混合型。国外使用最多的氯盐型融雪剂当属氯化钠，我国在

2000 年之前主要用氯化钠来作为融雪剂，之后采用氯化钙和氯化镁作为融雪剂的主体。据有关数据显示，我国在 2018 年消耗的融雪剂大约为 60 万 t，美国每年用于公路上的融雪剂约有 1 700 万 t。

美国对融雪剂的撒泼方式主要是使用固定自动喷射融雪剂系统，这种系统能够实现远程遥控进行融雪剂的喷洒，效果较好。到 2004 年，全国范围内已经有超过 20 个州已建或在建该系统。欧洲称该系统为路面融雪剂分散系统，1997 年在瑞士洛桑 A9 环路上安装了该系统，整个系统的融雪剂可以满足两天的喷洒需求，在实际使用中效果良好。除此之外，美国对渗透性层面技术研究得也比较深入，截至 2003 年，美国有 24 处的公路路段采用了渗透性面层技术，该海绵状特性的面层可以更长时间地保留融雪剂，在一定程度上防止融雪剂下渗腐蚀桥面钢筋。该渗透性面层使用寿命为 15 年。据报道采用该技术的路段在 5 年内使冬季交通事故降低了 7 成之多。

为了提高融雪剂的使用效果，有些国家将融雪剂系统与路面气象信息系统结合使用。在结冰积雪之前就可以尽快将融雪剂比较均匀地喷洒在路面上，虽然应用效果比较良好，但成本较高。据有关报道显示，用于商业机场的该路面气象信息系统建设成本达到 100 000 美元。

融雪剂的使用在收到良好效果的同时，也给混凝土路面结构带来许多问题，主要表现为钢筋钢纤维锈蚀、路面剥蚀破坏以及排水管道的腐蚀。世界上有许多国家因为融雪剂的使用而造成道路、桥梁的严重破坏，目前正在花费巨额资金进行修复。美国用于修复损坏的钢筋混凝土桥梁约是建桥费用的 6 倍，为 5 000 亿美元；英国在 20 km 长的高速公路段上建设了 11 座桥梁，因为喷洒融雪剂造成混凝土开裂，所花的修复费用是当初建设费用的 2. 6 倍。我国因撒除冰盐而造成路面、桥面破坏的现象也非常严重。据报道，天津建成仅 10 多年的立交桥大面积碱化，桥梁墩柱严重损坏，许多建造不到 5 年的桥梁也发生了大面积损坏。

融雪剂不仅对混凝土路面结构造成破坏，对土壤生态环境的破坏也非常严重。融雪剂的使用会使土壤中的无机矿物质的比例发生破坏，导致土壤失去矿物质，同时破坏氮循环、微生物转化进程以及流域水系统的平衡。一些研究结果表明，化冰盐在土壤中的传播范围达到 2~40 m 远。瑞典国家公路局用于融冰除雪所投放的融雪剂对该国土壤造成大面积污染，融冰盐造成了土壤的离子交换，使土壤的 pH 值降低一个单位。美国的明尼苏达州双子城每年用于融冰的融雪剂使用量多达 30 万 t，造成该市 13 个湖泊氯化物浓度是郊区湖泊氯化物浓度的 10~25 倍。

研究人员发现美国纽约州 Mohawk 流域 1955 年的钠离子、氯离子浓度比 1952 年增加了 130%~243%。融冰盐会改变距离公路非常远的水中的化学物质组成，而这种影响可能会顺着水流一直延伸到海洋。融雪剂的使用还会对动植物造成伤害，日本研究人员对日本北部沿高速公路两侧种植的杉树停止生长的原因进行研究发现，造成这一现象的主要原因是融雪剂的使用。融雪剂除了造成路面、桥梁、生态环境的破坏之外，氯盐融雪剂细粒还会粘在过往车辆的轮胎上，从而飞溅在车辆底部，对轮胎及底盘也会加速损坏。

1. 2. 2 主动清除冰雪方法

1. 2. 2. 1 化学类主动融冰雪技术

随着技术的进步，将橡胶颗粒以骨料的形式直接掺配于沥青混合料铺筑而成的自应力路面除冰雪技术将逐步成为主流形式。此种技术不但克服了镶嵌类铺装技术的缺点，使用性能更佳，而且方便机械化施工，后期养护管理投入低，易于推广应用。化学方法包括撒布式融雪剂和缓释型抗凝冰技术两大类[1-3]。

1. 撒布式融雪剂

撒布式融雪剂主要是利用化雪盐（融雪剂）可降低水的冰点特性，通过人工或机械撒盐，促使路面冰雪融化、流淌，从而恢复路表的防滑性能。人工和机械撒化雪盐如图1.3所示。目前，世界各国主要通过撒布氯盐类融雪剂（如氯化钠、氯化钙、氯化镁、氯化钾等）融雪化冰，这类融雪剂价格便宜，使用方法简单、快捷、高效，能够迅速满足雪后道路交通与安全的需要。因此，半个多世纪以来，“撒盐”这种简单易行的除雪方式被广泛应用于世界各地。

（a）人工方法

（b）机械方法

图1.3　撒化雪盐

由于化雪盐具有非常好的化雪、融冰效果，因此实际工程中的使用量非常大。仅京津塘高速公路2009年就使用了522 t化雪盐。2004年冬季，北京城八区共使用了8 000多t化雪盐。2010年1月，英国几乎举国降雪，用以化雪通路的盐开始出现告罄危机，盐库存只够用4天，汉普顿地区日消耗化雪盐1 000 t。莫斯科市每年的化雪盐使用量达到50万t。

氯盐类化雪盐虽然具有较好的化雪效果，但同时溶于水中的氯离子对水混凝土和钢材有非常强的腐蚀作用，如图1.4所示。

美国和加拿大从20世纪60年代开始撒氯化钠盐粉或盐水化雪，但由于氯离子侵入钢筋混凝土结构，使桥面系和桥梁下部结构在5~10年内就遭到严重的腐蚀破坏。仅美国州际公路网的57.5万座桥梁的维修费用就高达1 550亿美元，高于当初建桥的费用。2005年春天，北京城八区出现了大批草木枯死的状况，据北京市园林局的不完全统计，城八区范围内共有11 000余株行道树，149万余株绿篱、灌木，近20万m^2草坪遭受严重盐害或死亡，直接经济损失3 000多万元。

传统的撒布型化雪盐由于需要由冰雪表面逐渐向路表进行渗透，才能彻底清除路表的积冰积雪，因此融冰化雪的时间较长，对化雪盐的需要量也较大，从而提高了成本、加剧了环境污染。

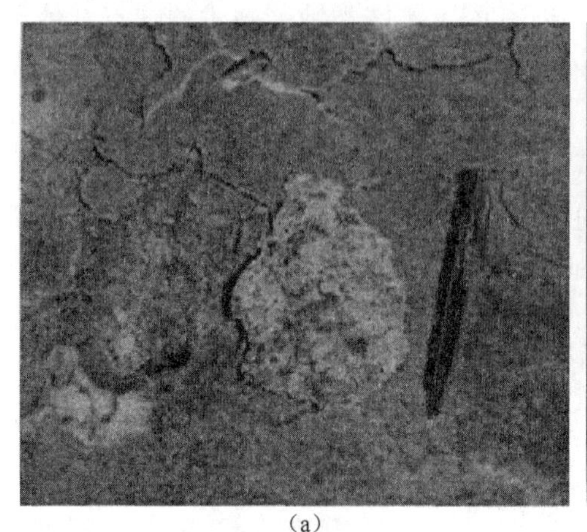

(a)

(b)

图 1.4　化雪盐对路面及附属物的腐蚀破坏

2. 缓释型抗凝冰技术

近年来出现了缓释型融冰化雪技术[4-6]，也称为冰雪抑制技术。通过将盐分事先添加到沥青路面中，使其在路面降雪时缓慢地向路表进行释放，破坏冰雪与路表的黏结，恢复路表的防滑功能，如图 1.5 所示。

图 1.5　缓释型抗凝冰路面

由于路面结构空隙的存在，水分逐渐进入混合料内部，使得易溶盐成分溶解。在毛细管压力及车辆碾压作用下，易溶盐溶液从沥青混合料内部浓度较高的狭小空间逐渐向盐分浓度较低的路面表面扩散，从而降低道路表面水的冰点，延迟道路表面积雪结冰。析出的易溶盐也逐渐随着轮胎滚动和路面表面的流水而流失。同时，轮胎的反复碾压和流动的降雨或降雪加速了易溶盐的浓度扩散。

缓释型抗凝冰技术在根本上减少了对环境的危害。和撒布融雪剂相比，它的氯盐的用量大大减少，以下是融雪剂撒布量同缓释型抗凝冰路面定时溶出量的对比数据。环境温度在 0~5 ℃、−10~−5 ℃、−15~−10 ℃时，融雪剂撒布量分别为 50 g/m^2、80 g/m^2、120 g/m^2。以盐化物自融雪路面面层厚度为 4 cm、盐化物加入量为 6%、混凝土毛体积密度以 2.5 g/cm^3 计算，1 m^2 的盐化物掺加量大约 6 000 g，盐分含量为 4 200 g，相当于融雪时融雪剂撒布量 80 g/m^{2}的 50 倍。根据国外的一些资料来看，盐化物自融雪路面的有效使用年限都在 5 年以上，这 5 年盐化物作用次数就远远超过 10 次，所以缓释型抗凝冰路面的环保性就凸显了出来。

缓释型抗凝冰技术的主要优点如下。

(1) 作为主动型防滑技术，盐化物按一定比例加入沥青混合料中，铺筑在路面的上面层，适合各种类型的沥青路面，不影响沥青混合料的各项指标，防结冰效果基本一致，适应现有的沥青面层机械化的施工工艺。

(2) 有效防止路面在冰点以下时的结冰形成，适应温度面较广，路面各项指标性能表现稳定，且能提高路面的压实度和摩擦系数。

(3) 减少撒盐融雪和使用人工、机械铲雪的冬季养护措施，更简便、更安全，同时对环境影响损害减小，腐蚀性也将大大降低（对桥梁尤其重要），是一种环保技术。

(4) 能达到多年的路面防结冰效果，大幅降低了冬季路面管理养护成本，是迄今国际上尚无可替代的材料。

(5) 防结冰路面材料特别适用于防止“冰面陷阱”，即在公路网中那些容易发生突然“溜滑”的特殊路段，如跨越水面或潮湿草场的高架桥（钢桥），或是穿越潮湿地带的路段，北部背阳斜坡路段或被森林植被覆盖减少阳光照射的路段，等等。

(6) 保证冰雪天气道路行驶车辆的畅通，降低交通意外事故的发生率[7]。

缓释型抗凝冰技术虽然达不到使路面大面积裸露的效果，但除冰雪效果在降雪和结冰刚开始阶段非常明显。它可以和其他除冰雪方法综合使用，提高除冰雪作用效率，降低冬季路面管理养护成本。它主要适用于以下场所。

(1) 路面的急弯处、上下坡道、十字路口、铁道道口等危险地带。

(2) 特别容易冻结的路面，如山区背阴处、容易冻结的桥梁铺装表层等。

(3) 路面状况发生显著变化的场所，如隧道入口处、滑雪场的出入口等。

(4) 除雪车作业困难和撒布冻结防止剂不便的地方，如山区或住宅小区。

3. 缓释型抗凝冰技术研究现状

抗凝冰路面起源于20世纪60年代的欧洲，在瑞士、德国等国家应用较多。20世纪70年代末期，日本开始引进海外技术，并在特许公报第60~4220号中获得产品专利。该产品是通过用某种特殊材料使冰点下降，如将氯化钠包裹成胶囊状的颗粒，从而置换沥青混合料中的部分集料。路面在行车荷载长时间作用下，新的冻结抑制材料会露出表面，表面包裹材料磨损破坏后，冰点下降剂释放出来，从而发挥冻结抑制功能。大致相同的冻结抑制材料在德国也有研究，并在德国特许第2512691号中申请了产品专利。该专利产品是对日本专利产品的改进，由于日本产品中包裹冰点下降剂的材料价格昂贵，且裹覆质量不佳，不利于大量使用，为此，德国对此类冻结抑制材料进行了改进，采用多孔材料代替裹覆用的特殊材料，将冰点下降剂与天然多孔材料混合后碾磨粉碎，使冰点下降剂充分填充到多孔材料的孔隙中。然后以一定比例添加到沥青混合料中。这种产品和胶囊状的冻结抑制材料具有同样的作用，但价格便宜很多。

最近十几年，随着研究的逐渐深入，马飞龙（MFL）抗凝冰路面在日本的大部分地区成功推广，截至2002年3月已经成功铺筑了380万 m^2 的盐化物自融雪沥青路面。日本于1986年首次在山形县铺筑粉体盐化物沥青路面，20世纪90年代初期成功地进行了本土化研究。随着新型化学类冻结抑制材料研究的逐渐深入，盐化物沥青路面在日本大部分地区进行了成功推广。截止到 2007 年 3 月底，日本国内抗凝冰融路面铺装的铺筑面积共有 580 万 m^2。

为了较好地解决冰点下降剂吸湿性强、冻结抑制材料表面憎水化处理后盐分析出速度变慢的问题，在日本新的专利产品中，冰点下降剂首先与亲水性的多孔材料分散后，再与岩溶类多孔材料和憎水性材料混合碾碎，使憎水性冻结抑制颗粒周围分布包含冰点下降剂的亲水性颗粒。从而加快了盐分的析出速度，同时，由于冻结抑制材料颗粒表面的憎水化处理而降低了其吸湿性能。

盐化物的有效冻结抑制成分主要为可溶性盐分（氯化钠、氯化钙等），通过不同的加工工艺加工成颗粒或者粉末状形式，添加到沥青混合料中，主要包括以下三种类型：水泥固化型盐化物、表面裹油型盐化物和粉末型盐化物[8-10]。

（1）水泥固化型盐化物：是利用水泥把盐分固化成粒状、圆球状的物体，置换混合料中的粗、细集料，添加量约为矿料的 8%；铺筑后混合物中的盐分慢慢溶出，发挥融冰化雪的作用。水泥固化盐化物颗粒的粒径较大，且由于用水泥包裹具有一定的强度，在混合料中受到路面传递的压力较大，由压力的不断循环作用而慢慢破坏颗粒，使盐化物渐渐暴露在混合料空隙中和路表面。这样在下雪的情况下便会发生盐化物溶出，从而使路面的冰雪融化[11-12]。

（2）表面裹油型盐化物：盐化物是以颗粒形式、表面裹油后置换混合料中的细集料，添加量约 5%，代表产品为 V-260。

V-260 盐化物以颗粒形式在表面裹一层油，用来置换混合料中的细集料，添加量约 5%，是通过化学工艺处理而得到的路面抗凝冰材料，使用时添加到沥青路面上面层沥青混合料中[14-17]。在冬季气温较低的条件下，其具有迅速被激活的特性，通过渗透压和毛细管现象及行驶车辆的摩擦作用使抗凝冰材料析出，降低路面的冰点，以有效阻止路面结冰。在路面潮湿、有水、有积雪的情况下，路面层深度 5~10 mm 处，V-260 是作为溶液存在于混合料的孔隙间和毛细管里。在低温有冰雪的条件下，这些溶液从空隙间渗漏到路面，使得路表的冰层融化。当路面干燥时，由于溶液中水分的蒸发作用，溶液体积减小而退回到孔隙间和毛细管里。较深层面 V-260 是以稳定的固体状态存在的，但在车辆不断经过磨损的过程中，较深层面 V-260 固态颗粒不断地释放到浅层的溶液中，补充 5~10 mm 深度处溶液渗透的损失。

（3）粉末型盐化物：盐化物以粉体形式置换混合料中的矿粉，添加量为混合料质量的 6%~8%，代表品马飞龙[13]。马飞龙通过一种多孔结构的材料，经过特殊的加工工艺将氯化钠包裹于多孔的火成岩中。制造沥青混合料时，用马飞龙替代全部或一部分矿粉，这样混合料中就含有了降低冰点的有效成分，且在混合料中能够稳定存在而不影响路面的使用性能。其融雪机理为：氯化钠通过多孔结构孔隙析出，到达混合料的孔洞中再扩散到路表面，和路表面的冰雪作用，降低路面的积雪的冰点，冰雪转化为液态水或水蒸气排出路面，达到融化冰雪的效果。氯化钠析出后多孔材料的体积不变，避免混合料因有效成分析出而造成空洞的危害。

国内对缓释型抗凝冰技术的研究起步较晚，直到 2008 年才开始引入此项技术，长安大学新型路面研究所首先开展了对缓释型抗凝冰技术的研究。缓释型抗凝冰沥青路面试验段已先后在陕西蓝商高速公路秦岭隧道、孝襄高速汉丹铁路桥和张凹水库大桥、长深高速唐山段、大广高速黑龙江段大庆地区段等地进行了修筑。在实际使用过程中，发现该项技术具有较好的抗凝冰效果，可大幅度降低冰雪清扫的难度，有利于降低化雪盐的危害；但同时也发现，在使用此项技术的时候，会带来沥青路面部分性能的下降，随着化雪盐掺量的增加，沥青路面的高温稳定性会降低，但均处于标准规范限定内[18-20]。

1.2.2.2 电加热融冰雪技术

1. 热力融冰雪类技术

热力融冰雪方法是利用地热、燃气、电或太阳能等产生的热量使冰雪融化，如地热管法、红外线灯照加热法、太阳能加热法、发热电缆法、导电混凝土法等。主要是利用铺设于路面内的能量储存和转化装置，将其他形式的热能储存于该装置内。在路面积雪时，将能量释放，使路面积雪融化，并以蒸汽与水的形式排除掉。该技术始于20世纪40年代的日本，随后美国、瑞士等国也相继开发了类似的专利技术，并成功应用。

（1）发热电缆法[21]。发热电缆加热系统是以电力为能源，发热电缆为发热体，将电能转化为热能，通过结构层内的导热将热量传到物体表面，再通过物体表面与冰雪之间的显热和潜热交换进行融雪化冰。发热电缆用于路面融雪化冰在北欧国家已经有所应用。

国外对发热电缆用于融冰除雪的技术应用较早，Henderson等人在位于美国新泽西州纽瓦克的一座沥青混凝土桥面上进行了发热电缆的实际应用，经过实际融雪试验得到了发热电缆融雪的一些数据，1 h内融化掉2.5 cm的积雪，安装在路面的发热电缆需要的输入功率为430 W/m^2，而安装在桥面的发热电缆需要的功率与之相比要小，为378 W/m^2，发热电缆铺设后经历一段时间的行车荷载之后，由于埋置存在问题造成电缆线裸露。1964年，在泰特伯勒和新泽西两个路段也进行了发热电缆装置的安装，实际应用效果良好。

国内对发热电缆的研究起步较晚，主要是将发热电缆用于室内采暖等实际工程中。这种采暖系统主要由四部分组成：发热电缆线、温度传感器、温度控制器、保温保护层。我国首次将发热电缆技术用于路面融冰除雪是在2006年，从丹麦引进了这种电加热融雪技术，并在哈尔滨文昌大桥桥面进行了工程铺装应用，铺设的位置为上桥匝道的部分地面，经测试通电后的发热电缆能够将路面温度提高1~10 ℃，具有一定的融冰除雪效果。

发热电缆加热系统具有无污染、运行费用低、热稳定性好、控制方便等优势。但是发热电缆在使用中也存在诸多问题，如铺设位置靠近路表会造成路面结构破坏，这样会引发行车荷载造成电缆破损的现象，行车安全不稳定。

（2）导电沥青混凝土法[22-24]。导电沥青混凝土是在普通沥青混凝土中加入导电相材料制得的路用融冰导电体系。普通沥青混凝土属于绝缘体，石墨、碳纤维以及钢渣等具有良好的导电性能，通过在普通沥青混凝土中掺加一定比例的上述导电组分材料可以很好地改善沥青混凝土的导电性能，使普通沥青混凝土高达1 013 Ω·cm的电阻率降低到可以路用融冰的程度。导电沥青混凝土相比发热电缆对路面结构不造成破坏，具有良好的路用性能，但是热效率不高，未实现对路面冰雪的针对性加热融化。

综合各种已经在导电沥青混凝土中应用的导电掺料可以发现，一般导电组分具有以下几个特性：①沥青混凝土自身的组成决定了所用导电相材料必须具有良好的分散性，体积不能过大；②导电相材料的掺入不能影响到沥青混凝土的热胀冷缩性质，且在导电沥青混凝土温度发生变化时，导电相材料不会电阻率波动太大；③必须具有良好的导电性能，导电相材料的掺入能够提高普通沥青混凝土的导电性能；④必须具有足够的物理强度，在路面受到轮子作用时不会因强度不足而使原沥青混凝土路面强度不足发生破坏；⑤导电组分材料应具有良好的抗氧化性能，能够承受外界复杂路用环境变化造成的氧化破坏。

导电沥青混凝土的可添加导电相材料有石墨、碳纤维、钢纤维、钢渣、炭黑。其中石墨和炭黑可归为焦炭类，碳纤维可归为有机纤维类，钢渣以及钢纤维等可归为金属类。如何根据已有导电材料和路用要求来进行导电相材料选择是一个一直被大家所关注的课题，这种新型复合材料的研制势必对公路融冰具有十分重要的意义。

石墨是元素碳的一种同素异形体，每个碳原子的周围连接有其他三个碳原子（呈现蜂巢式的多六边形排列方式），结合方式为共价键，进而构成共价分子。每一个碳原子都会释放出一个电子，这些电子能够实现自由移动，进而使得石墨具有良好的导电性能。石墨比较众多的用途在于制造铅笔芯和润滑剂，石墨属于非金属物质。石墨具有许多其他导电相材料所不具备的优良性能，如石墨耐高温性能极好，化学性能非常稳定，基本上在大部分的酸碱及盐的环境下都不会发生化学反应，抗氧化性能良好。石墨在道路导电方面应用较晚，在其他某些工业领域进行导电应用已经非常成熟。国内一些研究人员对添加石墨的沥青混凝土进行了一些研究，哈尔滨建筑大学的李仁福[22]、长沙铁道学院的杨元霞[23]以及浙江工业大学的叶青[24]研究发现，在普通沥青混凝土中添加石墨导电相材料，会对其性能造成一定的影响。

炭黑又名碳黑，属于无定形碳，是一种极轻的黑色松散粉末，具有很大的表面积，主要是由含碳物质经过在空气不足的环境中不完全燃烧或者受热分解而得到的产物，具有良好的导电添加性能。

碳纤维[25-28]是一种含碳量高达95%以上的新型纤维材料，碳纤维具有外柔内刚的物理性质，由片状石墨微晶等的有机纤维沿着纤维轴的方向进行堆砌而成。构成碳纤维的石墨微晶经过了碳化和石墨化的处理过程，质量比一般的金属要轻很多，但强度却很高。碳纤维这种高模量、非氧化环境下耐高温性能、无蠕变、耐疲劳性能好、高强度、密度低以及良好的导电性能使得碳纤维在各个领域得到广泛的应用。这种广泛的应用刺激了碳纤维的生产，使得碳纤维的价格降低，性能提升。碳纤维比传统玻璃纤维的杨氏模量要高出 3 倍，比凯夫拉纤维的杨氏模量要高出 2 倍，在有机溶剂和酸碱中不溶不胀，具有极好的耐腐蚀性能。武汉理工大学侯作富、李卓球等[25]人在普通的导电沥青混凝土中掺加了一定比例的碳纤维导电相材料，并对其导电性能进行对比研究。研究结果表明，普通沥青混凝土中导电碳纤维的加入不会影响到其原有的路用性能，在一定程度上对普通沥青混凝土的导电性能进行了提升，同时研究发现，碳纤维的掺量过高会影响到碳纤维在沥青混凝土中的均匀分布[29-30]。

钢纤维面世的时间虽然很短，但却有极广的应用，钢纤维的种类很多，具有良好的导电性、较高的强度以及加工简单的特性。Sherif Yehia 等人把钢屑和钢纤维作为导电相材料掺加在沥青混凝土当中，并针对其导电等各项性能展开研究。研究发现，钢纤维的掺入使得混凝土的抗拉、抗剪和抗弯性能得到较大提升，同时也提高了混凝土的抗疲劳、抗裂和抗冲击性能。钢纤维在使用过程中存在一些问题，如随着使用时间的增长，钢纤维会因为氧化而导致表面形成一层氧化膜，使得导电沥青混凝土的电导率下降，影响了导电沥青混凝土的导电性能。Xie Ping[19]等人在混凝土里面掺入钢纤维导电组分制得了导电沥青混凝土，并对其导电性能进行了相关几个方面的研究。

国外对导电沥青混凝土的研究起于 20 世纪 30 年代，我国在这方面的研究起步较晚，但在 80 年代也开始在普通沥青混凝土中加入导电组分材料并进行相关研究。导电沥青混凝土方面的研究从 20 世纪 90 年代以来一直成为各国研究人员的研究焦点，关于导电沥青混凝土各方面性能的研究也得到了进一步的深入。

1998 年，美国的 Zaleski 研发出了用于路面融冰除雪技术的导电混合材料，研究中将合成石墨和无定型石墨按照 2：1 的比例混合在一块构成导电组分材料，将这种导电组分以 20%~30%的比例掺加到沥青混合料中搅拌均匀，这种方法制得的导电沥青混凝土的电阻率可以达到 100~150 Ω · m，将这种导电沥青混凝土用于路面融冰除雪收到了良好的效果。黄宝山教授通过把碳纤维和不锈钢钢纤维加入到沥青混合料中得到导电性能比较好的导电沥青混凝土，当不锈钢钢纤维的掺入体积分数达到 1.3%（对应石墨掺入体积分数 18%）时，导电沥青混凝土的电阻率可以降到 102 Ω · m 以内。

2000 年，Fitzgerald 将碳纤维掺导电组分加入到沥青混凝土当中制得了导电沥青混凝土[31]，当碳纤维的掺量达到 0.5%时，沥青混凝土的电学性能得到很大的提升，同时力学性能也得到了很好的改善。

2001 年，孙旭对导电沥青混凝土在变电站接地网中的应用进行了研究，取得了良好的效果。2002 年，武汉理工大学的唐祖全等人在混凝土中加入碳纤维和硅灰制得了融冰效果良好的混凝土板，并针对其导电性能进行了研究。研究表明，当碳纤维的体积掺量为 0.73%左右、硅灰[32]掺量为 20%时，导电混凝土的成本得到了大幅度降低。同时研究发现，硅灰的掺入能够使碳纤维在混凝土中的分散性得到较好的提高。

2004 年，沈刚等[33]人在混凝土中加入石墨，并对石墨导电混凝土在 28 d 养护龄期内电阻的变化进行观测，通过对 28 d 抗压强度和电阻率随石墨掺量的变化研究确定了石墨的渗流阈值。2004 年，武汉理工大学的朱四荣等[34]人对掺加碳纤维毡的导电沥青混凝土进行了研究。吴少鹏等[35]研究人员研发出石墨改性沥青混凝土用于融冰除雪的技术，并对该种导电沥青混凝土的导电性及路用性能进行了测试研究。

2009 年，吕林女等研究人员将钢渣和石墨掺入沥青混凝土中制得导电性能稳定的导电沥青混凝土，经过测试，当钢渣掺量为 35%~46%、石墨掺量为 25%时导电沥青混凝土既能够满足融雪化冰的需求，又能满足其路用性能，但水稳定性比未掺加钢渣的沥青混凝土要差。

目前，国内关于导电混凝土的研究尚处于初始研究阶段，国外虽然相关研究较早，但是实际工程应用很少。导电沥青混凝土虽然不对路面结构造成破坏，但仍然存在一些不可忽视的问题，如热效率低下、只能用于新建路面、高电压供电存在许多安全隐患。

（3）循环热流法。循环热流技术是利用地下常温土壤相对稳定的特性，通过深埋于构造物周围的管路系统与构造物内部完成热交换的装置。它完全不需要任何人工热源。冬季从土壤中取热，完成对路面的加温。循环热流技术的缺点是安装和建造加热管道比较复杂。

1950 年，在俄勒冈州的 122 m 钢筋混凝土桥面内安装了循环热流系统。该系统的热量供应来自附近的一个天然水井，管道使用导热性能良好的铜材制作，距离路表 1.3 cm。1975 年，Ferrara 等人对桥面上使用的循环热流系统进行了分析研究，热管埋深在 9 m 以上，直径约为 5 cm。1984 年，Lee 通过在循环液体中加入氨水来提高管道中液体的抗冻结性能，取得了很好的成效。

1993 年，在林肯市的一座城市高架桥上安装了循环热流的发热系统，采用丙烯乙二醇和水的混合物来作为循环液体，该系统可以为桥面提供 473 w/m^2 的热量，该系统未能实现温度的自动化控制，需要人为手动干预。1996 年，阿默斯特市 Amherst 的一座桥上安装了循环热流系统，系统的热管由钢材制成，内部液体为氟利昂，整个系统通过温度传感器的温度反馈来进行开闭控制。

循环热流法比较环保，具有较好的融冰除雪效果，但其复杂的铺设工艺和因管道较粗破坏路面桥面结构而使其工程应用意义并不大。

（4）太阳能加热法。太阳能加热法是夏季将太阳能产生的热能存储起来，在冬季里利用所存热能来融雪化冰。为此需建立一套太阳能融雪系统，该系统由集热装置、蓄热体和融雪装置三部分组成。集热装置的任务是收集阳光的热量并将其输送到蓄热体中，热量在蓄热体中积聚和保存以备冬季融雪用，融雪装置的任务是在需要的时候将保存在蓄热体中的热量输送到路面下，使路面的温度升高，从而融化路面上的冰雪。但是考虑到经济方面的原因，这种系统还只能用于那些特殊地方的特殊路段。

（5）微波加热法。在除雪车上安装微波加热系统，实现对路面的加热。1987 年，美国联邦公路局实施了公路战略研究计划项目（SH 计划），由 Jack Monson 在道路非接触式除冰项目中进行了道路微波除冰研究，并设计了微波除冰车。由于较低的除冰效率，项目被迫中止。这种技术必须提高路面吸收微波的能力和解决微波泄漏等问题，成本较高且不能实现自动、及时清除路面冰雪。

2. 添加盐化物类技术

在沥青混合料中添加氯化钠和氯化钙等盐化物，用盐化物来降低冰点，从而达到防冻的作用。

添加盐化物类技术在日本等多雪国家有一定的研究，目前在我国还未曾见到相关的研究报道。这种技术的难点在于为保证沥青路面本身的性能所添加盐化物的数量有限，并且处在路表面起融雪作用的盐化物更加稀少，所以有可能融雪化冰的作用不会很明显，并且盐化物处在路面内的耐久性问题尚待解决。

3. 自应力破冰技术

自应力破冰技术主要是通过在路面铺装材料内添加一定量的弹性颗粒材料，改变路面与轮胎的接触状态和路面的变形特性，利用弹性材料局部变形能力较强的特性；通过路面在外荷载作用下产生的自应力，使路面冰雪破碎融化，从而有效抑制路面积雪和结冰。此类技术中常用的弹性材料多为由废旧轮胎加工而成的橡胶颗粒。这不但可以有效提高路面的除冰雪能力，提高道路安全性能和运输效率，而且为废旧弹性材料的回收利用提供了科学、合理的新途径，利于环境保护，节省资源。但是这种路面除冰效果和耐久性仍需要进一步提高。

4. 镶嵌类铺装技术

在普通沥青路面铺筑完成后，通过一定的施工工艺将弹性材料镶嵌在路面表面，单纯利用弹性变形降低冰雪对路面的黏结程度，从而提高冰雪破碎的概率，破除路面积雪结冰。

如在铺筑的沥青混凝土表面按一定间距开一直径 50 mm、深 25 mm 的小洞，然后压入同样尺寸的橡胶小圆柱体，并同时用纤维添隙料填充。在结冰后只要行车一碾压，由于橡胶的弹性，冰层就会自动破裂。也可在开级配沥青混合料中用聚氨基甲酸乙酯浸透后铺筑或在薄面层铺筑后以刻槽形式压入聚氨基甲酸乙酯弹性层，以其弹性和光滑避免了冰雪的附着，从而提高了抗冰冻的能力。

日本道路建设公司还研究了一种利用橡胶颗粒防止路面冻结而避免车辆打滑的技术。其方法是在刚完工的沥青路面上铺撒直径 2 cm 的五角形橡胶颗粒，用压路机将其压入沥青路面。压入路面内的橡胶颗粒有小部分露出路面，增加了路面的摩擦力。同时，车辆荷载的作用使橡胶颗粒变形，车辆通过后的反弹力使冰破碎，从而防止路面打滑。

镶嵌类铺装技术虽然具有一定的效果，但由于在镶嵌橡胶块的过程中会破坏路面原有的状态，橡胶块周围会出现薄弱面，在行车荷载的作用下，橡胶颗粒极易从路面表面脱落，造成路面平整度下降，甚至松散、坑槽。

1.2.2.3　固定喷淋式智能防冰除冰系统

最近几年，国内北京、哈尔滨、长沙、济南等城市已开始研究并应用智能除冰系统进行道路除冰。智能除冰系统自动判断、主动控制除冰液喷洒，从而有效降低路面冰雪灾害影响、提高道路行车安全的智能交通设备。但成本较高，技术还不够完善，国内应用范围小。

目前，智能防冰除冰系统在北美已有较广泛的成功应用，智能防冰除冰系统能预测冰霜天气，并在冰霜降临前在路面自动喷洒除冰液，防止冰附着在路面，影响交通安全。该技术能准确地预测路面温度和结冰条件，自动喷洒除冰液。根据国际上近几年的最新研究发现，该系统可以显著降低由于冰霜、积雪引起的各类交通事故。例如，在美国纽约市布鲁克林大桥、北达科他州的巴克斯顿大桥和红河大桥上使用的同类系统，均能有效降低与冰雪相关的事故率达 80%左右。其原理是：通过“路面气象信息子系统”连续监测路面的温度和路表摩擦力（路面湿滑系数），将监测的信息经“处理控制子系统”进行分析判别，当预测到桥面将要结冰时，实时、主动地控制“喷淋子系统”喷洒适量的环保型除冰液，使路面无法结冰，从而有效降低桥梁冰雪灾害影响、提高桥梁行车安全。该系统可在路侧敷设，不影响桥梁路面结构，和互联网结合，具有主动、实时、快速、高效的特点，智能化、信息化程度高，具有长期有效等优点。表 1.1 列出了几类主动除冰技术比较。

表 1.1　主动除冰技术比较

项　目	热力融雪技术	添加抗凝冰材料	路面涂层技术	抑制冻结铺装	智能喷洒除冰系统
除冰效果	好	较好	好	较好	好
耐久性（维护成本）	需对供热系统进行维护，能耗较高	耐久性较差	耐久性较差	实验阶段	需定时添加融雪剂，对喷洒系统进行维护
实施难度（工艺要求）	需在面层下铺设电缆电热管，施工工艺要求高	添加在混合料中，难度小	设置于面层表面，难度小	工艺要求较高	需设置相应管道及设备，占用空间不大
造价	成本高（400~500 元/m²）	成本适中（100 元/m²）	成本较低（45 元/m²）	成本高，应用少	成本适中（90~130 元/m²）

1.3 研究内容

1.3.1 化学类主动融冰雪技术

1. 化学类主动融冰雪技术的实际使用效果及其原理调查分析

重点调研国内外化学类主动融冰雪技术，防冻沥青混合料的材料设计，综合性能评价方法，融冰雪技术的产品特点、设计、性能及评价方法，融冰雪原理和应用情况。结合缓释型防冻剂的基本性能进行对比分析，根据调研成果，为课题的开展提供基础。

2. 缓释型融冰雪沥青混合料的组成设计及性能

进行基于级配类型与性能相结合的混合料设计，主要进行混合料类型为改性沥青 AC-13、改性沥青 SMA-13 的室内配合比设计，并进行性能评价，以确定混合料级配、最佳沥青用量、抗水损害性能、高温抗车辙性能、低温抗开裂性能等。

对融冰雪沥青混合料的水稳定性优化改进，通过改进方法对优化后的改性沥青 AC-13、改性沥青 SMA-13 融冰雪沥青混合料进行最佳油石比设计和抗水损害性能测试，进行防冻剂对混合料的长期性能影响规律研究。

3. 缓释型融冰雪沥青混合料的融冰雪效果

鉴于防冻剂的除冰作用机理，其随着使用年限的增长而不断析出，除冰效果具有一定的时效性，因此需要评价融冰雪沥青混合料的使用寿命。针对改性沥青 AC-13、改性沥青 SMA-13 两种沥青混合料，通过室内不同防冻剂掺量、不同降水量的模拟来评价不同地区、不同降水量、不同防冻剂掺量下的除冰效果，模拟使用年限 3~6 年的除冰效果，通过除冰试验对防冻剂的除冰效果进行评估。

防冻剂的析出量是防冻沥青路面融冰雪效果发挥的关键因素，同时，沥青混合料内的防冻剂在雨水、降雪等的作用下会不断析出，从而改变沥青路面的性能，因此必须通过室内模拟试验对其短期性能及长期性能进行测试评价。通过对防冻沥青路面融冰雪效果、使用性能及使用寿命预估的研究，有助于确定缓释型化雪技术的工程可行性。对掺加防冻剂的沥青混合料进行力学性能和长期路用性能验证，研究融冰雪沥青混合料的劈裂强度、回弹模量、动态模量、疲劳性能，对融冰雪沥青混合料的长期性能进行评价。

对掺加防冻剂的沥青混合料进行力学性能和长期路用性能验证，对融冰雪沥青混合料的长期性能进行评价。评价防冻沥青混合料的长期性能及其对结构的影响规律。

4. 缓释型融冰雪沥青混合料融冰雪机理及效果

通过对融冰雪方法的改进，研究融冰雪沥青混合料中盐分析出及融冰雪机理和融冰雪效果，为融冰雪混合料的设计提供理论支持。

5. 温敏型缓释防冻剂的开发及其性能研究

由于在夏季雨水的作用下现有的缓释型融雪剂会导致其有效成分的大量流失，从而降低融冰雪路面的有效使用寿命。温敏型材料是指在特定温度节点会出现性能显著变化，并具有可逆性的材料，通过温敏型材料的研发将有效减少融雪剂有效成分在夏季的流失。

1.3.2　电加热融冰雪技术

以实现快速、高效、安全地清除路面结冰积雪为目标，研发一种基于导电超薄磨耗层的路面热力融冰雪技术，该结构层主要由导电相材料（如石墨、碳纤维等）及黏结料组成的导电功能层与细碎石铺设而成的磨耗层组成。重点围绕导电超薄磨耗层中导电功能层的材料组成设计、电行为特征和温敏特性进行研究，从而使磨耗层的电阻率满足融冰雪要求，并使其具有均匀的发热效果。继而对导电超薄磨耗层的抗滑性能、抗冻融性能、水稳定性能等路用性能进行测试，最后对导电磨耗层的发热均匀性、功率温升关系以及融冰能力进行研究。另外，将对导电超薄磨耗层进行路面力学分析、热负荷设计以及技术经济性分析。同时，为简化施工工艺，考虑在已有研究基础上开展基于碳纤维格栅的导电磨耗层技术研究，并与基于导电胶水的导电磨耗层的现场融冰效果进行对比分析。主要研究内容如下。

1. 导电超薄磨耗层研制

借鉴彩色超薄抗滑磨耗层的技术原理，以环氧树脂为黏结料，通过掺加石墨、碳纤维等导电材料，使其具有电热转变能力。通过调整导电材料的掺量，使磨耗层的电阻率满足融冰雪要求，并使其具有均匀的发热效果。同时，为简化施工工艺，考虑在原有研究基础上开展基于碳纤维格栅的导电磨耗层技术。

2. 导电超薄磨耗层路用性能研究

面向路用性能要求，重点测试导电磨耗层抗滑性能、黏结性能、抗冻融性能以及抗老化性能。抗滑性能采用构造深度、摆值等参数进行表征，以指导碎石粒径的选择；黏结性能采用拉拔试验、抗剪试验测试，以优化黏结料的选择和用量设计；抗冻融性能采用冻融循环方法模拟融冰雪过程，并采用拉拔试验、抗剪试验测试评价其抗冻融能力；抗老化性能主要分析其抗热老化、紫外线老化能力，采用热老化、紫外线老化等方法进行评定。

3. 导电超薄磨耗层热负荷设计

测试导电磨耗层、沥青混凝土等铺装材料的比热、导热率等基本热力学参数，建立导电磨耗层路面热力学模型，基于热力学传热定律和有限元方法，分析在不同温度、降雪量、风速等条件下的路面热传导规律，获得导电超薄磨耗层热负荷参数，提出导电超薄磨耗层热负荷设计方法。

4. 导电超薄磨耗层路面力学分析

建立导电超薄磨耗层路面力学分析模型，计算荷载作用下、温度作用下、荷载与温度耦合作用下导电超薄磨耗层路面力学响应，分析路面结构组合与厚度、铺装材料性质、内置钢管和发热电缆等对路面应力、应变的影响，确定路面受力最不利位置。

5. 导电超薄磨耗层路面室内融冰雪效果模拟实验

试制小型环境箱，模拟道路气温、风速和降雪量等气候条件。在环境箱内放置导电超薄磨耗层模拟试件，并在试件内设置温度传感器。测试不同工况和气候条件下电—热—温参数，分析基于导电磨耗层融冰雪技术的可行性，评估融冰雪效果，验证热负荷设计参数。

6. 导电超薄磨耗层施工与养护技术

基于试验研究结果，形成电极设置方案、导电环氧树脂现场制备工艺和导电磨耗层施工技术。基于实体工程应用，验证与完善导电超薄磨耗层施工技术，并建立施工质量控制措施和验收检验方法。在试验路段埋设传感器，检验加热状态路面温度场，并与室内计算和模拟试验结果进行比较。针对可能出现的裂缝、脱层等病害，提出导电磨耗层养护方案。根据室内研究和试验应用，提出面向实体工程的导电超薄磨耗层设计、施工、运行和养护技术指南。

7. 其他电加热融冰试验研究

课题组在研究碳纤维加热融冰的基础上，又进行了石墨烯电加热膜融冰雪和发热电缆融冰雪研究，测试了这种新型路面结构的温度参量变化以及路用性能变化，分析了两者用在工程上的可行性。技术路线如图 1.6 所示。

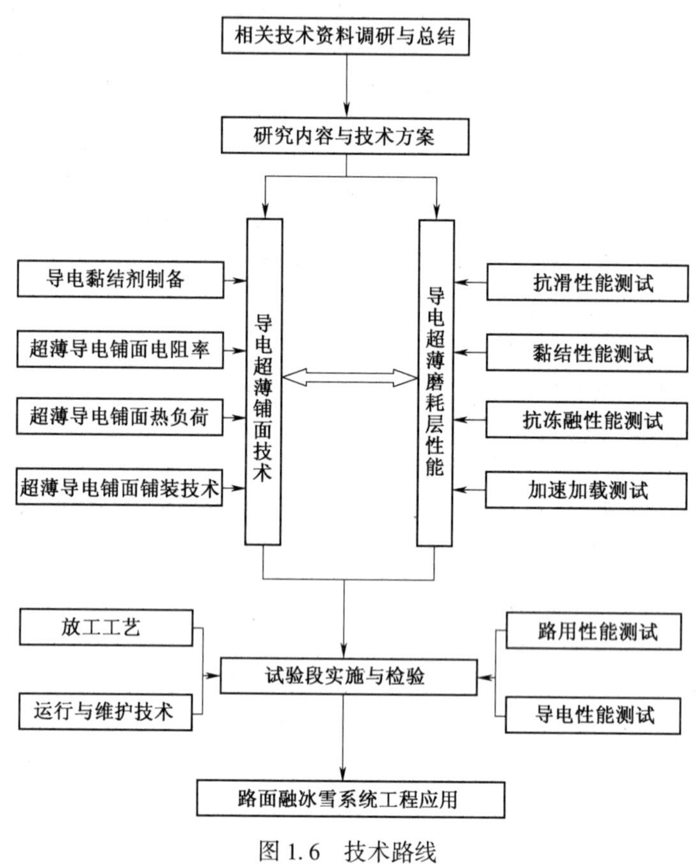

图 1.6 技术路线

1.3.3 固定喷淋式智能防冰除冰系统

1. 结冰预测算法研究

通过检测路面状况信息和实地气象信息，基于径向基（RBF）神经网络对上述信息数据样本进行网络训练，研究结冰预测算法，构建结冰状态预测模型，为主动预防结冰提供决策依据。

2. 自适应控制喷洒除冰液技术

研究不同条件下（如结冰快慢、冰点高低、降雪速度等）、使用不同浓度的除冰液的除冰融雪效率问题。建立控制系统模型，研究自适应控制喷洒除冰液的实现问题。

3. 自抗扰控制相结合的管道远端压力保持技术

针对电磁阀开关瞬间造成的高压“水锤效应”问题，以及纵坡较大、管路较长造成的管道远端压力损失问题，提出“自抗扰控制相结合的管道远端压力保持技术”，既减小水锤效应对系统的冲击，保证管道压力平稳，又能保证远端、近端喷嘴的正常工作性能。

第1篇　化学类主动融冰雪技术

第2章　缓释型抗凝冰材料性能表征与释放机理

2.1　概　　述

在进行抗凝冰超薄铺装设计之前，通过调研常见的几种缓释型抗凝冰材料，分析每种材料的性能特点，对不同抗凝冰材料的基本性能进行评价，建立相应的评价指标体系用于缓释型抗凝冰材料的质量控制，并对其释放机理与缓释效果进行研究[36-38]。

2.2　缓释型抗凝冰材料

2.2.1　日本马飞龙

马飞龙是日本前田株式会社旗下产品，主要有效成分为氯化钠，一种依靠温度起效的缓释抑制冻结材料，如图2.1所示。马飞龙的载体是一种岩溶类多孔结构，在制备时经过特殊的加工工艺可将有效成分包裹于火成岩中。由于特殊的加工处理，可控制马飞龙在高温状态下有效成分的释放，使其在高温时所释放的盐量比处于冰点的温度释放量少。由于在夏季期间道路表面不会持续出现潮湿现象，从而延长了抗凝冰路面的使用年限。

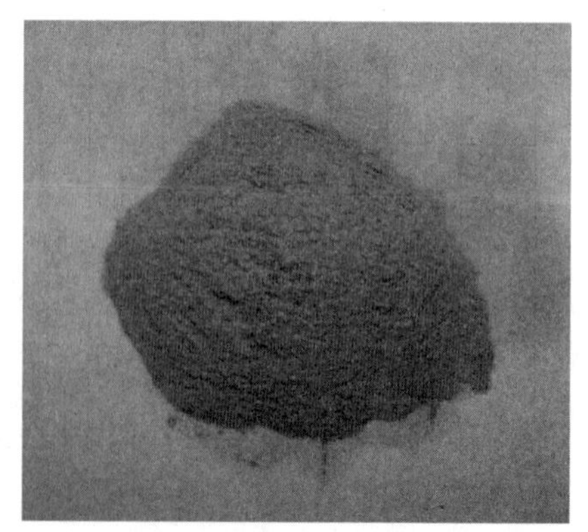

图2.1　马飞龙

马飞龙主要成分包括二氧化硅、氯化钠、氧化镁、氧化钙等，其中自融雪有效成分为氯化钠，占总含量的 70%左右。通常马飞龙替代部分或全部矿粉添加到混合料中，沥青混合料中含有了降低冰点的有效成分，达到自融雪效果。

2.2.2　瑞士路丽美

路丽美（Verglimit）是瑞士 Verglimit 公司旗下产品，也是世界上最著名的抗凝冰品牌，其结构与马飞龙相似，具有很好的温度稳定性。路丽美这种缓释抑制冻结材料具有吸湿的特性，而且掺加在沥青混合料中的抑制冻结材料全年都会产生作用，因此，在实际使用过程中道路的表面上会出现轻微的潮湿现象，持续潮湿状况条件会减弱面层的抗滑性，也会导致胶结料脱落的病害。因此，对于添加路丽美的缓释自融雪沥青路面耐久性研究是一项十分重要的课题。

路丽美 V-260 也称路丽美，如图 2.2 所示，其最低作用温度为-20 ℃，熔点为 260 ℃，有效含量 $CaCl_2$的含量在 90%以上。它是一种表面裹油型材料，具有迅速被激活的特性，当添加路丽美 V-260 的缓释自融雪沥青混合料处于湿度较大的空气中时，水分逐渐进入沥青混合料内部，并达到缓释抑制冻结材料颗粒表面的作用，路丽美 V-260 从表层开始软化，逐渐向内部发展。但是吸水后路丽美 V-260 表面仍有一层油膜包裹，因此外观呈现半透明状，具有很强的表面张力，颗粒之间不会相互黏结。

图 2.2　路丽美 V-260

路丽美 V-260 一般以颗粒形式存在，置换混合料中的 10 mm 以下的细集料或者采用外掺的方式加入到沥青混合料中。其自融雪有效成分为氯化钠和氧化钙，一般添加量约 5%，实际使用过程中随着路丽美 V-260 逐渐向路表的释放，达到融冰雪的效果。

2.2.3　国产抗凝冰材料

由于目前市面上进口产品价格昂贵，为降低工程成本，进行抗凝冰超薄铺装设计时可以选择国产抗凝冰材料，能降低抗凝冰材料成本的 40%。

国产抗凝冰材料分为两种，分别为国产Ⅰ型（LX-Ⅰ型，主要成分为 NaCl）和国产Ⅱ型（LX-Ⅱ型，主要成分为 $CaCl_2$）。Ⅰ型为白色颗粒，Ⅱ型为淡黄色颗粒，如图 2.3 所示，有效成分含量达到 85%~90%，适用于容易冻结的路面、急弯处、上下坡道、十字路口、铁道道口等路段，有效降低路面冰点，抑制道桥表面结冰，适用温度范围较广，具有一次性铺装、长期有效的特点；在 170 ℃条件下基本无热损失，且不会在沥青混合料的拌和过程中发生熔融等现象；通过采用特殊的包膜技术，其碳钢腐蚀速率远远低于标准要求值，不会对路面的构造物形成侵蚀作用。

（a）国产Ⅰ型

（b）国产Ⅱ型

图 2.3 国产抗凝冰材料

2.3 缓释型抗凝冰材料基本性能

2.3.1 体积指标

缓释型抗凝冰剂的体积指标直接关系到抗凝冰剂在沥青混合料中的掺入方式，因此需要对抗凝冰剂的密度以及粒径分布进行评价。由于抗凝冰材料呈粉末或者颗粒状，并且部分溶于水，因此采用排酒精的方法进行密度测试。沥青混合料及其他防冻剂的密度对比见表 2.1。

表 2.1 各材料的密度对比

材料	马飞龙	路丽美	LX-Ⅰ型	集料
密度/（g/cm^3）	2.23	1.8	1.9	>2.5

对比表 2.1 中各材料密度可知，密度顺序为：路丽美<LX-Ⅰ型<马飞龙<集料，LX-Ⅰ型抗凝冰剂密度与路丽美 V-260 接近，但是其密度相比集料要降低约 25%，因此在相同质量下，抗凝冰剂在混合料中所占的体积分数更大，因此在混合料级配设计时应考虑材料的密度因素。

为了评价不同抗凝冰剂的粒径分布，对不同抗凝冰剂进行了筛分试验，测定三种抗凝冰剂在不同粒径筛孔的通过率，试验结果见表 2.2。

表 2.2 三种抗凝冰剂在不同粒径筛孔的通过率

抗凝冰剂	不同粒径的筛孔通过率/%						
	4.75 mm	2.36 mm	1.18 mm	0.6 mm	0.3 mm	0.15 mm	0.075 mm
马飞龙	100	100	100	100	100	100	98.2
路丽美	100	72.6	16.9	2.1	0	0	0
LX-Ⅰ型	100	92	21.7	0	0	0	0

由筛分试验的结果可以看出，LX-Ⅰ型抗凝冰剂与路丽美的粒径范围主要集中在 1.18~2.36 mm 一挡，使用时应考虑对该挡集料的用量进行适当调整，而马飞龙的粒径范围与矿粉接近，使用时可以作为填料添加到沥青混合料中替代部分或全部的矿粉。

2.3.2　抗凝冰性能

抗凝冰剂最主要的性能就是其抗凝冰效果[39]，通过评价不同类型的抗凝冰剂的水溶液的冰点来判断抗凝冰剂的抗凝冰作用效果。抗凝冰剂主要靠其中所含的可溶性氯盐发挥作用，因此有效成分的含量直接影响着抗凝冰性能。因此，采用硝酸银滴定的方法测定 LX-Ⅰ型、马飞龙及路丽美三种抗凝冰剂中的抑冰成分含量。具体试验步骤为：配制 100 mL 相同浓度为 5%的抗凝冰剂水溶液，搅拌待抗凝冰剂充分溶解后，采用相同浓度的硝酸银溶液作为滴定液，以铬酸钾作为指示剂，当氯化银的溶解度小于铬酸银的溶解度，氯离子首先被完全沉淀出来，然后以铬酸盐的形式被沉淀，颜色呈砖红色，指示滴定终点到达，该沉淀滴定反应如下：

$$Ag^+ + Cl^- \longrightarrow AgCl\downarrow \tag{2.1}$$

$$2Ag^+ + CrO_4 \longrightarrow Ag_2CrO_4\downarrow\text{（砖红色）} \tag{2.2}$$

氯化物含量 C(mg/L) 按下式计算：

$$C = \frac{(V_2 - V_1) \times M \times 35.45 \times 1\,000}{V} \tag{2.3}$$

式中　V_1——蒸馏水消耗硝酸银标准溶液量，mL；

V_2——试件消耗硝酸银标准溶液量，mL；

M——硝酸银标准溶液浓度，mol/L；

V——试件体积，mL。

将氯化物的含量按照如下公式换算成抗凝冰剂中的抑冰成分含量：

$$\text{抑冰成分含量} = \frac{C \times M_{NaCl} \times V}{M_{Cl} \times m_{\text{抗凝冰剂}}} \times 100\% \tag{2.4}$$

式中　C——氯离子的质量浓度，mg/L；

M_{NaCl}——氯化钠分子质量；

V——抗凝冰剂溶液的体积，L；

M_{Cl}——氯离子的分子质量；

$m_{\text{抗凝冰剂}}$——溶液中抗凝冰剂的总质量，mg。

对三种抗凝冰剂溶液进行滴定，计算抗凝冰剂中的抑冰成分含量，三种抗凝冰剂的有效抑冰成分含量对比如图 2.4 所示。

从几种抗凝冰剂中抑冰有效成本含量的试验结果可以看出，路丽美和 LX-Ⅰ型抗凝冰剂的有效成分含量基本相当，在 90%左右，而马飞龙的有效成分含量约为 70%。在抗凝冰剂总掺量相同的前提下，较高的有效成分含量有利于提高 LX-Ⅰ型抗凝冰剂的应用效果和使用寿命。

此外，抗凝冰剂溶液的冰点对于其应用区域范围具有决定性作用，通过制备饱和浓度的纯 NaCl、$CaCl_2$、马飞龙、路丽美、LX-Ⅰ型的水溶液，并测试了不同溶液的冰点，试验结果如图 2.5 所示。

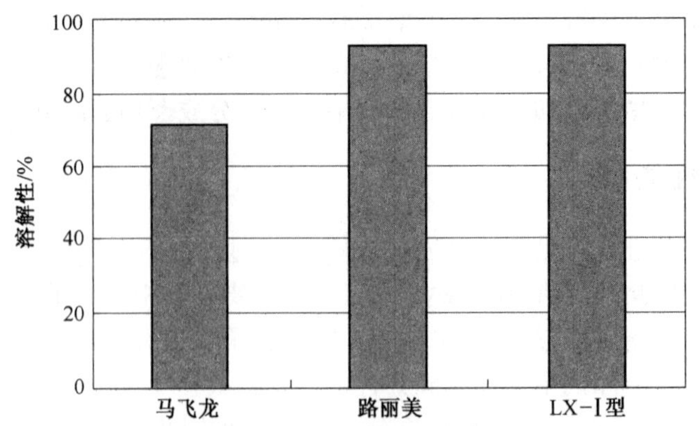

图 2.4　三种抗凝冰剂的有效抑冰成分含量对比

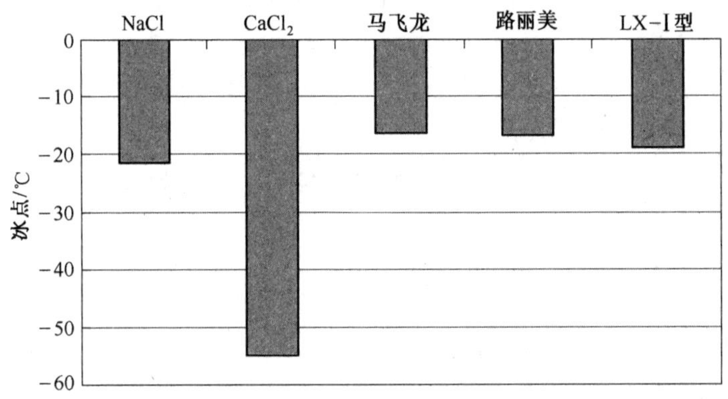

图 2.5　五种溶液的冰点

从图 2.5 中可以看出，五种溶液的冰点从低向高排列顺序为：纯 $CaCl_2$<NaCl<LX-Ⅰ型<路丽美<马飞龙，与几种抗凝冰剂中有效成分的含量具有良好的相关性，其中 LX-Ⅰ型抗凝冰饱和溶液的冰点为-18 ℃，是纯 NaCl 饱和溶液冰点的 88%左右，相比路丽美饱和溶液的冰点降低约 10%，可见开发设计的抗凝冰剂能够大幅度降低水溶液的冰点，具有较好的抗凝冰效果。

2.3.3　抗施工损伤性能

由于抗凝冰剂用于热拌沥青混合料中，需要经过拌和、摊铺及碾压多道工序，抗凝冰剂需要在施工过程中保持材料本身的完整性，不影响混合料的级配，避免高分子包膜破坏导致有效成分提前释放，将影响到后期抗凝冰沥青铺装的缓释效果。因此，需要对抗凝冰剂的抗施工损伤性能进行评价，最直观的就是抗凝冰剂的硬度指标。采用硬度计测试了路丽美、LX-Ⅰ型抗凝冰剂的硬度指标，并与集料的硬度值进行对比，试验结果见表 2.3。

表 2.3　不同抗凝冰剂的硬度值

检测项目	集料	路丽美	LX-Ⅰ型
硬度/N	>50	14.5	25.6

从表 2.3 中的数据可知，抗凝冰剂的硬度明显低于矿物集料，而 LX-Ⅰ型抗凝冰剂的硬度指标优于路丽美产品，提高 30%以上，使得抗凝冰剂掺入混合料中，减少拌和、碾压过程中的破碎，保证缓释的效果。

此外，抗凝冰剂掺入到沥青混合料后，需要承受拌和与施工过程中的高温，为考察抗凝冰剂在高温下的稳定性，项目组设计了加热挥发实验，对不同抗凝冰材料的热挥发性能进行评价。试验时，称取 100 g 烘干后的不同抗凝冰剂样品置入 185 ℃的烘箱中，每过半小时测定其温度变化，试验结果见表 2.4。

表 2.4　不同抗凝冰剂样品加热挥发试验结果

时间/h	0	0.5	1	1.5	2	2.5	3
马飞龙	100.0	99.4	99.3	99.3	99.3	99.3	99.3
路丽美	100	99.5	99.5	99.5	99.5	99.5	99.5
LX-Ⅰ型	100	99.8	99.8	99.7	99.7	99.7	99.7

由试验结果可以看出，在 185 ℃的条件下保持 3 h，几种抗凝冰剂的质量损失为 0.3%~0.7%（少量的质量损失是抗凝冰剂中吸潮的水分），说明这几种抗凝冰剂均具有良好的热稳定性，在沥青混合料高温拌和过程中基本无挥发性，保证了抗凝冰剂质量无变化。

2.3.4　环保性能

掺加抗凝冰剂后，其中的抑冰成分随着雨水向路表析出，可能会对具有钢结构的桥梁和路面接触并产生电化学腐蚀作用，从而影响结构物的使用寿命。因此，需要对抗凝冰剂的碳钢腐蚀速率进行测试。按照国家《融雪剂》（GB/T 23851—2017）中碳钢腐蚀测试标准方法，对几种抗凝冰剂进行碳钢腐蚀率的测试，采用旋转挂片法测定样品的缓蚀性。

试验时，首先称量试片的质量（精确到 0.1 mg），保存于干燥器中，待用；然后将不同的抗凝冰剂配制成 5%浓度的溶液，并放置于腐蚀测试设备中，待试液达到指定温度（45±1）℃时，挂入试验用试片，启动电动机，使试片按一定旋转速度转动，并开始计时，烧杯不加盖，令试液自然蒸发，每隔 4 h 补加水一次，使液面保持在刻度线处。达到指定时间 72 h 时，停止旋转试验，采用化学方法将试件的质量变化换算成碳钢腐蚀率指标。试验结果见表 2.5。

表 2.5　几种抗凝冰剂的碳钢腐蚀率

检测项目	NaCl	$CaCl_2$	马飞龙	路丽美	LX-Ⅰ型
碳钢腐蚀率/(mm/a)	0.38	0.24	0.09	0.08	0.05

从表 2.5 中的数据可知，LX-Ⅰ型抗凝冰剂的碳钢腐蚀速率最低，远远低于规范要求的 0.11 mm/a，具有较好的环保效果。

2.3.5　抗吸潮性能

由于抗凝冰剂中的抑冰成分均为氯化钠，氯化钠在裸露的空气中具有吸潮的特性，极易形成二水结晶。因此，考虑到吸潮不利于抗凝冰剂的存储以及使用寿命，抗凝冰剂应具有较好的抗吸潮性能。

采用吸水率来判断抗凝冰剂的抗吸潮性能。具体试验方法为：称取相同质量的不同类型的抗凝冰剂，置于湿度为30%、温度为25 ℃的环境温度箱中平铺，每小时测定一次各类抗凝冰剂的质量，计算每小时的质量变化率（吸水率），绘制吸水率随时间变化的曲线，即可得出各类抗凝冰剂的抗吸潮性能。

为评价几种抗凝冰材料的抗吸潮性能，将不同抗凝冰材料在30%湿度的环境温度箱中平铺，每小时测定一次其质量变化，将其吸水率与时间的变化绘于图2.6中。从图2.6中可以看出，得益于良好的包膜技术，国产抗凝冰材料的吸水率相比路丽美可降低50%以上，表明其具有更好的抗吸潮性能，从而提高了存储稳定性和使用寿命。

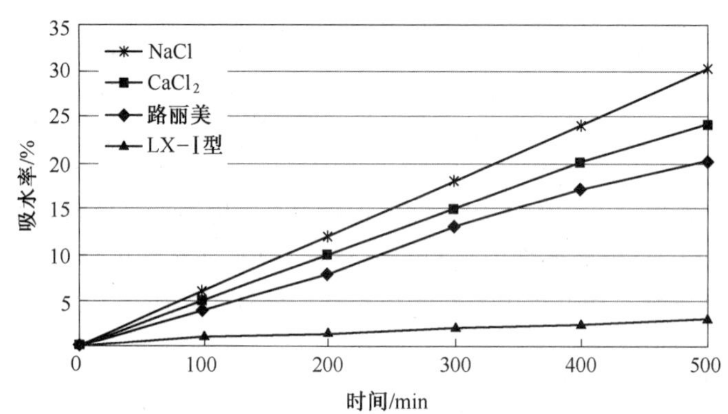

图2.6 几种抗凝冰材料的吸水率对比

2.3.6 释放速率分析

抗凝冰剂在使用过程中抑冰成分的释放速率对其抗凝冰效果具有重要意义，此外，抑冰成分的释放速率也直接影响到抗凝冰持续时间，因此需对其抑冰成分的早期和长期释放速率进行评价。

1. 试验方法

采用电导率盐分溶析法测定抑冰成分的析出速率。试验原理为：利用电导率仪测定溶液的电导率，根据溶质的浓度与电导率的换算关系式，计算出溶液中溶质的浓度。抗凝冰剂中抑冰成分主要为氯化钠可溶盐成分，氯化钠溶液的质量浓度与电导率值存在良好的相关性。将这一结果作为试件盐分溶析检测的标准曲线，计算不同条件下试件抑冰成分溶析结果，以此计算抗凝冰剂的释放速率。先测定不同浓度下氯化钠溶液的电导率值，试验结果如图2.7所示。由试验结果可知，盐化物溶液的浓度与电导率的大小存在着较好的线性相关性，相关系数达到0.999 6以上，电导率和浓度关系式为$y=9.948\ 1x+0.173\ 6$。将这一结果作为抗凝冰混合料中盐分溶析检测的标准曲线，通过测试的电导率大小，可以估算抗凝冰剂中盐分析出比例。

2. 早期释放速率评价（抗凝冰作用的及时性）

掺5%三种不同类型（马飞龙、路丽美和LX-Ⅰ型）的抗凝冰剂以及不掺抗凝冰剂的沥青混合料马歇尔试件成型，脱模后，将马歇尔试件分别置于相同体积的容器中，在室温（10 ℃

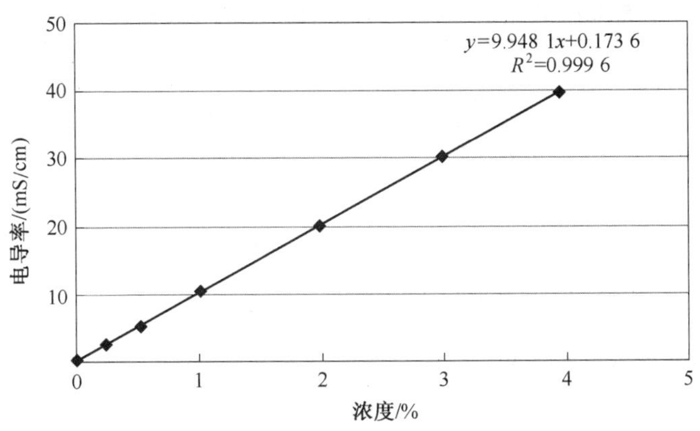

图 2.7　NaCl 浓度与电导率的线性关系曲线

作用）条件下，每组容器中加入 6 L 蒸馏水，使其完全浸没试件上表面，测定浸水 2 h 内溶液电导率变化，每隔 30 min 测定一次，用于计算早期释放速率，验证抗凝冰作用的及时性。图 2.8 所示为 MP515-01 型电导率仪。试验结果见表 2.6。

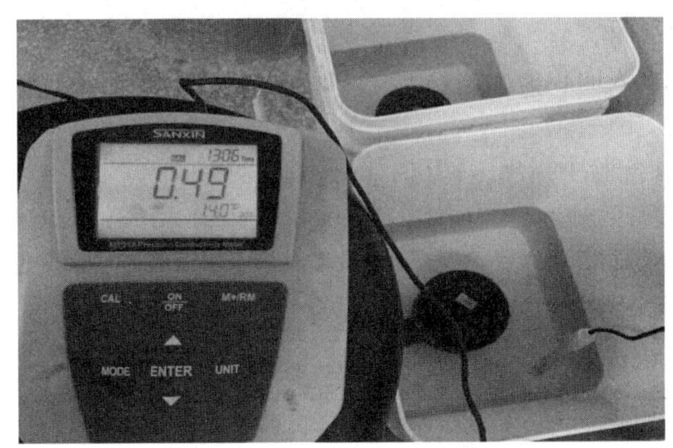

图 2.8　MP515-01 型电导率仪

表 2.6　2 h 内溶液电导率

时间/h	不同的 2 h 内溶液电导率/(mS/cm)			
	无抗凝冰剂	马飞龙	路丽美	LX-Ⅰ型
0.5	0.04	0.18	0.2	0.19
1	0.03	0.18	0.23	0.2
1.5	0.03	0.18	0.24	0.21
2	0.03	0.19	0.25	0.21

根据前文提出的溶液电导率与质量浓度关系，可换算出前 2 h 内抑冰成分析出质量，见表 2.7。

为测算三种抗凝冰剂在试件表面单位面积的析出量，量取马歇尔试件的高度与半径，利用式（2.5）计算试件表面积，抑冰成分的析出速率用式（2.6）计算。

$$S = (2\pi r^2 + 2\pi rh) \times 10^{-6} \tag{2.5}$$

表 2.7　2 h 内不同抗凝冰剂类型的抑冰成分析出质量

时间/h	不同抗凝冰剂类型的抑冰成分析出质量/g		
	马飞龙	路丽美	LX-Ⅰ型
0.5	0.042 22	0.162 847	0.102 533
1	0.042 22	0.343 788	0.162 847
1.5	0.042 22	0.404 101	0.223 16
2	0.102 533	0.464 415	0.223 16

式中　S——马歇尔试件表面积，m^2；

r——马歇尔试件半径，$r=101.6/2$ mm；

h——马歇尔试件高度，mm；

经计算，马歇尔试件的表面积均为 0.036 m^2。

$$v = \frac{m}{S \times t} \tag{2.6}$$

式中　v——道路表面盐分析出速率，$g/(m^2 \cdot h)$；

m——溶液盐分质量，g；

S——马歇尔试件表面积，m^2；

t——析出时间，h。

日本科学家中原在实验中指出，1 h 内如果路表能够每平方米析出 0.5 g 的抑冰成分，在 −3~4 ℃条件下，能够有效地起到抗凝冰的作用。从表 2.8 可知，第 1 h 内，LX-Ⅰ型抗凝冰剂的析出速率为 4.52 $g/(m^2 \cdot h)$，介于马飞龙和路丽美之间，三种抗凝冰剂的析出速率均远远大于 0.5 的要求，可达到及时发挥抗凝冰效果。

表 2.8　2 h 内不同抗凝冰剂抑冰成分析出速率

时间/h	不同抗凝冰剂抑冰成分析出速率/[$g/(m^2 \cdot h)$]		
	马飞龙	路丽美	LX-Ⅰ型
0.5	2.35	9.05	5.7
1	1.17	9.55	4.52
1.5	0.78	7.48	4.13
2	1.42	6.45	3.1

3. 长期释放速率评价（抗凝冰作用的持续性）

为评价抗凝冰作用的持续性，进一步开展不同抗凝冰剂试件长期浸水的电导率变化情况，用于计算抑冰成分的长期释放速率。将三种掺不同类型的抗凝冰剂（马飞龙、路丽美和 LX-Ⅰ型）以及不掺抗凝冰剂的沥青混合料马歇尔试件脱模后，将马歇尔试件分别置于相同体积的容器中，在室温（10 ℃作用）条件下，每组容器中加入 6 L 蒸馏水使其完全浸没试件上表面，每隔 24 h 测定溶液的电导率。然后将每组溶液的电导率绘制成曲线，根据电导率和抑冰成分浓度关系式（$y = 9.9481x + 0.1736$）计算抗凝冰剂抑冰成分的析出质量及平均析出速率，如图 2.9 所示。

根据三种抗凝冰混合料与空白试件的电导率测试结果，并按照电导率与浓度的相关性，换算成三种混合料中抗凝冰剂的析出量，如图 2.10 所示。从图中可以看到，三种混合料的析出量在第一天时增幅最大，随后缓慢增长逐渐平稳，5 d 以后基本保持稳定；分析可得，由于 LX-Ⅰ型和路丽美中的有效成分含量较高，7 d 后的盐分析出量要比马飞龙提高 30%，而与路丽美相比，LX-Ⅰ型抗凝冰剂具有更好的缓释效果，释放速率降低 15%，因此可以长期保持抗凝冰的效果。

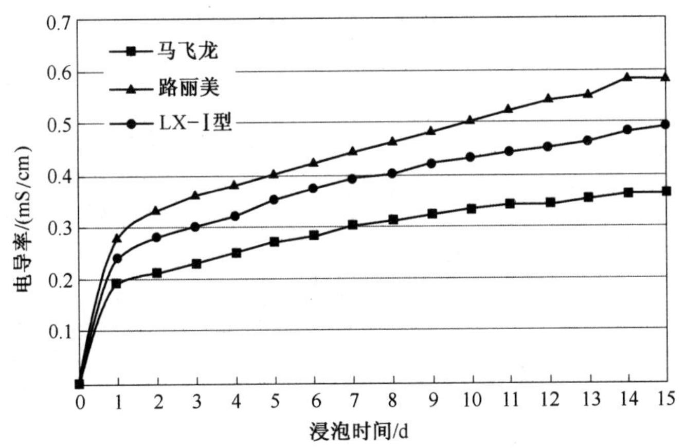

图 2.9　不同溶液的电导率

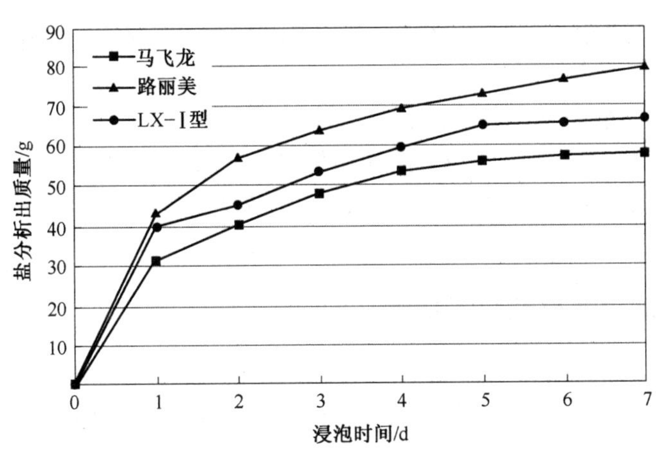

图 2.10　不同抗凝冰剂在试件中的析出量

进一步根据式（2.5）和式（2.6）计算路面表面抑冰成分析出速率，结果见表 2.9 和图 2.11。

表 2.9　抑冰成分不同时间内的平均盐分析出速率　　单位：$g/(m^2 \cdot h)$

时间/d	马飞龙	路丽美	LX-Ⅰ型
1	6.08	8.28	7.64
2	3.88	5.50	4.34
3	3.09	4.09	3.43

续表

时间/d	马飞龙	路丽美	LX-Ⅰ型
4	2.58	3.33	2.86
5	1.79	2.33	2.08
6	1.83	2.44	2.10
7	1.59	2.18	1.83

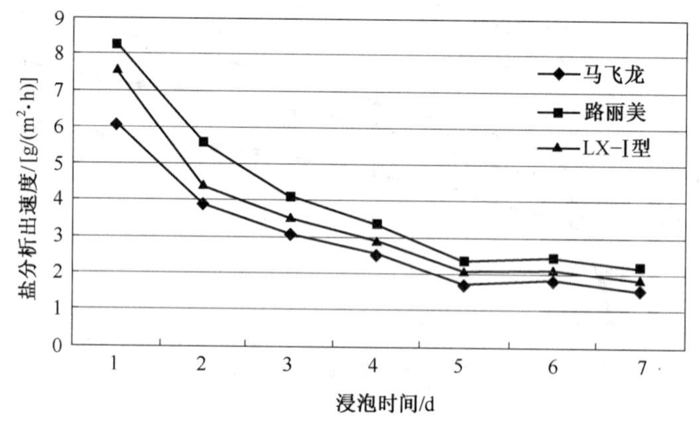

图 2.11 不同抗凝冰剂在马歇尔试件中的盐分析出速率

从表 2.9 中可以得出，在释放过程中，1 d 内的抑冰成分析出速率较快，远远高于 0.5 g/(m^2·h)，而随着浸泡时间的延长，析出速率逐渐降低，这是由于一开始混合料中抗凝冰剂含量较高，溶质扩散速率较快，后期随着抗凝冰剂的析出，溶质扩散速率减缓。进一步分析课题开发的 LX-Ⅰ型与马飞龙、路丽美析出速率对比可知，LX-Ⅰ型的析出速率介于路丽美和马飞龙之间，说明 LX-Ⅰ型能够保证抗凝冰效果的同时又能保证其抗凝冰作用时效，具有较好的抗凝冰及缓释效果。

2.3.7 缓释型抗凝冰材料技术指标

基于几种抗凝冰材料基本性能的评价结果，提出了颗粒状缓释型抗凝冰材料的关键技术指标，如表 2.10 所列。除了体积指标、抗凝冰性能、抗施工损伤性能、环保性能以外，考虑到抗凝冰材料中的盐分容易吸潮，增加了对含水率的要求，保证使用时抗凝冰材料不会因为过度吸潮后结团影响实用效果。

表 2.10 缓释型抗凝冰材料的关键技术指标

类　别	性　能		单位	要　求
体积指标	相对密度		g/cm^3	≥1.8
	颗粒粒径	2.36 mm 通过率	%	≥85
		1.18 mm 通过率	%	≥18
抗凝冰性能	溶解性		%	≥85
	冰点		℃	≤-18（LX-Ⅰ型）

续表

类　别	性　能	单位	要　求
抗施工损伤性能	硬度	N	≥15
	170℃加热质量损失	%	≤0.5
环保性能	碳钢腐蚀速率	mm/a	≤0.11
抗吸潮性能	每小时吸水率	%/h	≤1

2.4　缓释型抗凝冰材料作用机理

通过对三类抗凝冰剂的基本性能及缓释效果进行评价可知，课题组研发的抗凝冰剂具有较好的抗施工损伤性能、环保性能及缓释效果。下面从溶质扩散原理、微观结构及无机化学电池原理等方面对抗凝冰剂的抗凝冰、缓释及阻锈环保机理进行分析。

2.4.1　抗凝冰机理分析

当向路面中掺入缓释型抗凝冰材料后，通过抗凝冰材料的释放，可以达到降低路表冰点和减少冰层与路面之间黏结力的效果，从而达到抗凝冰的效果，提高路面冬季时的行车安全性。

1. 降低路表冰点

在潮湿条件下，由于抗凝冰材料的主要成分是可溶性盐，在盐的吸湿作用下，盐的表面常常被一层薄膜状的饱和盐溶液所包围。当这层薄膜溶液的蒸汽压低于空气中水蒸气分压时，盐就吸附空气中的水分而潮解，盐颗粒表面慢慢被聚集一层水薄膜，形成盐水，进而降低了路面表层水的冰冻点，达到缓解早期路面结冰的现象。

2. 降低冰层与路面之间的黏结力

在中到大雪的天气条件下，由于抗凝冰沥青路面路表存在一层盐水，此层盐水在结冰后期充当上层冰和沥青路面面层之间的过渡带，这样使得抗凝冰路面在路面结冰时的“沥青面层—盐水膜—冰层”结构区别于普通沥青路面结冰时的“沥青面层—冰层”结构，减弱了冰层与路面之间的黏结力，同时由于抗凝冰路面各层结构的模量不同，在外力的作用下各结构层和冰层的变形存在较大的差异，从而加速破冰的速率，有利于后期的除冰作业。

2.4.2　缓释型抗凝冰材料释放机理

将缓释型抗凝冰材料掺加到沥青混合料中，在行车荷载作用下，以及由于沥青路面有一定的孔隙，路面上的水分渗入到路面内部，抗凝冰材料被水分包围。在盐的吸湿作用下，盐的表面被一层薄膜状的饱和盐溶液包裹，形成盐水。根据稀溶液定律，并且在路表的孔隙渗透压、毛细管和车轮“泵吸”作用下，抗凝冰材料逐渐迁移到路表，同时路表不断有行车荷载作用，抗凝冰材料不断对路表进行补充，保证抗凝冰材料能持续从道路内部迁移至路表，如图2.12所示。

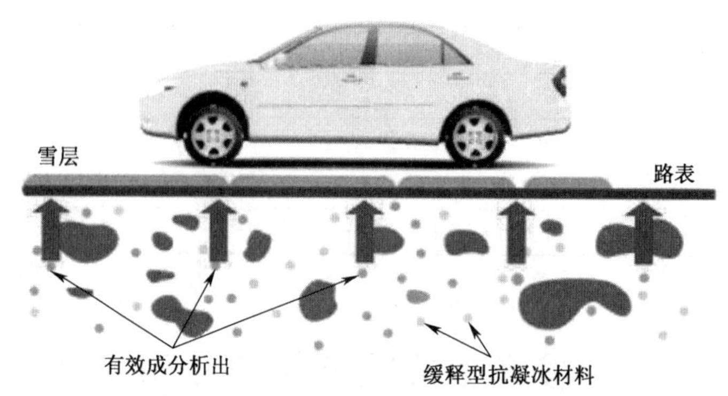

图 2.12 缓释型抗凝冰材料释放机理

此外，在释放过程中，缓释型抗凝冰材料表面由一种特殊工艺生产的油膜包裹，而在其内部和油膜本身存在一定的孔隙，因此，既能有一定的盐分释放出来，盐分通过油膜释放时又能减缓盐分的释放速率，达到缓释的效果。

2.4.3 阻锈环保作用机理

针对抗凝冰剂适用于冬季易结冰桥梁和高架路段的特点，课题组开发出并加入新型的三元阻锈剂，阻锈剂会与盐化物同时释放至路表。当阻锈剂与道路中的钢铁接触后，三元阻锈剂中阳极型缓蚀剂将在金属表面阳极区与金属离子作用，生成钝化膜，覆盖在阳极上形成保护膜；与此同时，阴极型缓蚀剂能在水中与金属表面的阴极区反应，其反应产物在阴极区沉积成膜。随着膜的增厚，阴极释放电子的反应被阻挡，从而阻止盐化物中氯离子对钢铁的腐蚀作用，起到保护道路中钢铁结构的特点，如图 2.13 所示。

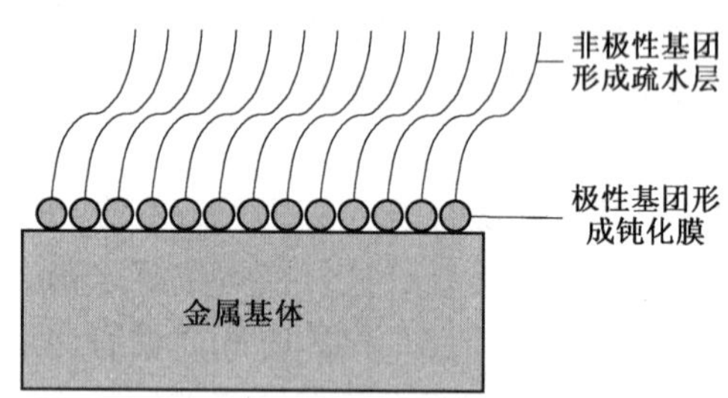

图 2.13 阻锈作用机理示意图

2.5 本章小结

本章在对国外已有的抗凝冰剂进行调研的基础上开展了缓释型抗凝冰剂的开发设计，对LX-Ⅰ型抗凝冰剂的基本性能进行研究，并与马飞龙和路丽美进行对比，最终提出课题开发的 LX-Ⅰ型抗凝冰剂技术指标。结合 LX-Ⅰ型的组分和分子结构开展其作用机理分析，并对几种抗凝冰材料的基本性能研究和缓释效果进行评价，得到以下几点主要结论。

（1）国内暂无商业化成熟的抗凝冰剂产品，国外进口产品价格较高，结合沥青路面对抗凝冰剂的环保和作用时效要求，基于“抗凝冰、降成本、高环保、缓释放”的理念开展LX-Ⅰ型抗凝冰剂开发设计。

（2）国产抗凝冰材料粒径范围在1.18~2.36 mm，呈颗粒状。试验结果表明，其具有良好的抗凝冰、抗施工损伤与环保效果。采用密度、粒径、溶解性、溶液冰点、硬度、加热损失率、碳钢腐蚀速率、每小时吸水率、释放速率等指标对课题研发的LX-Ⅰ型抗凝冰剂进行性能表征试验，建立了缓释型抗凝冰材料的技术指标体系。试验结果表明其具有良好的抗凝冰、抗施工损伤、储存稳定性、环保效果及缓释效果。根据试验最终建立了LX-Ⅰ型抗凝冰剂的技术标准。

（3）通过对LX-Ⅰ型抗凝冰剂的组分及分子结构的分析，提出了以降低盐分溶液凝固点及溶质扩散的抗凝冰作用机理、以高分子改性薄膜特殊工艺的缓释机理，以及以新型三元阻锈剂的环保机理。

（4）在机理分析方面，缓释型抗凝冰材料通过有效成分向路表释放，达到降低路表冰点、减弱冰层与路面之间黏结力的效果，并且由于表面油膜的包裹作用，减缓了释放速度，达到了缓释的效果。

（5）采用盐分溶析法评价了不同抗凝冰材料的缓释效果。试验结果表明，在有效成分含量均为90%的条件下，LX-Ⅰ抗凝冰材料的释放速率相比路丽美要降低15%，从而具有更好的缓释效果，延长抗凝冰的作用时效。

第3章

防冻沥青混合料的设计及路用性能

沥青混合料是将一定级配矿质集料与适量的沥青结合料在适当的条件下经过充分拌和而成的一种混合物。沥青混合料经摊铺、压实而成为不同类型的沥青路面。根据它的组成结构、生产工艺以及用途等的差异可以分为不同的结构类型。AC-13 和 SMA-13 是高等级公路与城市道路中常用的两种路面结构形式，针对此两种路面结构做研究分析具有一定的普遍性和实际意义。

本章对原材料的技术性质进行测试，选择技术性能满足规范要求的材料作为试验原材料，试件成型依照《公路工程沥青及沥青混合料试验规程》（JTG E20—2011）中沥青混合料试验制作方法——击实法（T0702—2011）完成。试件采用标准马歇尔试件，尺寸为 ϕ101.6 mm×63.5 mm。试件两面各击实 75 次，试件成型后在试模内自然冷却至次日脱模。脱模后，按照相关规范测试混合料的路用性能。防冻沥青路面一般作为道路的上面层，沥青混合料的物理、力学性质均受到车辆荷载和环境因素的作用。为了保证路面为车辆提供稳定、耐久的服务，沥青路面必须具有足够的高温稳定性、低温抗裂性、水稳定性、耐疲劳性能、抗老化性能等。针对两种掺防冻剂沥青混合料，从高温稳定性、低温抗裂性、抗水损害性方面着手，并进行浸水车辙试验，综合评价掺加国产自主研发防冻剂的沥青混合料的路用性能，并与掺加日本马飞龙的沥青混合料和未掺加盐化物的沥青混合料的路用性能进行对比分析[39-41]。

防冻剂的添加方法常用的有内掺法和外掺法两种。内掺法分为密度替换法和体积替换法。这两种方法使用较复杂，并且需要替换集料中的细集料。由于防冻剂是颗粒状物质且强度没有集料大，防冻剂在拌和过程中容易破碎，这样导致集料的比例不均匀，特别是细集料的比例受防冻剂的影响较大，从而影响防冻剂的空隙率，进而影响自融雪沥青路面的使用寿命。因此，防冻剂采用外掺法添加到沥青混合料中。

3.1 防冻 AC-13 沥青混合料设计

3.1.1 原材料性能

依据要求进行各种矿料的密度试验（试验结果见表 3.1）及改性沥青密度试验（试验结果见表 3.2）。

表 3.1 各种矿料相对密度试验结果

矿 料	表观相对密度	毛体积相对密度	吸水率/%
1#料	2.923	2.873	0.60
2#料	2.970	2.904	0.77
3#料	2.913	2.838	0.91
4#料	2.890	2.790	1.24
矿 粉	2.705	—	—

表 3.2 SBS 改性沥青相对密度试验结果

瓶号	瓶重/g	瓶+样/g	瓶+水/g	瓶+样+水/g	密度/(g/cm^3)	平均密度/(g/cm^3)
1	29.812	43.522	53.759	54.243	1.036 6	1.037
2	30.489	43.185	54.182	54.635	1.037 0	
3	29.405	42.286	53.259	53.717	1.036 9	

3.1.2 矿料级配设计

对各种集料和矿粉进行筛分，筛分结果见表 3.3。

表 3.3 集料通过方孔筛的百分率

筛孔尺寸/mm	16.0	13.2	9.5	4.75	2.36	1.18	0.6	0.3	0.15	0.075
1#料/%	100.0	75.9	4.8	0.3	0.3	0.3	0.3	0.3	0.3	0.3
2#料/%	100.0	100.0	98.1	18.0	0.8	0.4	0.4	0.4	0.4	0.4
3#料/%	100.0	100.0	100.0	58.1	7.1	1.2	0.3	0.3	0.3	0.3
4#料/%	100.0	100.0	100.0	100.0	90.4	61.8	38.6	22.3	14.8	10.1
矿粉/%	100.0	100.0	100.0	100.0	100.0	100.0	100.0	98.2	93.5	84.3

依据设计要求，AC-13 沥青混合料的级配要求见表 3.4 所列。

表 3.4 AC-13 沥青混合料的级配要求

筛孔尺寸/mm	16.0	13.2	9.5	4.75	2.36	1.18	0.6	0.3	0.15	0.075
上限/%	100	100	85	68	50	38	28	20	15	8
下限/%	100	90	68	38	24	15	10	7	5	4

依据设计要求，在选择混合料结构时，根据集料的筛分结果首先初选出粗、中、细三种级配（级配 1、级配 2、级配 3），然后根据工程实际应用情况选择油石比，分别制作马歇尔试件，得出试件的体积指标。根据体积指标初选一组满足或接近设计要求的级配作为设计级配。表 3.5 所列为三种级配的矿料比例，表 3.6 所列为三种矿料的合成级配通过率，图 3.1 所示为 AC-13 型三种级配曲线。

表 3.5　三种级配的矿料比例

单位:%

级配类型	1#料	2#料	3#料	4#料	矿粉
级配 1	20.0	27.0	15.0	35.0	3.0
级配 2	28.0	34.0	5.0	29.0	4.0
级配 3	20.0	22.0	15.0	40.0	3.0

表 3.6　三种矿料的合成级配通过率

单位:%

筛孔尺寸/mm	16.0	13.2	9.5	4.75	2.36	1.18	0.6	0.3	0.15	0.075
级配 1	100.0	95.2	80.5	51.7	36.0	25.0	16.7	10.9	8.2	6.2
级配 2	100.0	93.2	72.6	42.1	31.0	22.2	15.4	10.6	8.2	6.5
级配 3	100.0	95.2	80.6	55.8	40.6	28.1	18.6	12.0	8.9	6.7

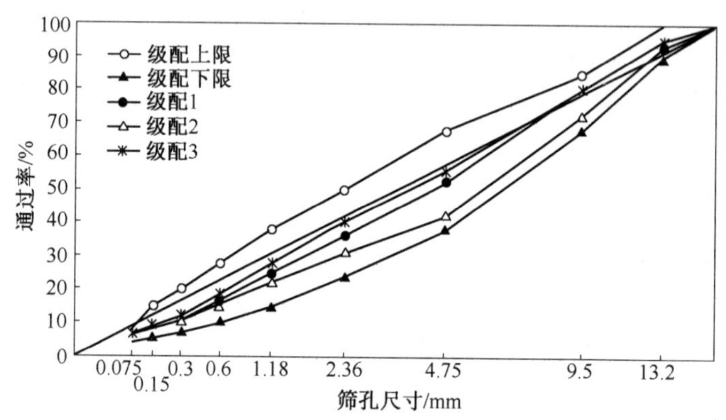

图 3.1　AC-13 型三种级配曲线

参照以往沥青路面 AC-13 目标配合比的工程应用情况，选择油石比 5.1%作为三种试件级配的油石比、双面各击实 75 次。三种试件级配马歇尔试验结果汇总见表 3.7。

表 3.7　三种试件级配马歇尔试验结果汇总

体积指标	油石比/%	试件毛体积相对密度	实测理论最大相对密度	空隙率/%
级配 1	5.1	2.399	2.542	5.6
级配 2	5.1	2.461	2.540	3.1
级配 3	5.1	2.408	2.538	5.1
技术要求	—	—	—	3~5

由表 3.7 可以看出级配 1 和级配 2 体积指标满足要求，级配 3 体积指标不满足要求。根据工程经验本次设计选择级配 2 为设计级配。

3.1.3　最佳油石比的确定

按设计矿料比例配料，采用五种油石比进行马歇尔稳定度试验。试验结果见表 3.8。

表 3.8　AC-13 设计级配的马歇尔试验结果

级配类型	油石比/%	试件毛体积相对密度	实测理论最大相对密度	空隙率/%	稳定度/kN	流值/0.1 mm
AC-13	3.5	2.410	2.578	6.5	12.37	27.8
	4.0	2.411	2.557	5.7	14.03	32.5
	4.5	2.433	2.540	4.2	15.32	26.6
	5.0	2.461	2.545	3.3	16.52	27.4
	5.5	2.444	2.506	2.5	13.44	37.3
要　求	—	—	—	3~5	≥8	15~40

根据试验结果，目标空隙率为 3%~7%，所对应的油石比为 3.5%~5.5%，综合考虑其他性能，选定油石比为 5.1%。

根据上述试验分析，选择级配 2 为设计级配，矿料比例为 1#：2#：3#：4#：矿粉＝28%：34%：5%：29%：4%，油石比为 5.1%，相对应的沥青混合料性质见表 3.9。

表 3.9　沥青混合料性质

混合料特性	设 计 结 果	技 术 要 求
试件毛体积相对密度	2.425	—
实测理论最大相对密度	2.540	—
空隙率/%	3.1	3~5
油石比/%	5.1	—
粉胶比	1.1	宜 0.6~1.6
稳定度/kN	16.52	≥8
流值/0.1 mm	27.4	15~40

3.1.4　最佳防冻剂掺量的确定

进行防冻沥青混合料的制备，并基于混合料水稳定性确定最佳防冻剂掺量，最佳掺量采用内插法。在满足规范要求的情况下，为保证融冰雪效果和使用寿命，选择防冻剂掺量较多的一组。

（1）级配设计：采用上述设计级配 2。

（2）最佳沥青用量确定：较上述最佳油石比增加 0.02%，为 5.12%。

（3）防冻剂掺量：占矿料质量 4%、5%、6%。

（4）水稳定性，高、低温性能试验：进行最佳油石比下的浸水马歇尔试验、冻融劈裂试验。

浸水马歇尔实验：沥青混合料的水稳定性用残留稳定度评价，残留稳定度越大，水稳定性越好。按照《公路工程沥青及沥青混合料试验规程》（JTG E20—2011）中《沥青混合料马歇尔稳定度试验》（T0709—2000）的方法分别检测标准马歇尔稳定度 MS 和浸水马歇尔稳定度 MS_1，按式（3.1）计算浸水残留稳定度 MS_0。

$$MS_0 = \frac{MS_1}{MS} \times 100 \tag{3.1}$$

式中 MS_0——试件的残留稳定度,%;

MS_1——试件浸水 48 h 后的稳定度，kN;

MS——试件的稳定度，kN。

掺加防冻剂的混合料与未掺防冻剂的混合料进行对比，试验结果见表 3.10。

表 3.10 AC-13 混合料的浸水马歇尔试验

掺量/%	未浸水			浸水			浸水残留稳定度/%
	编号	稳定度/kN	平均值/kN	编号	稳定度/kN	平均值/kN	
0	1	16.44	16.45	4	15.08	15.27	92.8
	2	16.42		5	15.40		
	3	16.5		6	15.32		
4	1	16.86	16.46	4	14.73	14.53	88.3
	2	16.01		5	14.45		
	3	16.52		6	14.40		
5	1	15.18	15.68	4	13.10	13.64	87.0
	2	15.84		5	13.84		
	3	16.01		6	13.98		
6	1	14.01	14.36	4	11.57	11.31	78.8
	2	14.30		5	11.24		
	3	14.76		6	11.11		

从图 3.2 中可以看出，随着防冻剂掺量的增加，浸水和浸水稳定度都呈现明显降低的趋势。在防冻剂掺量达到 5%时，残留稳定度满足规范要求；当防冻剂掺量达到 6%时，残留稳定度低于规范要求。说明防冻剂在一定掺量下可以保证沥青混合料的稳定度，尤其是未浸水稳定度，但掺量超过一定范围时，会降低沥青混合料的稳定度。从图 3.3 可以看出，随着防冻剂掺量的增加，浸水残留稳定度有所降低，都低于不掺防冻剂的试件，防冻剂掺量为 6%时，浸水残留稳定度不满足规范要求，说明防冻剂的加入降低了沥青混合料的浸水稳定度，可以采用水稳定性指标确定防冻剂的最佳掺量。

现行规范也采用冻融劈裂强度比（TSR）评价沥青混合料的水稳定性，TSR 越大，水稳定性越好。按照《公路工程沥青及沥青混合料试验规程》（JTG E20—2011）中 T0729—2000 的方法分别检测未经冻融循环试件的劈裂抗拉强度 R_{T1} 及冻融循环后试件的劈裂抗拉强度 R_{T2}，按式（3.2）~式（3.4）计算冻融劈裂试验强度比 TSR，结果见表 3.11。

$$TSR = \frac{R_{T2}}{R_{T1}} \times 100 \tag{3.2}$$

$$R_{T1} = 0.006\ 287 \frac{P_{T1}}{h_1} \tag{3.3}$$

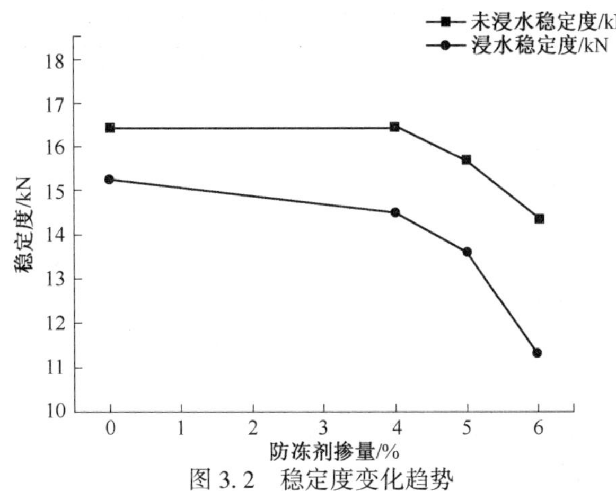

图 3.2　稳定度变化趋势

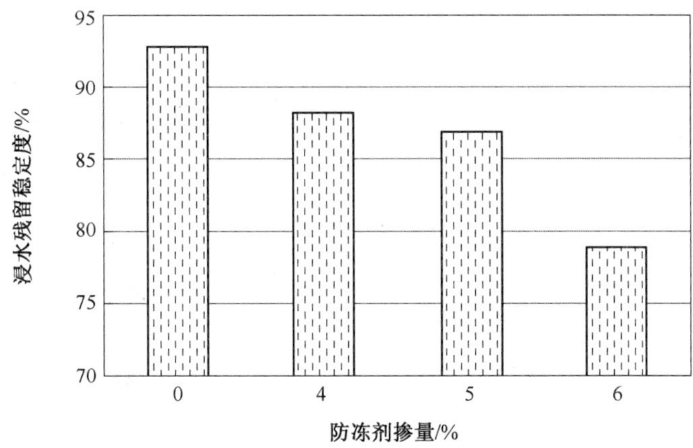

图 3.3　不同掺量浸水残留稳定度

$$R_{T2} = 0.006\ 287 \frac{P_{T2}}{h_2} \tag{3.4}$$

式中　TSR——冻融劈裂试验强度比，%；

R_{T1}——未进行冻融循环的第一组试件的劈裂抗拉强度，MPa；

R_{T2}——经受冻融循环后第二组试件的劈裂抗拉强度，MPa；

P_{T1}——第一组试件的试验荷载的最大值，N；

P_{T2}——第二组试件的试验荷载的最大值，N；

h_1——第一组试件的高度，mm；

h_2——第二组试件的高度，mm。

从图 3.4 可以看出，随着防冻剂的增加，沥青混合料的劈裂强度降低，混合料的冻融劈裂强度比随之降低，且降低幅度逐渐增大，尤其是当掺量超过5%时，降低的幅度更大。说明防冻剂在一定掺量下可以保证沥青混合料的劈裂强度，但有一定的掺量范围。从图 3.5 可知，防冻剂降低了沥青混合料的冻融劈裂强度比，因此在保证水稳定性的前提下，适当降低防冻剂的掺量，或者采用有效措施来改善混合料的冻融劈裂强度。

表 3.11 两种 AC-13 混合料的冻融劈裂试验

掺量/%	编号	劈裂强度/MPa	劈裂强度平均值/MPa	编号	冻融劈裂强度/MPa	冻融劈裂强度平均值/MPa	冻融劈裂强度比
0	1	1.286 0	1.313	4	1.145 9	1.178	89.7
	2	1.343 8		5	1.109 3		
	3	1.309 8		6	1.280 2		
4	1	1.214 0	1.284	4	0.939 3	1.085	84.5
	2	1.347 8		5	1.122 8		
	3	1.290 0		6	1.193 5		
5	1	1.166 6	1.199	4	1.013 9	0.964	80.4
	2	1.205 1		5	0.991 1		
	3	1.224 7		6	0.888 4		
6	1	1.015 6	1.042	4	0.788 0	0.728	69.9
	2	1.073 7		5	0.770 3		
	3	1.037 9		6	0.624 7		

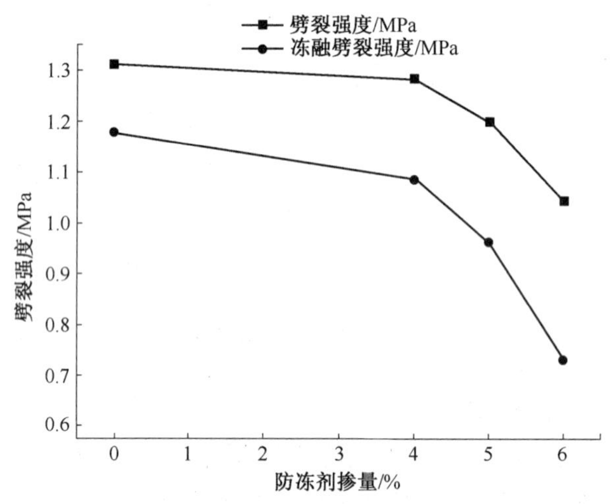

图 3.4 不同掺量下劈裂强度变化趋势

根据混合料的稳定度及冻融劈裂强度试验结果，分析防冻剂对混合料性能影响的原因。集料性质包括表面化学性质、孔隙大小、表面积等，这些性质均对沥青混合料的水稳定性有影响。集料表面含有铁、钙、镁、铝等高价阳离子时，与沥青产生化学吸附形成稳定的吸附层；而集料表面含有钠、钾等低价阳离子时，与沥青产生化学吸附形成的吸附层极不稳定，遇水后易被乳化。因此，在防冻剂材料中，粉碎的氯盐颗粒的存在会显著降低集料与沥青之间产生的化学吸附层的稳定性，遇水后，沥青混合料的水稳定性能降低。因此，在使用防冻剂时，要采取措施提高其混合料的水稳定性能。

长安大学在对防冻混合料的水稳定性进行研究时，得到了相同的实验结果，即在相同级

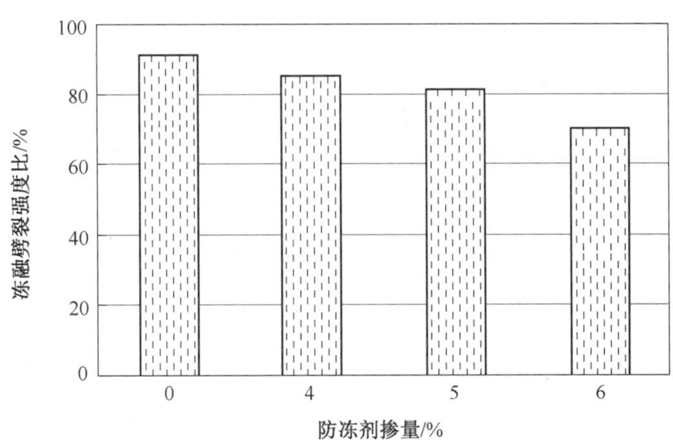

图 3.5　不同掺量下冻融劈裂强度比

配和油石比条件下，浸水残留稳定度和冻融劈裂残留强度比均随添加防冻剂掺量的增加而降低，添加防冻剂沥青混合料的水稳定性随防冻剂含量的增加而下降。因此，为了保证添加防冻剂沥青混合料的水稳定性，必须控制防冻剂的添加量，防冻剂置换矿粉比例应根据试验结果确定。

综合以上水稳定性试验结果，对于 AC-13 沥青混合料，采用内插法，最终确定国产防冻剂的最佳掺量为 5.5%。

另外，制作的防冻沥青混合料马歇尔试件要有一定的养护时间才能进行指标的测试，而试件在空气中放置一段时间后，会出现吸潮现象，表面会凝结有大量的水珠，如图 3.6 所示。

（a）普通AC-13沥青混合料

（b）防冻AC-13沥青混合料

图 3.6　防冻沥青混合料的吸潮现象

出现此现象是由于盐化物包括氯盐，这种化合物有吸潮特性，因而试件放置在空气中就会慢慢出现小水滴凝结在表面。在做沥青混合料试验时要注意采取措施预防。

（1）利用马歇尔击实仪成型的试件，待试件冷却马上开始脱模，将脱下来的试件利用塑料袋或者保鲜膜包裹，放在通风干燥的地方，防止吸收空气中的水分。

（2）车辙板在试件成型冷却后，把试件与空气接触的上表面用保鲜膜覆盖，放在通风干燥的地方，待做试验时去除保鲜膜。

（3）试件每次使用前制作，减少存放时间。禁止一次制作大量试件放置很长时间，多次试验使用。

3.2 防冻 AC-13 混合料的性能

防冻剂掺入到沥青混合料中，改变了沥青胶结料的性质，引起了沥青混合料各项路用性能的下降，包括高温性能、低温性能及水稳定性等。对最佳掺量下防冻 AC-13 混合料各项路用性能进行试验，研究防冻剂与路用性能之间的关系。

3.2.1 水稳定性

水损害是沥青路面的主要病害之一。水损害是指沥青路面在水或冻融循环的作用下，由于车辆动态荷载的作用，进入路面空隙中的水不断产生动水压力或真空负压抽吸的反复循环作用，水分逐渐渗入到沥青与集料的界面上，使沥青黏附性降低并逐渐丧失黏结力，沥青从集料表面剥离，沥青混合料掉粒、松散，继而形成沥青路面的坑槽、推挤变形等损坏现象。

目前，国内外各种水稳定性试验的评价方法很多，其中得到广泛应用的有浸水马歇尔试验、冻融劈裂试验和浸水车辙试验等。其中，浸水车辙试验结果的离散型较大，冻融劈裂试验能够在短时间内集中、强化水对沥青混合料的影响，较好地模拟路面较长时间的影响。同时，冻融劈裂试验操作简单，结果规律性强、变异性小、数据稳定。因此，结合现行规范要求，对添加防冻剂的沥青混合料的水稳定性采用浸水马歇尔试验和冻融劈裂试验方法验证，并采用残留稳定度和冻融劈裂残留强度比表征。

根据设计结果，进行防冻剂掺量为 5.5%沥青混合料的浸水马歇尔试验和冻融劈裂试验来检验设计效果。试验结果分别见表 3.12 和表 3.13。

表 3.12 浸水马歇尔试验结果

级配类型	非条件（0.5 h）			条件（48 h）			残留稳定度 MS_0/%	要求 /%
	空隙率 /%	稳定度 /kN	流值 /0.1 mm	空隙率 /%	稳定度 /kN	流值 /0.1 mm		
AC-13	5.1	15.21	36.5	6.3	13.07	39.1	85.7	≥85
	5.2	15.34	38.6	6.5	13.42	38.4		
	5.2	15.87	37.1	6.2	13.27	38.7		
平均值	5.2	15.47	37.4	6.3	13.25	38.7		

表 3.13　冻融劈裂试验结果

级配类型	非条件劈裂		条件劈裂		劈裂强度比 TSR/%	要求/%
	空隙率/%	劈裂强度/MPa	空隙率/%	劈裂强度/MPa		
AC-13	5.2	1.210 9	6.3	0.970 1	81.1	≥80
	5.4	1.161 7	6.2	0.965 2		
	5.1	1.136 9	6.6	0.966 1		
	5.5	1.215 6	6.4	0.932 6		
平均值	5.3	1.181 3	6.4	0.958 5		

从试验结果可以看出，设计的混合料水稳定性满足要求。在浸水和冻融实验中，由于防冻剂主要成分为氯化钠，在泡水过程中空隙率增大，导致试件的马歇尔稳定度和劈裂强度有所降低。因此，建议在后期防冻剂材料开发中，可针对防冻剂的融冰雪特点，开发遇水后盐分析出比较缓慢的防冻剂，即缓释效果突出的产品。

3.2.2　高温性能

沥青混合料是一种黏弹性材料，这种材料在外力的长时间作用下，作为响应的变形或应变会随试件的增加不断增大，在取消外力后变形随时间的增长而逐渐恢复，甚至一部分变形会永久保持，这是黏弹性材料典型的力学行为。沥青及沥青混合料的黏弹性特征在高温条件下表现得尤为突出。车辙或永久变形就是黏弹性特征的直接反映。

车辙是沥青路面的主要损坏现象之一。从我国沥青路面的破坏现象分析来看，在各类破坏现象中，车辙问题尤其严重。在其他发达国家，如美国、法国、比利时、日本等国，高速公路路面翻修或罩面的原因中，车辙占到 80%以上。由此可见，沥青混合料的高温稳定性验证是十分必要的。我国《公路沥青路面施工技术规范》（JTG F40—2004）规定，对于用于高速公路和一级公路的密级配沥青混合料，需要在配合比设计的基础上通过车辙试验进行高温稳定性的验证，对不符合要求的沥青混合料，必须更换材料或重新进行配合比设计。

由于沥青混合料的强度与刚度（模量）随温度的升高而显著下降，为了保证沥青路面在高温季节形成荷载反复作用下不致产生诸如波浪、推移、车辙、拥包等病害，沥青路面应具有良好的高温稳定性。

沥青混合料的高温稳定性是指沥青混合料在荷载作用下抵抗永久变形的能力，而沥青混合料的高温稳定性良好与否集中体现在车辙问题方面。车辙试验试件成型采用轮碾成型，长 300 mm，宽 300 mm，厚 50 mm。车辙试验温度为 60 ℃，轮压为 0.7 MPa，以动稳定度作为评价指标来衡量沥青混合料抗高温性能。动稳定度按式（3.5）进行计算。

$$DS = \frac{(t_2 - t_1) \times N}{d_2 - d_1} \times C_1 \times C_2 \tag{3.5}$$

式中　DS——动稳定度，次/mm；

C_1——试验机类型修正系数，取 1.0；

C_2——试件系数，取 1.0；

d_2——对应于试验时间为 60 min 时试件上的车辙深度，mm；

d_1——对应于试验时间为 45 min 时试件上的车辙深度，mm。

在（60±1）℃、（0.7±0.05）MPa 条件下进行车辙试验，以检验沥青混合料的高温稳定性，高温车辙试验结果见表 3.14。

表 3.14 高温车辙试验结果

试件类型	试件编号	动稳定度/(次/mm)	动稳定度平均值/(次/mm)
未掺防冻剂	1	3 882	3 747
	2	3 598	
	3	3 762	
掺 5.5%防冻剂	1	2 937	2 856
	2	3 058	
	3	2 574	

从试验结果可以看出，设计防冻沥青混合料的动稳定度为 2 856 次/mm，满足一般改性沥青混合料高温性能的要求，设计的 AC-13 混合料具有较好的高温稳定性。查找相关文献资料，掺日本马飞龙融雪剂的 AC-13 混合料的约为普通 AC-13 混合料的 60%，掺路丽美防冻剂的约为普通 AC-13 混合料的 70%。本书所研究的国产防冻剂对混合料高温性能影响程度与路丽美相当，能够满足现行规范要求，因此可以用于推广铺筑防冻路面。

3.2.3 低温性能

沥青混合料的低温开裂对沥青路面的使用性能有很大的影响。裂缝不仅破坏了路面的连续性、整体性及美观，而且随着表面雨水和雪水的进入，导致裂缝两侧的路面结构层，特别是裂缝附近土基的含水量增大，甚至饱和。其结果是路面强度明显降低，在大量的行车荷载反复作用下，产生冲刷和唧泥现象，路面承载能力下降，加速路面破坏。

现在，我国一般采用低温小梁弯曲试验来研究沥青混合料的低温性能，低温小梁弯曲试验是通过测定规定温度和加载速率时混合料弯曲破坏的力学参数——破坏时的抗弯拉强度和破坏时的弯拉应变等，评价沥青混合料的低温抗裂性能。本书研究评价混合料的低温性能时即采用此种方法，并以破坏时的最大弯拉应变作为评价指标。

按照《公路工程沥青及沥青混合料试验规程》（JTG E20—2011）中《沥青混合料弯曲试验》（TD715—2011），按式（3.6）~式（3.8）计算试件的最大弯拉应变。

$$R_B = \frac{3LP_B}{2bh^2} \tag{3.6}$$

$$\varepsilon_B = \frac{6hd}{L^2} \tag{3.7}$$

$$S_B = \frac{R_B}{\varepsilon_B} \tag{3.8}$$

式中 R_B——试件破坏时的抗弯拉强度，MPa；

ε_B——试件破坏时的最大弯拉应变，με；

S_B——试件破坏时的弯曲劲度模量，MPa；

b——跨中断面试件的宽度，mm；

h——跨中断面试件的高度，mm；

L——试件的跨径，mm；

P_B——试件破坏时的最大荷载，N；

d——试件破坏时的跨中挠度，mm。

参照国内低温弯曲试验规范，在温度为-10 ℃、速率为 50 mm/min 的条件下进行低温弯曲试验，以检验沥青混合料的低温性能，如图 3.7 所示。试验结果见表 3.15 和表 3.16。

（a）普通AC-13沥青混合料

（b）防冻沥青混合料

图 3.7　低温弯曲试验后的小梁

表 3.15　未含防冻剂的 AC-13 混合料试验结果

试件编号	最大荷载/kN	跨中挠度/mm	抗弯拉强度/MPa	劲度模量/MPa	破坏应变/με
1	0.960	0.462	7.72	3 165.7	2 439.4
2	0.921	0.470	7.47	3 026.8	2 467.5
3	0.960	0.468	7.72	3 125.1	2 471.0
4	0.965	0.461	7.78	3 205.7	2 427.2
5	1.020	0.473	8.18	3 274.4	2 497.4
6	0.950	0.476	7.71	3 076.8	2 506.1
平均值	0.963	0.468	7.76	3 145.8	2 468.1

表 3.16　含防冻剂的 AC-13 混合料试验结果

试件编号	跨中挠度/mm	抗弯拉强度/MPa	劲度模量/MPa	破坏应变/με
1	0.321	5.50	2 657.8	2 069.4
2	0.352	4.76	2 413.5	1 972.2
3	0.342	5.23	2 895.5	1 806.3
4	0.335	5.44	2 834.3	1 919.3
5	0.35	4.17	2 256.0	1 848.4
6	0.349	4.06	2 208.7	1 838.2
平均值	0.342	4.57	2 544.3	1 909.0

从以上低温弯曲试验结果可以看出，在相同级配和油石比条件下，防冻沥青混合料的最大弯拉应变有明显下降。当防冻剂掺量为5.5%时，最大弯拉应变为1 909 με，不满足现行《公路沥青路面施工技术规范》（JTG F40—2004）对普通沥青混合料最大弯拉应变不小于2 000次/mm的要求，但对于防冻沥青混合料，其本身可有效降低冰点，且主要在0 ℃左右防止薄冰的产生，因此可适当降低防冻沥青混合料的低温弯拉应变指标。防冻沥青混合料低温性能下降一方面是由于在切割小梁和低温养生的过程中，试件表面的防冻剂成分溶析出来，故在进行加载时，小梁较未掺加防冻剂的沥青混合料易断裂。另一方面随着防冻剂的析出，试件空隙率增大导致混合料低温性能下降。

3.3 防冻SMA-13混合料的设计

SMA(stone mastic asphalt，沥青玛蹄脂碎石）混合料是按照空隙率较小的原则，以沥青玛蹄脂填充骨架的空隙，形成一种骨架密实结构的沥青混合料。由于间断级配的碎石骨架在表面形成大的孔隙，构造深度大，表面水可在内部流动，并能使较少量的水在孔隙内部暂时储存，这样就减少了高速行驶的车辆发生飘滑和滑溜的可能性，同时可以为轮胎与路表之间的水分提供一个压力消减槽，可以大大改善路面潮湿状态下的抗滑性。为确定在SMA混合料掺加防冻剂的适宜比例，同时确保掺加防冻剂的SMA混合料的路用性能。本书对防冻SMA-13混合料的配合比进行了设计。

3.3.1 混合料级配

SMA-13沥青混合料的质量百分率见表3.17。

表3.17 SMA-13沥青混合料的质量百分率

筛孔尺寸/mm	16.0	13.2	9.5	4.75	2.36	1.18	0.6	0.3	0.15	0.075
上限/%	100.0	100.0	75.0	40.0	28.0	24.0	20.0	16.0	15.0	12.0
下限/%	100.0	90.0	50.0	23.0	15.0	14.0	12.0	10.0	9.0	7.0

在规范规定的级配范围内选择三条设计级配曲线，三条设计级配曲线分别位于规范规定级配范围的上方、中值及下方，通过对不同实验设计级配曲线的性能评价，最终确定一条合理的设计级配曲线。确定SMA-13的三种级配A、B、C的4.75 mm通过率分别为22.9%、26.7%、29.7%，三种矿料级配的组成见表3.18和图3.8。

表3.18 三种矿料级配的不同矿料的质量百分率

级配类型（用料比）	筛孔尺寸/mm									
	16	13.2	9.5	4.75	2.36	1.18	0.6	0.3	0.15	0.075
级配A（41：39：9：11）	100	93.8	62.4	22.9	19.1	16.6	14.6	12.6	11.7	9.9
级配B（40：36：13：11）	100	94.0	63.3	26.7	22.7	19.0	16.1	13.2	12.0	10.1
级配C（37：36：16：11）	100	94.4	66.1	29.7	25.3	20.8	17.2	13.7	12.3	10.2
规范上限	100	100	75	34	26	24	20	16	15	12
规范下限	100	90	50	20	15	14	12	10	9	8

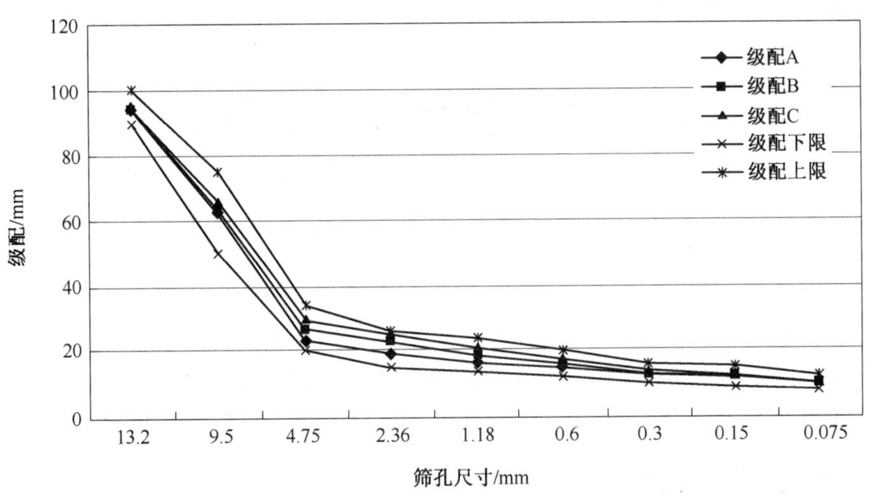

图 3.8　SMA-13 的设计级配曲线

分别测定三种矿料级配捣实状态下的堆积密度，按式（3.9）计算出三种级配的 VCA_{DRC}。堆积密度实验结果见表 3.19，容量筒重 1 428 g。

表 3.19　堆积密度实验结果

级配类型		容量筒+料/g	平均质量/g	容量筒体积 V/mL	堆积密度/(g/cm³)
级配 A	1	9 873	9 898.5	4 969	1.705
	2	9 924			
级配 B	1	9 742	9 768.5	4 969	1.679
	2	9 795			
级配 C	1	9 845	9 880.0	4 969	1.701
	2	9 915			

沥青混合料用粗集料骨架捣实状态下的间隙率按下式计算。

$$VCA_{DRC} = (1 - \rho/\rho_b) \times 100\% \tag{3.9}$$

式中　VCA_{DRC}——捣实状态下粗集料骨架间隙率，%；

ρ_b——按《公路工程集料试验规程》（JTG E42—2005）中 T0304—2005 确定的粗集料的毛体积密度，t/m³；

ρ——按捣实法测定的粗集料的自然堆积密度，t/m³。

三种级配的 VCA_{DRC} 见表 3.20。

表 3.20　三种级配的 VCA_{DRC}

级配类型	堆积密度/(g/cm³)	4.75 mm 通过率/%	粗集料毛体积密度/(g/cm³)	VCA_{DRC}/%
级配 A	1.705	22.9	2.866	40.51
级配 B	1.679	26.7	2.866	41.42
级配 C	1.701	29.7	2.866	40.65

按油石比6.0%制作马歇尔试件，测定VCA_{mix}及VMA等指标，三种级配的VCA_{mix}实验结果见表3.21。

表3.21 三种级配的VCA_{mix}实验结果

级配类型	油石比/%	毛体积密度/(g/cm^3)	矿料合成毛体积相对密度/(g/cm^3)	VMA/%	VCA_{mix}/%
级配A	6	2.408	2.846	20.46	39.12
级配B	6	2.436	2.848	19.60	41.41
级配C	6	2.446	2.850	19.32	43.57

在满足$VCA_{mix}<VCA_{DRC}$和VMA>17%的基础上确定级配的配合比。由表3.20和表3.21可以看出级配A和级配B均满足要求，取4.75 mm通过量最大的级配（级配B）为设计级配。

3.3.2 最佳油石比的确定

按选定的配合比（级配B）称取矿料，采用SBS改性沥青，分别按油石比5.6%、5.9%、6.2%分别制作马歇尔试件，并进行马歇尔稳定度试验，测定各个试验指标。SMA-13试验结果如表3.22所示。

表3.22 SMA-13试验结果

级配类型	油石比/%	稳定度/kN	流值/mm	理论密度	毛体积密度	空隙率/%
SMA-13	5.6	8.84	2.59	2.611	2.501	4.2
	5.9	8.66	2.48	2.601	2.503	3.8
	6.2	8.61	2.42	2.579	2.514	2.5

根据以上试验结果和SMA-13设计规范的要求，当使用沥青混合料的毛体积密度时，空隙率应控制在4%。本次设计中空隙率为4%时，油石比大约为5.8%，且各项指标均满足设计要求，故以5.8%为最佳油石比。

3.4 防冻SMA-13混合料的性能

防冻剂加入到沥青混合料中，引起了沥青混合料各项路用性能的下降，包括高温性能、低温性能及水稳定性等。分别对不同防冻剂掺量的防冻混合料的各项路用性能进行试验，研究防冻剂掺量与路用性能之间的关系。

3.4.1 水稳定性

对沥青混合料来说，沥青膜的抗剥落性能是非常重要的性质。为了建造稳定耐久的沥青路面，沥青与集料的黏附性和抗剥落性能是防止路面破坏最基本的条件之一。所谓沥青混合料的水稳定性，即抗水损坏能力，是指沥青混合料在水存在的条件下，经受荷载和温度胀缩的反复作用，一方面水分逐步浸入到沥青与集料的界面上；另一方面由于水动力的作用，沥青膜渐渐地从集料表面剥落，并导致集料之间的黏结力丧失而使混合料整体力学强度降低的过程。沥青混合料水损害的机理和特征可以从其破坏的发展历程看出：在开始阶段，水分进入沥青与集料的界面，以水膜或水汽的形式存在，影响沥青与集料的黏附性；在荷载和温度胀缩的反复作用下，沥青膜与集料开始剥落；随着水的进一步进入，集料开始松散、剥落；最后，沥青混合料的整体力学强度降低。

对普通的密级配沥青混凝土来说，粗集料基本上是悬浮在沥青砂浆中，空隙率小于极限空隙率（一般为 2%~4%）时，沥青在夏季受热膨胀时无适当的空隙可去，便容易上浮（泛油），混合料产生拥挤、车辙等流动性变形。首先是上面层，为解决路面结构实际空隙率较大的问题，可以选用沥青玛蹄脂碎石（SMA）混合料结构。SMA 混合料是由沥青玛蹄脂填充间断级配的矿质骨架组成的混合料。SMA 混合料基本上不透水的优点可使沥青路面的水稳定性得到很大的改善。其次是下面层，在冬季发生冰冻的过程中，水分通过毛细作用向上聚集，待到春融季节，融化的过量水分就滞留在底面层的混合料的空隙中。空隙水在长期的行车荷载作用下，动水压力对沥青膜与集料的黏附性是一个非常大的威胁。因此，在沥青面层的下面层可采用沥青含量高的沥青砂做下封层，或在沥青面层的下面层或连接层使用空隙率很大、集料间嵌挤作用好的沥青碎石结构层。对于第二种途径，应从混合料的材料上考虑，如沥青应选用黏附性较高的，石料可以选用碱性石料，其与沥青的黏附性好但碱性石料的耐磨性很差，不能达到沥青路面抗滑及耐磨耗的要求；酸性石料石质坚硬、耐磨，能重复发挥集料间的嵌挤作用，但与沥青的黏附性较差，这就需要在拌和沥青混合料的时候加入一定量的抗剥落剂，而剥落剂常用的有石灰、消石灰和生石灰。

本研究通过冻融劈裂试验分析不同掺量的防冻剂及冻融作用对沥青混合料水稳定性的影响，试验设计思路以及冻融循环条件与 AC-13 试验过程相同。

防冻 SMA-13 沥青混合料浸水马歇尔试验结果见表 3.23。

表 3.23　防冻 SMA-13 沥青混合料浸水马歇尔试验结果

掺量/%	未浸水			浸水			浸水残留稳定度/%
	编号	稳定度/kN	稳定度平均值/kN	编号	稳定度/kN	稳定度平均值/kN	
0	1	18.34	18.54	1	18.14	17.43	94
	2	19.53		2	16.97		
	3	17.74		3	17.18		
4	1	17.62	17.63	1	15.75	15.51	88
	2	17.98		2	15.34		
	3	17.29		3	15.44		
5	1	16.05	16.45	1	12.26	13.32	81
	2	16.85		2	14.46		
	3	16.46		3	13.23		
6	1	15.47	16.13	1	11.79	11.77	73
	2	16.28		2	11.95		
	3	16.64		3	11.56		

按《公路工程沥青及沥青混合料试验规程》（JTG E20—2011）中劈裂试验（T0716）要求进行劈裂试验，得到试验的最大荷载。防冻沥青混合料冻融劈裂试验结果见表3.24。

表3.24　防冻沥青混合料冻融劈裂试验结果

掺量/%	编号	平均高度/mm	劈裂强度/MPa	劈裂强度平均值/MPa	编号	平均高度/mm	劈裂强度/MPa	劈裂强度平均值/MPa	冻融劈裂强度比/%
0	1	6.36	0.92	0.84	4	6.37	0.77	0.76	92
	2	6.28	0.82		5	6.30	0.83		
	3	6.34	0.76		6	6.32	0.69		
4	1	6.44	0.75	0.72	4	6.41	0.61	0.62	86
	2	6.44	0.72		5	6.39	0.62		
	3	6.32	0.69		6	6.30	0.62		
5	1	6.43	0.68	0.67	4	6.45	0.54	0.52	80
	2	6.50	0.67		5	6.51	0.50		
	3	6.70	0.65		6	6.67	0.53		
6	1	6.56	0.65	0.63	4	6.59	0.49	0.45	71
	2	6.57	0.66		5	6.60	0.45		
	3	6.60	0.59		6	6.63	0.41		

由浸水马歇尔和冻融劈裂试验结果可以看出，在相同级配和油石比条件下，浸水残留稳定度和冻融劈裂残留强度比均随添加防冻剂的增加而降低，即添加防冻剂的沥青混合料水稳定性随防冻剂含量的增加而下降。当防冻剂掺量为6%时，添加防冻剂沥青混合料残留稳定度和冻融劈裂残留强度比已不能满足现行规范要求。因此，为了保证添加防冻剂沥青混合料的水稳定性，必须控制防冻剂的添加量，防冻剂添加量应根据水稳定性试验结果确定，建议SMA-13防冻剂最佳掺量为5%。

长安大学在研究防冻混合料的水稳定性时得到相同的实验结果，即防冻剂掺量与防冻混合料水稳定性的关系与本研究结果相同，即在相同级配和油石比条件下，浸水残留稳定度和冻融劈裂残留强度比均随添加防冻剂剂量的增加而降低，添加防冻剂沥青混合料的水稳定性随防冻剂含量的增加而下降。

3.4.2　高温性能

为了检验不同防冻剂掺量情况下融冰雪沥青混合料的高温稳定性的影响，采用所确定的不同防冻剂掺量的混合料并进行车辙试验，车辙试验结果见表3.25和图3.9。

表3.25　高温抗车辙试验

防冻剂掺量/%	编号	d_1/mm	d_2/mm	动稳定度/(次/mm)	动稳定度平均值/(次/mm)
0	1	1.395	1.463	9 333	8 837
	2	1.425	1.500	8 340	

续表

防冻剂掺量/%	编号	d_1/mm	d_2/mm	动稳定度/(次/mm)	动稳定度平均值/(次/mm)
4	1	1.425	1.515	7 000	6 667
	2	2.535	2.640	6 000	
	3	1.688	1.778	7 000	
5	1	1.320	1.448	4 941	5 096
	2	1.950	2.070	5 250	
6	1	1.343	1.463	5 250	4 836
	2	1.943	2.085	4 421	

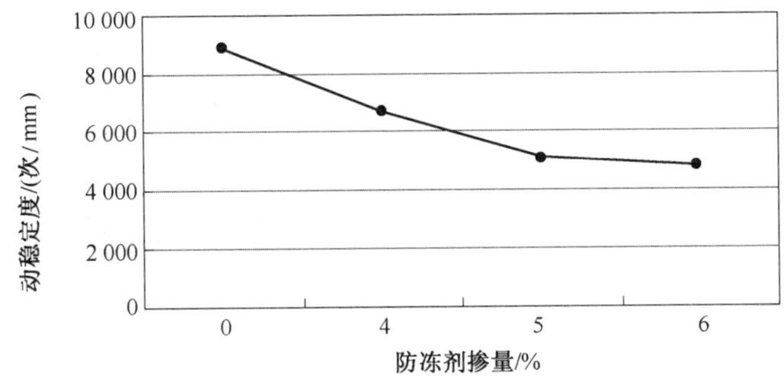

图3.9　不同防冻剂掺量时混合料的高温稳定性

由图3.9可以看出，由于设计了较好的骨架结构并采用了SBS改性沥青，课题组所设计的SMA混合料具有良好的高温稳定性；但随着防冻剂掺量的提高，混合料的高温稳定性明显下降，当防冻剂百分比超过5%后，混合料的高温稳定性趋于稳定。掺日本马飞龙融雪剂的SMA-13混合料约为普通SMA-13混合料的55%，掺路丽美防冻剂的SMA-13混合料约为普通SMA-13混合料的60%。本书研究的国产防冻剂对混合料高温性能影响程度与路丽美相当，能够满足现行规范要求，因此可以用于推广铺筑防冻路面。

沥青与矿粉的交互作用是影响沥青混合料抗剪强度的主要因素之一。根据H. M. 鲍尔雪采用紫外线分析法对石灰石粉和石英石粉两种典型的矿粉进行的研究，结果表明，不同性质的矿粉表面形成不同组成结构和厚度的吸附溶化膜，在石灰石粉表面形成较为发育的吸附溶化膜，而在石英石粉表面则形成发育较差的吸附溶化膜。

所以在沥青混合料中，在最佳油石比条件下，当采用石灰石矿粉时，矿粉之间更有可能通过结构沥青来联结，因而具有较高的黏聚力。防冻剂中的盐分颗粒与矿质材料充分混合，互相包裹，是一种非均质的粉末状材料，直接裸露的盐分颗粒的存在降低了与沥青的交互作用，在防冻剂表面不能形成较为发育的吸附溶化膜。随着防冻剂含量的增加，防冻剂颗粒之间的黏聚力下降，沥青混合料的抗剪强度降低，高温稳定性能下降。在相同级配和油石比条件下，动稳定度随添加防冻剂剂量的增加而降低，添加防冻剂沥青混合料的高温性能随防冻剂含量的增加而下降。但两组车辙试验结果的变化趋势不同，本研究当防冻剂的掺量超过5%后，混合料的高温稳定性趋于稳定。而图3.9中动稳定度并没有趋于稳定而是不断下降。

3.4.3 低温性能

为了检验不同防冻剂掺量情况下融冰雪沥青混合料的低温抗裂性的影响，采用所确定的等体积法制备不同掺量的混合料，并进行低温小梁弯曲试验，不同防冻剂掺量的低温小梁弯曲试验结果见表 3.26 和图 3.10。

表 3.26 不同防冻剂掺量的低温小梁弯曲试验结果

防冻剂掺量/%	编号	抗弯拉强度/MPa	抗弯拉强度平均值/MPa	最大弯拉应变/με	最大弯拉应变平均值/με
0	1	15.96	15.51	3 708.30	2 896.70
	2	15.10		2 175.05	
	3	13.63		2 875.02	
	4	16.92		2 815.04	
	5	14.76		2 689.42	
	6	16.71		3 117.36	
4	1	16.78	14.92	1 686.97	2 345.22
	2	11.35		2 998.56	
	3	13.86		2 054.54	
	4	15.52		2 233.52	
	5	15.41		2 586.28	
	6	16.57		2 511.42	
5	1	7.82	8.44	1 813.91	2 656.97
	2	8.55		2 240.82	
	3	8.06		2 541.36	
	4	9.52		2 467.32	
	5	7.25		3 805.34	
	6	9.46		3 073.04	
6	1	8.84	8.77	2 355.01	2 122.99
	2	10.00		2 537.99	
	3	10.59		2 410.20	
	4	9.44		2 090.27	
	5	5.38		1 509.82	
	6	8.39		1 834.62	

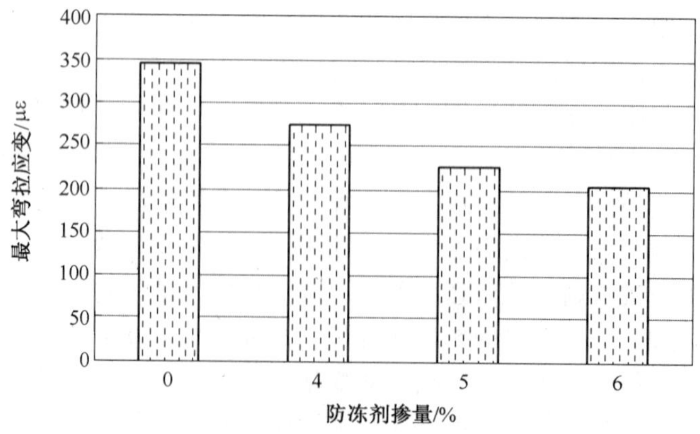

图 3.10 不同防冻剂添加量的低温小梁试验

从低温弯曲试验结果可以看出，在相同级配和油石比条件下，随着防冻剂掺量的增加，沥青混合料的最大弯拉应变呈下降趋势，但规律性并不强。当防冻剂掺量为6%时，最大弯拉应变为 2 122. 98 με ，不满足现行《公路沥青路面施工技术规范》（JTG F40—2004）对沥青混合料最大弯拉应变不小于 2 500 次/mm 的要求。这是由于随着防冻剂掺量的增加，试件空隙率增大导致混合料低温性能下降。对各个试件的应变能进行计算，结果见表 3. 27 和图 3. 11。

表 3. 27　不同防冻剂掺量的低温小梁弯曲试验应变能计算结果

掺量/%	应变能/10^{-3}J	应变能平均值/10^{-3}J
0	524. 66	344. 42
	301. 50	
	350. 49	
	237. 52	
	345. 10	
	307. 26	
4	225. 01	273. 55
	207. 12	
	231. 72	
	314. 03	
	292. 22	
	371. 22	
5	170. 01	227. 48
	190. 61	
	211. 29	
	220. 85	
	246. 20	
	325. 89	
6	229. 10	205. 84
	241. 94	
	238. 91	
	240. 39	
	84. 30	
	200. 40	

由图 3. 11 明显可以看出，在相同级配和油石比条件下，随着防冻剂掺量的增加，沥青混合料的低温应变能呈下降趋势，即盐化物的加入降低了沥青混合料的低温柔性。

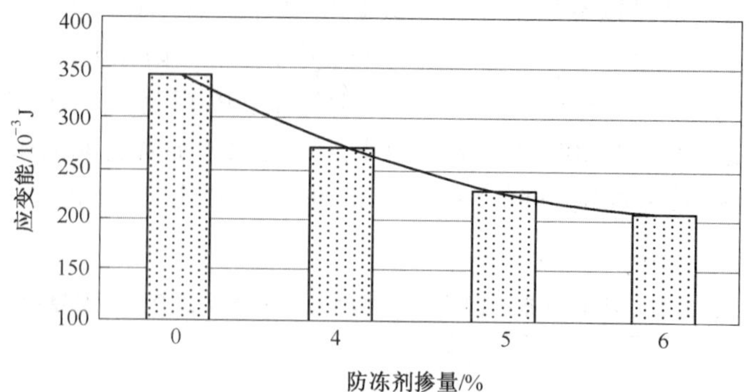

图 3.11　不同防冻剂掺量的低温小梁弯曲试验应变能计算结果

3.5　SMA-13 混合料性能的优化

为了保证路面表面集料之间的黏结力，提高混合料的结构强度，有必要对防冻混合料的性能进行优化，从而满足路面使用性能的要求。

3.5.1　聚酯纤维

近年来，为了避免与减少沥青路面出现的多种形式的早期病害，科研人员分别从沥青路面结构与沥青混合料的材料、细观结构入手，进行路面结构的优化和材料改进，以达到增强沥青路面路用性能的目标。在沥青混合料中加入纤维加筋材料以改善其整体的物理力学性能，就逐渐成为一个重要的研究应用方向。

聚酯纤维是由有机二元酸和二元醇缩聚而成的聚酯经纺丝所得的合成纤维，表观一般为乳白色，表面光滑，横截面接近圆形，密度为 1.38～1.40 g/cm^3，软化点为 230～240 ℃，熔点为 255～265 ℃。聚酯纤维吸湿性极小，除耐碱性较差外，其具有良好的耐热与耐酸性能。聚酯纤维还有强度高、延伸性和回弹性好的特点，在沥青介质中有良好的吸附性与分散性，聚酯纤维的外观如图 3.12 所示。

图 3.12　聚酯纤维的外观

聚酯合成纤维是一种新型道路材料，将聚酯纤维掺入到沥青混凝土混合料中，可提高沥青路面的高温稳定性、低温抗裂性、抗疲劳性、飞散抵抗性，对抵抗路面反射裂缝有独特功效，而且其最大特点是施工工艺简单，它只是简单地“掺加”，不用改变矿料级配设计，对矿料要求远低于SMA混合料，不需要增加设备和人力，施工单位完全能达到施工技术要求。

我国自1998年以来开始从美国进口聚酯纤维，并在许多地方的公路建设中广泛应用，经调研，应用效果较好。例如，新疆地区昼夜温差大，在沥青混凝土中掺加了聚酯纤维后路面抗高温、低温性能明显加强。南京长江二桥的业主为了保证路面在正常使用条件下15年内不大修，经多方考察后在21 km的道路、引桥的路面面层中全部加入了聚酯纤维。湖南新建的耒宜高速公路、河北石黄高速公路、内蒙古210国道新建工程、北京城市二环道路中阜内大街改造工程中都应用了这种材料。据业主介绍，应用效果达到了技术要求，而施工方法、施工工艺与不掺加纤维时基本相同。试验结果表明，掺加聚酯纤维后，确实较大地提高了高温稳定性、低温抗裂性、水稳性等路用性能，有效地提高了沥青混凝土路面质量。

3.5.2 添加聚酯纤维后的飞散试验

沥青混合料在交通荷载的反复作用下，由于集料与沥青的黏结力不足，引起集料的脱落、掉粒、飞散并成为坑槽的路面损坏，是常见的一种严重的沥青路面破坏现象。为了防止这种破坏，采用标准飞散试验对沥青混合料的配合比设计进行检验是很有必要的。标准飞散试验的试验温度为（20±0.5）℃。

沥青混合料飞散损失按式（3.10）计算。

$$\Delta S = \frac{m_0 - m_1}{m_0} \times 100 \tag{3.10}$$

式中 ΔS——沥青混合料的飞散损失，%；

m_0——试验前试件的质量，g；

m_1——试验后试件的残留质量，g。

不同浸水天数混合料的抗松散性能试验结果见表3.28和图3.13。

表3.28 不同浸水天数混合料的抗松散性能试验结果

浸水天数/d	飞散前质量/g	飞散后质量/g	飞散损失/%	飞散损失平均值/%
0	1 214.21	1 178.61	2.93	3.74
	1 212.16	1 165.48	3.85	
	1 215.5	1 161.67	4.43	
5	1 216.74	1 148.52	5.61	5.80
	1 222.69	1 164.8	4.73	
	1 216.89	1 130.83	7.07	
10	1 216.23	1 163.57	4.33	7.38
	1 223.81	1 122.50	8.28	
	1 216.25	1 100.20	9.54	
15	1 230.50	1 111.48	9.67	11.91
	1 220.38	1 065.47	12.69	
	1 219.73	1 056.58	13.38	

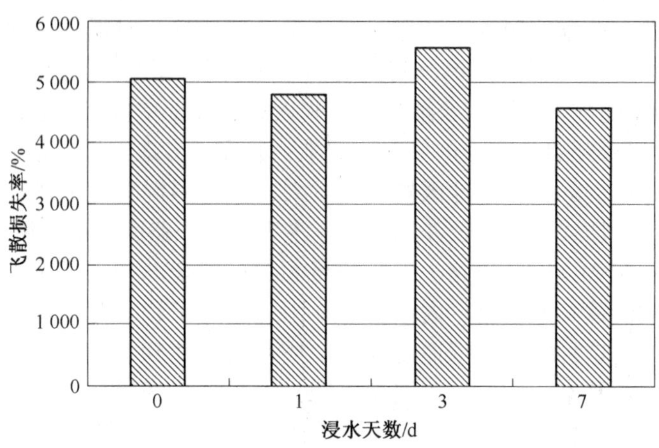

图 3.13 不同浸水天数混合料的抗松散性能

由图 3.13 可以看出，随着浸水时间的延长，混合料的飞散损失逐渐增大，飞散抵抗性下降。虽然仍然满足我国规范对 SMA 混合料飞散损失要不大于 25%的要求，但是纵向比较，飞散损失增加幅度较大，是初始的 3 倍。这表明盐分析出对飞散性能的影响较大，随着盐分的析出，引起沥青胶结料发生变化，导致集料与集料之间黏结力逐渐降低，路面的飞散抵抗性下降，在交通荷载作用下，路面表面集料容易脱落而散失。

为了检验路用聚酯纤维对防冻混合料的增强作用，进行了室内对比试验，采用了聚酯纤维替代木质素纤维的防冻混合料进行了飞散试验，评价聚酯纤维混凝土的路用性能。

用聚酯纤维替代木质素纤维改善后的防冻混合料的飞散试验结果见表 3.29 和图 3.14。

表 3.29 不同浸水天数聚酯纤维沥青混合料的飞散抵抗性

浸水天数/d	飞散前质量/g	飞散后质量/g	飞散损失/%	飞散损失平均值/%
0	1 230.7	1 181.2	4.02	3.73
	1 256.0	1 205.6	4.01	
	1 229.5	1 190.8	3.15	
3	1 250.9	1 206.8	3.53	3.77
	1 224.2	1 172.6	4.21	
	1 232.5	1 188.6	3.56	
7	1 221.8	1 178.6	3.54	4.24
	1 230.8	1 170.7	4.88	
	1 234.3	1 181.3	4.29	
15	1 227.1	1 156.0	5.79	5.00
	1 234.3	1 178.6	4.51	
	1 224.8	1 167.4	4.69	

由图 3.14 可以看出，用聚酯纤维替代木质素纤维后，防冻混合料的飞散损失大幅减小。虽然随着浸水时间的延长，盐分逐渐析出，混合料的飞散损失有所增加，但增加幅度很小，

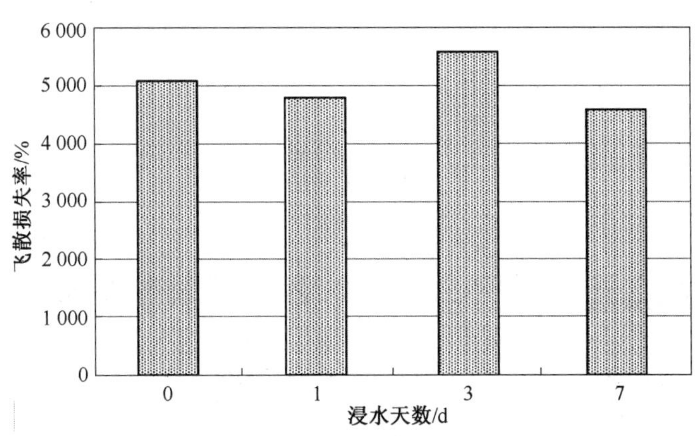

图 3.14　不同浸水天数聚酯纤维沥青混合料的飞散抵抗性

影响几乎可忽略不计。因此，聚酯纤维替代木质素纤维加入到防冻混合料中能够很好地增加集料与集料之间的黏结力，提高混合料的长期飞散抵抗性，优化混合料的路用性能，保证了防冻混合料在交通荷载作用下集料不容易脱落而散失。

3.6　本 章 小 结

本章主要对添加防冻剂混合料的各项路用性能包括水稳定性、高温稳定性和低温抗裂性进行了试验研究，主要结论如下。

（1）随着防冻剂掺量的增加，防冻混合料的水稳定性、低温性能和高温性能都有所降低，即防冻剂的添加会降低混合料的路用性能。经调研文献资料表明日本马飞龙和路丽美产品对混合料的路用性能均有一定程度的不利影响，对比三种产品对高温性能的影响程度，国产防冻剂与路丽美产品对高温性能影响程度相近，且均满足现行规范要求。

（2）在适宜的掺量条件下，防冻混合料高、低温性能及水稳定性均能满足现行规范规定的沥青混合料性能指标要求。此时，对于 AC-13 防冻剂的最佳掺量为 5.5%，SMA-13 防冻剂的建议最佳掺量为 5%。

（3）聚酯纤维替代木质素纤维加入到防冻混合料中能够很好地增加集料与集料之间的黏结力，提高混合料的长期飞散抵抗性，优化混合料的路用性能，保证了防冻混合料在交通荷载作用下集料不容易脱落而散失。

第 4 章

防冻沥青混合料的力学及疲劳性能

从掺防冻剂混合料的路用性能来看，防冻剂掺入虽然降低了混合料的路用性，但仍满足相关规范要求。为进一步研究防冻剂是否对混合料力学性能有所影响，本章从抗压回弹模量、动态模量以及疲劳性能三方面来研究防冻 AC-13 沥青混合料的力学性能。

4.1 抗压回弹模量

4.1.1 试验原理及试件制作

将抗压强度试验测得的荷载峰值 P 均匀地分成 10 级荷载，分别取 $0.1P$、$0.2P$、$0.3P$、…、$0.7P$ 七级作为试验荷载。将下压板置于 MTS-810 材料测试系统支承台柱上并对中，迅速从低温箱内取出试件并放在下压板上面，加上上压板（上下压板直径均为 100 mm），调整MTS-810 材料测试系统压头位置，使上压板与压头轻轻接触；在一侧百分表架上安装百分表，使之与上压板顶面产生接触，如图 4.1 所示。

(a)

(b)

图 4.1　抗压回弹模量 MTS-810 材料测试系统试验

以 2 mm/min 速度加载至 $0.2P$ 进行预压，预压时间为 1 min，随后卸载至零。

以 2 mm/min 速度加载至第一级荷载（$0.1P$），立即读取、记录百分表读数，并以同样的速率卸载回零，开始启动秒表，待试件回弹变形 30 s 后，再次读取、记录百分表读数，加载与卸载两次读数之差即为此级荷载下试件的回弹变形（ΔL_1）。然后依次进行第 2、3、…、7 级荷载的加载卸载过程，方法与第 1 级荷载相同，分别加载至 0.2P、0.3P、…、0.7P，并分别读取、记录百分表读数，得出各级荷载的回弹变形 ΔL_i。

根据式（4.1）计算各级荷载下试件实际承受的压强 q_i。在方格纸上绘制各级荷载的压强 q_i与回弹变形 ΔL_i，将 $q_i \sim \Delta L_i$关系绘制成一平顺的连续曲线，使之与坐标轴相交，得出修正原点，根据此修正原点坐标轴从第 5 级荷载（0.5P）读取压强 q_5及相应的 ΔL_5。沥青混合料试件的抗压回弹模量按照式（4.2）计算。

$$q_i = \frac{4P_i}{\pi d^2} \tag{4.1}$$

$$E' = \frac{q_5 \times h}{\Delta L_5} \tag{4.2}$$

式中　q_i——相应于各级试验荷载 P_i作用下的压强，MPa；

P_i——施加于试件的各级荷载值，N；

d——试件直径，mm；

E'——抗压回弹模量，MPa；

h——试件轴心高度，mm；

q_5——相应于第 5 级荷载（0.5P）时的荷载压强，MPa；

ΔL_5——相应于第 5 级荷载（0.5P）时经原点修正后的回弹变形，mm。

利用旋转压实成型掺防冻剂 AC-13 沥青混合料的试件 4 个，试件高度（160±5）mm，并钻取直径为 100 mm 的芯样，其中两个用来测定混合料的抗压强度，剩下两个用来测试混合料的抗压回弹模量。

4.1.2　试验结果分析

利用压力机和 MTS-810 材料测试系统测定防冻 AC-13 混合料的抗压强度为 6.84 MPa（53.73 kN）。记录每次加载和卸载时百分表的读数，此时回弹变形=(卸载读数-加载读数)×0.01 mm，绘制单位压力—回弹变形曲线，修正曲线开始时的虚假变形，修正时，一般情况下将第一个和第二个试验点连成直线，并延长此直线与纵坐标轴相交，此交点为新原点。回弹试验数据及修正后的变形见表 4.1。

表 4.1　回弹试验数据及修正后的变形

单位压力/MPa	修正后的回弹变形/mm	
	试验 1	试验 2
0.1P（0.68）	0.1	0.22
0.2P（1.37）	0.2	0.44
0.3P（2.05）	0.29	0.49
0.4P（2.74）	0.74	0.71
0.5P（3.42）	1.14	1.19
0.6P（4.10）	1.49	1.65
0.7P（4.79）	1.59	1.73

根据式（4.1）和式（4.2），当试验温度为 15 ℃时，计算得出掺防冻剂 AC-13 混合料的抗压回弹模量为 482 MPa。普通 AC-13 混合料的抗压回弹模量为 500 MPa 左右，说明掺入防冻剂对混合料的抗压回弹模量影响不大，抗压回弹模量也是表征沥青混凝土抗变形性能的主要指标之一。由此可见，掺入防冻剂对混合料的抗变形能力无明显不利影响。

4.2 动态模量

4.2.1 试验原理及试件制作

抗压回弹模量试验方法和设备简单，但该参数不能准确反映工程实际情况。因此进一步开展动态模量试验。

沥青混合料为黏弹性材料，影响混合料力学性能的因素有很多，诸如混合料级配、沥青的性能、试件空隙率、温度、加载方式等。一般沥青混合料的应力—应变与加载时间和温度有关，用劲度模量表示，见式（4.3）。

$$S_m(T,\ t)=\frac{\sigma}{\varepsilon} \tag{4.3}$$

式中 S_m——劲度模量，MPa；

σ——应力；kPa；

ε——应变。

一般可采用三种方法测定沥青混合料的模量：①动态加载法，即对试件施加连续的正弦波荷载，对试件进行拉伸、弯曲或者压缩，得到混合料的动态模量 E^*；②静态加载法，对试件进行长期静态加载，试验得到蠕变模量 E_c；③重复加载法，对试件施加间歇式正弦波或梯形波荷载，进行压缩、间接拉伸或者弯曲，得到回弹模量 E_r。

本书采用动态模量对防冻沥青混合料的抗永久变形性能进行评价，试验采用沥青混合料基本性能测试仪。SPT 动态模量试验的试验原理为对圆柱形试件施加动态正弦荷载波，试验得到应力幅值和应变幅值以及相位角，利用式（4.4）计算得到试件的动态模量。

$$\begin{aligned}|E^*| &= \sqrt{\left(\frac{\sigma_0}{\varepsilon_0}\cos\phi\right)^2+\left(\frac{\sigma_0}{\varepsilon_0}\sin\phi\right)^2}\\ &=\frac{\sigma_0}{\varepsilon_0}\end{aligned} \tag{4.4}$$

式中 $|E^*|$——动态模量，MPa；

σ_0——应力幅值，kPa；

ε_0——应变幅值；

ϕ——相位角。

利用旋转压实成型掺防冻剂 4%的 AC-13 沥青混合料的试件，原材料及级配均按照之前配合比设计进行，试件高度为（165±5）mm；将试件进行直径 100 mm 钻芯，试件钻芯取样得

到 ϕ100 mm×150 mm 的动态模量试件，进行 15 ℃动态模量试验。在实际实验中施加的荷载频率主要取决于实际汽车对路面施加的荷载频率。汽车在行驶当中的振动频率和很多因素有关，汽车的行驶速度、路面平整度、汽车本身自带的减振系统等。有关汽车振动频率我国研究得还不是很多，参照国外的研究成果，一般认为荷载的频率为 10 Hz 时，大致相当于汽车的行驶速度为 70 km/h。我国的《公路工程技术标准》（JIG B01—2014）中规定行车速度的计算范围一般为 30~120 km/h，70 km/h 与我国高等级公路上汽车的行驶速度基本上相符合，因此 10 Hz 是本试验的基本频率。考虑到城市道路交叉口行车速度比较缓慢，为了模拟这种行车状态，试验采用 0.1 Hz 的荷载施加频率。综合上面的频率要求试验，决定采用试验为在温度 15 ℃时，无围压的情况下测定 0.1~25 Hz 等 9 种频率下的动态模量，SPT 动态模量试验过程如图 4.2 所示。

（a）

（b）

图 4.2　SPT 动态模量试验过程

4.2.2　试验结果分析

根据 Witczak 等人的研究，沥青混合料在 5 Hz 和 10 Hz 下的动态模量 E^* 与 $E^*/\sin\theta$（其中 θ 为相位角）与其抗车辙能力具有良好的相关性，可有效地区分混合料抗车辙性能的优劣，因此将 5 Hz 和 10 Hz 下的 E^* 和 $E^*/\sin\theta$ 作为优选力学性能最佳混合料的标准，评价添加剂对混合料力学性能的改善效果。掺防冻剂的 AC-13 与普通 AC-13 混合料的动态模量试验结果见表 4.2 和图 4.3。

表 4.2　掺防冻剂的 AC-13 与普通 AC-13 混合料的动态模量试验结果

混合料	组号	不同荷载频率下的动态模量/MPa								
		25 Hz	20 Hz	10 Hz	5 Hz	2 Hz	1 Hz	0.5 Hz	0.2 Hz	0.1 Hz
防冻 AC-13	1	13 636	13 322	12 071	10 795	9 215	8 086	6 995	5 687	4 815
	2	13 520	13 151	11 913	10 654	9 049	7 891	6 791	5 483	4 632
	平均值	13 578	13 236.5	11 992	10 724.5	9 132	7 988.5	6 893	5 585	4 723.5
普通 AC-13		11 681	11 556	10 474	9 540	8 211	7 230	6 271	5 032	4 190

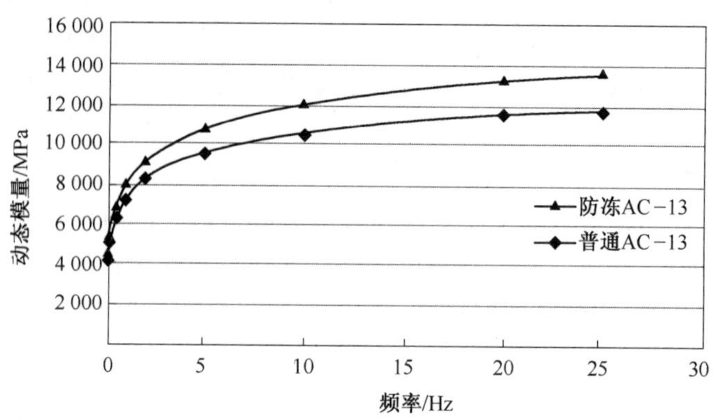

图 4.3 掺防冻剂的 AC-13 与普通 AC-13 混合料的动态模量

从图 4.3 可知，随着加载频率的增大，掺防冻剂的沥青混合料的动态模量增加，最高可达 13 636 MPa，而普通 AC-13 混合料的动态模量为 11 681 MPa，说明掺入防冻剂能够提高混合料的动态模量。这与混合料设计过程中空隙率较低有关，使得混合料形成稳定密实的结构，从而提高了混合料的抗变形能力。

动态模量试验的相位角结果见表 4.3 和图 4.4。从表 4.3 可以看出防冻剂沥青混合料随着加载频率的增大，相位角越来越小，说明混合料对荷载的反应随着加载频率的增加而减小。进一步与普通 AC-13 混合料的相位角进行对比，防冻剂的掺入对相位角的影响不大，两者相位角相近，如表 4.4 所列。

表 4.3 掺防冻剂的 AC-13 与普通 AC-13 混合料的相位角 θ/(°) 的试验结果

荷载频率/Hz		25	20	10	5	2	1	0.5	0.2	0.1
防冻 AC-13 的相位角 /(°)	1 组	13.28	13.62	14.89	16.24	18.09	19.47	20.89	22.5	23.59
	2 组	13.68	14.09	15.51	16.89	18.67	19.98	21.35	22.94	24.06
	平均值	13.48	13.855	15.2	16.565	18.38	19.725	21.12	22.72	23.825
普通 AC-13 的相位角/(°)		13.51	13.67	14.71	15.45	17.55	19.14	20.66	23.02	24.98

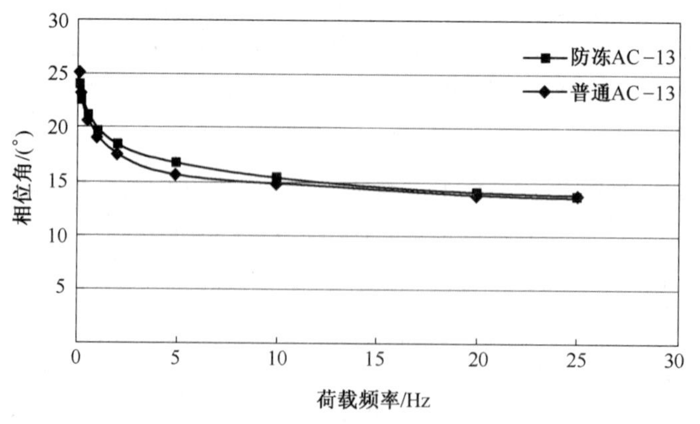

图 4.4 掺防冻剂的 AC-13 与普通 AC-13 混合料的相位角

表 4.4　掺不同防冻剂的 AC-13 和普通 AC-13 混合料的 $E^*/\sin\theta$ 试验结果

荷载频率/Hz	5	10
防冻 AC-13 的 $E^*/\sin\theta$/MPa	45 760.62	37 634.79
普通 AC-13 的 $E^*/\sin\theta$/MPa	41 268.57	35 828.89

对动态模量评价指标进行分析可以看出，15 ℃时的动态模量评价指标 $E^*/\sin\theta$ 是判断混合料的抗车辙能力，掺加防冻剂能够改善 AC-13 混合料的抗车辙能力，这与防冻 AC-13 的空隙率较低有关，这样可保证混合料在防冻剂逐渐释放之后仍具有普通 AC-13 混合料的抗车辙能力。

4.3　疲劳性能

4.3.1　试验原理及试件制作

沥青路面在行车荷载的反复作用下，路面结构的强度逐渐下降。当路面应力超过路面结构抗力后，路面出现疲劳裂缝。疲劳裂缝是目前沥青路面的主要破坏形式之一。

根据弹性层状理论体系，控制应变加载方式主要适用于沥青混合料层厚较薄（一般小于 5 cm）和模量较低的路面；控制应力加载方式主要适用于沥青混合料层厚较厚（一般大于 15 cm）和模量较高的路面。在试验过程中选择控制应力的加载方式，采用三点弯曲疲劳试验，试验温度为 15 ℃，加载频率为 10 Hz，疲劳试验过程如图 4.5 所示。首先进行抗折试验，得出混合料的抗折强度，然后设计三种控制应力 0.2P、0.3P、0.4P，开展疲劳试验。

(a)

(b)

图 4.5　疲劳试验过程

采用控制应力的加载模式，沥青混合料的疲劳特征见式（4.5）。

$$N_f = K\left(\frac{1}{\sigma}\right)^n \tag{4.5}$$

式中 N_f——试件破坏时的加载次数，次；

σ——对时间施加的常量应力的最大幅值，MPa；

K，n——取决于沥青混合料材料组成及特性的常量。

4.3.2 试验结果分析

对不同混合料进行弯曲疲劳试验，得到混合料的疲劳方程，试验结果见表4.5。

表4.5 防冻沥青混合料在不同应力比下的疲劳次数

应力比	0.2	0.3	0.4	弯拉强度/MPa
1组	18 721	7 857	4 164	9.09
2组	11 101	6 257	5 072	
3组	14 433	8 605	3 930	
平均值	14 752	7 573	4 389	

对疲劳寿命取对数，绘制应力水平-lg N_f的曲线，如图4.6所示。根据曲线拟合结果，得出防冻沥青混合料的疲劳方程。

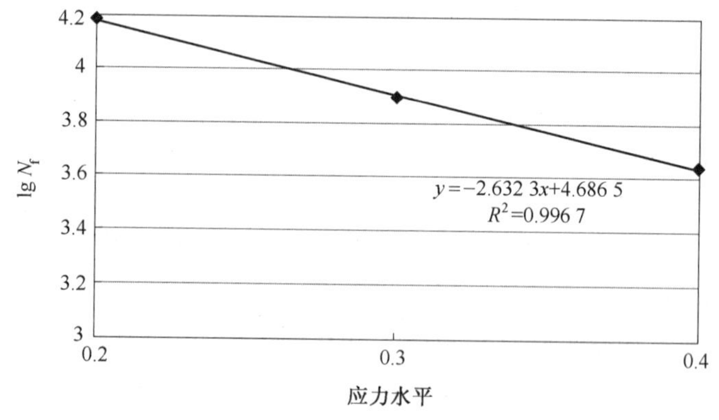

图4.6 应力水平-lg N_f 曲线

分别对应力和疲劳寿命取对数，建立 $\sigma \sim N_f$ 的双对数曲线。回归方程通式可表示为：$\lg N_f = n\lg\sigma + k$，$N_f = K\sigma^n$，其中 $K = 10^k$。疲劳方程：$\lg N_f = -1.742\lg\sigma + 4.626\ 1$，$N_f = 42\ 276\sigma^{-1.742}$。由 $\sigma \sim N_f$ 的双对数曲线得到的方程中有 k、n 两个参量，其中 k 为疲劳曲线的截距，k 值越大说明疲劳曲线线位越高，混合料的疲劳性能越好；n 值为疲劳曲线的斜率，代表疲劳寿命对应力的敏感程度，n 值越大，则说明沥青混合料对应力的变化越敏感。因此掺防冻剂混合料的疲劳性能较好，对应力变化敏感程度低于普通AC-13混合料。这是由于本次设计的掺防冻剂AC-13混合料空隙率较普通AC-13空隙率要低，使得防冻沥青混合料整体抗疲劳开裂能力增强。

4.4 本章小结

通过对掺防冻剂的AC-13沥青混合料进行抗压回弹模量、动态模量以及疲劳性能试验，得出以下结论。

（1）抗压回弹模量试验结果表明掺入防冻剂对 AC-13 沥青混合料的抗压回弹模量无较大影响。

（2）动态模量试验结果表明防冻剂能够很好地改善 AC-13 沥青混合料的动态模量，通过提高混合料内部集料与沥青之间的黏结力，使得混合料更易形成稳定密实的结构，从而提高混合料的抗变形能力。

（3）疲劳试验结果表明，掺防冻剂的 AC-13C 沥青混合料的疲劳次数随着控制应变的增大而减小，低应变的疲劳寿命较长，在 0.2P 应力的作用下，疲劳次数高达 14 751 次，最终拟合得到的掺加防冻剂 AC-13 的混合料疲劳方程为 $N_f = 42\ 276\sigma^{-1.742}$。由于课题时间的原因，浸水长期疲劳性能没有研究，今后可以开展对相关问题的研究。

第5章

防冻沥青混合料的缓释效果及长期性能研究

盐化物融雪沥青路面较普通沥青路面的一个重要性能即为融冰能力。目前，国内外对融冰雪评价方面的研究较少，仅处于探索阶段。本书从防冻剂的融冰能力、盐分融析、冰层界面拉拔试验对防冻剂的作用效果进行评价。试件选用掺加国产防冻剂的马歇尔 AC-13 混合料试件、掺加日本马飞龙及未掺加盐化物的马歇尔 AC-13 混合料试件。

5.1 国内外融冰雪效果评价方法简介

防冻混合料配合比设计好后，需要对防冻路面冬季的实际融冰雪效果进行评价。目前国内外评价路面融冰雪效果的方法主要可以分为定性评价和定量评价两大类，详细介绍如下。

5.1.1 定性评价方法调研

1. 两种路面对比

最常见的定性评价方法是将融冰雪路面与普通沥青路面冬季下雪后的情况直接作对比，如图 5.1 所示。

图 5.1 两种路面对比

由图 5.1 可以直观地看出，在一定温度条件下防冻沥青路面能够融化道路积雪，延迟路面积雪结冰，特别是在降雪初期或降雪量较小时，路面冻结抑制效果更为明显。这种方法需要将防冻沥青混合料铺筑路面，成本较大，不适合试验研究阶段。

2. 划破现象观测

将添加马飞龙的试件和普通沥青混凝土试件放置在规定温度的环境条件下保持 1 h，然后在试件表面喷洒 3 mm 厚的预先制备的 0 ℃过冷蒸馏水，然后继续放置在规定的温度下进行冰冻试验。冰冻后对试件表层的划破现象进行观测来评价融冰雪效果。试验结果如图 5.2 所示。

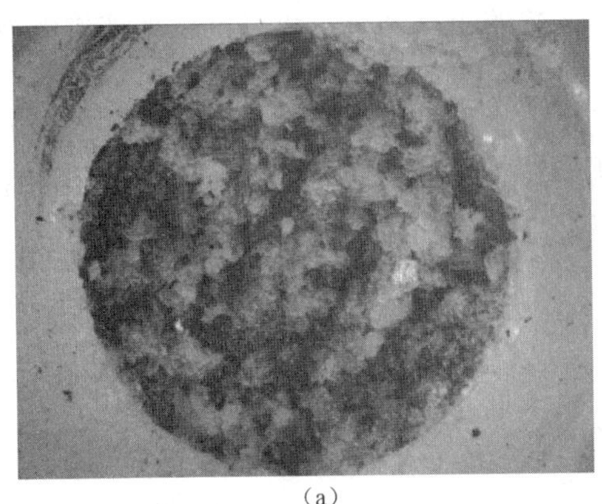
（a）

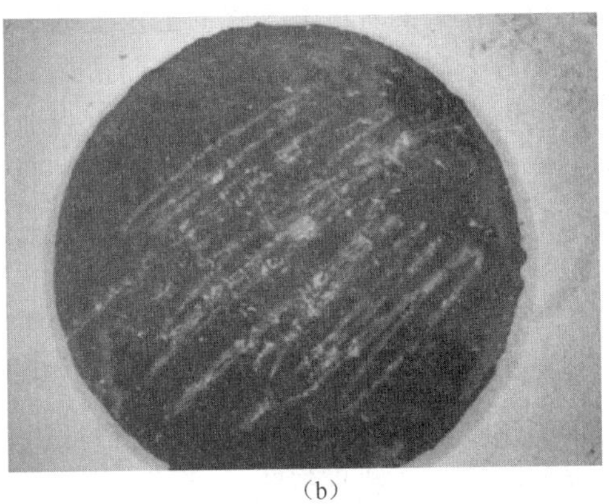
（b）

图 5.2　试件表层的划破现象

该方法能够很直观地感受添加防冻剂试件的融冰雪效果，但是无法准确地进行评价路面的融冰雪效果。

3. 冻结路面室内走行机

日本交通研究室和旭川开发建设部联合研制的鼓轮内接型冻结路面室内走行机如图 5.3 所示。

图 5.3　鼓轮内接型冻结路面室内走行机

内接型冻结路面室内走行机主要用于评价不同轮胎的抗滑性能，不同交通量对冰雪路面的影响，从而判断撒布冻结抑制剂的效果，确定撒布的时间及散布量。但是该设备体积庞大，制造费用高昂，且只能在低温试验室工作，试验费用高，而且该方法仅限于评价不同纹理轮胎的作用效果和抗冻结剂的使用效果，无法评价冻结抑制路面抑制冻结和破冰效果。

4. 抑制冰雪效果评价表

抑制冰雪效果评价方法是在温度、荷载大小和荷载作用次数一定的条件下，对试验对象表面的冰雪情况进行定性观察描述，通过冰雪性状的不同来区分沥青混合料的除冰雪效果。根据路面与冰雪的状况，将融冰雪效果分为优、良、中、差四个等级。试验精度要求不高或试验时间有限时，可选择此种评价方法。

5. 事故调查

通过对蓄盐类沥青混凝土路面上发生的事故次数的跟踪调查也可以直接地评价融冰雪效果。每三个月一次跟道路交通管理部门协调，不难了解事故发生的情况，也可以作为融冰雪效果的持续性。定性评价方法虽然能很直观地反映出添加融雪剂的路面具有良好的融冰雪效果，但定性评价不采用数学方法，它强调的是观察、分析、归纳与描述。因此，定性评价会使评价结果模糊笼统，弹性较大，难以精确把握。

5.1.2 定量评价方法调研

1. 破冰试验

哈尔滨建筑大学刘晓鸿利用 MTS 材料试验系统对方盘试件施加静荷载进行除冰试验。在方盘试件表面浇上一定厚度的冰膜，在冰箱中冷冻24 h，然后在 MTS 材料试验系统中恒温 4 h 后开始除冰试验，其试验测试系统如图 5.4 所示。

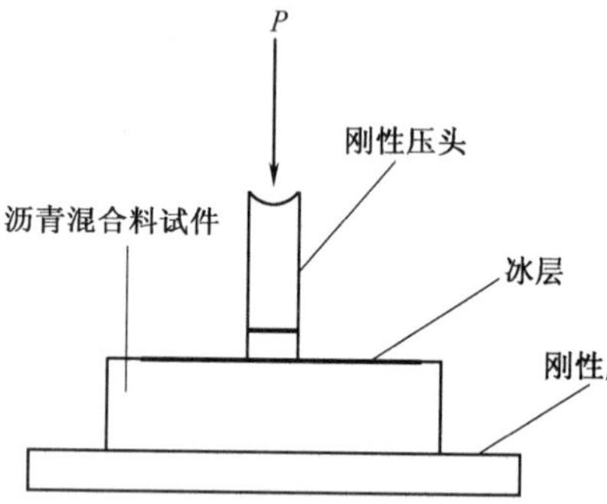

该方法使用静态压头对实际路面状况的模拟性较差，而且该方法只适于分析路面结冰状态下的破冰效果，对于路面抑制积雪和结冰状况却无能为力。

P
刚性压头
沥青混合料试件
冰层
刚性底座

图 5.4 除冰试验示意图

2. 路面露出率

所谓路面露出率，是指在车辆行驶的范围内，已露出路面面积（防冻路面面积）与检测段面积之比，如图 5.5 所示。很显然，这个比值越大表明融冰雪的效果越好。防冻沥青混凝土路面正在产生结冰、刚发生结冰后，与临近的一般沥青混凝土路面的相互比较就可以很直观地判别融冰雪的效果。

图 5.5 路面露出率

路面露出率只适用于室外对试验段进行评价，室内无法用这个指标进行评价融冰雪效果。而且路面露出率受车流量影响较大，车流量越大，路面露出率也就越大。

3. 路面破冰模拟试验仪

长安大学新型路面研究所研发了新型路面破冰模拟试验仪（简称 STAP 试验仪），可以在室内模拟各种冻结抑制路面的破冰融雪能力。如图 5.6 所示，该仪器主要由轮碾装置和制冷系统两部分组成，轮碾装置设置在保温箱体内，通过制冷系统可将箱体内温度控制在-30~30 ℃。实验步骤如下。

图 5.6　路面破冰模拟试验仪

（1）根据马歇尔试验确定混合料的最佳沥青含量，采用轮碾法成型试板（长 300 mm、宽 300 mm、高 50 mm），放置 24 h 后进行试验。

（2）在试验前 4 h，将试验仪温度设定在要求的负温度；用摆式摩擦仪测定试板摆值，然后移入试验仪中放好，在表面均匀喷洒15 mL水，开始试验。

（3）每碾压 10 min，迅速将试板取出，测试其摆值，然后再放回，并再次均匀喷洒 15 mL水，重复此过程，直至试板表面轮碾带处完全结冰。综合考虑冬季降雪时气温以及路表能够结冰，试验温度设定为-1 ℃、-5 ℃、-10 ℃。

采用摆值平均加权衰减量与摆值平均加权衰减率来评价盐化物沥青混凝土的抑制结冰能力。

路面破冰模拟试验仪较好地模拟了路面的使用状况，但是摆值的衰减是由于冰层逐渐变厚而造成的，并不是融冰雪路面融冰雪效果的逐渐降低，路面的融冰雪效果在短时间内并不会发生变化。因此，摆值平均加权衰减量与摆值平均加权衰减率作为评价融冰雪效果的指标并不准确。

4. 盐分溶析法

盐分溶析法[42-46]如图 5.7 所示，它是利用电导率仪测定溶液的电导率，从而换算为溶液的浓度。盐化物的主要可溶盐成分为氯化钠，氯化钠溶液的质量浓度与电导率值存在良好的相关性。将这一结果作为试件盐分溶析检测的标准曲线，计算不同条件下试件盐分溶析结果，以此估计路面盐分析出量。

根据稀溶液定律，可以计算出路面凝固点下降不同值时的氯化钠溶液浓度，从而确定出不同降雪量和不同温度时的盐分析出目标值。

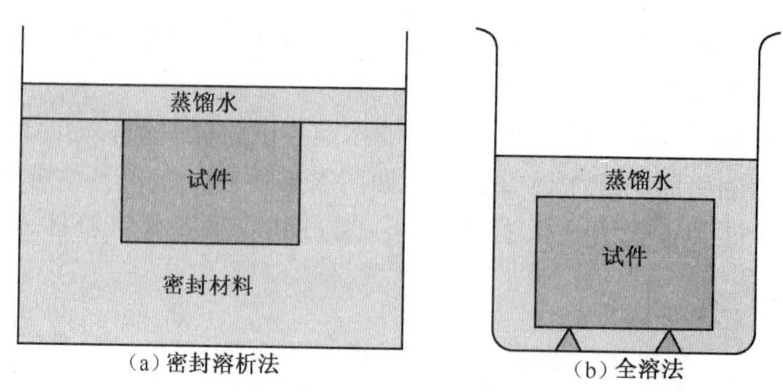

图 5.7 盐分溶析法

将路面盐分析出量与盐分析出目标值作对比就可以判断路面的融冰雪效果。

该方法能够准确地判断路面的融冰雪效果，但是该方法没有考虑温度和溶液浓度对试件盐分析出量的影响，盐分析出与实际情况不相符，同时缓释型路面并不是将路面表面的雪完全融化，而只融化与路面相接触的一部分，因此对于降雪量较大时，确定的盐分析出量的目标值与实际相差较大。

5. 破碎率

根据室内模拟试验中冰雪层破坏的性状，借鉴路面损坏状况的评价方法，提出了破碎率这个评价指标。破碎率综合考虑了裂纹的形式、长度等因素，其计算公式见式（5.1）。

$$R_C = (C_A + \lambda \times L)/A \tag{5.1}$$

式中 R_C——破碎率,%；

C_A——龟裂及块裂的总面积，cm^2；

L——单根裂纹总长度，cm；

λ——将单根裂纹长度换算成面积的影响系数，一般取 0.3；

A——测试总面积，cm^2。

块状和网状裂纹直接量测其面积，按平行于试验轮走行方向的外接矩形面积计算。对于单根裂纹，量测实际长度后取其计算宽度为 0.3 折算成面积。

该方法计算破裂面积比较困难，误差较大。影响系数 λ 缺乏理论的支持，如果将它应用到防冻路面，缺乏一个破碎率的评价标准。

6. 吸水试验

观察试件表面冰的融化状况，将称量好质量 M_1 的吸纸满铺在试件表面，并在上面用滚子往复滚动两次，使其与试件充分接触，然后揭下吸纸，如图 5.8 所示。注意揭下时速度不要过快，以免把吸纸黏结在试件上。称量吸水后吸纸的质量 M_2，求 ΔM 值。根据吸收水的量的大小来判断融冰雪效果。

该方法简单易行，而且比较直观，但是用吸水纸并不能将融化后的水完全吸上来，同时也没有考虑融化后的水随试件空隙下渗的那一部分，因此最后得到的 ΔM 值并不能准确地表示融化的水的质量，误差较大。

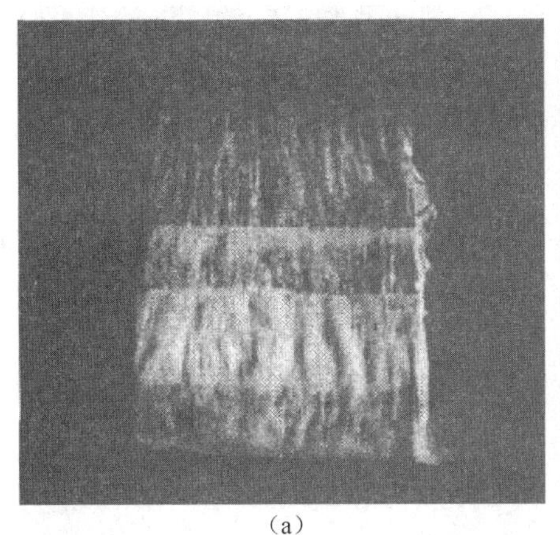
(a)

(b)

图5.8 吸水试验

7. 温度测量

导电混凝土、导热混凝土等利用热能的传递使冰层融化的路面融冰雪效果的评价方法主要是在混凝土板表面布置了若干个温度测点，测点的布置主要分为混凝土板表面测点布置和内部测点布置，测量路面的温度以及冰层完全融化所需要的时间。若测得路面表面温度高于0 ℃，则该路面能够起到融冰雪效果；冰层完全融化所需要的时间的长短则表明了融冰雪能力的大小[47-51]。

由于防冻路面单位时间内融化的冰雪较少，温度降低得并不明显。因此，温度测量的方法并不能用来评价防冻路面的融冰雪效果。

5.2 融冰能力研究

5.2.1 国产防冻剂融冰效果

取一定质量的防冻剂，在-10 ℃温度下均匀撒入到已制备好的冰块中，冰块质量相同，60 min后计量液体的总质量，计算该体积与原来冰块的质量比，即为融冰能力。将国产防冻剂与马飞龙的融冰雪效果进行对比。

两种防冻剂的融冰试验现象如图5.9所示。

从图5.9可以看出，15 min后，图5.9（a）、（b）所示为掺防冻剂融冰现象，从图5.9（a）可以看出冰块已经融化，而图5.9（b）中掺日本马飞龙的冰块基本没有融化。进一步将融化30 min之后的残余冰块取出，如图5.9（c）、（d）所示，图5.9（c）中掺国产防冻剂的冰块已经融化大部分，而图5.9（d）中掺日本马飞龙的冰块基本没有融化。通过这种直观的现象可知，国产防冻剂的融冰能力远远高于日本MFL。

进一步称量不同时间剩余冰块质量及融冰率，如表5.1所列。

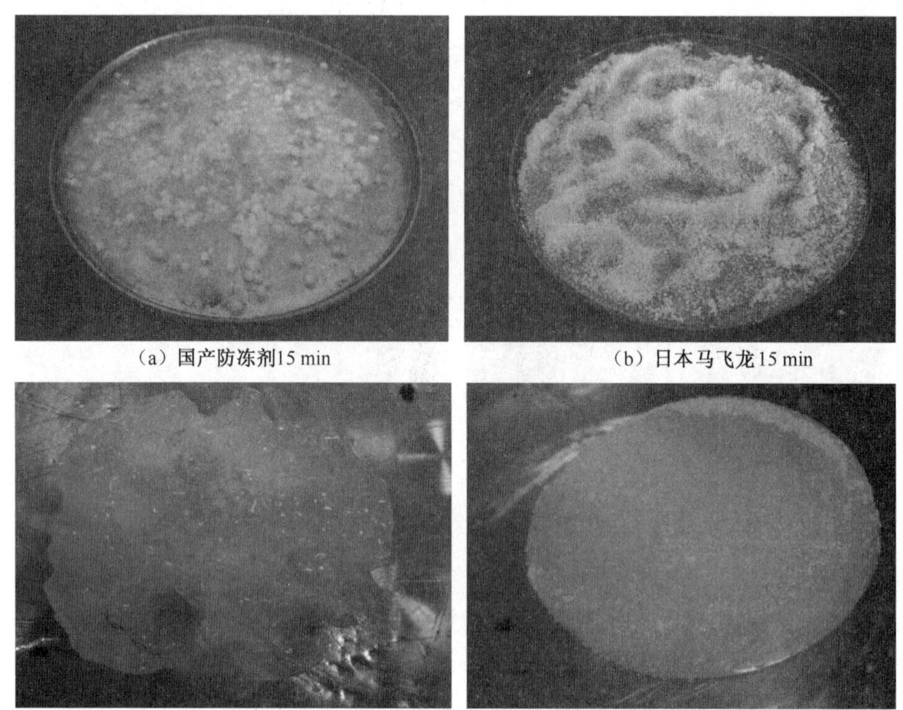

（a）国产防冻剂15 min　（b）日本马飞龙 15 min

（c）国产防冻剂30 min　（d）日本马飞龙 30 min

图 5.9　两种防冻剂的融冰试验现象

表 5.1　不同时间的融冰率

防冻剂	冰块质量/g	掺量/%	15 min 融冰率/%	30 min 融冰率/%	45 min 融冰率/%	60 min 融冰率/%
国产防冻剂	300	6.5	30.0	45.9	53.5	61.7
日本 MFL	300	6.5	4.7	9.3	11.9	14.0

收集试验中防冻剂溶冰之后的水，进行电导率测试，试验结果见表 5.2。

表 5.2　融冰水的电导率

防冻剂	冰块质量/g	掺量/%	60 min 融冰水的电导率
国产防冻剂	300	6.5	81.90
日本马飞龙	300	6.5	1.73

从表 5.2 中融冰水的电导率对比可知，国产防冻剂融冰水的电导率远远高于日本马飞龙。

5.2.2　防冻混合料融冰能力

（1）将添加防冻剂的马歇尔和未掺加防冻剂的马歇尔试件放置在规定−5 ℃的环境条件下保持 1 h。采用宽胶带裹紧侧面，高度高出试件 1~2 cm，以备接下来往马歇尔试件表面洒水，防止水流出。

（2）在试件表面喷洒 3 mm 厚 0 ℃的水，两种试件的洒水量控制相同。

（3）−5 ℃冰冻环境下冰冻一定时间，使得试件表面结一层冰。

（4）通过观察马歇尔试件表面的冰层现象，辅以小刀破冰去感测冰层与试件界面的黏结力，并收集碎冰。

试验情况如图 5.10~图 5.12 所示。

图 5.10　不掺防冻剂的马歇尔结冰及划冰情况

图 5.11　掺日本马飞龙防冻剂的马歇尔结冰及划冰情况

图 5.12　掺国产防冻剂的马歇尔结冰及划冰情况

对比图 5.10~图 5.12 可知，掺国产防冻剂沥青混合料上面的冰没有不掺防冻剂的试件结实，中间的图片均是用小刀划 5 次的冰块破碎情况，明显掺国产防冻剂的试件碎冰较多，右边的图片是用小刀划 30 次的冰块破碎情况，可以看出掺国产防冻剂的冰块基本破碎，只剩下边缘部分，而不掺防冻剂的试件冰块破碎相对较少，掺日本马飞龙的介于两者之间。从这种冰块的结实程度可以得出，防冻剂能够降低路面的冰块硬度，冰块容易破碎。

将三种马歇尔试件表面的冰层刮下来，待碎冰融化之后进行电导率测试，以此来判断不同的抗冻材料制备的沥青混合料试件的抗冰效果。马歇尔试件表面冰块融化之后的电导率如图 5.13 所示。

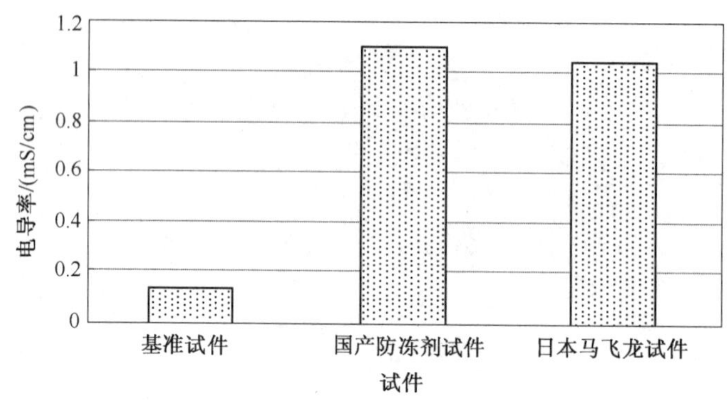

图 5.13 马歇尔试件表面冰块融化之后的电导率

从图 5.13 的数据可知，基准试件就是普通马歇尔试件，其表面碎冰溶液的电导率基本为零，而掺国产防冻剂试件的电导率高于掺日本马飞龙试件的电导率，说明国产防冻剂盐分析出量要高于日本马飞龙的试件，这也解释了上述碎冰划破试验现象，国产防冻剂混合料表面的碎冰最容易划破，掺日本马飞龙的其次，普通沥青混合料的最难划破。

5.2.3 冰层界面抗拉拔试验

将不同盐分添加量的沥青混凝土试件放入拉拔设备中，表面浇上一层水，待冰冻完全后分别进行拉拔试验，如图 5.14 所示。可以采用黏结力和黏结破坏界面等级两个指标综合评价路面的融冰雪效果。

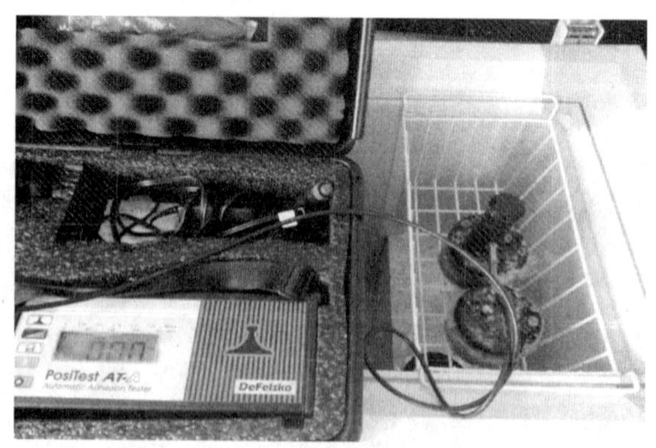

图 5.14 冰界面拉拔试验

该方法采用黏结力和黏结破坏界面两个指标来评价路面的融冰雪效果，既直观又准确，但破坏界面的分级比较模糊笼统，且缺乏一个判断融冰雪效果的标准。

1. 试验过程

(1) 制备掺加防冻剂与未掺加防冻剂的马歇尔试件，成型未掺加防冻剂的马歇尔、掺加国产防冻剂的马歇尔试件及日本马飞龙的马歇尔试件各三个，制备好后不脱模，保证水分不流出，必要时，马歇尔底部用黄泥密封，冷却至室温。脱模后采用宽胶带纸将侧面底部封起，上面高出 1~2 cm。

（2）将添加防冻剂的三个马歇尔试件和未掺加防冻剂的三个马歇尔试件放置在规定 -5 ℃的环境条件下。在试件表面喷洒 3 mm 厚的水，两种试件的洒水量控制相同。同时将小拉拔头放在马歇尔试件表面，与水一起冻结。每个马歇尔试件表面放置三个。

（3）进行小拉拔试验，分别记录三种马歇尔试件的拉拔强度。

2. 试验结果分析

三种马歇尔试件的冰层拉拔应力如图 5. 15 所示。

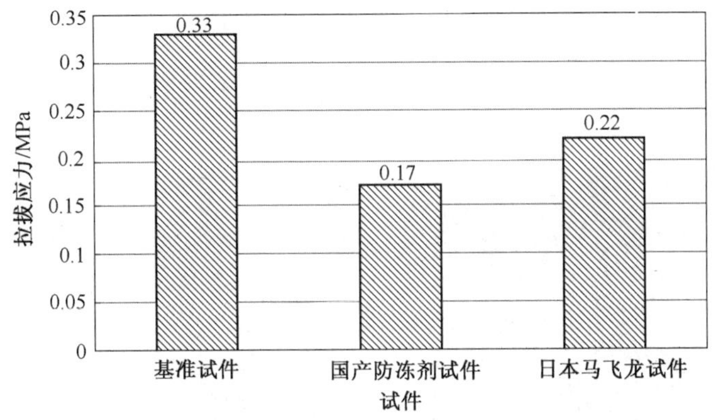

图 5. 15　三种马歇尔试件的冰层拉拔应力

从图 5. 15 可知，掺国产防冻剂马歇尔试件的拉拔应力最低，其次为掺日本马飞龙试件，不掺任何物质的沥青混合料的拉拔应力最高。这是由于掺入防冻剂，防冻剂逐渐深入到冰层与混合料界面之间，降低了冰点，从而降低了冰与混合料表面的黏结力，从而使得冰层较容易除去。从拉拔试验结果可知，国产防冻剂的作用效果优于马飞龙，能够降低约 50%的冰层与混合料表面的黏结力。

5. 2. 4　防冻混合料破冰试验

1. 破冰试件制备

（1）采用马歇尔击实的方法分别成型基准试件、掺加国产防冻剂的试件以及掺日本 MFL 试件各两个。

（2）室内冷却，不脱模，在混合料底面涂抹黄油，防止水从底部流出。

（3）试件表面喷洒 3 mm 厚的预先制备的 0 ℃的水，每个试件控制洒水量相同。

（4）继续放置在-5 ℃温度下进行冰冻试验 24 h。

2. 破冰试验过程

对采用上述制备出来的破冰试件进行破冰试验，步骤如下。

（1）采用沥青混合料材料性能试验系统仪器，更换压头，底盘底部叠加一个较大的圆铁盘，能放下直径 150 mm 的试件。仪器温度调至-5 ℃。

（2）对圆形试件施加静荷载进行破冰试验。将试件放在-5 ℃仪器中，安装好，开始除冰试验，其试验测试系统如图 5.16 所示。

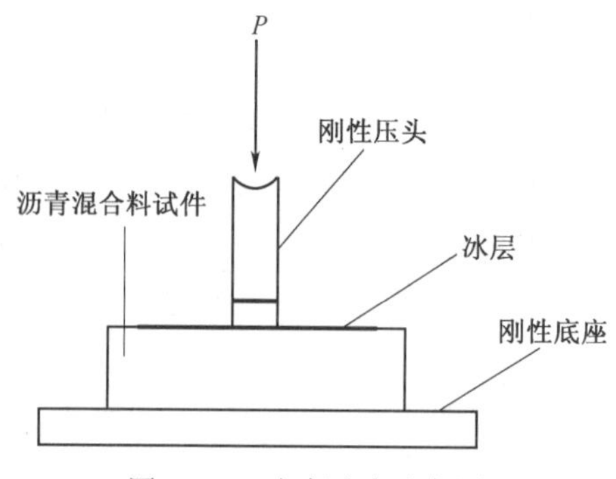

图 5.16　破冰试验示意图

（3）试验中冰先破坏，然后试件被压裂破坏。直到试件破坏结束试验，记录力与位移，并导出数据。试验过程如图 5.17 所示。

图 5.17　试验过程

经测试，三种混合料的破冰力值见表 5.3 和图 5.18。

表 5.3　三种混合料的破冰力值

混合料类型	普通 AC-13	LX-Ⅰ防冻剂	马飞龙
破冰力/kN	42.32	26.96	31.42

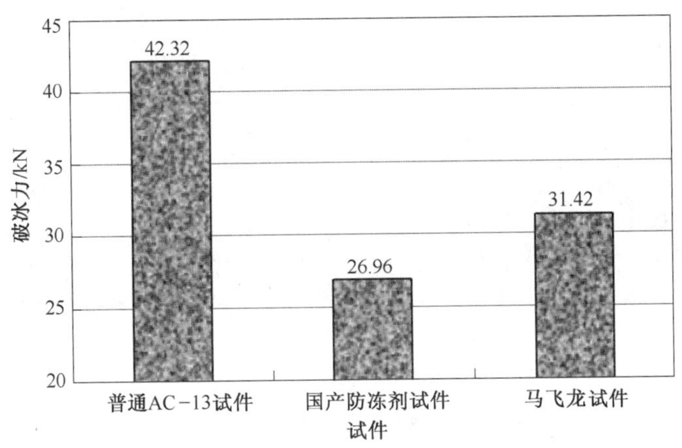

图 5.18　三种混合料的破冰力值

从表 5.3 和图 5.18 的实验数据来看，基准试件 AC-13 混合料表面冰层力最大，掺日本马飞龙其次，掺国产防冻剂试件表面冰层破坏力最小，为基准试件的 63.7%。这主要是由于在冰层形成的过程中，掺国产防冻剂的试件内防冻剂逐渐由混合料内部扩散至试件表面，从而降低水的冰点，削弱了冰层与混合料之间的黏结力，进一步降低冰的硬度，由此可见，国产防冻剂的融冰能力较好。

5.2.5　防冻沥青混合料实际融冰雪效果验证

成型三块车辙板分别是普通 AC-13、掺日本马飞龙、掺国产防冻剂，掺量均为 5.5%，室内冷却至常温。济南于 2017 年下雪期间，将三块车辙板置于室外一晚上，观测表面积雪情况，如图 5.19 所示。

(a) 基准AC-13试件

(b) 掺马飞龙试件

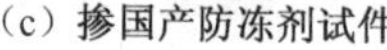

（c）掺国产防冻剂试件

（d）三个试件与路面积雪对比

图 5.19 三种试件实际融雪效果对比

从图 5.19 中可以看出，掺国产防冻剂试件融雪效果最好，上面没有积雪残留，而基准试件和马飞龙试件表面均有一层积雪。通过实际降雪情况验证了国产防冻剂具有较好的融冰雪效果，可推广防冻沥青路面的应用。

5.3 防冻沥青混合料使用寿命预估

5.3.1 防冻沥青混合料使用寿命预估方法

要对融冰雪路面的使用寿命进行预测，知道了当地的年平均降水天数和路面中每平方米易溶盐的质量后，重点是要求出每平方米路面盐分析出的平均速度。为此，本研究采用电导分析法测定防冻混合料马歇尔试件表面盐分的析出速度，从而换算为融冰雪路面的盐分析出速度。

盐分溶析法是利用电导率仪测定溶液的电导率，从而换算为溶液的浓度。盐化物的主要可溶盐成分为氯化钠，氯化钠溶液的质量浓度与电导率值存在良好的相关性。将这一结果作为试件盐分溶析检测的标准曲线，计算不同条件下试件盐分溶析结果，以此估计路面盐分析出量。

根据稀溶液定律，可以计算出路面凝固点下降不同值时的氯化钠溶液浓度，从而确定出不同降雪量和不同温度时的盐分析出目标值。将路面盐分析出量与盐分析出目标值作对比，就可以判断路面的融冰雪效果。

溶液的电导率与其所含有的电解质有一定的关系，当其含量较低时，电导率随水中离子浓度的增加而增加。溶解于水中的有机物，因其不电离或难电离，只表现出很微弱的电导率。并且电导率的大小与溶液的离子数量有关，即摩尔浓度有关，而与离子的种类没有关系。

电导分析法是一种操作方便、灵敏、快速的方法，在水质分析中较为常用，本研究采用电导法测试国产防冻剂混合料浸水之后的盐分浓度，推算盐化物有效成分溶出量。使用的仪器为上海三信公司生产的 MP515-01 型电导率仪，如图 5.20 所示。

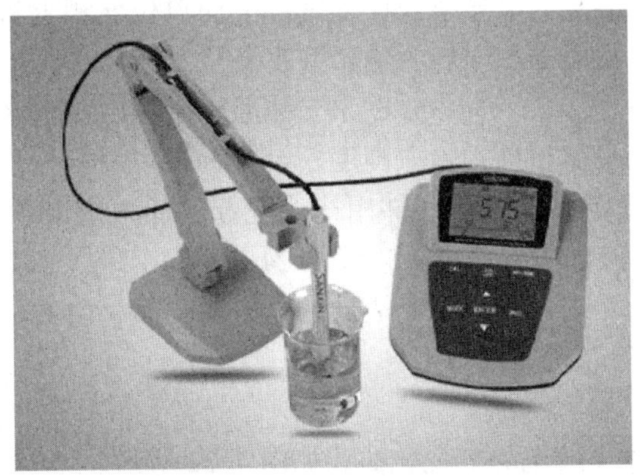

图 5.20　MP515-01 型电导率仪

溶液的实际电导率随溶液温度而变化，为了使不同温度条件下的溶液电导率具有可比性，电导率仪上设有温度补偿调节器，补偿范围为 0～50 ℃。

分别配制不同质量浓度的氯化钠溶液，检测溶液相应的电导率值。试验结果如图 5.21 所示。

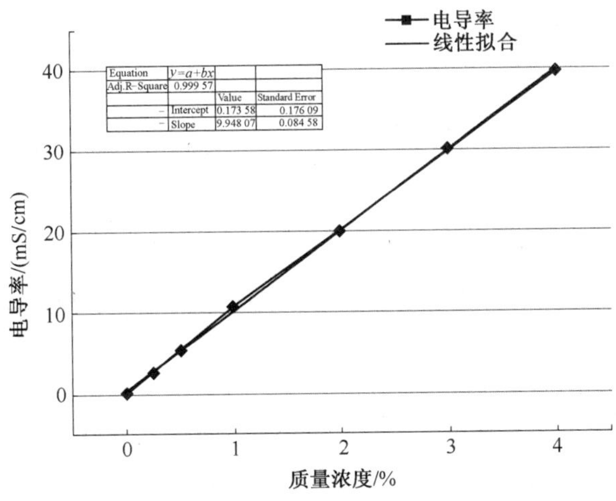

图 5.21　氯化钠溶液质量浓度与电导率的线性关系曲线

由试验结果可知，盐化物溶液的质量浓度与相应的电导率存在较好的线性相关性。电导率和溶液质量的浓度关系式为 $y = 9.948\ 07x + 0.173\ 58$，测试温度为 25 ℃。将这一结果作为盐化物沥青混合料盐分溶析检测的标准曲线，通过测试的不同电导率的盐分溶析结果估算盐化物的有效成分析出量。

5.3.2　盐分溶析试验及结果分析

1. 盐分溶析电导率测试过程

由于电导法对稀溶液的浓度变化比较敏感，当溶液浓度较大时，电导率超出仪器量程，无法测量。在初冬或残冬季节，由于霜降等原因在路面上形成薄冰或者降雪量很小时，路面上表面的溶液浓度可能较大，电导率超出仪器量程，为了保持现场的路面融冰雪效果，本书通过室内测定稀溶液的电导率随时间的变化情况，推算现场的融冰雪效果。通过试验确定纯净水浸泡马歇尔试件时稀溶液的电导率，计算试件表面单位面积上析出的盐分含量，依据电导率与降低冰点的关系，从而推测现场的融冰雪效果。

(1) 分别通过水温 5 ℃、25 ℃、35 ℃（三种温度模拟山东地区不同季节降水时路面温度）制作不同条件下的马歇尔试件，量取高度。

(2) 将马歇尔试件置于容器中，底部用垫块垫起，加入蒸馏水使其完全浸没试件上表面。可持续测定每小时溶液的电导率值，连续测 24 h。

(3) 该试验可得出每小时马歇尔试件表面的盐分析出量，由此估计道路表面盐分的析出量，最终换算使用年限。

2. 试验结果分析

在 24 h 内及不同温度下的电导率变化曲线如图 5.22 所示。

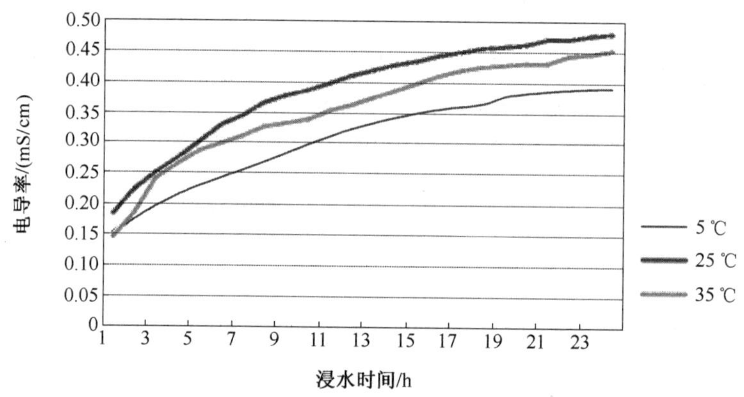

图 5.22 不同温度下的电导率变化曲线

7 d 的三种马歇尔试件浸水溶液电导率，以及根据上面电导率和溶液质量的浓度关系式 $y=9.94807x+0.17358$ 换算成盐分质量浓度，通过电导率和质量浓度的换算关系式可以求出防冻沥青混合料浸水之后溶液的质量浓度，有研究表明，当盐溶液质量低于 0.244 2 mol/L（质量浓度 1.43%）时，电导率不受溶液温度影响，即本实验模拟的三种温度均可用上述公式进行换算。三个马歇尔试件浸水质量分别为：5 ℃的水的质量为 7 899 g，25 ℃的水的质量为 6 412.2 g，35 ℃的水的质量为 8 248.8 g。根据质量浓度换算成盐分析出质量，如图 5.23 所示。

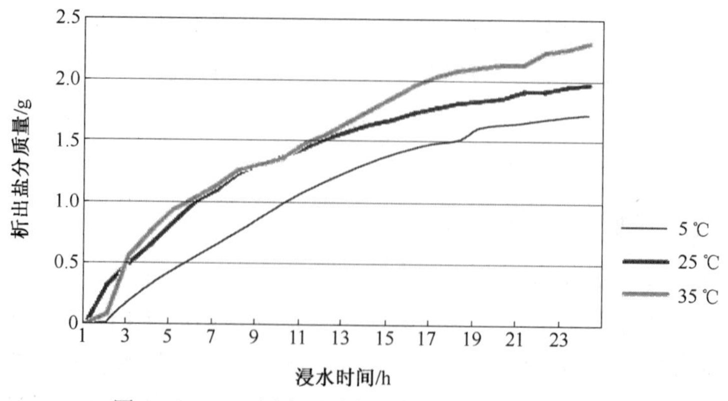

图 5.23 24 h 浸水马歇尔试件析出盐分质量趋势

日本学者中原曾在研究中指出，2 h 内如果路表能够每平方米析出 1 g 的盐分，那么在-3 ~4 ℃条件下，就能够有效起到抑制冻结的作用。本试验部分结果表明，国产防冻剂混合料具有融冰雪能力。

长期对浸水马歇尔试件的溶液进行电导率测试，试验结果见表 5.4。

表 5.4　不同温度下防冻沥青混合料浸水溶液电导率及质量浓度

时间/d	5 ℃		25 ℃		35 ℃	
	电导率/(mS/cm)	质量浓度/%	电导率/(mS/cm)	质量浓度/%	电导率/(mS/cm)	质量浓度/%
1	0.39	0.022	0.48	0.031	0.45	0.028
2	0.45	0.028	0.55	0.038	0.51	0.034
3	0.46	0.029	0.61	0.044	0.58	0.041
4	0.47	0.030	0.66	0.049	0.62	0.045
5	0.49	0.032	0.69	0.052	0.64	0.047
6	0.50	0.033	0.72	0.055	0.66	0.049
7	0.51	0.034	0.74	0.057	0.67	0.050

根据表 5.4 所示的质量浓度换算成盐分析出质量，如表 5.5 所列。

表 5.5　不同温度、不同时间下盐分析出质量　　单位：g

时间/d	温　度		
	5 ℃	25 ℃	35 ℃
1	1.718	1.975	2.292
2	2.195	2.426	2.790
3	2.274	2.813	3.370
4	2.354	3.135	3.702
5	2.512	3.329	3.867
6	2.592	3.522	4.033
7	2.671	3.651	4.116

由试验结果可以看出，相同时间内的盐分析出量随温度的升高而增加。由于温度升高，离子扩散加速，溶析作用增大，溶出的盐分能够迅速扩散到道路表面，发挥作用。因此，从理论上讲，夏季高温多雨季节应该是盐化物有效成分最易散失的时间段，但从俄罗斯和日本对盐化物沥青路面融雪效果的追踪调查结果看，盐分流失并不大，这是因为当气温较高时，由于热胀原因，加之沥青变软，在车轮荷载的反复作用下，沥青路面的有效空隙率减小，影响路面内部盐分的析出速度。

盐化物沥青路面抑制冻结作用应是持续性的，随着时间的延长，盐分持续不断地析出，但当环境温度较低时，盐化物有效成分的溶析速度减慢，其抑制冻结效果减小。因此，当路面结冰或是短时间内的降雪量较大时，为确保行车的安全性，需要与机械除冰雪或撒布融雪剂等其他除冰雪的方法结合起来。

5.3.3 使用寿命预估计算

将上述马歇尔试件量取高度，利用式（5.2）计算试件表面积，将马歇尔试件置于容器中，底部用垫块垫起，加入一定量的蒸馏水，可测定48 h内溶液的电导率值，根据标准曲线计算溶液的盐分浓度，估计道路表面盐分的析出量，每组试件三个，取其平均值作为结果，盐分的析出量计算为

$$S = (2\pi r^2 + 2\pi rh) \times 10^{-6} \tag{5.2}$$

式中 S——马歇尔试件表面积，m^2；

r——马歇尔试件半径，$r = 101.6/2$ mm；

h——马歇尔试件高度，mm。

经计算，三个温度下的马歇尔试件的表面积均为0.036 m^2。

$$Q = nV\rho_w/S \tag{5.3}$$

式中 Q——道路表面盐分析出量，g/m^2；

V——加入蒸馏水的体积；

ρ_w——水的密度，取1.0g/cm^3；

n——溶液盐分质量浓度,%；

S——马歇尔试件表面积，mm^2。

计算结果见表5.6。

表5.6 每平方米不同时间、不同温度的盐分析出质量 单位：g

时间	温度		
	5 ℃	25 ℃	35 ℃
7 d	74.201	101.415	114.340
1 h	0.54	0.73	0.83

防冻沥青路面的使用寿命主要取决于路面内具有除冰雪效果的易溶盐的含量、盐分的析出速度以及当地的年平均降水时间。路面内易溶盐的含量越多，在保证融冰雪效果的前提下路面表面盐分的析出速度越小，当地的年平均降水时间越少，则路面使用寿命越长。

防冻沥青路面的使用寿命可按式（5.4）进行计算。

$$T = \frac{m}{vt} \tag{5.4}$$

式中 T——路面使用寿命，年；

m——路面中每平方米易溶盐的质量，g；

v——每平方米路面表面盐分析出平均速度，g/h；

t——当地的年平均降水天数，d。

这其中当地的年平均降水天数可通过查询当地的气候条件得出。路面中每平方米易溶盐的质量与融冰雪沥青路面厚度、融冰雪混合料密度、防冻剂的掺量以及防冻剂中易溶盐的含量有关。因此，路面中每平方米易溶盐的质量m可通过式（5.5）和式（5.6）进行计算。

$$M = h \times \rho \times 10^4 \tag{5.5}$$

$$m = \frac{M}{1 + \text{OAC}} \times k \times c \tag{5.6}$$

式中　h——融冰雪沥青路面厚度，cm；

ρ——融冰雪混合料密度，g/cm^3；

M——每平方米融冰雪混合料的总质量，g；

OAC——油石比,%；

k——防冻剂添加量与矿料质量的比值,%；

c——防冻剂中易溶盐的含量,%。

$$M = h \times \rho \times 10^4 = 5 \times 2.475 \times 10^4 = 123\ 750(\text{g})$$

$$m = \frac{M}{1 + \text{OAC}} \times k \times c = \frac{123\ 750}{1 + 5.1\%} \times 5.5\% \times 85\% \approx 5\ 504.58(\text{g})$$

实验所测国产防冻剂掺量为 5.5%防冻路面每小时每平方米析出量如表 5.6 所示，则不同温度下融冰雪路面能够连续发挥融冰雪效果的时间为

5 ℃：$$D = \frac{m}{24v} = \frac{5\ 504.58}{24 \times 0.54} \approx 425(\text{d})$$

25 ℃：$$D = \frac{m}{24v} = \frac{5\ 504.58}{24 \times 0.73} \approx 314(\text{d})$$

35 ℃：$$D = \frac{m}{24v} = \frac{5\ 504.58}{24 \times 0.83} \approx 276(\text{d})$$

计算得到防冻路面在不同温度下（冬天、春秋天、夏天）的连续有效作用天数分别为 425 d、314 d、276 d，以济南为例，查得济南市年平均降水天数为 50 d 左右，因此融冰雪路面的使用寿命为 5.6~6.5 年。可见本研究中防冻沥青路面的使用寿命在 6 年左右。

5.4　模拟降水量对融雪耐久性影响分析

5.4.1　模拟降水量试验设计

在路面行车荷载的不断作用和动水的冲刷下，防冻沥青路面中防冻剂的有效成分会逐渐消失，直至最后失去主动除冰雪的能力。为了很好地模拟路面在雨天的实际情况，本试验采用室内喷头喷洒试件，试件底下放个集物箱，每隔一段时间取样品测试溶液的电导率。试验的关键是如何确定水的流速，从而模拟一段时间后达到当地的降水量。通过查阅资料得到某个地区的年降水量，然后控制一定的流速降水量连续不断地冲车辙板试件[52-57]。

首先要确定喷头的流速，具体方法：用容器收集一定时间内的喷洒出来的水，然后用量筒量取体积。经计算，本试验所采用的喷头水的流速为 2.3 L/min。再调查当地的降水量来计算水的流速。假设当地的降水量为气候分区，是把气候的一些特征划分成指标，再根据气象部门统计数据将各指标数字化，然后按照数值对各指标进行分区，最后综合各指标得到气候分区。按照设计雨量分区指标，三级区划分为 4 个区，见表 5.7。

表 5.7 雨量气候分区

雨量气候区	1	2	3	4
气候区名称	潮湿区	细润区	半干区	干旱区
年降水量/mm	>1 000	1 000~500	500~250	<250

调研山东省年均降水量，属于潮湿区，本研究以济南地区降水量为研究对象。经查济南年均降水量 L=650 mm，属于潮湿区。对模拟年限内车辙板面积的表面总降水量进行预估，车辙板上表面在预估的 5 年中总的降水量 $Q=300\times300\times650\times n$，$n$ 为防冻沥青路用的融冰雪使用年限。根据之前道路融冰雪的寿命预估，故将降水量模拟年限初步定为 5 年。因此车辙板表面的总降水量 Q=293 L。前文已经测试水的流速 v=2. 3 L/min，冲刷试件按如下公式进行计算：

$$T = Q/v = 293 \approx 127(\text{min})$$

在冲刷车辙板的过程中，在车辙板下部用玻璃杯进行雨水收集，每隔 5 min 用容器收集一定量的从试件上流下的水，测定其电导率，冲刷用水的电导率为 0. 10 mS/cm，进一步观察防冻剂有效成分的流失情况。试验过程如图 5. 24 所示。

(a)

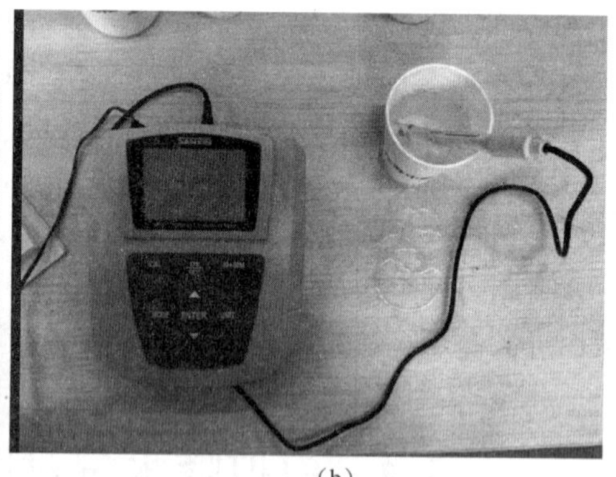

(b)

图 5. 24 蓬头模拟降水量的试验过程

成型车辙板，进行降水模拟试验。试验时，用量筒或量杯量取与试件受雨体积等量的水，将水灌入模拟喷头（花洒或者喷雾器）均匀喷洒于试件表面。以 650 mm 为基准值，对防冻沥青混合料进行降水模拟试验，而后测定盐化物混合料电导率，分析计算得出盐分析出量。

5. 4. 2 试验结果分析

试验中，每隔 5 min 测试的雨水冲刷后的溶液电导率见表 5. 8 和图 5. 25。

从试验结果可见，在 5 年的模拟使用年限里，盐化物沥青混合料的电导率是持续存在的，说明在模拟年限内防冻剂有效成分的持续析出。前期的电导率较小，这是由于前期道路表层盐分溶析比较少，电导率比较小；第 10 min 后，电导率逐步增大，这是由于随着雨水冲刷的持续，离子迁移作用的效果，盐分溶析较多，测得的电导率较大，直到第 40 min 增加到峰值。随着防冻剂成分的不断析出，其冲刷溶液中含有的防冻剂组分逐渐减少，因此在 40 min 后（模拟年限的第 2 年）电导率逐渐下降，100 min 之后（模拟年限的第 4 年）溶液的电导率变为平稳，这是由于后期离子迁移逐渐减弱，盐分溶析速度减弱，测得的电导率又减小，最终盐分残留较少，达到平衡，最终冲刷溶液的电导率与起始冲刷溶液的电导率相当。总之，可以保证防冻沥青路面在使用年限内的融雪性能。

表 5.8　冲刷车辙板过程中电导率的变化情况

时间/min	电导率/(mS/cm)	时间/min	电导率/(mS/cm)
0	0.14	65	0.25
5	0.19	70	0.23
10	0.23	75	0.23
15	0.25	80	0.2
20	0.26	85	0.21
25	0.29	90	0.19
30	0.32	95	0.17
35	0.37	100	0.17
40	0.43	105	0.17
45	0.40	110	0.17
50	0.33	115	0.17
55	0.27	120	0.16
60	0.23	125	0.16

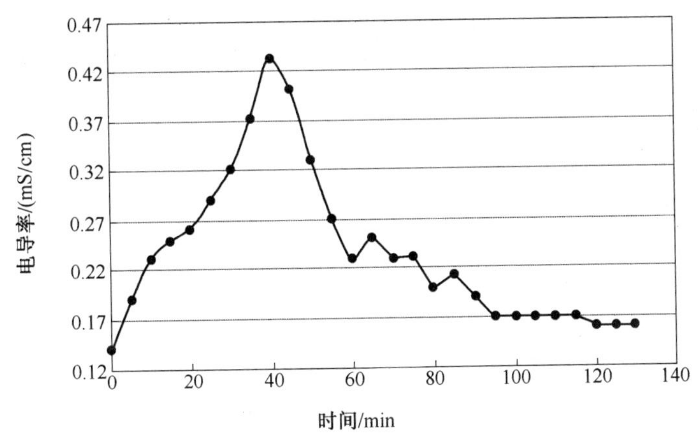

图 5.25　冲刷车辙板过程中电导率的变化

进一步针对不同区域的模拟降水量对融冰雪时效进行试验分析，不同区域防冻路面融冰雪时效见表 5.9。

表 5.9　不同区域防冻路面融冰雪时效

雨量气候	潮湿区	湿润区				半干区	
代表区域	南京	徐州	济南	郑州	沈阳	兰州	内蒙古
年降水量/mm	1 000~1 100	800~900	650~700	600~700	750~850	300~350	300~400
使用寿命/年	4.7~5.2	5.8~6.5	7.5~8	7.5~8.5	6~7.5	>10	>10

从不同区域降水量可知，潮湿区以南京为例，防冻沥青路面的融冰雪作用时效长达 5 年；湿润区：济南市的防冻沥青路面的融冰雪作用时效长达 6 年，郑州地区防冻沥青路面的融冰雪作用时效长达 6 年；东北地区以沈阳市为例，防冻沥青路面的融冰雪作用时效长达 7 年；而半干区以兰州、内蒙古为例，其防冻沥青路面的融冰雪作用时效均大于 10 年。因此，如果将防冻沥青路用于中国北部区域（细润区），其融冰雪作用时效在 6~8 年。

进行长期雨水冲刷后的抗车辙性能研究，当冲刷试验完成后，将此车辙板置于室外自然晾干，48 h 后，进行车辙试验，测定其动稳定度为 2 789 次/mm，原车辙板在掺加防冻剂条件下的动稳定度为 2 856 次/mm，说明虽然在防冻沥青混合料的使用后期，防冻剂析出，其动稳定度较未冲刷车辙板的动稳定度有所下降，但降低幅度非常小，由此可以看出，防冻剂的析出对沥青混合料的高温稳定性影响较小。

进一步进行耐雨水冲刷后的低温小梁弯曲试验，测得弯拉应变为 1 840. 0 με ，较之前没有进行耐久性雨水冲刷的低温性能 1 909 με 略有下降。这是由于盐分的析出造成空隙率偏大，盐分的析出对沥青膜与石料的黏附产生不利影响，在进行弯曲试验时产生一些微裂缝，引起应力集中而发生低温断裂。

5. 5 防冻沥青混合料的长期性能研究

防冻沥青混合料内的融雪剂在雨水、降雪等的作用下会不断地析出，使得沥青胶结料发生变化，从而改变沥青路面的使用性能，因此必须通过室内模拟试验对其长期性能（包括长期高温性能、长期低温性能、长期水稳定性、长期疲劳性能以及飞散性能）进行测试评价[58-61]。

5. 5. 1 长期作用机理研究

沥青混凝土是多孔隙结构，这就给盐溶液进入混凝土内部提供了机会。在受冻地区，盐溶液在冻融循环作用下进入沥青混凝土内部有三个阶段：收缩—溶液吸入阶段、结冰—溶液迁移阶段、融化平衡阶段。

（1）收缩—溶液吸入阶段。结冰前孔隙内溶液和空气冷冻收缩，一旦毛细管与外面的盐溶液相通，收缩产生的负压就吸入外面的溶液以填充部分收缩产生的空间，该过程直到与外面相连的空口因结冰堵塞而停止。这个阶段吸入的溶液量对冻融结束后沥青和混凝土内溶液增加量或者最终饱水度的增加至关重要，它主要取决于沥青混凝土内溶液和空气冷冻收缩产生的负压、结冰速度和溶液进入毛细管的阻力或渗透性。负压越大，结冰速度越慢或冰水共存时间越长，以及渗透性越大，则混凝土吸入溶液量越多，饱水度增长越快，即混凝土破坏越快。图 5. 26 所示为冻融过程中沥青混凝土孔隙内部发生的物理作用示意图。

（2）结冰—溶液迁移阶段。首先在表层的孔内结冰，并把与表面相连的孔口堵塞，同时更内部的孔隙内溶液处在冰水共存阶段。当孔内的饱水度低于产生结冰压的临界饱水度前，在蒸汽压差的作用下，周围未冻水分向表层结冰的孔内迁移；一旦孔内的饱水度超过该临界饱水度时，就将产生结冰膨胀压力，它将驱使部分未冻溶液向沥青混凝土内部迁移（因向外

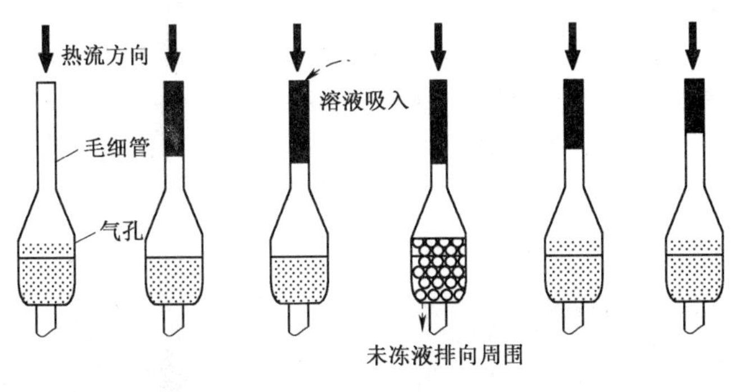

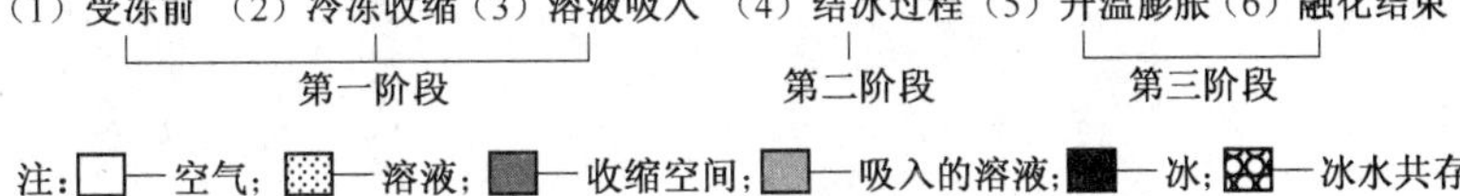

图 5.26　冻融过程中沥青混凝土孔隙内部发生的物理作用示意图

的孔口被冰晶体堵塞)，该过程直到孔隙内溶液全部结冰而停止。这个阶段是溶液由表层向内部迁移的关键阶段，对吸入溶液最终滞留在混凝土内的比例或饱水度的提高也重要，它主要取决于沥青混凝土内溶液结冰产生的压力大小。在整个冻融循环过程中，最大破坏力就出现在这个阶段。孔隙内结冰压越高，吸入的溶液越能更多地压入沥青混凝土内部。

(3) 融化平衡阶段。首先在靠近沥青混凝土表面孔隙内的冰开始融化，孔内溶液处在冰水共存阶段，因孔口的冰塞已融化，部分融化溶液在残余结冰压的驱使作用下向外迁移；当冰融化并随着温度的升高，孔隙内的溶液和空气开始膨胀，与冷冻前相比，因吸入的溶液占据了部分原来的空间，其膨胀将在孔内形成正压力，它将驱使部分溶液和空气向沥青混凝土表面排除，该过程直到沥青混凝土内外温度平衡而停止。在这个阶段，沥青混凝土内部的饱水度不是增加，而是降低。但与冻前相比，因部分空气被排出和部分吸入溶液被压入沥青混凝土内部，最终冻融结束时，沥青混凝土内部的溶液量将增加，即饱水度将提高。

正是由于在冻融循环条件下，沥青混凝土内部产生了这种额外的热胀冷缩作用或泵的抽压作用，以及结冰压的作用，在冻融循环作用下沥青混凝土内部的残留水随着冻融循环次数增多而逐渐增多，并且向沥青混凝土内部孔隙不断渗入。沥青混凝土内部的防冻剂溶液浓度也随着冻融循环次数的增多而增加。在冻的过程中，当温度降低的时候产生的负压由于防冻剂溶液浓度的提高而变得更大，导致更多的盐溶液通过孔隙进入到沥青混凝土的内部；在融的过程中，将产生更大的正应力，正应力把沥青混凝土孔隙内部的防冻剂溶液压向更深的孔隙中。在孔隙中存在的浓度差所产生的渗透压会加大防冻剂溶液对沥青的剥离侵蚀作用，致使沥青混凝土的稳定性降低，进而导致沥青混凝土的破坏。

防冻剂溶液在冻融过程中会出现吸热、放热交替现象，特别是在吸热时，周围沥青混凝土的温度会下降，当防冻剂溶液浓度越高，吸收的热量越大，周围沥青混凝土的温度降低得越多。在沥青混凝土内部会出现一个低温状态，沥青变脆，模量变化能力减小，在车辆荷载作用下，沥青混凝土内部比正常情况下更容易开裂，加大了沥青混凝土的破坏速度。

防冻剂溶于水时整个溶液不显电性，氯化钠在水中电离为 Na^+ 和 Cl^-，两种带电离子相互吸引，整个溶液趋于更稳定，其结冰膨胀率会小于纯水的膨胀率，而且盐溶液膨胀率会随着溶液浓度的增大而下降。由图 5.27（a）可以看出，试件结冰表面上有很多杂乱无章的冰晶粒，从图 5.27（b）可以看出盐溶液结冰时，表面有很多规律的线条和块，这种现象跟晶体结晶相似，有向内收缩的趋势。这种趋势对沥青混凝土受冻是有利的，因为盐溶液随着浓度的提高，其在沥青混凝土内部的膨胀体积会变小，但不能认为这就减小了盐溶液对沥青混凝土的破坏，虽然膨胀率有减小，但是在每次冻融循环后溶液会不断地向沥青混凝土内部孔隙延伸，每次冻胀都会对沥青混凝土内部造成一次新的压力。

（a）纯水结冰状态

（b）氯化钠溶液结冰状态

图 5.27　纯水与氯化钠溶液结冰对比

进行疲劳试验时，发现经过冻融循环的沥青混合料出现了白色的晶体，如图 5.28 所示。这些晶体出现在沥青混合料内部，说明防冻剂溶液在冻融循环作用下随着孔隙和裂缝侵入到了沥青混合料的内部。当盐溶液达到了饱和状态时，氯化钠晶体就会从溶液中析出来，停留在孔隙里，随着浓度的增加，晶体会不断地长大，对周围产生的结晶压也会不断地变大。沥青混凝土内部除了受到盐溶液结冰的膨胀压力外，还有晶体结晶的结晶压力。两种力在冻融循环作用下，对沥青混合料内部的结构会造成疲劳破坏，使沥青混凝土寿命减少，加快沥青混合料的破坏。

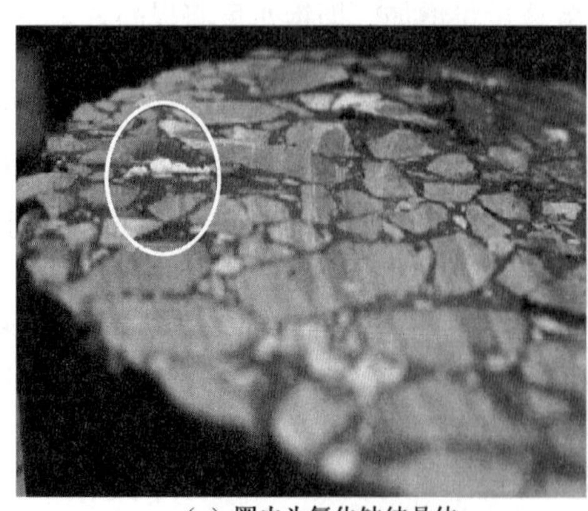

（a）圈内为氯化钠结晶体

（b）马歇尔试件剖面图

图 5.28　马歇尔试件内部多处有晶体析出

5.5.2　长期水稳定性

在混合料中添加除冰雪添加剂后，主要是利用其中所含盐分的析出起到融冰化雪的作用。

盐分的析出，一方面将对矿料表面的沥青膜产生渗透扩散作用，另一方面溶解的盐分将产生一定的孔隙，这些都将影响沥青混合料的性能。

为了测试除冰雪混合料的长期水稳定性，课题组设计了浸水试验。如图 5.29 所示，将防冻混合料试件分别浸水不同天数后取出，进行浸水马歇尔试验，从而得出防冻混合料水稳定性与浸水天数的关系。

混合料采用防冻剂的掺量为 5.5%。为了说明盐分的析出会导致混合料水稳定性的下降，而不是由于长期浸水导致混合料水稳定性的下降，用普通试件浸水不同天数后的浸水马歇尔试验作为对比。试验结果见表 5.10、表 5.11 和图 5.30。

表 5.10　掺加防冻剂试件浸水不同天数后的水稳定性

浸水时间/d	浸水 40 min			浸水 48 h			浸水残留稳定度/%
	编号	稳定度/kN	稳定度平均值/kN	编号	稳定度/kN	稳定度平均值/kN	
1	4	7.97	8.53	1	8.1	8.2	96.1
	5	9.05		2	8.35		
	6	8.57		3	8.05		
3	10	8.31	8.30	7	8.03	7.94	96.0
	11	8.29		8	7.87		
	12	8.31		9	8.01		
7	13	7.33	7.50	14	6.84	6.27	83.6
	15	7.66		17	5.65		
	16	7.52		18	6.33		
15	20	6.16	6.05	19	5.56	5.16	85.3
	22	6.81		21	5.19		
	24	5.18		23	4.72		

表 5.11　普通试件浸水不同天数后的水稳定性

浸水时间/d	浸水 40 min			浸水 48 h			浸水残留稳定度/%
	编号	稳定度/kN	稳定度平均值/kN	编号	稳定度/kN	稳定度平均值/kN	
1	1	9.30	9.10	4	9.26	9.00	99
	2	8.23		5	9.31		
	3	9.78		6	8.43		
3	7	9.09	8.65	10	8.92	8.30	96
	8	7.83		11	8.45		
	9	9.03		12	7.53		
7	13	9.70	9.44	15	9.14	8.68	92
	14	8.35		17	7.96		
	16	10.26		18	8.93		
15	20	8.65	9.08	19	8.14	8.12	89
	22	9.57		21	8.09		
	24	9.01		23	8.14		

从上述试验可以看出，随着浸水时间的延长，混合料的水稳定性呈下降的趋势。普通试件浸水后的浸水马歇尔残留稳定度要比掺加国产防冻剂试件的高一些，且随着浸水时间的延长，两者之间的差值呈增大的趋势，如图 5.30 所示。这表明掺加国产防冻剂的混合料试件水稳定性的下降不仅是由于浸水的影响，盐分的析出也会导致混合料水稳定性下降。

图 5.29 防冻混合料试件浸水

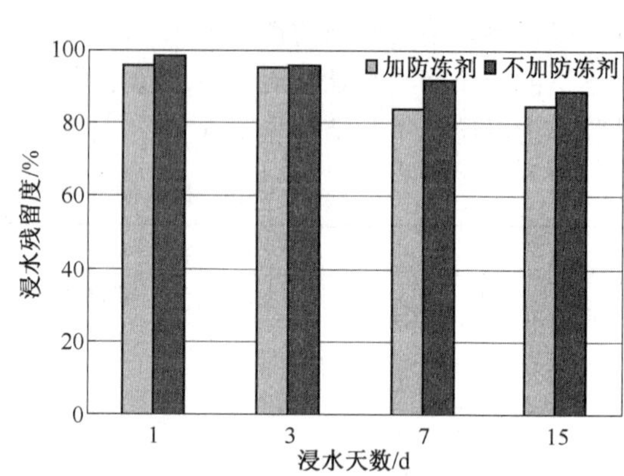

图 5.30 浸水不同天数后的马歇尔残留稳定度

从图 5.30 可以看出，虽然随着浸水时间的延长，混合料的水稳定性呈下降的趋势，但其幅度并不大，且都要高于我国规范对改性沥青 SMA 水稳定性要大于 80%的要求。因此，盐分析出对混合料水稳定性的影响并不是主要问题。

5.5.3 长期高温性能

和长期水稳定性试验一样，将除冰雪混合料的车辙板浸在水中不同时间，并根据车辙试验测试浸水后的混合料高温稳定性。混合料采用国产防冻剂的掺量为 5.5%，试验结果见表 5.12和图 5.31。

表 5.12 不同浸水时间下混合料的高温稳定性

浸水天数/d	浸水 45 min	浸水 60 min	动稳定度/(次/mm)	动稳定度平均值/(次/mm)
0	1.320	1.448	4 941	5 096
	1.950	2.070	5 250	
1	1.733	1.868	4 667	4 804
	1.133	1.260	4 941	
3	1.088	1.200	5 600	5 600
	1.410	1.523	5 600	
7	1.763	1.905	4 421	4 584
	1.060	1.190	4 746	
15	1.470	1.620	4 200	4 200
	1.680	1.830	4 200	

由图 5.31 可以看出，随着浸水时间的延长，混合料的高温稳定性呈一定的下降趋势，表

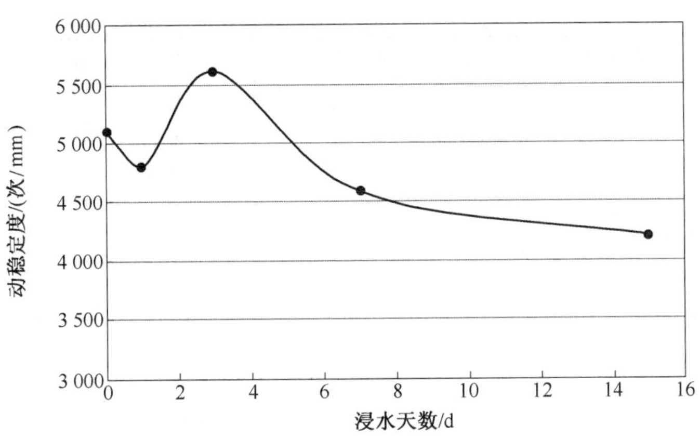

图 5.31　浸水时间对混合料高温稳定性的影响

明国产防冻剂添加剂虽然采用了在多孔基体材料中浸润沉淀盐分的技术，减少了盐分析出产生的体积缩减；但盐分的析出仍对混合料的性能产生了一定的影响，因此在评价除冰雪混合料的性能时需对其长期性能进行系统评价[62]。

从图 5.31 还可以看出，虽然随着浸水时间的延长，混合料的高温稳定性呈下降趋势，但其降低幅度并不大；考虑到在实际路面使用中，随着使用时间的延长，混合料会出现一定程度的老化现象，使混合料的高温稳定性得以提高，因此，盐分析出对混合料高温稳定性的影响也不是主要问题。

5.5.4　长期低温性能

为了测试除冰雪混合料的长期低温性能，开展浸水试验。将除冰雪混合料的小梁浸在水中不同时间，并测试浸水后的混合料低温抗裂性。混合料采用国产防冻剂的掺量为 5.5%，试验结果见表 5.13 和图 5.32。

表 5.13　不同浸水时间下混合料的低温抗裂性

浸水天数/d	抗弯拉强度/MPa	抗弯拉强度平均值/MPa	最大弯拉应变/με	最大弯拉应变平均值/με
0	7.82	8.44	1 813.91	2 656.97
	8.55		2 240.82	
	8.06		2 541.36	
	9.52		2 467.32	
	7.25		3 805.34	
	9.46		3 073.04	
7	5.82	10.22	1 670.74	2 395.80
	10.39		2 643.07	
	10.31		2 981.17	
	11.01		2 593.09	
	10.12		2 418.10	
	13.67		2 068.64	

续表

浸水天数/d	抗弯拉强度/MPa	抗弯拉强度平均值/MPa	最大弯拉应变/με	最大弯拉应变平均值/με
15	10.51	10.50	2 154.74	1 913.58
	10.74		1 557.61	
	7.53		2 027.54	
	10.12		1 474.75	
	12.75		2 249.64	
	11.35		2 017.18	

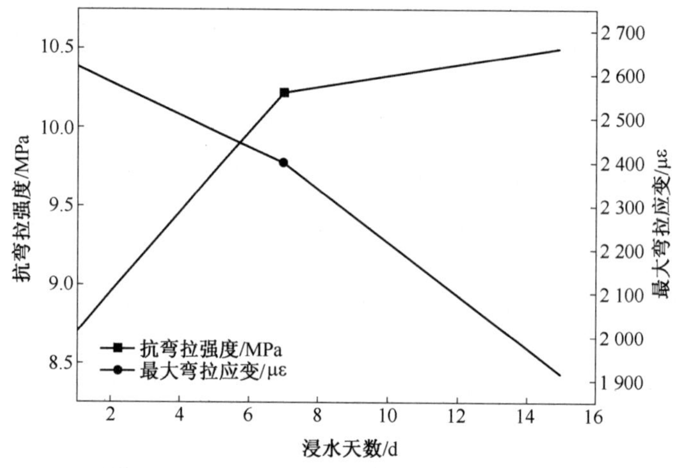

图 5.32　不同浸水时间下混合料的低温抗裂性

从图 5.32 可以看出，随着浸水时间的延长，混合料的低温抗裂性呈一定的下降趋势，浸水 15 d 后，最大弯拉应变的下降幅度大约为 600 με，下降幅度并不大，表明防冻剂的析出虽然会对防冻沥青混合料的路用性能造成一定的影响，使路用性能降低，但仍能保证路面的功能要求。

5.6 本章小结

本章对国内防冻沥青路面进行了调查，对比分析了国内外各种融冰雪效果评价方法，提出了新的评价方法并设置了新的试验装置。对融冰雪路面融冰雪效果及影响因素进行了分析，并对路面的使用寿命进行了调查和研究。主要结论如下。

（1）添加国产防冻混合料试件与冰层的黏结力明显低于普通试件与冰层的黏结力，即融冰雪混合料存在较好的融冰雪效果。

（2）盐化物沥青路面盐分析出速率随着温度的升高而增加，但当环境温度较低时，盐化物有效成分的溶析速度减慢，其抑制冻结效果减小。因此，需要与机械除冰雪或撒布融雪剂等其他除冰雪的方法结合起来。

（3）防冻沥青路面的使用寿命与当地的年平均降水天数有关。根据对中国北方区域年均降水量的调查结果，用于年降水量大于 1 000 mm 的区域，防冻路面融冰雪作用时效为 5 年左右；用于湿润区（年降水量 600~900 mm），其作用时效长达 6~8 年；用于半干旱区（年降水量 300~400 mm），其作用时效大于 10 年。

（4）防冻剂对沥青混合料性能作用机理：盐溶液通过沥青混凝土孔隙进入到结构内部，在冻融过程中溶液结冰膨胀，在沥青混凝土内部产生结冰压力，当盐溶液浓度达到过饱和度时，就有盐化物晶体从溶液中析出结晶，结晶体还有自我成长的能力，当沥青混凝土内部孔隙没有足够的空间给晶体膨胀时，结晶体会对结构产生结晶压力。

第6章

温敏型防冻剂材料开发与性能研究

6.1 基于温敏型聚合物水凝胶的抗冻材料研发

智能凝胶是一种对温度、湿度、酸碱度、离子强度以及渗透压等外界物理及化学刺激响应显著的凝胶，广泛应用在化学和制药工业中。响应现象通常表现为体积的相转变，不同条件作用会改变聚 N-异丙基丙烯酰胺（PNIPAM）的相转变温度。

有关高分子水凝胶的研究，早期主要集中在其物理化学性质方面，20 世纪 40 年代初，斯坦福大学的 Floly 教授通过对高分子水凝胶的研究，首次提出了一种溶胀理论，该理论的提出，使得高分子水凝胶的研究不再停留在相关现象的观察上面。20 世纪 60 年代，Wichterle 等人通过对聚-2-羟乙基甲基丙烯酸酯水凝胶相关性能的研究，指出其具有亲水性和生物相容性。随着水凝胶的诸多性质被发现，水凝胶的研究开始得到科研工作者的广泛重视。20 世纪 70 年代以后，Tanaka 通过研究聚丙烯酰胺凝胶，发现了聚丙烯酰胺水凝胶在温度改变后，会表现出明显的溶胀现象，进一步明确了 Floly 教授的溶胀理论，表明溶胀现象的本质，实际上是一种体积相转变（volume phase transition，VPT）现象，在该现象下，水凝胶的体积会随着温度的改变而发生变化。通过进一步研究，Tanaka 还提出范德华力、氢键、离子作用力以及疏水作用力四种分子间作用力是引起体积相转变的主要因素，极大地推动了有关水凝胶的研究进度。80 年代，Tanaka 利用数学理论水凝胶体系平衡模型描述水凝胶相关特性。

以上的诸多研究推动了高分子水凝胶的发展和相关进程，而我国对水凝胶的研究相比国外起步较晚，从 20 世纪 80 年代才开始研究，最早由华南工学院的张力田教授对当时超吸水性材料做了相关资料收集开始。在 1982 年时，中科院化学所的黄美玉教授最先合成出聚丙烯酸钠（ASAP）水凝胶，标志着我国有关水凝胶的研究正式开始。而研究的内容主要是自然界中存在的高分子、吸水/释水聚合物等，其中以聚丙烯酸等研究最多，研究的方向相对较少，主要集中在水凝胶的合成，以及如何表征水凝胶的物理化学性质等方面。郑晓明等学者以温敏性 HO-PNIPAM 作为大分子引发剂制备出了嵌段共聚物胶束，以疏水性药物醋酸泼尼松为模型药物，通过改变温度条件，研究 HO-PNIPAM 胶束对模型药物的释放与负载行为，结果表明，HO-PNIPAM 胶束具有良好的温敏性药物释放与负载能力。蒋彩云等详细介绍了聚 N-异丙基丙烯酰胺（PNIPAM）类智能凝胶与无机纳米金粒子（Au NPs）组成的复合材料的合成方法，并对这种无机有机复合存在的问题以及今后发展的方向作出了展望。刘红霞等设计制备出了一种双网络 POSS/CMC/PNIPAM 杂化水凝胶，通过一系列测试，证明这种双网络杂化水凝胶具有优异的机械性能、较好的溶胀性能以及快速的温度响应性能，进一步拓宽了高分子水凝胶的研究方向。

基于此，课题组研究温敏性材料是非常有意义的。PNIPAM 的加入能够改善材料的工作性能、力学性能、抗开裂性能和抗冻融性能。课题组将研究温敏型聚合物取代传统抗冻材料中充当缓释控制剂的聚合物树脂，在控制抗冻材料中盐化物的释放速度的同时加入“温敏开关”，使得新一代的抗冻材料在高温潮湿的季节环境中盐化物释放缓慢，在低温寒冷的冬季才有正常的释放速度，有效地扩大抗冻材料的使用范围、延长抗冻材料的使用寿命。

6.1.1　温敏型聚合物水凝胶的制备

在三颈瓶中先加入异丙基丙烯酰胺单体（PNIPAM）及蒸馏水溶解，溶解过后依次加入一定量的 N，N′-亚甲基双丙烯酰胺(BIS)、N，N，N′N′-四甲基乙二胺(TEMED)，在 15 ℃下恒温保持 15 min。加入过硫酸铵（APS），并通氮气除氧，密封反应 24 h。反应完全后形成透明膏状物，加热使水凝胶收缩。用蒸馏水洗涤 4～5 d，反复换水以保证无其他残留物，在烘箱中干燥后得到产品，产率>95%。

在 PNIPAM 水凝胶的制备基础上，分别加入丙烯酰胺（AAm）单体和不同分子量的聚乙二醇（PEG）。两者均为对 PNIPAM 的亲水改性，目的在于提高 PNIPAM 的机械性能。

6.1.2　温敏型聚合物水凝胶的性能

1. PNIPAM 及改性后 PNIPAM 在水中的相转变及溶胀行为

将不同的温敏型水凝胶置入水中以一定温度梯度进行加热，每个温度取后称量水凝胶的质量。由于实验设计的温敏型水凝胶具有最低共溶温度（LCST），因此随着温度的升高，水凝胶会由低温的溶胀状态逐渐转变成收缩状态，质量会逐渐减少，当质量趋于稳定时即到达 LCST 点。实验对比了 PNIPAM、PNIPAM-PAAM、PNIPAM-PEG，结果如图 6.1 所示。

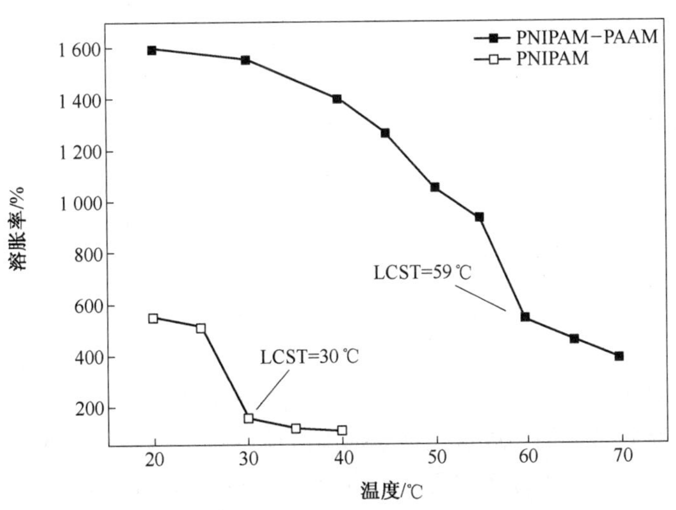

图 6.1　PNIPAM 和 PNIPAM-PAAM 在水中的溶胀—收缩过程

由图 6.1 可以看到，当用亲水性的 PAAM 对 PNIPAM 进行改性后，水凝胶的溶胀率增加得十分明显，是未经改性的 PNIPAM 水凝胶的三倍，较收缩状态的水凝胶溶胀了 1 600%。这主要是因为通过亲水基团的改性，使得 PNIPAM 与水的亲和性更强，因此能够随着温度的降低吸收更多的水，因而溶胀率更大。但看到其 LCST 较 PNIPAM 相比由 30 ℃升高到了 59 ℃，这主要是由于亲水基团的加入提高了聚合物主链与水的氢键强度，导致体系需要更高的温度来使得水凝胶进行收缩。综上可知，PAAM 的加入虽然在溶胀率上表现出色，但却提高了 LCST，这与之后用于抗冻材料的应用是背道而驰的。因此，继续寻找更合适的改性方法。

图 6.2 对比了不同分子量的 PEG 对 PNIPAM 进行改性后在水中的溶胀—收缩过程。首先看到随着 PEG 的加入，溶胀率是有一定程度的提升的。而 PEG 的分子量越大，提升越明显，当 PEG 的分子量大于 6 000 以后，溶胀率提升到 2 000%。这主要是由于亲水性的 PEG 与 PNIPAM 形成多孔水凝胶，使得水分子更容易与高分子链缔合。而 LCST 虽然较 PNIPAM 有所升高，到相比于 AAM 带来的 30 ℃的升高，PEG 改性的 PNIPAM 只升高了 9 ℃。虽然随着 PEG 分子量的不同其溶胀率不同，但对 LCST 的影响几乎没有。因此，PEG 相比于 PAAM 来说更适合对 PNIPAM 进行改性。

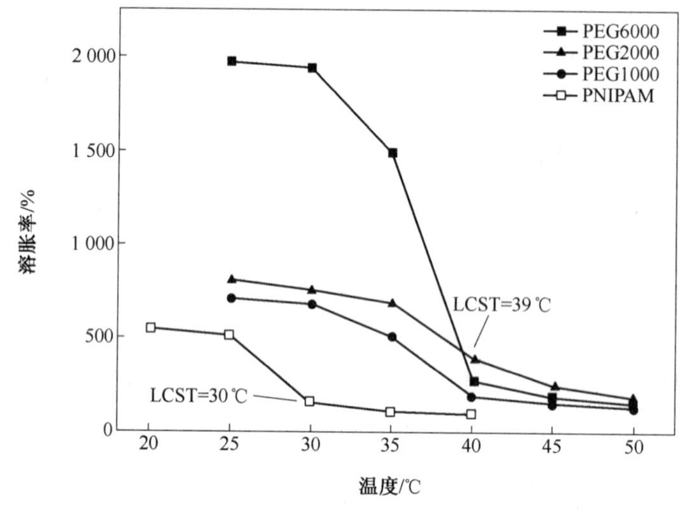

图 6.2 PNIPAM 和不同分子量的 PNIPAM-PEG 在水中的溶胀—收缩过程

图 6.3 综合了由 PEG 和 PAAM 对 PNIPAM 进行共同改性的对比，由此对比可以看出，PAAM 在溶胀率上对 PNIPAM 的贡献并没有与 PEG 加成，而从 PEG 2000+PAAM 的数据上来看，对 PNIPAM 溶胀率的贡献主要取决于混合物中溶胀率最大的改性基团。

综上可以看出，用 PEG 6000 进行改性的 PNIPAM 在水中的溶胀—收缩行为更符合材料的要求。

2. PNIPAM 及改性后 PNIPAM 在盐水中的相转变及溶胀行为

由于温敏型水凝胶是应用于以盐化物为基本载体的抗冻材料上，水凝胶在一定时间内是处于一定浓度的盐水中的，因此还需研究其在盐水浓度中的溶胀—收缩行为。

图 6.4 所示为盐水浓度对 PNIPAM 的溶胀—收缩过程的影响。由图中可以看出，随着盐水浓度的增加，溶胀率也增加。PNIPAM 在水中的溶胀率为 575%，而在盐水中，当盐水浓度

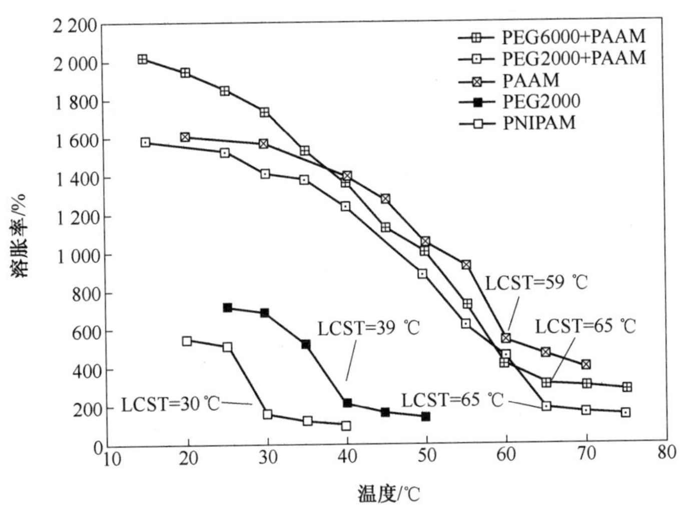

图 6.3　不同分子量的 PEG 和 PAAM 对 PNIPAM 水凝胶在水中溶胀—收缩过程的影响

达到 40%饱和盐水浓度的时候，溶胀率达到了 1 600%，远大于 PNIPAM 在水中的溶胀率。而 LCST 也随着盐水浓度的增加而降低，40%饱和盐水浓度下，PNIPAM 的 LCST 仅有 5 ℃。因此，随着盐化物的逐渐释放，抗冻材料周围盐浓度越来越大，温敏型水凝胶的功能性越强（溶胀率越大，则释放性能越好，且释放温度越低，释放突变越明显）。

图 6.5 和图 6.6 所示分别为 PNIPAM-PAAM 以及 PNIPAM-PEG6000 在不同浓度的盐水溶液中的溶胀—收缩过程，可以看到，与 PNIPAM 纯样不同，样品溶胀率随盐水浓度的变化呈现相反的趋势，即随着盐水浓度的增加，两种改性的样品的溶胀率都有一定程度的降低，其中 PNIPAM-PAAM 降低得更加明显，而 PEG 6000 改性的样品则降低的程度更小。而 LCST 的变化趋势则相同，三种样品的 LCST 均随着盐浓度的增加而降低，当浓度为 40%饱和浓度的时候，PNIPAM-PEG 6000 的 LCST 为 5 ℃，与未改性的 PNIPAM 相同，而 PNIPAM-PAAM 的 LCST 则更高；当盐水浓度为 50%饱和浓度的时候，其 LCST 仍然达到 15 ℃。因此，综合溶胀率以及 LCST、PNIPAM-PEG 6000 在盐水中的表现也比 PNIPAM-PAAM 要出色。

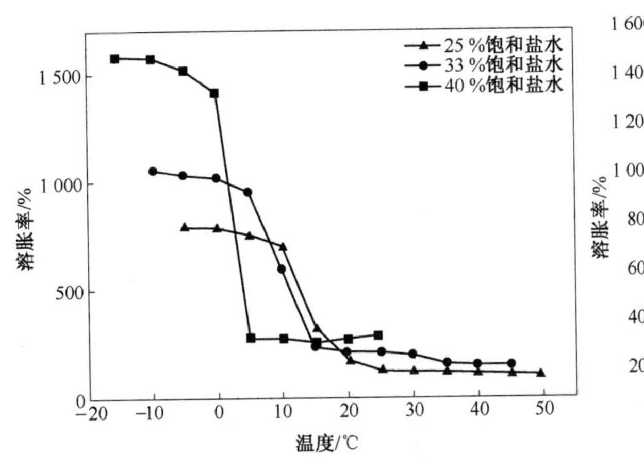

图 6.4　PNIPAM 溶胀—收缩过程

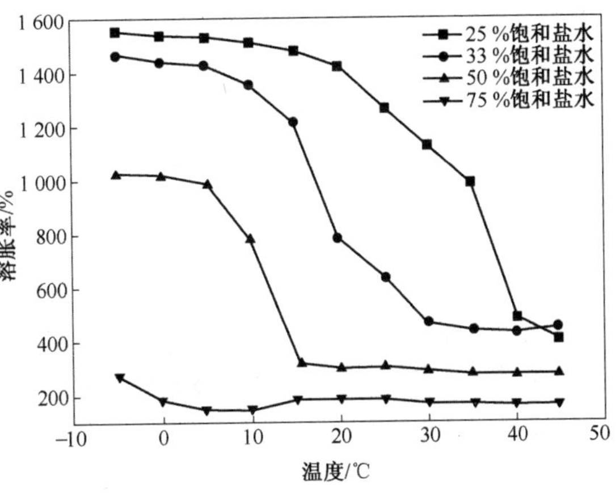

图 6.5　PNIPAM-PAAM 溶胀—收缩过程

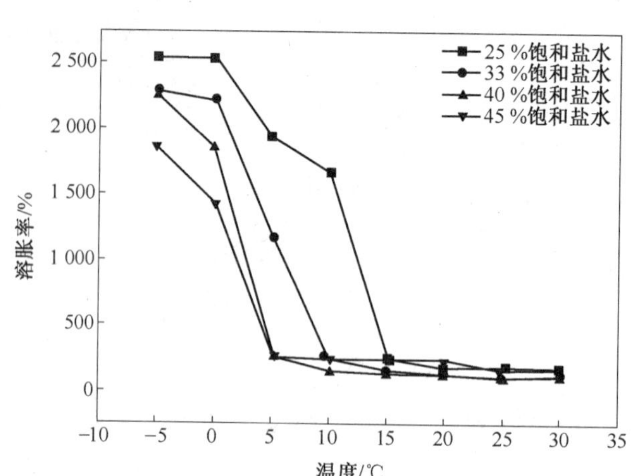

图 6.6　PNIPAM-PEG 6000 溶胀—收缩过程

6.1.3　PNIPAM-PEG 6000 与盐化物共混后的释放研究

综合之前的研究结果，课题在亲水改性上最终选择 PEG 6000 对 PNIPAM 进行改成，合成具有温度敏感特性的 PNIPAM-PEG 6000 水凝胶。将水凝胶对盐化物进行物理包裹，并加入其他改善型添加剂。

图 6.7 所示为以 PNIPAM-PEG 6000 为主要温敏改性剂制备的温敏型抗冻材料在水中的释放情况。从图中可以看到，在 20 ℃以下时，氯离子的释放率比较快，释放速度约为 0.31%/min（15 ℃）和 0.28%/min（20 ℃）。当温度升高到 25 ℃后，释放速率基本降到了 0.17%/min。还看到当温度高于 20 ℃后，由于已经高过水凝胶的 LCST，水凝胶处于收缩状态，因此其释放速度并没有因为温度的变化而产生非常大的变化。当温度为 30 ℃时，其释放速度比 20 ℃时略快，那是因为当水凝胶处于收缩状态时，温度越高氯化钠离子活性越强，其释放速度会越快。

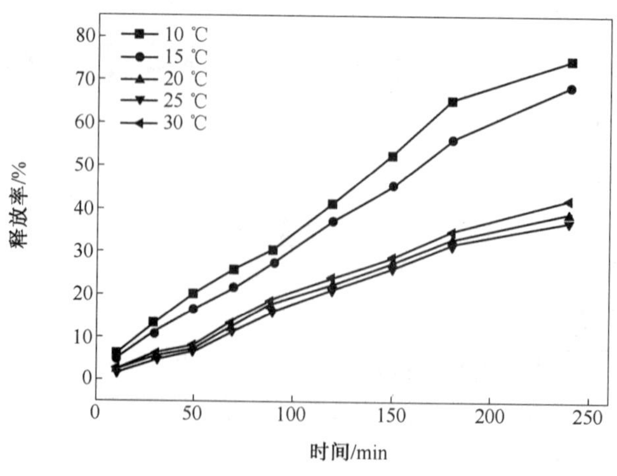

图 6.7　在不同温度环境下抗冻材料在水溶液中的释放情况

可见，亲水改性的温敏水凝胶能在一定程度上抑制抗冻材料中盐化物在高温条件下的释放，抑制率在 45%左右（释放速率降低了 45%）。

6.2　疏水改性温敏型聚合物对 LCST 降低程度的影响研究

6.2.1　疏水改性温敏型聚合物的制备

在三颈瓶中加入一定量的 PNIPAM 单体，再加入不同的疏水改性单体（MMA、MBA、BA），用叔丁醇将单体溶解后加入偶氮二异丁腈（AIBN），通入氮气除去体系中的空气，并保持氮气氛围，在 75 ℃下反应 24 h。之后蒸馏掉其中溶剂（叔丁醇），用四氢呋喃（THF）将产物溶解，滴入乙醚溶剂中（THF：乙醚=1：20）将聚合物产物沉淀，重复操作 3 次。干燥后得到产品，产量>80%。

6.2.2　疏水改性温敏型聚合物的溶解—沉淀过程及 LCST 的测定

由于疏水改性的 PNIPAM 无法形成水凝胶，因此需通过浊点来判断聚合物的 LCST。图 6.8所示为不同温度下，PNIPAM-PBA 溶于水后的状态，可以看到当温度由 10 ℃到 30 ℃聚合物在水中的溶解情况，当温度达到 15 ℃的时候，浊点出现。

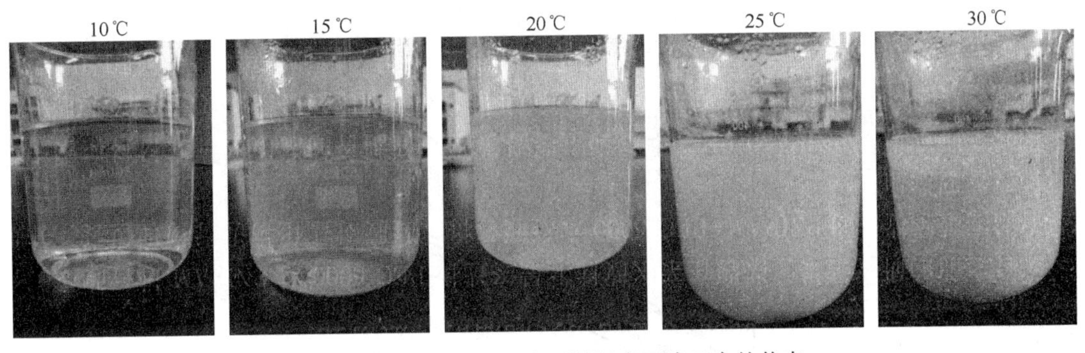

图 6.8　PNIPAM-PBA 在不同温度下溶于水的状态

课题组对 PNIPAM-PMMA、PNIPAM-PBMA 和 PNIPAM-PBA 进行了浊点测试，在加入相同量的疏水改性基团的情况下，PBA 拥有更强的降低 LCST 功能。当调整疏水改性基团的添加量时，也能在很大程度上影响聚合物的 LCST。图 6.9 所示为三种温敏聚合物在不同的疏水改性基团添加量下的 LSCT 变化情况。由图中看到，三种聚合物的 LCST 都随着疏水改性基团的添加量的增加而降低，其中 PBA 改性的 PNIPAM 拥有更低的 LCST。因此，在后续的与盐化物的结合中都采用 PNIPAM-PBA 作为添加剂。

6.2.3　PNIPAM-PBA 与盐化物混合制备抗冻材料的释放研究

以溶液共溶法将 PNIPAM-PBA 与盐化物进行混合，采用溶剂为丙酮—水混合溶液，混合比例为 1：3，之后将溶剂蒸干后得到混合物，加入一定量其他改善型添加剂，制备成抗冻材

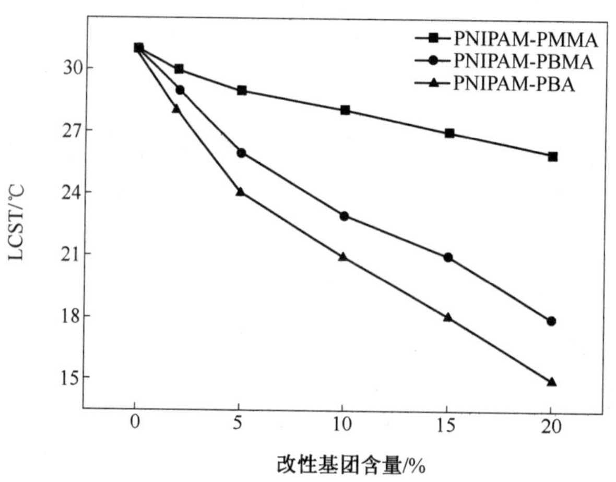

图 6.9　三种温敏聚合物在不同改性基团添加量的情况下的 LCST

料。将抗冻材料置入不同温度的水溶液中，观察其释放情况，如图 6.10 所示。可以看到，在环境温度为 5~10 ℃的时候，释放速率更快，达到 0.34%/min，当温度升高至 15 ℃时，释放速率降到 0.17%/min。但当温度继续升高时，由于热运动的增加，氯离子的释放速率又进一步提升，30 ℃下达到了 0.2%/min，但仍然没有低温时的释放速率快。由结果可知，加入疏水性温敏聚合物进行改性的抗冻材料抑制高温释放的效率也达到了 50%左右。

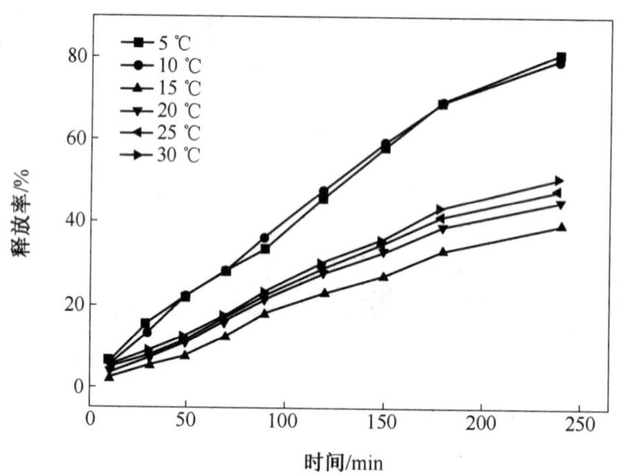

图 6.10　不同温度环境下抗冻材料在水溶液中的释放情况

6.3　温敏型抗冻材料的性能指标

针对抗冻材料在沥青路面中的应用，对其进行以下指标的测试，温敏抗冻材料的性能指标均符合路面使用的要求，见表 6.1。

表 6.1 温敏型抗冻材料的性能指标

项 目	检 测 指 标
外观	淡黄色颗粒
真实密度	1.44
堆积密度	0.85
粒度级配	3.5 mm 以下≥90% 3 mm 以下 70%~90%
pH	11.21
水分含量/%	≤1
硬度/N	≥25
冰点/℃	-25 ~ 0
腐蚀率/(mm/a)	0.018

6.4 温敏型聚合物对盐化物进行温控缓释的机理研究

温敏型抗冻材料的作用机理主要依托于具备温度敏感特性的高分子聚合物，温敏型聚合物的“温敏开关”原理如图 6.11 所示，温敏型高分子的主链具有疏水性，侧链则存在亲水基团，这个体系的吉布斯自由能 $G=H-TS$，其中 H 为高分子和水之间的范德瓦耳斯力产生的焓变（$H<0$），S 为高分子和水的混合熵（$S<0$）。

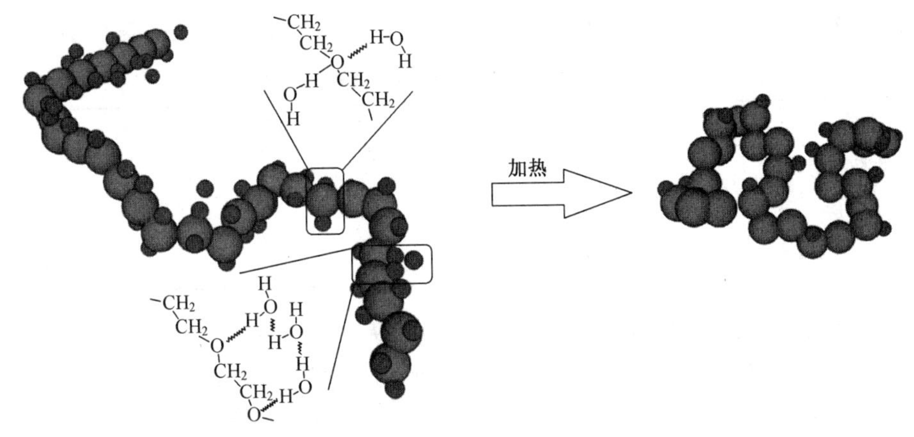

图 6.11 温敏型聚合物的“温敏开关”原理

当温度低于 LCST 时，TS 无法克服高分子与水之间的范德瓦耳斯力，整个体系的吉布斯自由能小于 0，高分子和水可以互溶；当温度高于 LCST 时，TS 足够克服范德瓦耳斯力，使整个高分子“蜷缩”起来，吉布斯自由能大于 0，因此体系不互溶。

将温敏型高分子与盐化物通过图 6.12 的方式结合起来，聚氨酯类高分子主要起一个框架作用，增强抗冻材料的强度，稳定温敏型高分子。芯材是以盐化物为主要成分，与一定量缓蚀成分共混的物质。当温度较高时（高于温敏型高分子材料的 LCST），温敏型高分子处于收缩状态，只有少部分水分子能够通过渗透作用进入芯材与盐结合，使盐少量释放；当温度较低时，水分子的渗透使得温敏型高分子处于溶胀状态，水分子可以更快速地通过温敏水凝胶层，加快盐的释放，从而达到对盐化物的“温敏开关”的作用。

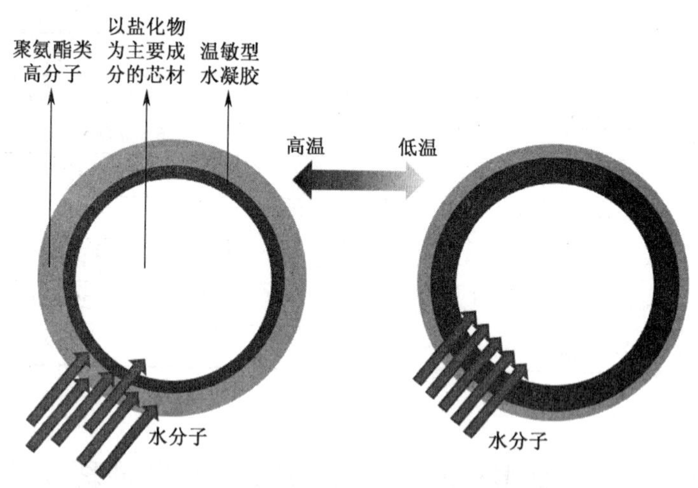

图 6.12 温敏型抗冻材料释放机理

6.5 防冻剂经济效益分析

通过调研日本马飞龙、路丽美产品价格、掺量及有效盐分含量，计算出每吨沥青混合料中防冻剂的成本，并与自主研发防冻剂的使用成本进行对比分析，结果见表 6.2。

表 6.2 不同防冻剂的价格对比

防冻材料类型	单价/(元/t)	用量（每吨混合料）/kg	成本（每吨混合料）/元
自主研发防冻剂	12 000	40	480
日本马飞龙	20 000	40	800
路丽美	20 000	45	900

从表中分析可知，自主研发的防冻剂单价为另外两种材料的 60%，由于每种材料的有效盐分含量及掺量不一样，最终每吨混合料的自主研发防冻剂使用成本为日本马飞龙的 60%，低于路丽美的使用成本 87%，可见自主研发防冻剂具有良好的经济效益。

主动型防冻沥青路面与人工除冰雪、机械除冰雪、微波除冰雪、热力融冰雪以及融冰雪涂层技术相比，主动型防冻沥青路面有着不可比拟的经济优势。本节主要把主动型防冻沥青路面的经济性与撒布融雪剂除冰雪相比较，从可以重复利用和具备养护功能上进行经济效益分析。其中，SMA-13 沥青混合料单价按照 550 元/t 计算，AC-13 沥青混合料单价按照 450 元/t 计算，AC-20 沥青混合料单价按照 400 元/t 计算，AC-25 沥青混合料单价按照 360 元/t 计算。

假设路面铺装厚度为 4 cm，路面宽度为 3.75 m，设计两种路面结构 4 cm SMA-13+

6 cm AC-20+8 cm AC-25 和 4 cm AC-13+6 cm AC-20+8 cm AC-25，不同掺量下的路面铺装成本见表 6.3 和图 6.13、图 6.14。

表 6.3　每千米单车道的不同掺量下路面铺装成本

防冻剂掺量/%	0	3	4	5	5.5
4 cm SMA-13+6 cm AC-20+8 cm AC-25 元/km	691 350	820 163	863 100	906 038	927 506
增加成本/%	0	18.63	24.84	31.05	34.16
4 cm AC-13+6 cm AC-20+8 cm AC-25 元/km	648 788	774 827	816 840	858 853	879 860
增加成本/%	0	19.43	25.9	32.38	35.62

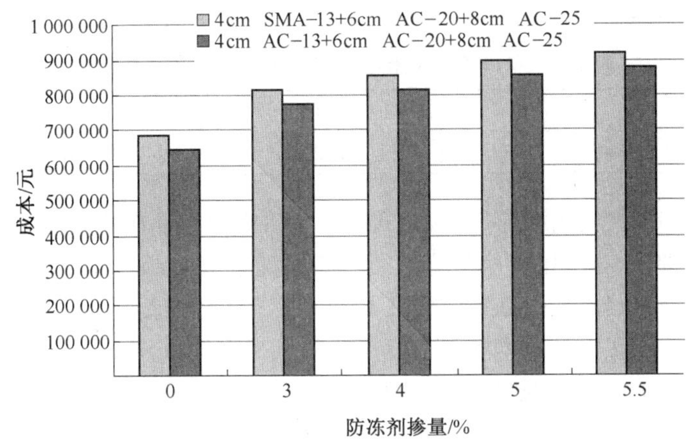

图 6.13　单车道的防冻剂铺装成本

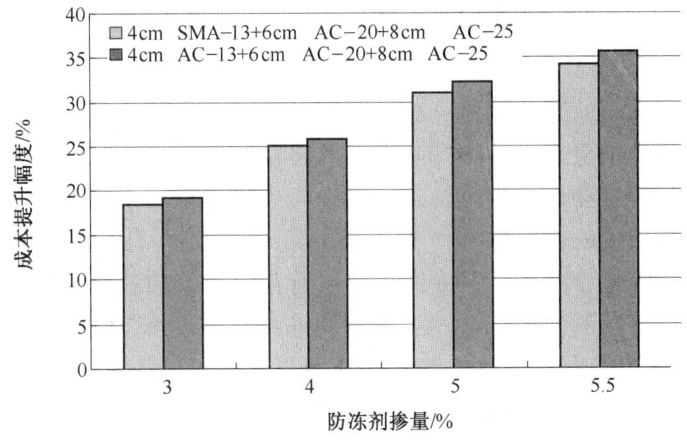

图 6.14　单车道防冻路面铺装成本提升幅度

从每千米的成本来看，防冻沥青路面增加工程成本的幅度在 20%~30%，但铺筑好的防冻沥青路面重复应用率高，防冻沥青路面一次施工，发挥 6~8 年的融冰除雪效果。现阶段成本最低廉且应用最广泛的除冰雪技术是撒布融雪剂或是除冰盐，每下一次雪都要撒布一遍，这样不仅造成大量的人力和材料浪费，而且在融冰雪过程中存在一定的滞后性，错过了融冰雪的最佳时间，并造成一定的交通安全隐患，还造成了建筑物的腐蚀和植被的破坏、环境的污染。为此，进一步对比撒布化雪盐与直接铺装防冻沥青路面成本，数据分析见表 6.4 和表 6.5。

表 6.4　撒布化雪盐预算定额（每 10 000 m^2）

项　目	单位	单价/元	用量	价格/元
人工	工日	300	0.3	90
融雪剂	t	1 000	0.8	800
融雪剂撒布机	台班	605	0.005	3.025
5 t 载货汽车	台班	473	0.005	2.365
测算价格	元	—	—	895.39

表 6.5　单车道每千米不同次数下撒布化雪盐的成本

撒布次数	1	5	10	15	20	25	30	35	40
价格/元	336	1 680	3 360	5 040	6 720	8 400	10 080	11 760	13 440

假设北方每年一场大雪需撒布 10 次化雪盐，中雪需撒布 5 次化雪盐，小雪撒布 3 次化雪盐，则每年需撒布将近 50 次化雪盐，防冻沥青路面铺装成本相当于撒布 8~10 年的化雪盐，而第 5 章研究防冻沥青路面的融冰雪时效在 6~8 年。综合分析，可知防冻沥青路面的铺装成本约为撒布化雪盐的 1.2 倍，成本增加幅度不是很高，但能够避免因撒布化雪盐错过了融冰雪的最佳时间，从而造成一定的交通安全隐患以及对建筑物的腐蚀和植被的破坏、环境的污染，因此使用防冻沥青路面具有较好的社会效益及经济效益。

6.6　本章小结

通过反对沥青路面试验路的铺筑，对沥青路面的实际应用效果进行了评价，经过冬季下雪天的实际检验，防冻沥青路面的融雪防冻能力较好。

本研究将温敏型聚合物取代传统抗冻材料中充当缓释控制剂的聚合物树脂，在控制抗冻材料中盐化物的释放速度的同时加入“温敏开关”，使得新一代的抗冻材料在高温潮湿的季节环境中盐化物释放缓慢，在低温寒冷的冬季才有正常的释放速度，有效地扩大抗冻材料的使用范围、延长抗冻材料的使用寿命。温敏型抗冻材料强度≥30 N，熔点≥180 ℃，要求释放温度≤20 ℃，高温条件下（20~30 ℃）盐化物释放速率明显低于国际同类产品，低温条件下（0 ℃）盐化物释放速率高于国际同类型产品，同时揭示了温敏型抗冻材料的缓释、融冰机理。

通过本研究防冻剂产品与日本马飞龙、路丽美产品的经济效益分析，发现本研究防冻剂的成本可较马飞龙和路丽美成本降低 60%左右。与普通的不含防冻剂的沥青路面相比，对单车道沥青路面每千米造价提升 20%~30%；考虑到防冻沥青路面在北方区域达到 6~8 年的有效使用期，与传统的撒布融雪盐的除冰方式相比，成本稍微有所提高，但节约了大量人力物力，且不会影响交通，具有明显的经济效益和社会效益。

第 2 篇　电加热融冰雪技术研究

第 7 章　导电超薄磨耗层组成设计

导电超薄磨耗层是一种异质复合结构，这种复合结构由绝缘相基体和导电相添加体两部分复合而成。本章根据导电超薄磨耗层在路面融冰除雪应用中的特点，总结了导电超薄磨耗层的性能要求，遴选出合适的导电材料、绝缘黏结材料、电极材料以及表面磨耗材料；给出电阻率的测量方法。环氧树脂胶导电性能很差，可以看作绝缘体。本书在环氧树脂胶中按照不同掺量加入石墨和碳纤维，探讨了不同影响因素对导电超薄磨耗层导电性能的影响，从而得到各因素的最佳状态，以得出可以满足路面融雪化冰要求的最佳配比[63-64]。

7.1　性 能 要 求

导电超薄磨耗层作为路面的一种薄层罩面材料，在满足融雪化冰功能的同时，还需具备基本的路用性能。导电超薄磨耗层由两层结构组成：下层为导电功能层，上层为磨耗碎石保护层。

1. 良好的导电性

导电超薄磨耗层中导电功能层的主要作用是在通电过程中发热来提高路表温度，最终将冰雪融化。因此，导电功能层的导电性能决定了发热的效率。导电功能层在通电后的发热功率可以按照以下公式进行计算：

$$P = UI = I^2R = \frac{U^2}{R} \tag{7.1}$$

电阻 R 可以通过下式计算：

$$R = \frac{\rho l}{S} \tag{7.2}$$

因此，由式（7.1）和式（7.2）可得

$$P = \frac{U^2 S}{\rho l} \tag{7.3}$$

式中 P——导电功能层的发热功率；

U——外加电压；

I——导电功能层内通过的电流；

R——导电功能层的电阻；

ρ——导电功能层的电阻率；

l——外加电极之间的距离；

S——与导电功能层接触处的电极横截面面积。

由式（7.1）可知，在导电功能层的几何尺寸及电极位置确定的条件下，导电功能层的发热功率与电阻率相关，电阻率越小，发热功率越大，根据电热转化效应可知单位时间内的产热也越多，进而融雪化冰效果越好。当导电功能层的电阻率一定时，电极的设计、电极的距离也会影响导电功能层的发热功率。因此，对于导电功能层的发热性能可以通过电阻率和电极设置控制。

2. 良好的耐久性

稳定的电阻率是保证导电功能层稳定发热工作的重要条件。首先，在长时间的通电加热、除冰过程中，材料的温度、湿度等发生一定的变化，而电阻能够维持比较稳定的状态。其次，在长时间的使用过程中，随着环境和交通荷载的作用，材料的电阻率能够维持稳定。满足以上条件，才能使得导电功能层能够长期稳定地发挥融雪化冰的作用。

3. 良好的路用性能

导电超薄磨耗层以一种薄层罩面形式附着于公路、桥梁、机场铺面表面，受到交通荷载、温度应力的作用，同时还有来自环境的光、湿度的作用。因此，要保证导电超薄磨耗层长期正常工作，必须具备良好的路用性能[65-68]。

导电超薄磨耗层需要具有很强的黏结能力。在交通轴载作用下，薄层与路面层间会产生较大的剪切应力。因此，导电功能层的黏结性能至关重要，当黏结力不足时，容易在车轮碾压下产生剪切推移、脱落等病害。

导电超薄磨耗层需要具有良好的抗滑性能。大多数交通事故是由于路面抗滑性能下降，轮胎与路面之间摩擦力不足导致的。导电超薄磨耗层覆盖原有路面后必须保证其表面的抗滑性能满足路面使用要求。

导电超薄磨耗层还要有良好的温度稳定性。随着导电材料通电发热，材料内部温度不断升高，或者在南方，夏季路面能够达到 70 ℃的高温，如果温度稳定性差，容易造成材料的强度降低，最终会造成变形破坏。

导电超薄磨耗层还需具备一定的抗老化能力。由于路面材料处于露天环境下工作，受到温度和阳光的作用，容易因材料的老化而造成黏结强度和导电性能的衰减。因此，导电功能层必须具备一定的抗老化性能，才能保证其长期工作中的功能稳定性。

7.2　原材料的选取

导电超薄磨耗层主要由三部分原材料构成：起导电功能作用的导电组分材料、起黏结作用的高分子黏结材料以及对导电功能层起保护作用的磨耗层材料。

7.2.1　导电组分材料

1. 石墨

石墨是一种较易获取的无机材料，它不仅具有良好的导电性、导热性，而且具有良好的化学惰性，是一种很好的导电填充材料 。一般呈黑色或灰色，具有金属光泽，如图 7.1 所示。石墨是元素碳的一种同素异形体，每个碳原子的周边联结着另外三个碳原子（排列方式呈蜂巢式的多个六边形）以共价键结合，构成共价分子。由于每个碳原子均会放出一个电子，那些电子能够自由移动，因此石墨具有良好的导电性能，石墨分子构成见图 7.2。

图 7.1　石墨（2 000 目）

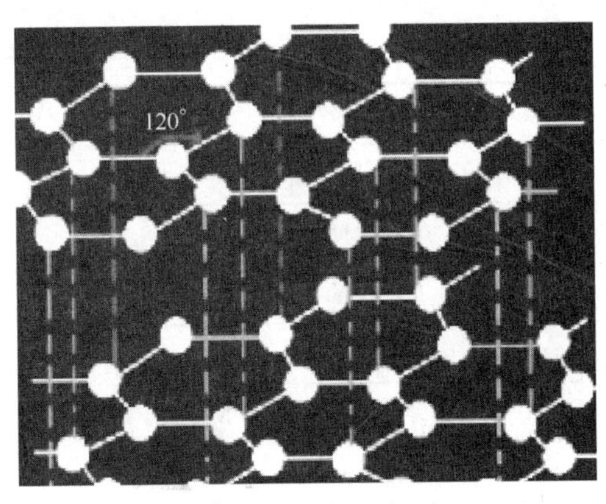

图 7.2　石墨分子结构

石墨本身具有滑腻性，使得它在混合时易于均匀地分散。相比起金属导电材料来说，石墨有抗腐蚀、耐酸耐碱等优点；而相比其他的一些同样能够抗腐蚀、耐酸碱的材料（如炭黑），石墨又有更好的导电性能。石墨作为导电填料在很多领域已经得到比较成熟的应用，石墨的主要性能参数见表 7.1。

表 7.1　石墨的主要性能参数

参数名称	密度 /(g/cm^3)	粒径/μm	含碳量 /%	灰分/%	铁含量/%	电导率 /(S/m)
参数值	2.1~2.3	150	98.9	0.2	0.03	3.2×10^5

2. 碳纤维

研究表明短切碳纤维是制备路面除冰用导电混凝土的一种理想的导电组分材料。碳纤维是一种由有机纤维经固相反应转变而成的纤维状聚合碳，束状碳纤维形态结构如图 7.3 所示。其含碳量一般较高，在 95%以上。和一般碳素材料一样，其也具有耐高温、耐摩擦、耐腐蚀、化学稳定以及导热、导电等特性。考虑到在制作导电超薄磨耗层的过程中涉及搅拌工艺，对碳纤维长度越长在搅拌过程中的打结和结团现象就越严重，因此本研究中使用的碳纤维需要经过短切工艺处理（见图 7.4），短切碳纤维的性能参数如表 7.2 所示。

图 7.3　束状碳纤维形态结构

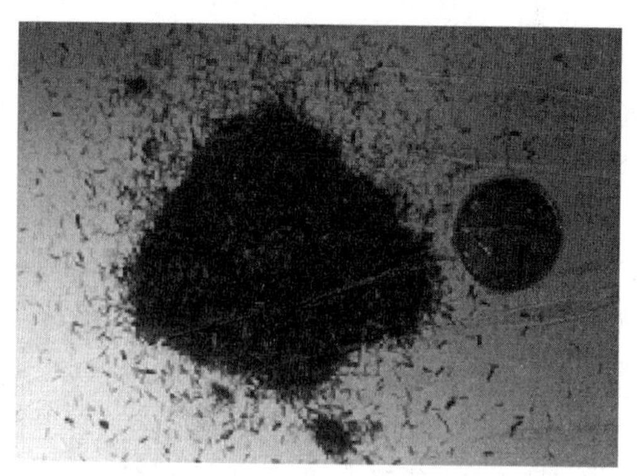

图 7.4　短切碳纤维

表 7.2　短切碳纤维的性能参数

参数名称	参数值
单丝直径/μm	7.0~10.0
抗拉强度/GPa	3.6~3.8
抗伸模量/GPa	240~280
含碳量/%	≥95
伸长率/%	1.5
密度/(g/cm^3)	1.6~1.76
外观	灰黑色
体积电阻率/（Ω·cm)	1.5×10^{-3}

7.2.2　黏结材料

环氧树脂是由环氧树脂为基的双组分耐高温胶黏剂，主要适用于耐高温金属、陶瓷等的胶接。其工作温度为 -50~+180 ℃，短时可达+250 ℃。由于自身良好的性质，其可牢固地敷设于道路表面。并且已有研究指出过环氧树脂具有良好的路用性能，可以用于桥梁等土木工程之中。因此，本书采用了 A 胶和 B 胶的体积比为 2 的环氧树脂（见图 7.5）作为导电覆层的主体黏结材料。

7.2.3　磨耗层材料

导电超薄磨耗层中的导电功能层主要由环氧树脂胶和导电相组分组成，强度较低，难以承受交通荷载作用。因此，在导电功能层表面撒铺一层磨耗碎石以起到抗磨耗和分散应力的作用。考虑到导电超薄磨耗层整体不能太厚（初步设计厚度<10 mm），因此选用磨耗碎石粒径定为2~5 mm，考虑碎石应具有良好的硬度和耐磨性能，本研究中选用粒径2~3 mm的黑刚玉作为磨耗层碎石材料（见图7.6）。

图7.5　环氧树脂A胶（左）和B胶（右）

图7.6　黑刚玉磨耗碎石

7.3　导电超薄磨耗层的制备工艺

通过在环氧树脂树脂胶中加入碳纤维和石墨，来制得电导率满足导电性能要求的导电功能层。在导电功能层的表面撒布黑刚玉磨耗碎石制成导电超薄磨耗层整体。经过对导电功能层的反复搅拌涂刷试验，以及对黑刚玉磨耗碎石撒布的工艺过程研究，得到导电超薄磨耗层比较合理的制备工艺，步骤如下。

（1）进行原材料的准备工作。将石墨粉置于干燥箱中进行烘干处理，保证石墨粉在搅拌前不会因潮湿结团而影响其搅拌时的分散效果。短切碳纤维必须采用优质聚丙烯腈经过空气预氧化工艺，在高纯度的惰性气体中，1 000~1 800 ℃的条件下碳化而得。黑刚玉磨耗碎石应进行水洗烘干处理，保证表面干燥洁净，以确保能与环氧树脂胶更好地黏结。

（2）按照所需比例对导电组分和环氧A、B胶进行称重备用。将石墨加入到环氧树脂胶A组分中并不断搅拌至石墨均匀分散于环氧树脂胶中。将短切碳纤维加入到环氧树脂B组分中并不断搅拌至短切碳纤维均匀分散于环氧树脂胶中。将掺入导电组分并与搅拌均匀的环氧树脂胶A、B组分混合在一起，再次搅拌至导电组分和环氧树脂胶混合均匀。

（3）将第（2）步制得的导电混合物涂刷于路面（或试验室中用车辙板）上，涂刷厚度约为6 mm，在涂刷过程中应保证导电功能层平整无坑洞。

（4）在导电功能层表面涂刷环氧树脂胶，并在涂刷完毕后立即采用满布撒铺法撒布黑刚玉碎石。

（5）待导电超薄磨耗层中的胶水完全固化后扫除表面多余黑刚玉碎石。

导电超薄磨耗层的整体和剖切细节如图7.7和图7.8所示。

图 7.7　导电超薄磨耗层的整体

图 7.8　导电超薄磨耗层的剖切细节

7.4　导电超薄磨耗层配合比设计

环氧树脂胶导电性能很差，可以看作绝缘体，加入碳纤维和石墨之后能够使其具有一定的导电性能。本书首先探讨碳纤维长度对导电性能的影响，然后通过在环氧树脂胶中按照不同掺量加入石墨和碳纤维，探讨了两种导电组分掺量对环氧树脂胶导电性能的影响规律，从而得到各因素的最佳状态，以得出可以满足路面融雪化冰要求的最佳配比。

由于表层的黑刚玉碎石为绝缘材料且在撒布压实过程中对导电功能层的厚度影响很小，在对比撒铺和未撒铺黑刚玉磨耗碎石的试件时发现，表层是否撒布碎石对其电阻基本无影响。本节主要是对导电功能层的导电性能影响因素进行研究，因此所用试件均未撒布黑刚玉碎石。按照 7.3 节中导电超薄磨耗层的制备工艺进行导电功能层制备，将导电复合材料涂覆于两端加有紫铜片电极的试模（长×宽×深＝150 mm×100 mm×5 mm）中并刮平，电阻率测试标准试件如图 7.9 所示。

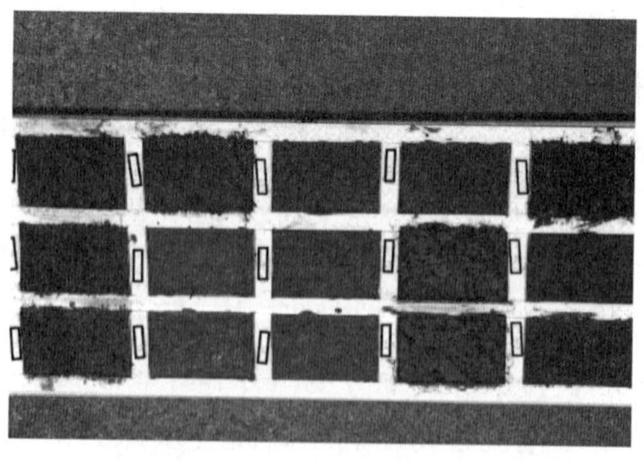

图 7.9　电阻率测试标准试件

7.4.1　碳纤维长度对导电性能的影响

碳纤维成品是丝束状的长丝，如果要将其作为增强材料加入当中，需要将其短切。同等情况下，等量的短切碳纤维，短切长度越长越容易在树脂胶材料里形成导电网络通路，理论上试件电阻率越低；然而，在试验室实际拌和过程中发现不同短切长度的碳纤维其分散性不一样，长度越长分散性越差，长径比越大在拌和中越易缠绕结团，分散会不均匀。同时会导致试件某些部分空隙增大，从而降低导电超薄磨耗层中导电通路的形成，增大体积电阻率。这与碳纤维短切长度对于电阻率的影响是矛盾的。

由于短切碳纤维单相导电体系的发热均匀度不佳、分散效果不好，本书结合石墨良好的分散性和导热性，考虑以短切碳纤维为主导电相材料，石墨为辅助导电相材料，制备双相复合的导电体系。

试验拌和时发现当碳纤维长度大于 4.5 mm 时容易结团，拌和难度较大，考虑到实际应用的要求，遂将短切碳纤维长度研究范围定为不大于 4.5 mm。对碳纤维长度对导电超薄磨耗层电阻率的影响关系进行研究分析，选取了短切碳纤维长度为 0.5 mm、1.0 mm、1.5 mm、2.0 mm、2.5 mm、3.0 mm、3.5 mm、4.0 mm、4.5 mm，质量分数均为 2.0%，石墨掺量分别为 10%、15%的 18 组样品，测试结果如表 7.3 所示。

表 7.3　不同碳纤维长度的导电超薄磨耗层电阻率

碳纤维长度/mm	10%石墨掺量电阻率/(Ω·m)	15%石墨掺量电阻率/(Ω·m)
0.5	8.47	4.28
1.0	5.28	2.69
1.5	4.36	2.52
2.0	2.63	1.35
2.5	3.12	1.96
3.0	4.35	2.65
3.5	5.12	3.01
4.0	6.54	3.32
4.5	6.69	3.98

依据表 7.3 中的数据，绘制不同碳纤维长度下的导电功能层的电阻率曲线，如图 7.10 所示。

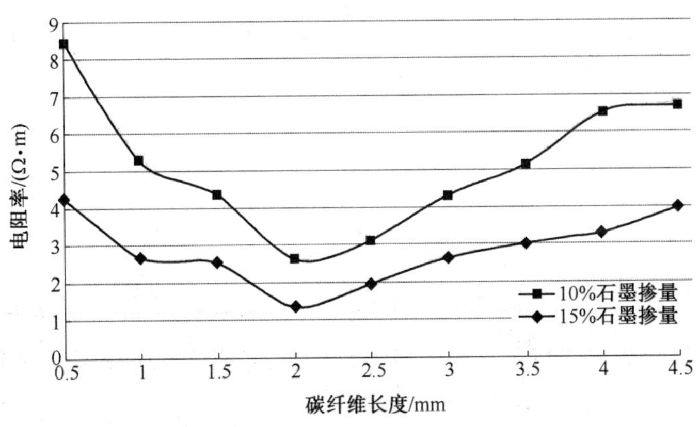

图 7.10　电阻率随碳纤维长度变化的曲线

从图 7. 10 可以看出：碳纤维的长度对导电超薄磨耗层的电阻率具有明显的影响；随着碳纤维长度的增长，导电功能层的电阻率先减小后增大，10%和 15%石墨掺量的导电超薄磨耗层电阻率均在碳纤维的长度为 2 mm 时达到最小值，石墨掺量 10%时最小电阻率为 2. 63 Ω · m，石墨掺量 15%时最小电阻率为 1. 35 Ω · m；当短切碳纤维长度小于 2 mm 时，随着碳纤维长度的减小，导电功能层的电阻率变得越大；当碳纤维长度大于 2 mm 时，随着碳纤维长度的增加，导电功能层的电阻率变得越大。

当短切碳纤维长度小于 2 mm 时，碳纤维长度越短，相邻碳纤维丝间越较难搭接构成导电通路，因此宏观表现为：当短切碳纤维长度小于 2 mm 时，随着碳纤维长度的减小，导电功能层的电阻率变得越大；当短切碳纤维长度大于 2 mm 时，由于碳纤维长度的增加会导致碳纤维在搅拌过程中容易结团，进而使得碳纤维不容易在环氧树脂胶中均匀分散，影响到导电通路的形成，宏观表现为：当碳纤维长度大于 2 mm 时，随着碳纤维长度的增加，导电功能层的电阻率变得越大。

由于碳纤维长度对材料电阻率的影响相比其质量分数的影响可以忽略不计，故本书不再对长度影响下的峰值做具体探讨，在随后做的导电超薄磨耗层试验当中，短切碳纤维的长度均选择 2 mm。

7. 4. 2 石墨、短切碳纤维复合掺量对导电性能的影响

试验过程中发现当石墨掺量超过 25%时，导电复合材料混合物拌和难度较大，考虑到实际施工应用的要求，遂将本书研究的石墨掺量最大值定为 25%。首先对 10%、15%、20%和 25%这四种石墨掺量情况下短切碳纤维掺量对导电功能层的电阻率影响关系进行试验研究，试验测试结果见表 7. 4。

表 7. 4 石墨、碳纤维复合掺量对导电体系的影响

碳纤维掺量 /%	10%石墨掺量 电阻率/(Ω · m)	15%石墨掺量电阻率/(Ω · m)	20%石墨掺量电阻率/(Ω · m)	25%石墨掺量电阻率/(Ω · m)
0. 5	4. 632	2. 807	0. 360	0. 103
1. 0	3. 839	1. 998	0. 284	0. 061
1. 5	3. 643	1. 326	0. 223	0. 057
2. 0	2. 631	1. 353	0. 161	0. 038
2. 5	0. 396	0. 308	0. 024	0. 009
3. 0	0. 396	0. 301	0. 013	0. 006
3. 5	0. 212	0. 205	0. 010	0. 005
4. 0	0. 162	0. 108	0. 009	0. 004

依据表 7. 4 中的数据，绘制在石墨掺量一定的情况下导电功能层的电阻率随石墨、碳纤维掺量的变化情况，如图 7. 11 和图 7. 12 所示。

从图 7. 11 可以发现：导电功能层的电阻率随着短切碳纤维掺量的增加而减小；碳纤维掺

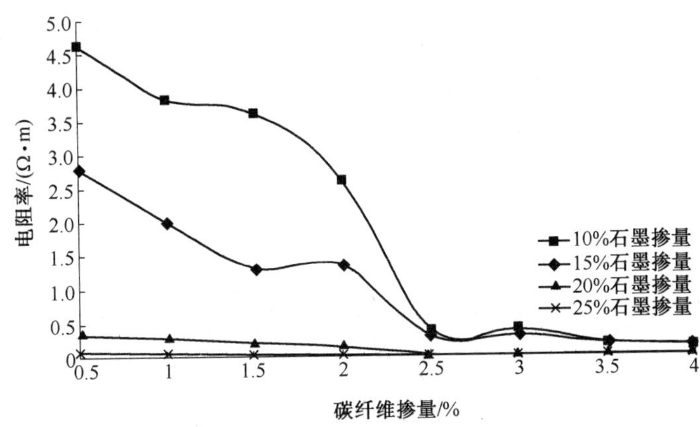

图 7.11　电阻率与短切碳纤维掺量的关系

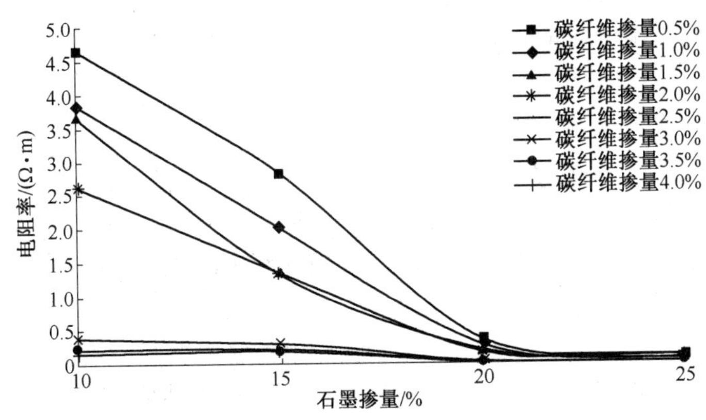

图 7.12　电阻率与石墨掺量的关系

量小于 1.5%时电阻率减小速率较慢，掺量在 1.5%~2.5%时电阻率减小速率变快，碳纤维掺量大于 2.5% 时电阻率下降变缓且渐渐趋于稳定；2.5%碳纤维掺量是电阻率变化速率快慢的分界点。

从图 7.12 可以看出：当碳纤维的掺量一定时，石墨掺量的增加可以有效降低导电功能层的电阻率；当碳纤维掺量为1%时，石墨掺量从 10%提高到25%，使得试件的电阻率由 3.839 Ω · m 降低到 0.061 Ω · m；当石墨掺量小于 20%时，电阻率随着石墨掺量的增加急剧减小；当石墨掺量大于 20%时，电阻率仍然随着掺量的增加而减小，但速率变慢。

7.4.3　组成设计

以上影响因素试验表明，导电功能层材料的电阻率随着碳纤维掺量增加而降低，但是，掺量在 4.0%后导电混合物过于黏稠，施工和易性大大下降。因此，本研究将碳纤维的掺量定在 4.0%以内。

石墨的加入有效地降低了导电功能层的电阻率，同时，由于其润滑特性，还可以使碳纤维分散更加均匀。根据碳纤维与石墨复合相导电材料的试验结果可知，石墨掺量为10%时导电性能提高效果并不明显，而掺入25%的石墨可以使导电性能明显提升。考虑到材料的经济性与功能性，石墨掺量过多不仅会加大搅拌难度，同时可能会影响环氧树脂胶的黏结作用，导致路用性能的降低，因此，石墨的用量定为25%。

本书初步选定短纤维长度为2 mm，石墨掺量为25%、碳纤维掺量为4.0%作为导电功能层的预想配比。

7.5 电 极 设 计

电极是导电超薄磨耗层的重要组成部分，在测量导电体系的电阻率时，电极处存在一定大小的接触电阻，这不仅会影响到试验的结果，使整个体系的测量电阻率增大，还会消耗一部分电能，降低导电体系的发热功率。因此，要制备出导电性能和发热效率良好的导电超薄磨耗层，就必须采取措施，尽量减小电极间的接触电阻。目前，解决这个问题的方法主要有以下几种。

（1）对电极和体系的接触面进行仔细的抛光与打磨，以增大其接触面积。

（2）涂布高导电性粉末状物质（如银粉），通过此种方式填满体系与电极之间的微小孔隙，从而使二者能够紧密接触。

（3）施加压力，使得电极与导电体系之间的接触更为紧密。

（4）在条件允许的情况下，可通过采用导电液体电极或模压金属电来降低接触电阻。

考虑到在所研究的导电体系表面涂布高导电性银粉成本极高，不具有可行性；而施加压力又可能使得还未凝固的复合导电体系发生几何形变，对电导率产生间接的影响，因此也不宜使用。所以，本书选择通过对电极表面进行打磨抛光的方法来减弱接触电阻的影响。并且以电阻率极小的紫铜为基本材料，选取了长度相同的铜丝、铜片以及铜条分别作为电极进行研究。

采用三种不同电极，测量相同材料配合比的复合导电体系的电导率变化，试验结果见表7.5。

表7.5 各种电极的电阻测量值

电极	电阻/Ω	电阻率/(μΩ·m)
铜丝	58.07	0.17
铜片	35.31	0.11
铜棒	30.61	0.09

从图7.13中可以得出以下结论：三种电极的接触电阻大小为铜丝 > 铜片 > 铜棒；不同电极条件下导电体系的发热效率为铜丝 < 铜片 < 铜棒。考虑到铜片状电极易于布设施工且与铜棒电极电阻率相差不大，本书选用经过抛光打磨后的铜片作为导电超薄磨耗层的电极。

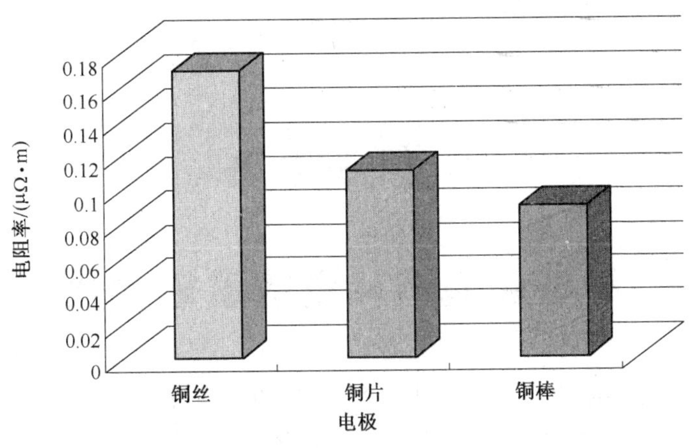

图7.13　不同电极对应的电阻率

7.6　本章小结

（1）从导电性能和路用性能的角度提出了导电材料的性能要求，遴选出石墨和碳纤维作为导电相材料，环氧树脂胶作为黏结材料，黑刚玉作为磨耗层材料。

（2）碳纤维的长度对导电超薄磨耗层的电阻率具有明显的影响，碳纤维长度过短，相邻碳纤维丝间越难搭接构成导电通路，碳纤维长度过长会导致碳纤维在搅拌过程中容易结团。考虑到碳纤维长度对材料电阻率的影响相比于其质量分数的影响可以忽略不计，本书将短切碳纤维的长度均选择为2 mm。

（3）导电功能层的电阻率随着短切碳纤维掺量的增加而减小；碳纤维掺量小于1.5%时电阻率减小速率较慢，碳纤维掺量在1.5%～2.5%时电阻率减小速率变快，碳纤维掺量大于2.5%时电阻率下降变缓且渐渐趋于稳定；2.5%碳纤维掺量是电阻率的分界点。

（4）当碳纤维的掺量一定时，石墨掺量的增加可以显著降低石墨—碳纤维复合体系的电阻率。石墨掺量小于20%时，电阻率随着石墨掺量的增加急剧减小；石墨掺量大于20%时，电阻率仍然随着掺量的增加而减小，但速率变慢。

（5）本书选用25%的石墨掺量、4%的碳纤维掺量作为导电超薄磨耗层的最佳配比。考虑到铜片状电极易于布设施工且与铜棒电极电阻率相差不大，选用经过抛光打磨后的铜片作为电极。

第 8 章

导电超薄磨耗层的温敏特性

导电超薄磨耗层在融冰化雪时自身温度会发生变化，导电超薄磨耗层对外界温度的敏感性如何，当外界温度发生变化时其导电性能是否会发生改变[69-72]。本章重点对不同温度下的导电超薄磨耗层的电行为特征进行研究。

8.1 正温度系数电阻现象

通过在高分子聚合物基体中添加导电组分（如石墨、碳纤维、金属氧化物）制成的导电高分子复合材料会存在正温度系数现象，即复合材料的电阻率随着温度的升高而增加。

8.1.1 正温度系数电阻效应的表现形式

导电高分子复合材料的正温度系数电阻效应在形式上可以采用如下公式表示：

$$\text{正温度效应} = \frac{\Delta R}{\Delta T} \tag{8.1}$$

式中 ΔT——温度变化量；

ΔR——温度变化时对应的电阻变化量。

ΔT 与 ΔR 两者的正负性相同。

导电高分子复合材料中的导电相（碳纤维、石墨）和绝缘相材料（环氧树脂胶）均没有正温度系数电阻效应，但当两者掺配结合到一块时会出现这种新的性质，也即导电高分子复合材料的电阻和温度之间存在着正相关关系。

8.1.2 正温度系数电阻效应的产生机理

人们首次发现导电高分子复合材料的正温度系数电阻效应是在 1984 年。在以后人们探寻正温度系数电阻效应产生机理的过程中对各种存在正温度系数效应的导电复合材料进行了颇多研究。

国外研究人员基于电子传导机制对导电复合材料进行研究时，发现隧穿作用和电子跃迁对导电复合体系的导电能力影响很大。跃迁是一种电子或离子突然从低能区域向高能效区域转移的过程。一系列的试验研究发现，在一定的温度下电子可以通过隧穿效应和跃迁在界面之间进行传导。原子浓度的大小对跃迁的程度具有直接影响，材料内部的杂质或者缺陷所形成的势阱促发了电荷载体的跃迁传导活动。隧穿距离很小，一般只有几纳米，这一距离是指相邻两个最靠近粒子之间的平均距离。

当前，关于导电复合材料正温度系数电阻效应较成熟的理论模型主要有三个，即体积膨胀模型、晶片导电模型以及粒子分布模型，分别基于导电通道、高分子晶片导电和隧道效应这三种电子传导机制。

体积膨胀模型的理论基础是基于材料的热膨胀系数不同，当温度升高时，导电填料与高分子基体材料的体积膨胀程度不一致，这就会使电粒子之间的距离变大，切断了部分导电通道，从而使渗流网络造成一定程度的损坏，使得复合体系电阻增大，为外部表现出来的就是正温度系数电阻效应。

晶片导电模型中把导电复合体系划分成两个区，即晶区和非晶区，并假定非晶区是导电粒子的主要分布区，晶区和非晶区之间有晶片作为隔断，当晶片的厚度比隧穿距离大时，便阻止了电子通过晶区在导电粒子间传导的行为。晶区伴随着温度的升高而发生相变变化，从而使电子的隧穿效应变弱，产生正温度系数电阻效应。

粒子分布模型基于隧道效应的电子传导机制，假定起始时刻基体材料中的导电粒子是呈均匀分布的，并且导电粒子之间的距离很小。在温度升高的过程中导电粒子的分布开始越来越不均匀，其中一部分导电粒子由于隧穿距离的增大，使得该区域电子的跃迁受到了很大的限制，从而导致复合导电材料整体电阻的增大，产生正温度系数电阻效应。

由以上对三种已经发展起来的导电复合材料正温度系数电阻效应理论模型的分析能够看出，导电超薄磨耗层的正温度系数电阻效应无法用晶片导电模型和粒子分布模型来进行解释。因为在对环氧树脂胶、碳纤维和石墨这三种材料进行搅拌的过程中无法保证导电粒子在导电超薄磨耗层中绝对均匀地分布。而且由碳纤维、石墨和环氧树脂胶构成的导电超薄磨耗层高分子复合材料不属于结晶性材料，但是晶片导电模型基于的有关假设都是针对结晶性高分子复合材料的。而体积膨胀模型是否适用于导电超薄磨耗层复合材料，后面将对其进行讨论。

8.2　导电超薄磨耗层的正温度系数电阻效应

为了观测导电超薄磨耗层电阻率随温度的变化，本书在沥青混凝土车辙板上成型不同导电材料掺量的导电超薄磨耗层试件，试件整体尺寸为：长×宽×厚＝300 mm×50 mm×58 mm，其中导电超薄磨耗层部分的尺寸为：长×宽×厚＝300 mm×50 mm×8 mm，如图 8.1 所示。将试件置于恒温箱中保温，为保证试件内外温度一致，每个温度段保温时间为 5 h，然后进行电阻率测试。测试过程中温度的选择为-20～90 ℃。

8.2.1　不同石墨掺量下的阻温曲线

碳纤维掺量为 4%时，不同石墨掺量的导电超薄磨耗层电阻率随温度的变化如表 8.1 所示。

图 8.1　导电超薄磨耗层温度特性电阻率测试试件

表 8.1　导电超薄磨耗层在不同温度下的电阻率

温度/℃	电阻率/(Ω·m)			
	10%石墨掺量	15%石墨掺量	20%石墨掺量	25%石墨掺量
90	1.87E-01	1.51E-01	3.02E-02	6.71E-03
80	1.78E-01	1.50E-01	2.07E-02	6.20E-03
70	1.77E-01	1.46E-01	1.38E-02	5.04E-03
60	1.69E-01	1.35E-01	1.20E-02	4.58E-03
50	1.66E-01	1.28E-01	1.04E-02	4.24E-03
40	1.65E-01	1.26E-01	9.96E-03	4.16E-03
30	1.63E-01	1.16E-01	9.48E-03	4.07E-03
20	1.62E-01	1.08E-01	9.00E-03	4.00E-03
10	1.60E-01	1.06E-01	8.73E-03	3.92E-03
0	1.59E-01	1.06E-01	8.52E-03	3.84E-03
-10	1.58E-01	1.04E-01	8.24E-03	3.76E-03
-20	1.55E-01	1.04E-01	8.04E-03	3.69E-03

依据表 8.1 中的数据，绘制导电超薄磨耗层复合导电材料在不同石墨掺量下的温度—电阻率曲线，如图 8.2 所示。

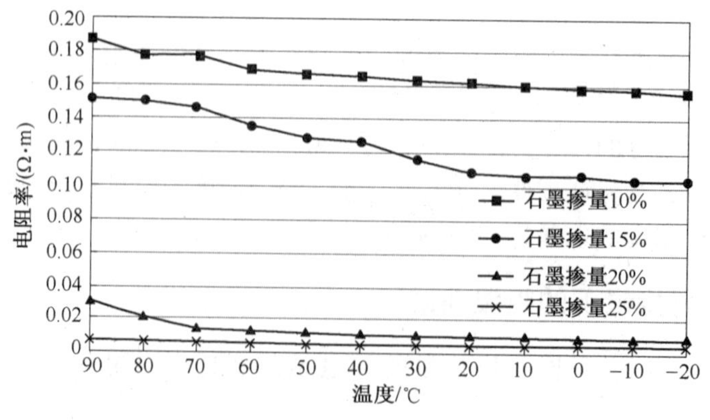

图 8.2　导电超薄磨耗层电阻率随温度变化的曲线

从图 8.2 可以看出，随着测试温度的下降，导电超薄磨耗层复合导电体系试件的电阻率均有所下降，呈现正温度系数电阻现象。石墨掺量越大，导电超薄磨耗层电阻率受温度的影响出现的波动越小[73-74]。

8.2.2　不同碳纤维掺量下的阻温曲线

石墨掺量为 25%时，不同碳纤维掺量的导电超薄磨耗层电阻率随温度的变化规律如表 8.2 所示。

表 8.2　导电超薄磨耗层在不同温度下的电阻率

温度/℃	电阻率/(Ω·m)			
	1%碳纤维掺量	2%碳纤维掺量	3%碳纤维掺量	4%碳纤维掺量
90	1.13E+00	5.41E-01	3.65E-02	6.71E-03
80	8.25E-01	3.70E-01	2.46E-02	6.20E-03
70	7.12E-01	2.47E-01	2.08E-02	5.04E-03
60	5.71E-01	2.15E-01	1.63E-02	4.58E-03
50	4.14E-01	1.87E-01	1.46E-02	4.24E-03
40	3.29E-01	1.78E-01	1.41E-02	4.16E-03
30	3.05E-01	1.70E-01	1.35E-02	4.07E-03
20	2.84E-01	1.61E-01	1.30E-02	4.00E-03
10	2.72E-01	1.56E-01	1.26E-02	3.92E-03
0	2.62E-01	1.52E-01	1.25E-02	3.84E-03
-10	2.49E-01	1.47E-01	1.22E-02	3.76E-03
-20	2.39E-01	1.44E-01	1.21E-02	3.69E-03

依据表 8.2 中的数据，绘制导电超薄磨耗层复合导电材料在不同碳纤维掺量下的温度—电阻率曲线，如图 8.3 所示。

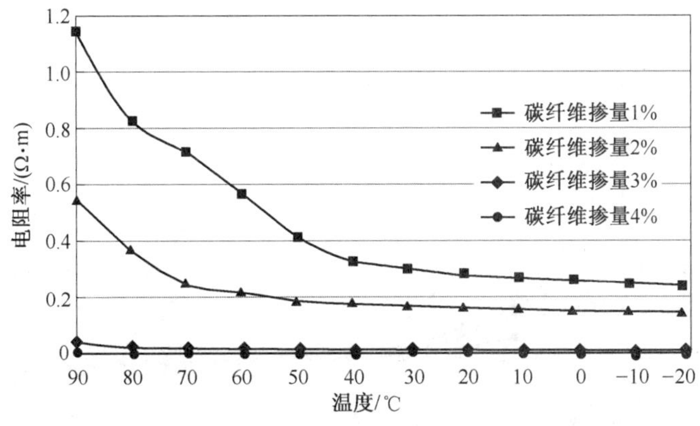

图 8.3　导电超薄磨耗层电阻率随温度变化的曲线

从图 8.3 可以看出，随着测试温度的升高，导电超薄磨耗层复合导电体系试件的电阻率均有所升高，呈现正温度系数电阻现象；在石墨掺量一定的情况下，碳纤维掺量越大，导电超薄磨耗层电阻率受温度的影响越小。

碳纤维在导电超薄磨耗层体系内除了构建导电通路外，还起到了力学结构上的加筋作用，碳纤维的掺量增加无疑会使加筋结构变多，从而会出现随着碳纤维掺量的增多，导电超薄磨耗层受热膨胀会越小，进而出现随着碳纤维掺量增加导电体系电阻率变化越小的现象。本书以 20 ℃（室温）时的电阻率测量值作为基准值，计算各温度下导电超薄磨耗层电阻率波动量（%），所得数据见表 8.3。

表 8.3　导电超薄磨耗层在不同温度下相对基准测量值的电阻率波动量

温度/℃	电阻率波动量/%			
	1%碳纤维掺量	2%碳纤维掺量	3%碳纤维掺量	4%碳纤维掺量
90	300	236	181	68
80	191	130	89	55
70	151	53	60	26
60	101	34	26	15
50	46	16	12	6
40	16	11	8	4
30	7	5	4	2
20	0	0	0	0
10	-4	-3	-3	-2
0	-8	-5	-4	-4
-10	-12	-8	-6	-6
-20	-16	-11	-7	-8

依据表 8.3 中的数据，绘制导电超薄磨耗层复合导电材料在不同碳纤维掺量下的电阻率随温度的波动量曲线，如图 8.4 所示。

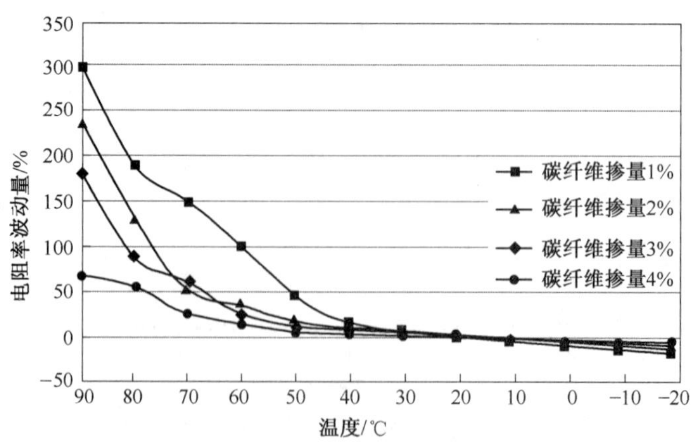

图 8.4　导电超薄磨耗层电阻率随温度变化的波动量曲线

从图 8.4 可以发现，碳纤维掺量越大时导电超薄磨耗层电阻率受温度的影响越小，这主要是因为碳纤维掺量大时导电超薄磨耗层内部加筋结构更多，在外界温度升高时复合体系的热膨胀程度更小。综合图 8.3 和图 8.4 还可以看出当温度大于 50 ℃时，导电超薄磨耗层的电阻率随温度变化的变化率越快，当温度低于 50 ℃时，导电超薄磨耗层的电阻率随温度变化的变化率缓慢。在导电超薄磨耗层用于实体工程除冰时的工作温度在 50 ℃以内，初步可以看出导电超薄磨耗层这种低温下电阻率的相对稳定特征非常有利于实体融雪除冰工程的应用。

8.3　热循环对导电超薄磨耗层阻温特性的影响

导电超薄磨耗层在融冰除雪过程中不断地通电加热、断电回温，此外，还会收到外界昼夜交替和季节变化的影响，导电超薄磨耗层都会因此不断经历着升温和降温的过程，导电超薄磨耗层的阻温特性在冷热循环中是否稳定，其电阻率是否能够恢复到原有水平是值得研究的问题。本书在实验室中针对实际路面的野外温度环境进行模拟试验，在 -20~80 ℃对导电超薄磨耗层融冰除雪体系进行了两次升温和降温的过程，以 10 ℃为一个温度梯度，每个温度梯度进行 5 h 保温，以保证体系内外部温度均达到外界环境温度，温度变化过程中的电阻率试验数据见表 8.4。本次试验中所用导电超薄磨耗层试件的石墨掺量为 25%，碳纤维掺量为 4%。

表 8.4　导电超薄磨耗层在升温、降温循环下的电阻率

温度/℃	电阻率/(Ω·m)			
	第 1 次降温	第 1 次升温	第 2 次降温	第 2 次升温
80	6.20E-03	6.27E-03	6.27E-03	6.23E-03
70	5.04E-03	4.86E-03	4.92E-03	5.01E-03
60	4.58E-03	4.21E-03	4.16E-03	4.26E-03
50	4.24E-03	3.70E-03	3.94E-03	3.80E-03
40	4.16E-03	3.65E-03	3.82E-03	3.76E-03
30	4.07E-03	3.53E-03	3.75E-03	3.66E-03
20	4.00E-03	3.48E-03	3.79E-03	3.69E-03
10	3.92E-03	3.42E-03	3.70E-03	3.57E-03
0	3.84E-03	3.30E-03	3.63E-03	3.43E-03
-10	3.76E-03	3.34E-03	3.66E-03	3.51E-03
-20	3.69E-03	3.69E-03	3.57E-03	3.57E-03

依据表 8.4 中的数据，绘制导电超薄磨耗层在升温—降温—升温—降温循环下的电阻率变化曲线，如图 8.5 所示。

在图 8.5 中，虚线代表导电超薄磨耗层温度升高的过程，实线代表降温过程。在温度循环过程中，升温过程与降温过程的两条曲线并不完全重合。在第一次热循环过程中，导电超

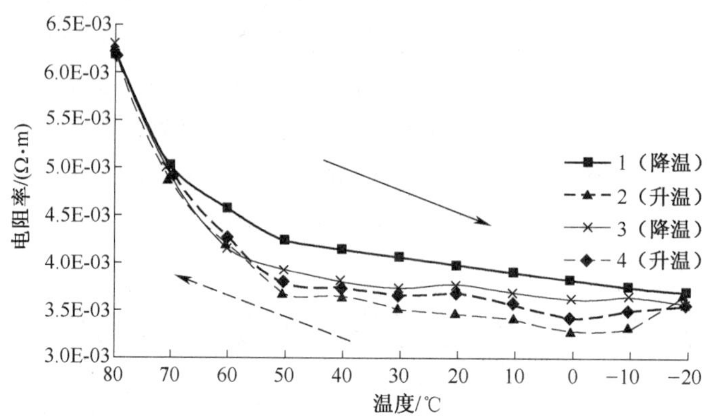

图 8.5　热循环过程中导电超薄磨耗层的电阻率变化曲线

薄磨耗层的电阻率随着温度的降低而变小，然后随着温度的升高而变大，在-20 ℃的温度下第一次降温、升温曲线重合。第一次升温过程中电阻率随着温度的升高而变大，但与之前的降温曲线有所偏离。第一次的升温曲线与第二次热循环的降温曲线在 80 ℃时重合，在第二次升温过程中，导电超薄磨耗层电阻率变化曲线与该次降温过程中电阻率变化曲线有所偏离，也与第一次升温过程的电阻率变化曲线相偏离。这表明热循环对导电超薄磨耗层的电阻率有一定的影响，经历热循环后的导电超薄磨耗层电阻率与原值相差不大。

导电超薄磨耗层的升温曲线明显比降温曲线低，电阻率在热循环过程中具有不可逆性。导电超薄磨耗层第二次热循环过程中的升降温曲线比第一次热循环过程中的偏离程度要小很多，经过 5 次热循环后导电超薄磨耗层的升降温曲线基本重合，这也说明导电超薄磨耗层在经过多次热循环后，其阻温特性将变得更加稳定，电阻率受温度变化的干扰会越来越小。

分子热运动会受到温度变化的影响，温度越高，分子热运动越剧烈，导电超薄磨耗层中的石墨和碳纤维的接触状态会随之发生变化，这种导电填料在空间上的相对位置变化会导致整个复合导电体系的导电网格发生改变，而导电超薄磨耗层的电阻率在温度变化过程中的电阻率变化正是这一微观现象的宏观表现。在温度循环过程中，导电超薄磨耗层中的导电粒子（石墨、碳纤维）会通过相互结合来形成一个较之前更加稳定的聚集状态，随着温度循环次数的增多，这种导电粒子局部区域的移动就会趋于一种可重复的状态，这在宏观上就会表现出在温度循环过程中升降温曲线趋于重合。

8.4　本章小结

（1）对导电超薄磨耗层复合导电体系的电阻率随温度变化情况进行研究，发现导电超薄磨耗层存在正温度系数电阻现象。导电超薄磨耗层的正温度系数电阻现象可以用体积膨胀模型来进行解释。

（2）对不同碳纤维掺量的导电超薄磨耗层电阻率随温度变化情况进行分析时发现，随着碳纤维掺量的增加，导电超薄磨耗层电阻率受温度的影响程度变小。50 ℃是电阻率变化快慢的分界，当温度大于 50 ℃时，导电超薄磨耗层的电阻率随温度变化的变化率加快。

（3）热循环过程中导电超薄磨耗层的电阻率在升温曲线中明显比降温曲线低，电阻率在热循环过程中具有不可逆性，随着热循环次数的增加，电阻率随温度升降的变化曲线趋于重合。经过多次热循环后，导电超薄磨耗层的阻温特性将变得更加稳定，电阻率受温度变化的干扰会越来越小。

第 9 章

桥梁系统热负荷计算及室内试验研究

9.1 材料热力学参数试验测试

9.1.1 实验目的

测量桥梁各层材料的导热系数，对导电超薄磨耗层除冰技术的热力学模拟进行修正，为防冻融冰系统设计提供参考。

9.1.2 实验原理

导热系数是表征材料导热能力的物理量，对于不同的材料，导热系数是不同的。稳态平板法是一种应用一维稳态导热系数的方法，可以用来进行导热系数的测定实验，是根据在一维稳态情况下通过平板的导热量 Q 和平板两面的温差 Δt 成正比，和平板的厚度 δ 成正比，以及和导热系数 λ 成正比的关系来设计的。测量时，如果将平板两面的温差 $\Delta t = t_R - t_L$（t_R 和 t_L 分别为热板和冷板的温度），平板厚度 δ，垂直热流方向的导热面积 F 和通过平板的热流量 Q 测定以后，就可以根据公式（9.1）得出导热系数。

$$\lambda = \frac{Q \cdot \delta}{\Delta t \cdot F} \tag{9.1}$$

参考标准：《绝热材料稳态热阻及有关特性的测定　热流计法》（GB/T 10295—2008）及《用热流计法测定稳态热通量和热传递特性的试验方法》（ASTMC 518—04）。

9.1.3 实验过程

1. 实验试件

被测试实验每种材料做成 6 块方形薄壁平板试块，面积为 200 mm×200 mm，实际计算导热面积为 100 mm×100 mm，试块厚度为 δ（实测）。

2. 实验方法和步骤

（1）对试块的上、下表面进行磨平处理，并在表面涂上导热系数较大的导热油，并测量试件的厚度，每个面测三个点，最后取平均值。

（2）将试块平稳地放置在导热系数仪的冷热板之间，通过转动转盘夹紧试件，须确保上下表面与冷热板接触紧密，无空气间隙。

（3）启动仪器，设置好冷板温度、热板温度、试件厚度，启动加热和制冷系统，对试块进行测试，等到冷热板之间达到热平衡和各项参数恒定，系统会提示实验测试可以计数。测试条件为冷板 20 ℃、热板 50 ℃，即平均温度为 35 ℃下的导热系数。热流计法导热系数测试仪如图 9.1 所示。

图 9.1　热流计法导热系数测试仪

9.1.4　实验结果

（1）上面沥青层（SMA-13 细粒式改性沥青）辉绿岩及其导热系数测试结果，如图 9.2 和图 9.3 所示。

图 9.2　辉绿岩样品块

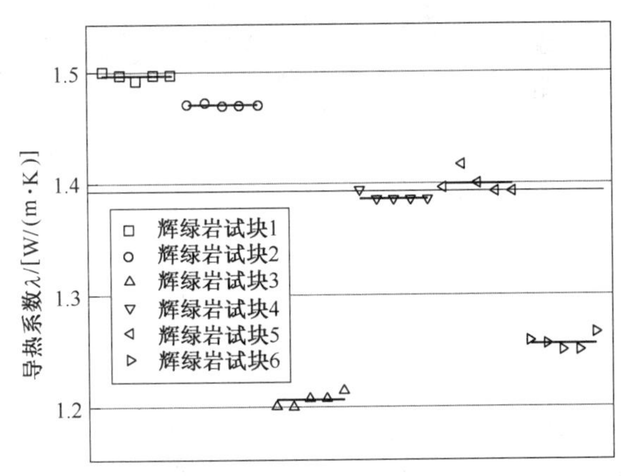

图 9.3　辉绿岩导热系数测试结果

（2）上面沥青层（SMA-13 细粒式改性沥青）玄武岩及其导热系数测试结果，如图 9.4 和图 9.5 所示。

（3）室内中面沥青层（AC-20 粗粒式改性沥青）及其导热系数测试结果，如图 9.6 和图 9.7所示。

图 9.4 玄武岩样品块

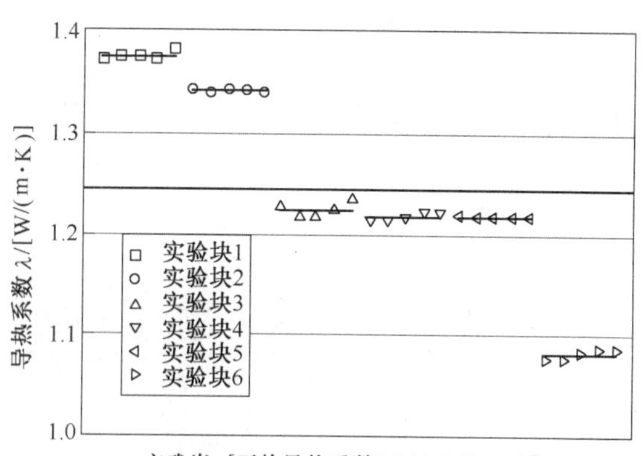

图 9.5 玄武岩导热系数测定结果

图 9.6 室内中面层样品块

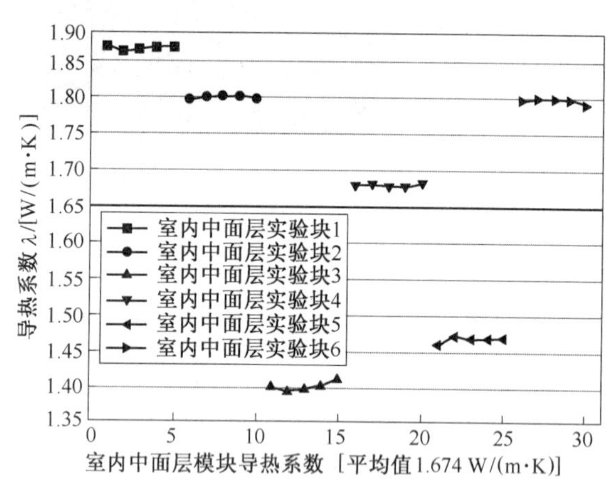

图 9.7 室内中面层热系数测定结果

（4）现场中面沥青层（AC-20 粗粒式改性沥青）及其导热系数测试结果，如图 9.8 和图 9.9所示。

图 9.8 现场中面层样品块

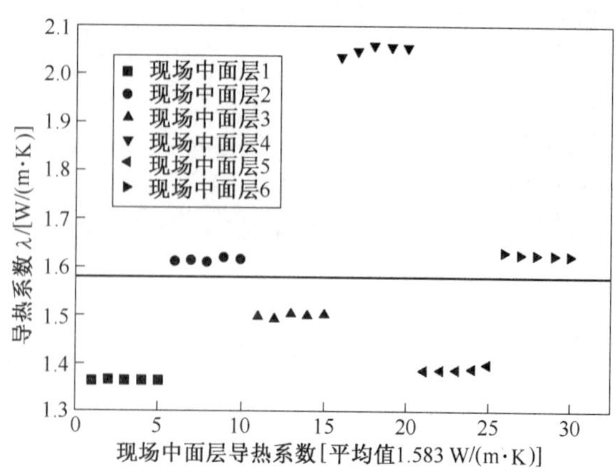

图 9.9 现场中面层导热系数测定结果

（5）C50混凝土及其导热系数测试结果，如图9.10和图9.11所示。

图9.10　混凝土样品块

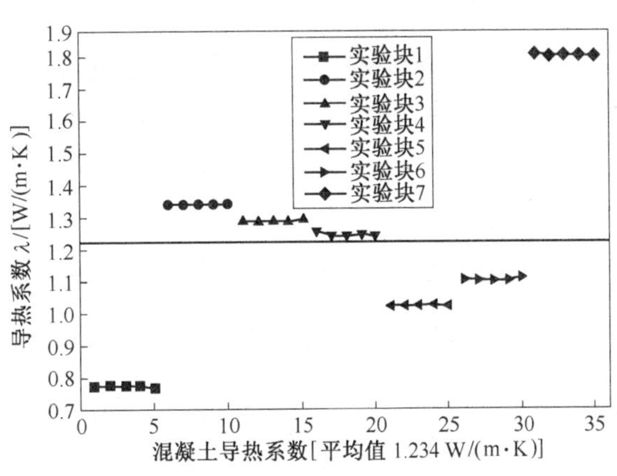

图9.11　混凝土导热系数测试结果

（6）掺混石墨与否沥青上面层及其导热系数测试结果，如图9.12和图9.13所示。

图9.12　上面层样品块（右三块掺混石墨块）

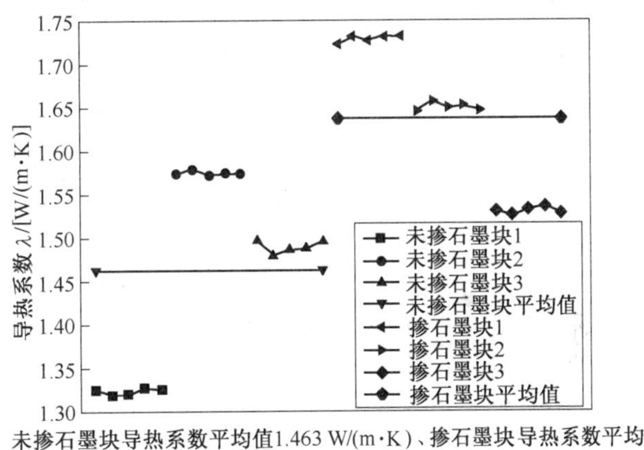

图9.13　掺混石墨与未掺混石墨导热系数测试结果

9.1.5　导热系数测试结果分析

考虑到试块的制作中采用同样标准的配备比等条件，可能受到材料含水率的影响，研究文献表明，混凝土含水率增加1%，导热系数增加0.08 W/(m·K)左右。从实验结果可知，每种材料的导热系数都存在一定的离散性，计算出各层导热系数的平均值，上面层辉绿岩为1.397 W/(m·K)，上面层玄武岩为1.244 W/(m·K)，现场中面层为1.583 W/(m·K)，室内成型中面层为1.674 W/(m·K)，混凝土层为1.234 W/(m·K)，最后的石墨掺混与否的上面层模块是室内成型的，未掺混石墨的导热系数的平均值为1.463 W/(m·K)，掺混石墨的导热系数的平均值为1.637 W/(m·K)，可见掺混石墨对导热系数有一定的提高作用，能增强上面层传热。采用超薄导电膜融冰系统，当混凝土层、中面层和上面层的导热系数越小，对融冰越有利。

9.1.6 隔热材料导热系数测试计算

为了测量隔热材料的导热系数，在混凝土 1、混凝土 2、混凝土 3、中面层模块 3、中面层模块 5、中面层模块 6 这六个试块上分别涂上一定厚度的隔热材料。根据涂隔热材料前后导热系数测量仪器所测得的各个试块的热阻及所涂隔热材料的厚度可以计算出该隔热材料的导热系数。

由热流密度公式 $q=\lambda\dfrac{\Delta t}{\delta}=\dfrac{\Delta t}{\delta/\lambda}$ 可知，δ/λ 为所测试块的热阻。当涂上隔热材料后，相当于原试块热阻与隔热材料热阻串联。所测得热阻即为涂隔热材料前试块热阻与隔热材料热阻之和。即 $\dfrac{\delta_{保温}}{\lambda_{保温}}+\dfrac{\delta_{原}}{\lambda_{原}}=\dfrac{\delta_{保温}}{\lambda_{保温}}+Z_{原}=Z_{总}$。其中，$\delta_{保温}$ 为所涂隔热材料厚度；$\lambda_{保温}$ 为隔热材料的导热系数；$\delta_{原}$ 为原试块厚度；$\lambda_{原}$ 为原试块导热系数；$\dfrac{\delta_{原}}{\lambda_{原}}$ 即 $Z_{原}$ 为原试块热阻，可由仪器直接测出，则隔热材料导热系数为 $\lambda_{保温}=\delta_{保温}/(Z_{总}-Z_{原})$。

实验所测得及计算数据见表 9.1。

表 9.1 隔热材料导热系数测试结果

试块名称	涂隔热材料前热阻 /(K·m²/W)	涂隔热材料后热阻 /(K·m²/W)	涂隔热材料前试块导热系数 /[W/(m·K)]	涂隔热材料后试块导热系数 /[W/(m·K)]	隔热材料厚度 /m	隔热材料导热系数 /[W/m·K)]
混凝土 1	0.054 504 2	0.061 594	0.899 0	0.811 8	0.001	0.141 047 7
混凝土 2	0.038 708 4	0.051 486 2	1.340 547	1.014 106	0.000 32	0.025 04
混凝土 3	0.037 805 2	0.053 635 8	1.296 1	0.946 617	0.000 77	0.048 639 98
中面层模块 3	0.039 058 2	0.059 413 6	1.152 1	0.767 31	0.000 58	0.028 493 67
中面层模块 5	0.033 807 2	0.066 624	1.466 6	0.803 742	0.002 96	0.090 197 7
中面层模块 6	0.026 031 8	0.057 172 2	1.805 5	0.842 9	0.001 17	0.037 572
平均值						0.061 78

上述六个试块涂隔热材料前后的导热系数值如图 9.14 所示。

从图 9.14 可以看出，涂上隔热材料后试块的导热系数有较明显的减小，隔热材料的导热系数大致分布在 0.02～0.05 W/(m·K) 范围内，平均值为 0.061 78 W/(m·K)。个别试块产生较大差别的主要原因是试块本身表面不平整以及隔热材料涂抹不够均匀造成仪器测量过程中产生较大的误差。采用超薄导电膜融冰系统，混凝土层、中面层和上面层的导热系数越小对融冰越有利。

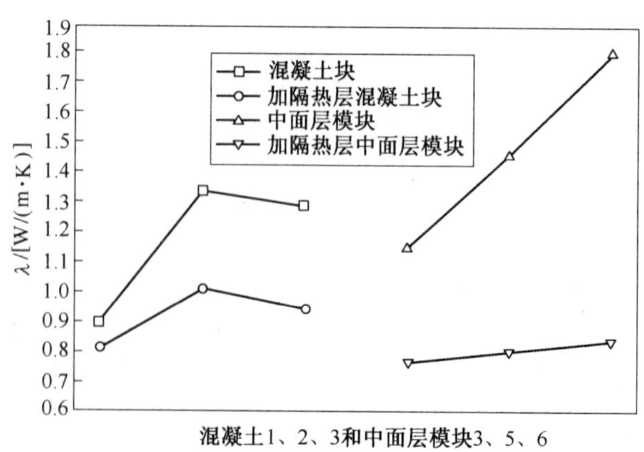

图 9.14 试块涂隔热材料前后的导热系数测试结果

9.2　桥梁防冻融冰热负荷计算设计参数的确定

9.2.1　气象参数确定依据

由于目前国内外并无相关桥梁融冰、防冰气象参数确定的规范或方法，本研究中参考以下规范及气象数据库。

（1）《民用建筑供暖通风与空气调节设计规范》（GB 50736—2012）。

（2）《中国建筑热环境分析专用气象数据集》（中国建筑工业出版社，2005）。

9.2.2　气象参数确定原则

（1）按照《民用建筑供暖通风与空气调节设计规范》，本研究设计之中采用历年平均不保证 50 h 所对应的气象参数。

（2）气象基站海拔高度为 61 m，通过海拔修正，按每 100 m 温度降低 0.6 ℃计算。

（3）风速采用实测报告的数据。

气象参数的确定如图 9.15 ~ 图 9.18所示。

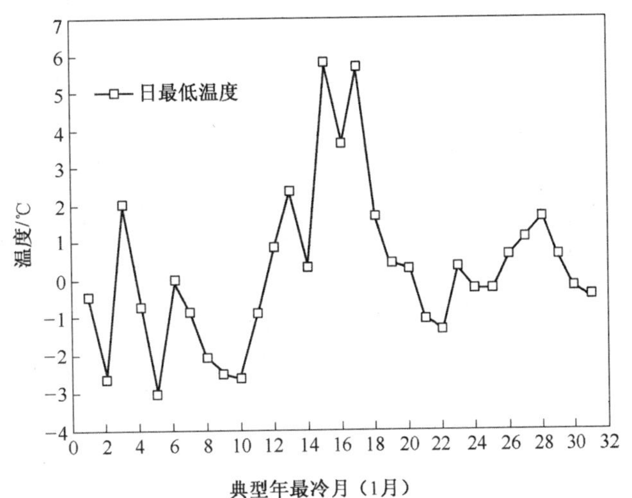

图 9.15　最冷月日最低温度（按海拔修正）

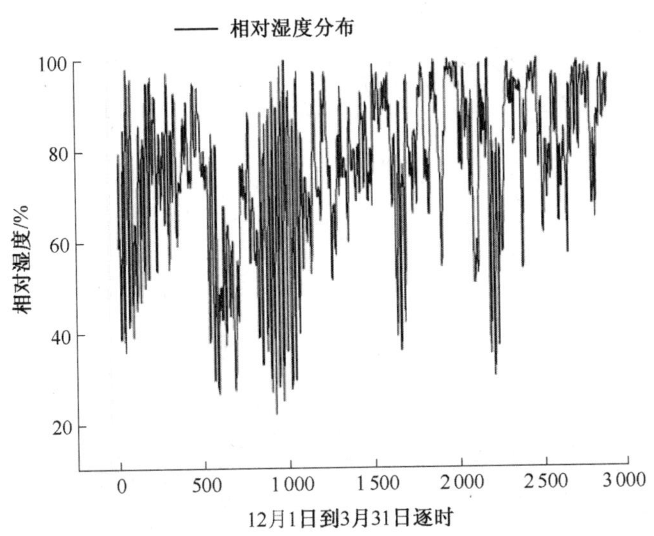

图 9.16　空气相对湿度分布频谱图（h）

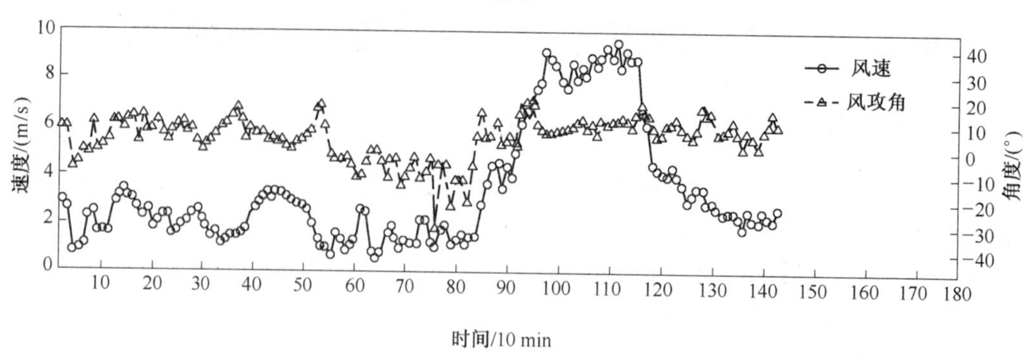
No.6.1
风速
风攻角
速度/(m/s)
角度/(°)
时间/10 min

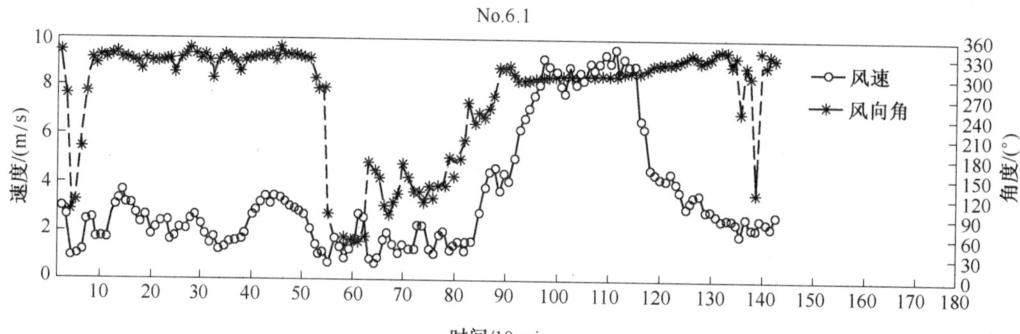
No.6.1
风速
风向角
速度/(m/s)
角度/(°)
时间/10 min

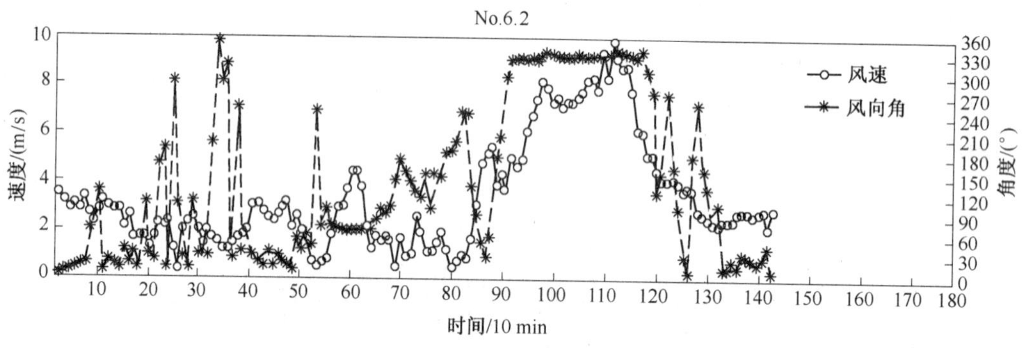
No.6.2
风速
风向角
速度/(m/s)
角度/(°)
时间/10 min

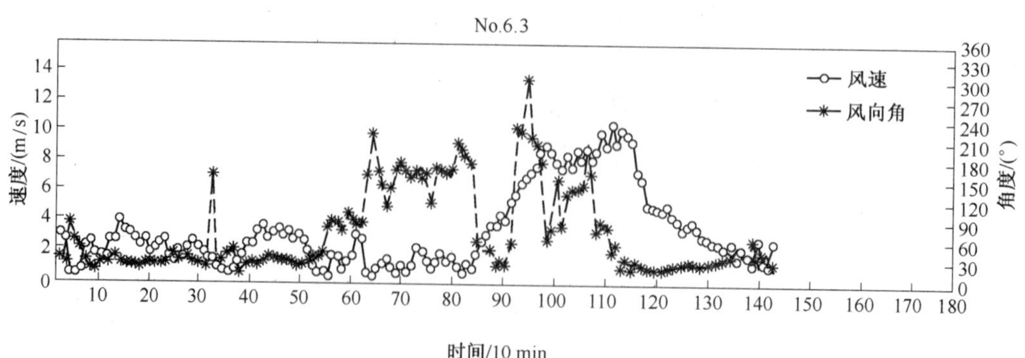
No.6.3
风速
风向角
速度/(m/s)
角度/(°)
时间/10 min

（a）6#塔

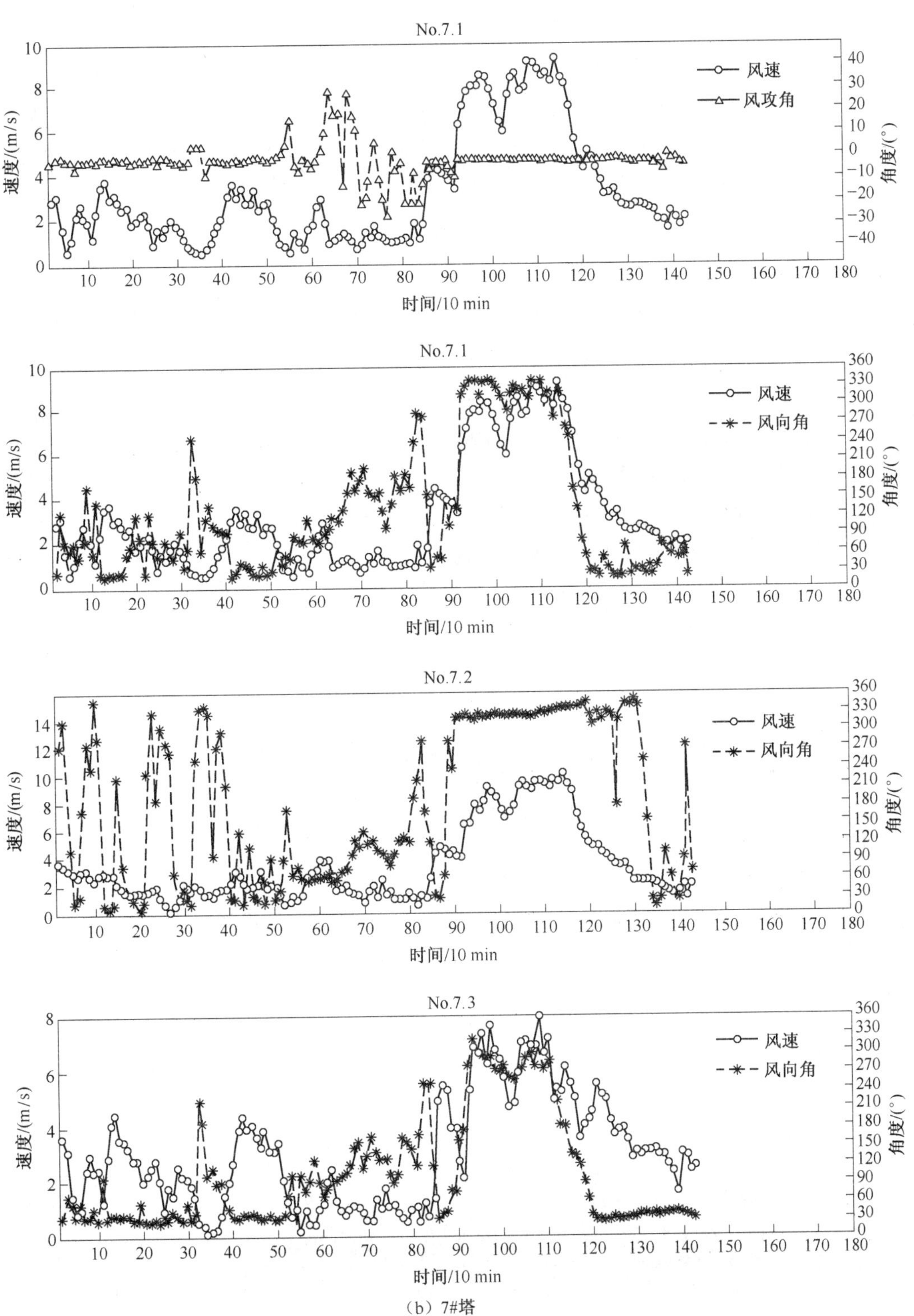

（b）7#塔

图 9.17　2018 年 1 月 21 日 10 min 平均风速、风攻角、风向角曲线

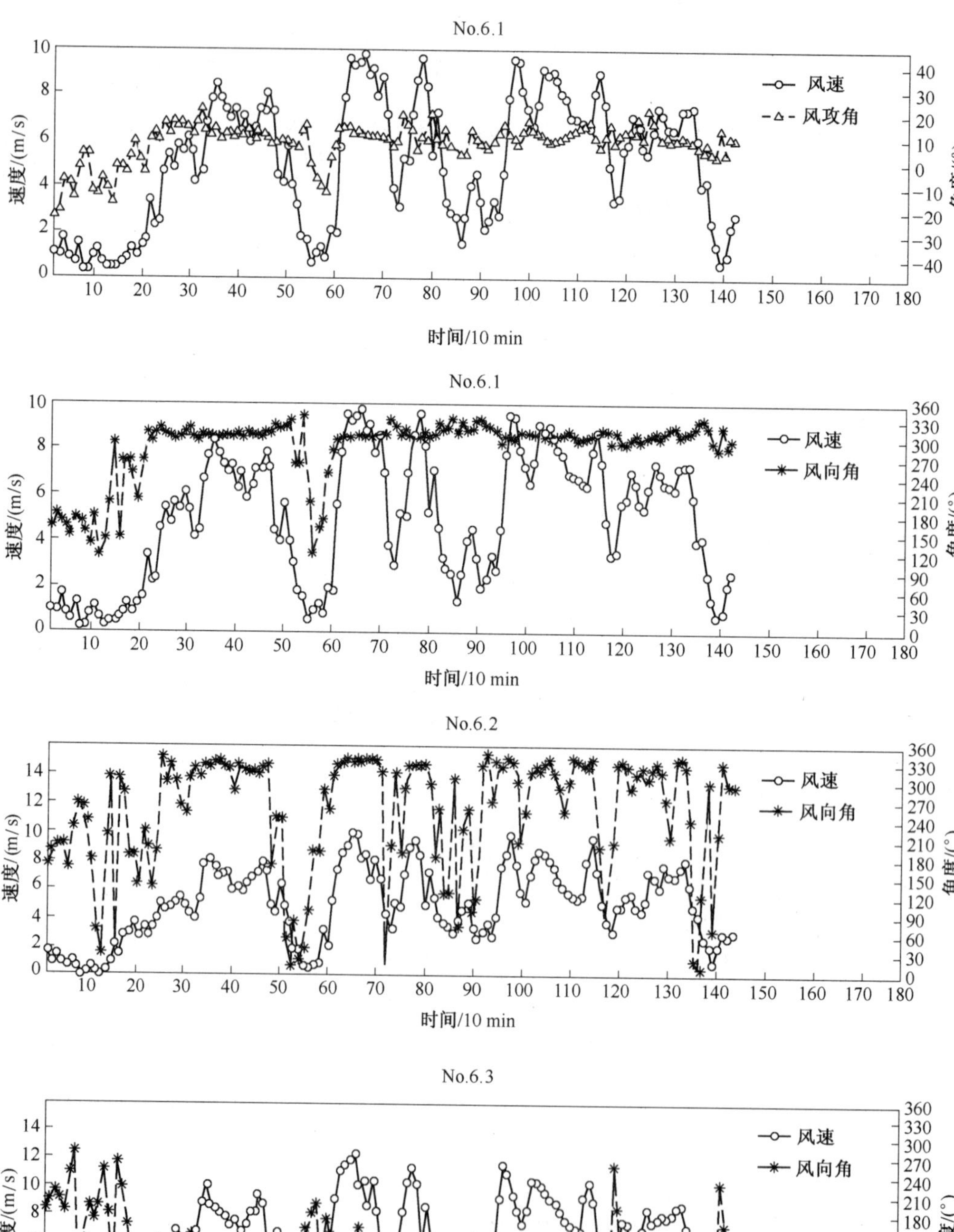
No.6.1
风速
风攻角
速度/(m/s)
角度/(°)
时间/10 min
No.6.1
风速
风向角
速度/(m/s)
角度/(°)
时间/10 min
No.6.2
风速
风向角
速度/(m/s)
角度/(°)
时间/10 min
No.6.3
风速
风向角
速度/(m/s)
角度/(°)
时间/10 min

（a）6#塔

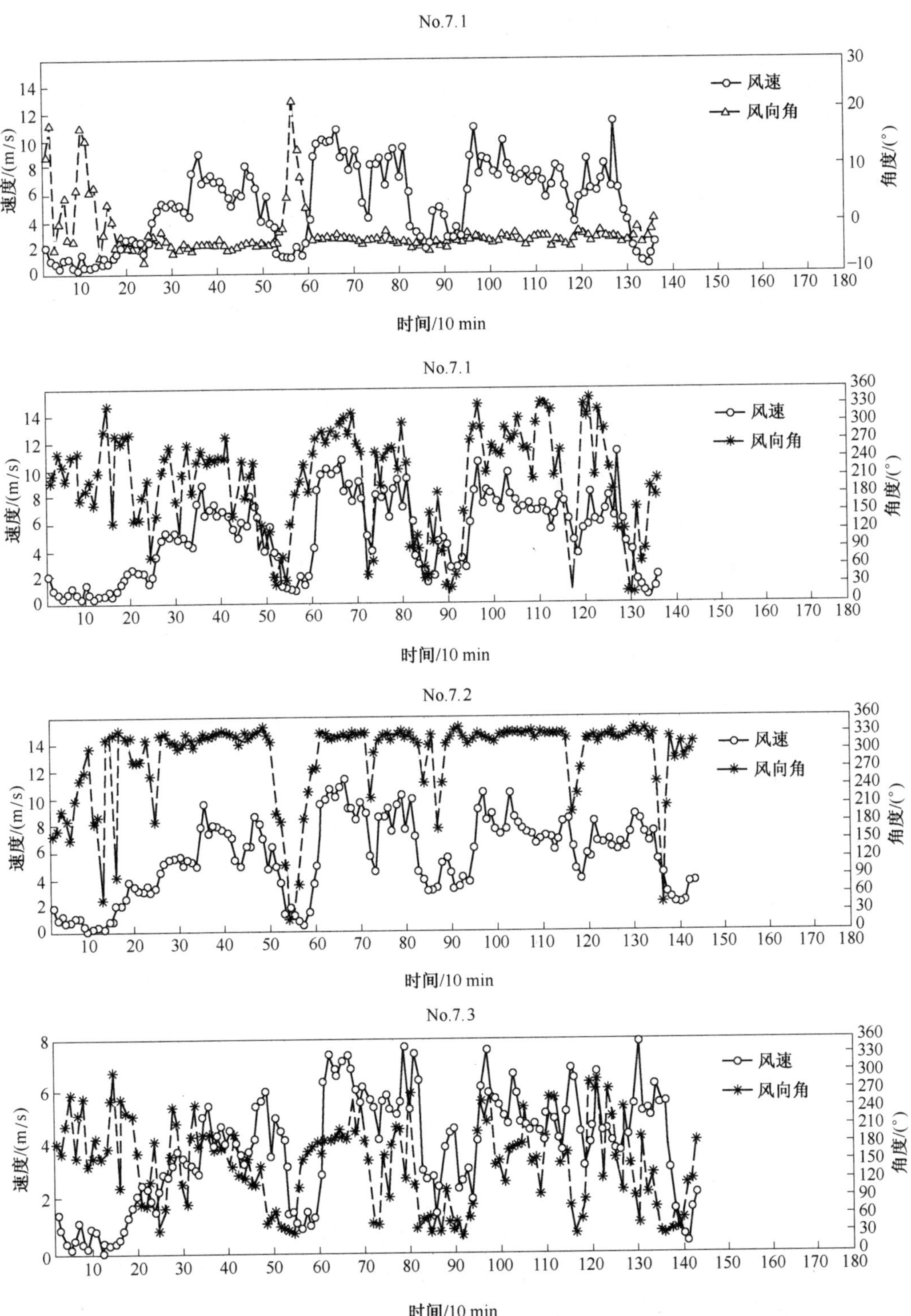

（b）7#塔

图9.18 2018年2月18日10 min平均风速、风攻角、风向角曲线

9.2.3 设计气象参数确定结果

设计参数的选取直接关系到系统运行的效果和经济性，设计室外温度取最冷月平均不保证 4 d 的日最低温度，为-2 ℃，相对湿度取冬季室外相对湿度的平均值，为 74%，天空辐射温度根据室外干球温度和相对湿度由 ASHRAE 提供的公式计算得出-22.24 ℃，风速的选取离桥面 6 m 高处 6#塔的 No 6.1、No 6.3 和 7#塔的 No 7.1、No 7.3 风频率出现最多的风速，为 8.0 m/s，桥面温度根据实验测试结果取 2.5 ℃，见表 9.2。

表 9.2 设计气象参数确定结果

干球温度/℃	相对湿度/%	天空平均辐射温度/℃	风速/(m/s)	桥面温度/℃
-2	74	-22.24（无云）	8.0	2.5

9.3 桥梁防冻热负荷计算模型

桥梁防冻系统热负荷计算物理模型（防结冻工况）如图 9.19 所示。为简化计算，取一个车道宽度为 3.5 m 进行负荷计算。融冰热负荷主要包括对流换热、辐射换热和桥面水分蒸发潜热。负荷计算时，室外环境温度为-5 ℃，桥面温度为 2.5 ℃。

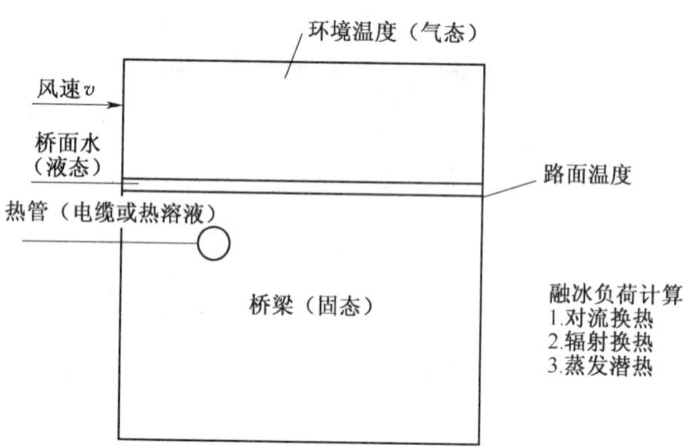

图 9.19 桥梁防冻热负荷计算物理模型

ASHRAE 融冰雪负荷计算公式为

$$Q_0 = Q_s + Q_m + A_r(Q_e + Q_h) \tag{9.2}$$

式中 Q_0——融冰雪表面的热负荷，W/m^2。

Q_s——融雪显热负荷，W/m^2，本研究无融雪，取 0。

Q_m——融雪熔解热，W/m^2，本研究无融雪，取 0。

A_r——无雪区域面积比，本研究中取 1。

Q_e——蒸发潜热，W/m^2。

Q_h——无雪表面的对流热与辐射热负荷，W/m^2。

1. 雷诺数的计算

$$Re_{\mathrm{L}} = uL/\nu_{\mathrm{air}} \tag{9.3}$$

式中 u——平板风速，m/s；

L——平板长度，3.5 m；

ν_{air}——空气的动力黏度，m^2/s，对应-5 ℃下空气的动力黏度为 $1.285\,5\times10^{-5}\ m^2/s$。

（1）室外风速为12 m/s时：

$$Re_{\mathrm{L}} = 12\times3.5/(1.285\,5\times10^{-5}) \approx 3.27\times10^{6}$$

（2）室外风速为10 m/s时：

$$Re_{\mathrm{L}} = 10\times3.5/(1.285\,5\times10^{-5}) \approx 2.72\times10^{6}$$

（3）室外风速为8 m/s时：

$$Re_{\mathrm{L}} = 8\times3.5/(1.285\,5\times10^{-5}) \approx 2.18\times10^{6}$$

（4）室外风速为5 m/s时：

$$Re_{\mathrm{L}} = 5\times3.5/(1.285\,5\times10^{-5}) \approx 1.36\times10^{6}$$

（5）室外风速为3 m/s时：

$$Re_{\mathrm{L}} = 3\times3.5/(1.285\,5\times10^{-5}) \approx 8.17\times10^{5}$$

2. 平板的对流传热系数计算

$$h_{\mathrm{c}} = 0.037(k_{\mathrm{air}}/L)\,Re_{\mathrm{L}}^{0.8}Pr^{1/3} \tag{9.4}$$

式中 k_{air}——空气在 t_{a} 温度下的热导率，W/(m·K)；

L——风在平板上吹过的特征长度，m；

Pr——普朗特数。

（1）室外风速为12 m/s时：

$$h_{\mathrm{c}} = 0.037\times(0.024/3.5)\times(3.27\times10^{6})^{0.8}\times(0.7)^{1/3} \approx 36.65\ [\mathrm{W/(m^2\cdot K)}]$$

（2）室外风速为10 m/s时：

$$h_{\mathrm{c}} = 0.037\times(0.024/3.5)\times(2.72\times10^{6})^{0.8}\times(0.7)^{1/3} \approx 31.67\ [\mathrm{W/(m^2\cdot K)}]$$

（3）室外风速为8 m/s时：

$$h_{\mathrm{c}} = 0.037\times(0.024/3.5)\times(2.18\times10^{6})^{0.8}\times(0.7)^{1/3} \approx 26.50\ [\mathrm{W/(m^2\cdot K)}]$$

（4）室外风速为5 m/s时：

$$h_{\mathrm{c}} = 0.037\times(0.024/3.5)\times(1.36\times10^{6})^{0.8}\times(0.7)^{1/3} \approx 18.19\ [\mathrm{W/(m^2\cdot K)}]$$

（5）室外风速为3 m/s时：

$$h_{\mathrm{c}} = 0.037\times(0.024/3.5)\times(8.17\times10^{5})^{0.8}\times(0.7)^{1/3} \approx 12.09\ [\mathrm{W/(m^2\cdot K)}]$$

3. 对流和辐射热的负荷计算

$$Q_{\mathrm{h}} = h_{\mathrm{c}}(t_{\mathrm{s}} - t_{\mathrm{a}}) + \delta\varepsilon_{\mathrm{s}}(T_{\mathrm{f}}^{4} - T_{\mathrm{MR}}^{4}) \tag{9.5}$$

式中 h_{c}——对流换热系数，$W/(m^2\cdot K)$；

t_{s}——融冰温度，取2 ℃；

t_{a}——环境温度，取-5 ℃；

T_{f}——液膜温度，取2 ℃；

δ——玻尔兹曼常数，$5.67\times10^{-8}\ W/(m^2\cdot K^4)$；

ε_{s}——表面发射率，取加热湿平板表面发射率为0.9。

T_{MR}——平均天空辐射温度，K，其计算公式分两种情况：

（1）有云时：

$$T_{MR} = T_a - 19.2 \tag{9.6}$$

（2）无云时：

$$T_{MR} = T_a - (1.105\,8 \times 10^3 - 7.562T_a + 1.333 \times 10 - 2T_a^2 - 31.292\phi + 14.58\phi^2) \tag{9.7}$$

其中，ϕ 为当地空气的相对湿度，取全年最冷月相对湿度的平均值 74%计算。

有云时，T_{MR} 按式（9.6）计算为

$$T_{MR} \approx -24.2\ ℃$$

（1）室外风速为 12 m/s 时：

$Q_h = 36.65\times(2+5)+(5.67\times10^{-8})\times0.9\times(275.15^4-248.95^4)\approx256.6+96.5=353.1$（W/m²）

（2）室外风速为 10 m/s 时：

$Q_h = 31.67\times(2+5)+(5.67\times10^{-8})\times0.9\times(275.15^4-248.95^4)\approx221.7+96.5=318.2$（W/m²）

（3）室外风速为 8 m/s 时：

$Q_h = 26.50\times(2+5)+(5.67\times10^{-8})\times0.9\times(275.15^4-248.95^4)\approx185.5+96.5=282.0$（W/m²）

（4）室外风速为 5 m/s 时：

$Q_h = 18.19\times(2+5)+(5.67\times10^{-8})\times0.9\times(275.15^4-248.95^4)\approx127.3+96.5=223.8$（W/m²）

（5）室外风速为 3 m/s 时：

$Q_h = 12.09\times(2+5)+(5.67\times10^{-8})\times0.9\times(275.15^4-248.95^4)\approx84.6+96.5=181.1$（W/m²）

无云时，T_{MR} 按式（9.7）计算为

$$T_{MR} \approx -26.36\ ℃$$

（1）室外风速为 12 m/s 时：

$Q_h = 36.65\times(2+5)+(5.67\times10^{-8})\times0.9\times(275.15^4-246.79^4)\approx256.6+103.2=359.8$（W/m²）

（2）室外风速为 10 m/s 时：

$Q_h = 31.67\times(2+5)+(5.67\times10^{-8})\times0.9\times(275.15^4-246.79^4)\approx221.7+103.2=324.9$（W/m²）

（3）室外风速为 8 m/s 时：

$Q_h = 26.50\times(2+5)+(5.67\times10^{-8})\times0.9\times(275.15^4-246.79^4)\approx185.5+103.2=288.7$（W/m²）

（4）室外风速为 5 m/s 时：

$Q_h = 18.19\times(2+5)+(5.67\times10^{-8})\times0.9\times(275.15^4-246.79^4)\approx127.3+103.2=230.5$（W/m²）

（5）室外风速为 3 m/s 时：

$Q_h = 12.09\times(2+5)+(5.67\times10^{-8})\times0.9\times(275.15^4-246.79^4)\approx84.6+103.2=187.8$（W/m²）

4. 含湿量的计算

$$W = 0.622\left(\frac{P_v}{P - P_v}\right) \tag{9.8}$$

式中　P——大气压力，Pa；

　　P_v——水蒸气的分压力，Pa。

5. 蒸发潜热的计算

$$Q_e = \rho_{dryair} h_m (W_f - W_a) h_{fg} \tag{9.9}$$

式中　W_f——液膜表面饱和空气的含湿量，液膜的露点温度为 2 ℃时的含湿量 $W_f = kg_{vapor}/kg_{air}$，通过查找对应露点温度下的饱和水蒸气分压力，求出含湿量为0.004 364 kg/

（kg 干空气）；

W_a ——周围空气的含湿量，在标准大气压下，干球温度为-5 ℃，相对湿度为74%时，空气的含湿量为 $W_a = kg_{vapor}/kg_{air} = 0.001\ 922$ kg/（kg 干空气）；

h_{fg} ——水的蒸发潜热，取 2 499 kJ/kg；

ρ_{dryair} ——标准大气压下，-5 ℃干空气的密度，取 1.317 5 kg/m³；

h_m ——质量传递系数，$h_m = \left(\frac{Pr}{Sc}\right)^{\frac{2}{3}} \frac{h_c}{c_{p,\ air}\rho_{dryair}}$，其中 $Pr = 0.7$，$Sc = 0.6$。

（1）室外风速为 12 m/s 时：

$$h_m = (0.7/0.6)^{2/3} \times 36.65/(1.317\ 5 \times 1\ 005) = 0.030\ 7$$

$$Q_e = 1.317\ 5 \times 0.030\ 7 \times (0.004\ 364 - 0.001\ 922) \times 2\ 499 \times 1\ 000 \approx 246.6\ (\mathrm{W/m^2})$$

（2）室外风速为 10 m/s 时：

$$h_m = (0.7/0.6)^{2/3} \times 31.67/(1.317\ 5 \times 1\ 005) \approx 0.026\ 5$$

$$Q_e = 1.317\ 5 \times 0.026\ 5 \times (0.004\ 076 - 0.001\ 922) \times 2\ 499 \times 1\ 000 \approx 213.1\ (\mathrm{W/m^2})$$

（3）室外风速为 8 m/s 时：

$$h_m = (0.7/0.6)^{2/3} \times 26.50/(1.317\ 5 \times 1\ 005) \approx 0.022\ 2$$

$$Q_e = 1.317\ 5 \times 0.022\ 2 \times (0.004\ 076 - 0.001\ 922) \times 2\ 499 \times 1\ 000 \approx 178.3\ (\mathrm{W/m^2})$$

（4）室外风速为 5 m/s 时：

$$h_m = (0.7/0.6)^{2/3} \times 18.19/(1.317\ 5 \times 1\ 005) \approx 0.015\ 2$$

$$Q_e = 1.317\ 5 \times 0.015\ 2 \times (0.004\ 076 - 0.001\ 922) \times 2\ 499 \times 1\ 000 = 122.4\ (\mathrm{W/m^2})$$

（5）室外风速为 3 m/s 时：

$$h_m = (0.7/0.6)^{2/3} \times 12.09/(1.317\ 5 \times 1\ 005) \approx 0.010\ 1$$

$$Q_e = 1.317\ 5 \times 0.010\ 1 \times (0.004\ 076 - 0.001\ 922) \times 2\ 499 \times 1\ 000 = 81.4\ (\mathrm{W/m^2})$$

6. 环境温度为-5 ℃时桥梁防冻热负荷计算结果

环境温度为-5 ℃时桥梁防冻热负荷计算结果如图 9.20 和表 9.3 所示。

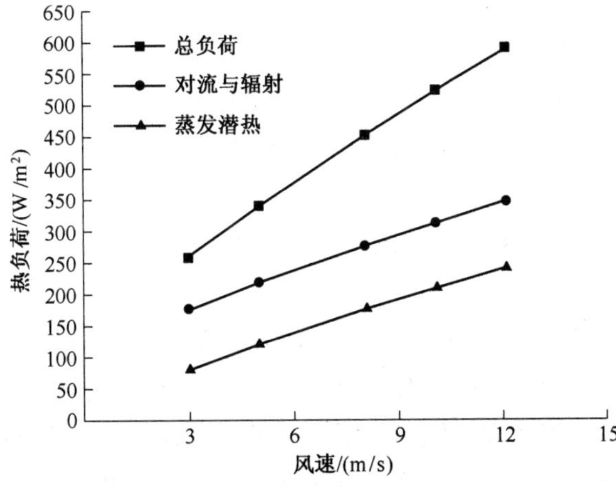

图 9.20　环境温度为-5 ℃时防冻热负荷随室外风速的变化规律

表 9.3　环境温度为-5 ℃时桥梁防冻热负荷

风速 /(m/s)	Q_e /(W/m²)	Q_r（无云）/(W/m²)	Q_c（无云）/(W/m²)	Q_0（无云）/(W/m²)	Q_r（有云）/(W/m²)	Q_c（有云）/(W/m²)	Q_0（有云）/(W/m²)
3	81.4	103.2	84.6	269.2	96.5	84.6	262.5
5	122.4	103.2	127.3	352.9	96.5	127.3	346.3
8	178.3	103.2	185.5	467.0	96.5	185.5	460.3
10	213.1	103.2	221.7	538.0	96.5	221.7	531.4
12	246.6	103.2	256.6	606.4	96.5	256.5	599.6

9.4　桥梁融冰热负荷计算模型

桥梁融冰热负荷计算模型（融冰工况）如图 9.21 所示。

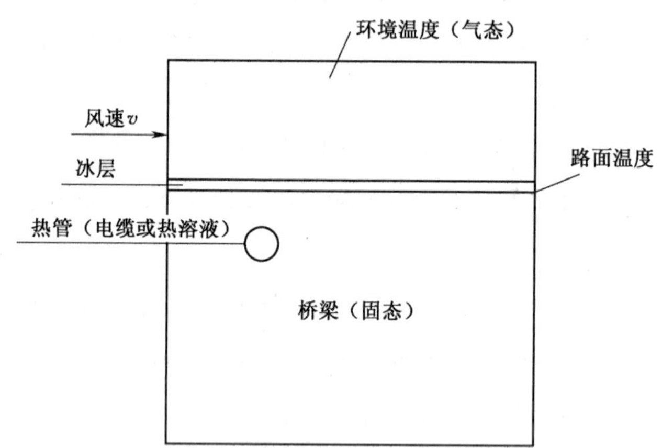

图 9.21　桥梁融冰热负荷计算物理模型

在计算单位面积化冰所需热输出功率时设定以下假设条件。

（1）化冰过程可近似作为稳定过程：发热电缆和沥青路面之间传热形式为热传导过程，路面与大气间的传热形式为对流和辐射为主。在化冰过程中路面处于水的三相平衡点，路面温度为 2.5 ℃。

（2）冰的导热系数小，冰体覆盖的路面热损失忽略不计，同时由于冰体在行人、车辆压实后导热系数增大，其热损失也不计。

通过以上假设条件可以得出：单位面积化冰所需热输出功率 Q_0 计算公式为

$$Q_0 = Q_s + Q_m + Q_h + A_r(Q_e + Q_c + Q_r) \tag{9.10}$$

式中　Q_s ——单位时间冰体从大气气温升温到 0 ℃时所需热量，W/m²；

Q_m ——单位时间冰体由 0 ℃冰变成 0 ℃水所需的熔解热量，W/m²；

Q_h ——单位时间冰体由 0 ℃水变成 2.5 ℃水所需的热量，W/m²；

A_r——路面无冰覆盖面积占总面积的比例，这里取 1（全部融化）；

Q_e——为单位时间水蒸发所需热量，W/m^2，同前面的防冻工况；

Q_c——单位时间对流散热量，W/m^2，同前面的防冻工况。

Q_r——单位时间辐射散热量，W/m^2，同前面的防冻工况；

1. 冰体升温所需热量

下冻雨时冰体的温度与气温一致，其融化前先升温到 0 ℃。单位面积所需的升温热量为

$$Q_s = Sc_p\rho(T_f - T_a) \tag{9.11}$$

式中　S——单位时间形成的冰层厚度，1.2 mm/h；

c_p——冰体的比热，2.1 kJ/(kg·K)；

ρ——冰体的密度，917 kg/m^3；

T_f——冰体融化温度，0 ℃。

T_a——空气温度，-5 ℃；

因此，可计算得出 $Q_s = 1.2\times10^{-3}/3\,600\times2.1\times10^3\times917\times5\approx3.2$（W/m^2）。

2. 冰体的熔解热量

冰体在熔解时温度维持在 0 ℃，由 0 ℃冰体完全熔化成 0 ℃水所需的熔解热 Q_m 占化冰所需热量的比例很大，其随着冰体量增大而增大。

$$Q_m = Sh_f\rho \tag{9.12}$$

式中　S——融冰速率，1.2 mm/h。

h_f——冰体的熔解热，334 kJ/kg；

ρ——冰体的密度，917 kg/m^3；

于是，$Q_m = 1.2\times334\times917/3\,600\approx102.1$（W/m^2）。

3. 冰体融化后水升温所需的热量

假设路表加热后温度维持在 2.5 ℃左右，因此，冰体融雪后水升温所需热量为

$$Q_h = c\rho S\Delta T \tag{9.13}$$

式中　c——水的比热，4.2 kJ/(kg·K)；

ρ——冰水的密度，917 kg/m^3。

ΔT——温差，这里为 2.5 K；

于是得到 $Q_h = 4.2\times917\times1.2\times2.5/3\,600\approx3.2$（W/m^2）。

4. 环境温度为-5 ℃时桥梁融冰热负荷计算结果

由上述各计算结果可知，当环境温度为-5 ℃时该桥梁融冰热负荷如表 9.4 所列。

表 9.4　环境温度为-5 ℃时桥梁融冰热负荷

风速 /(m/s)	Q_s /(W/m^2)	Q_m /(W/m^2)	Q_h /(W/m^2)	Q_e /(W/m^2)	Q_r /(W/m^2)	Q_c /(W/m^2)	Q_0 /(W/m^2)
3	3.2	102.1	3.2	81.4	96.5	84.6	371.0
5	3.2	102.1	3.2	122.4	96.5	127.3	454.7
8	3.2	102.1	3.2	178.3	96.5	185.5	568.8
10	3.2	102.1	3.2	213.1	96.5	221.7	639.8
12	3.2	102.1	3.2	246.6	96.5	256.5	708.1

9.5 桥梁防冻融冰热负荷结果汇总

将不同温度、风速下该桥梁的防冻融冰总热负荷整理成图表，见表9.5、图9.22和表9.6、图9.23。

表9.5 不同温度、风速下桥梁防冻总热负荷一览表

风速/(m/s)	防冻总热负荷/(W/m²)				
	-5 ℃	-4 ℃	-3 ℃	-2 ℃	-1 ℃
3 有云	262.5	241.9	221.0	199.8	178.2
无云	269.2	247.5	225.5	203.1	180.5
5 有云	346.3	316.8	287.1	256.8	226.0
无云	352.9	322.4	291.6	260.1	228.3
8 有云	460.3	419.0	377.0	334.4	290.9
无云	467.0	424.6	381.4	337.8	293.2
10 有云	531.4	482.6	433.1	382.7	331.4
无云	538.0	488.2	437.5	386.0	333.7
12 有云	599.6	543.7	486.9	429.2	370.3
无云	606.4	549.3	491.3	432.5	372.6

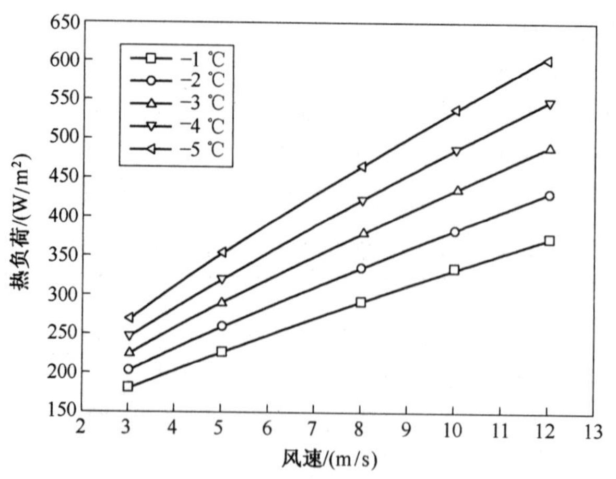

图9.22 不同温度、风速下桥梁防冻总热负荷

表 9.6　不同温度、风速下桥梁融冰总热负荷一览表

风速/(m/s)	融冰总热负荷/(W/m²)				
	-5 ℃	-4 ℃	-3 ℃	-2 ℃	-1 ℃
3	371.0	349.8	328.2	306.4	284.1
5	454.7	424.7	394.3	363.4	331.9
8	568.8	526.9	484.2	441.0（设计）	396.8
10	639.8	590.5	540.3	489.3	437.3
12	708.1	651.6	594.1	536.4	476.2

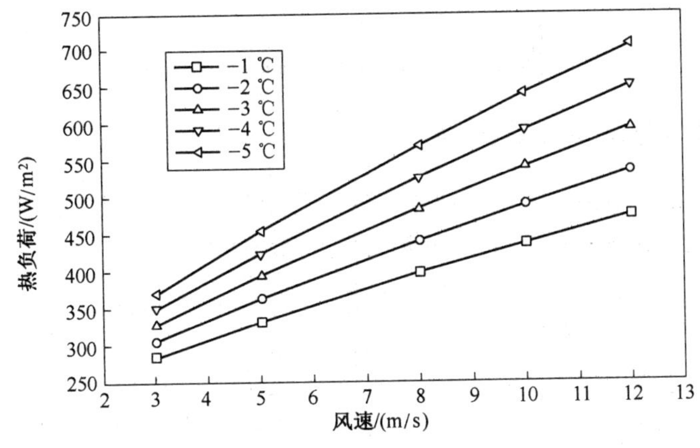

图 9.23　不同温度、风速下桥梁融冰总热负荷

由表 9.5 和表 9.6 可以看出，在每种不同工况下，该桥梁的融冰热负荷要比防冻热负荷大 100 W/m² 左右。因此，为了防止该桥表面结冰，应该选取负荷较大的融冰情况并依此采取防冻措施，才能确保该桥梁路面防冻融冰的有效性、可靠性。而且在设计条件（室外环境温度为-2 ℃、风速为 8 m/s、天空平均辐射温度为-22.24 ℃、桥面温度达到 2.5 ℃）下可以看出，防结冰负荷为 337.7 W/m²、融冰负荷为 441 W/m²，最终选取防冰负荷为 340 W/m²。

9.6　超薄导电磨耗层技术热力学模拟

9.6.1　融冰机理

拟在环氧胶水中掺加石墨等材料，使其具有电—热转变能力。通过磨耗层发热，直接对路面冰雪进行加热，期望达到融化冰雪的目的。

9.6.2　路面结构

整个桥面的构造从桥面到桥体依次为碎石层（厚 4 mm）、环氧树脂与石墨混合层（厚 2 mm）、沥青层 100 mm（40 mm+60 mm）、铺装层 80 mm。导电超薄磨耗层路面模拟模型如图 9.24 所示。

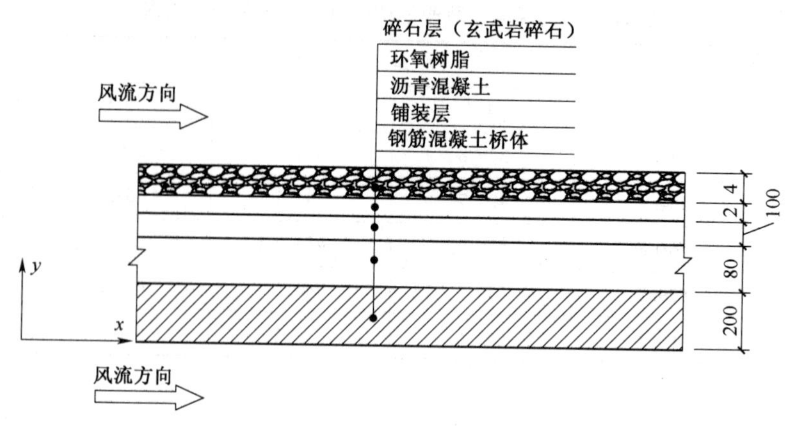

图 9.24 导电超薄磨耗层路面模拟模型

9.6.3 传热模拟与理论计算结果

针对图 9.25 所示的结构，采用两种方式对其进行传热计算。传热计算的模型均考虑为稳态工况。导电超薄磨耗层路面各层材料的热物性参数见表 9.7。

表 9.7 导电超薄磨耗层路面各层材料的热物性参数

序号	材料名称	密度/(kg/m^3)	导热系数 λ/[W/(m·℃)]	比热容 c/[J/(kg·℃)]	厚度/mm	备注
1	碎石层	2 500	3.5	920	4	玄武岩碎石粒径 3~5 mm
2	环氧树脂	1 180	0.2	535	2	环氧树脂：0.2 W/(m·K)，石墨：130 W/(m·K)
3	沥青混凝土	400	2	1 550	100	导热系数 1.0~2.0 W/(m·K)
4	水泥混凝土	2 500	1.7	920	80	—
5	钢筋混凝土	2 500	1.74	920	200	—

注：桥上、下表面对流放热系数取 28 $W/(m^2\cdot℃)$。

图 9.25 所示为一维传热理论计算公式计算的结果。在不同的发热量的情况下，桥上表面的温度计算结果见表 9.8 及表 9.9。

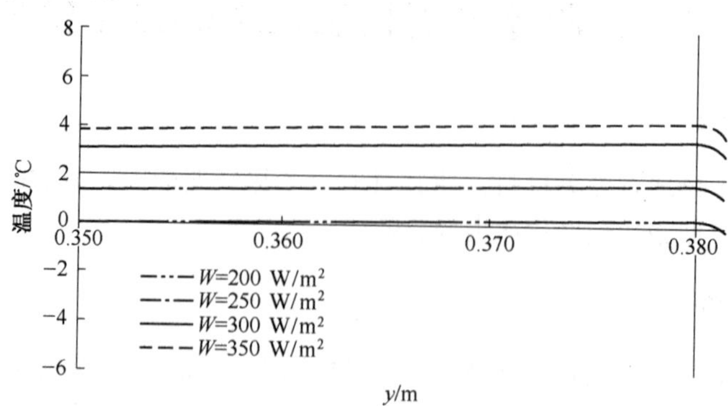

图 9.25 理论公式计算结果（垂直黑色线之间为加热层）

表 9.8　引桥导电超薄磨耗层除冰模拟结果

序号	发热功率/(W/m²)	上表面热流密度/(W/m²)	效率/%	上表面温度/℃
1	280	254.2	90.8	1.15
2	300	272.3	90.8	1.65
3	340	308.7	90.8	2.55

注：效率为桥面的有效散热量除以发热体本身的发热量。

表 9.9　主桥导电超薄磨耗层除冰模拟结果

序号	发热功率/(W/m²)	上表面热流密度/(W/m²)	效率/%	上表面温度/℃
1	280	271.60	97	1.62
2	300	291.14	97	2.10
3	340	329.86	97	3.05

注：效率为桥面的有效散热量除以发热体本身的发热量。

从表 9.8 和表 9.9 可以得出，当发热层功率大于 350 W/m² 时，可使桥面温度维持在 2.5 ℃以上，满足防冰要求。

9.7　导电超薄磨耗层有风工况下融冰性能研究

9.7.1　试验条件

1. 普通沥青混凝土和水泥混凝土

本试验沥青层的上面层采用 SMA-13 普通沥青混凝土，下面层采用 AC-20C 沥青混凝土，引桥采用 8 cm C50 水泥混凝土铺装调平层和 20 cm C50 水泥混凝土桥面板，主桥采用 28 cm C55水泥混凝土桥面板。

2. 隔热层材料

通过数值计算发现隔热层对主桥热量向下传递影响很小，本实验仅进行引桥设置隔热层时室内物理热力学试验，隔热层材料选用中南大学提供的隔热材料。

3. 环境条件

环境实验室控制温度按-6~0 ℃考虑，风速按照 3.0 m/s、5.5 m/s、8.0 m/s 三种情况考虑。

4. 试验仪器

（1）温度传感器 30 个，试件沿厚度方法布置五个测温断面，每个断面布置六个测点（见 9.7.3 小节测点布置）。

（2）测温仪器采用 Agilent（型号 34972A）自动计数的测温仪。

9.7.2　试验内容

利用本试验测定桥面铺装各结构层表面的温度分布，以试验结果为依据修改数值模拟模型，具体内容有以下几个方面。

（1）普通沥青混凝土和水泥混凝土导热性能检测，确定普通沥青混凝土和水泥混凝土的导热系数。

（2）观测导电超薄磨耗层试件内部及表面温度分布的规律。

（3）检测隔热层对试件温度分布的影响。

（4）检测不同室外气象条件（温度、风速）对试件温度分布的影响。

（5）研究导电超薄磨耗层的除冰效果。

9.7.3 试验方法

1. 试验准备

引桥试件底层 20 cm 水泥混凝土代表桥面板，然后较低层 8 cm 水泥混凝土代表铺装调平层；主桥试件底层 28 cm 水泥混凝土代表桥面板，之后铺筑 6 cm AC-20C 沥青混凝土和 4 cm SMA-13 沥青混凝土。热力管布置在 6 cm AC-20C 沥青混凝土底面，发热电缆布置在 4 cm SMA-13 沥青混凝土底面，导电磨耗层布置在 4 cm SMA-13 沥青混凝土表面。

2. 试件制作和测点布置

导电磨耗层除冰系统试验热电偶布置如图 9.26 和图 9.27 所示。

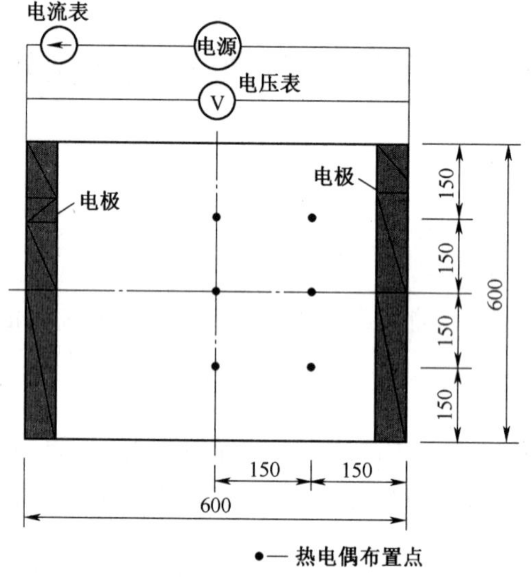

图 9.26 导电磨耗层除冰系统试验热电偶布置平面图 1

9.7.4 试验系统与数据采集

1. 试验装置

桥梁防冻融冰试验系统示意图如图 9.28 所示，其中⑥工业落地扇可以调一至三挡风，其对应的试件上表面风速为 3.0 m/s、5.5 m/s 和 8.0 m/s。

试验测试监控界面如图 9.29 所示，温度测试数据采集界面如图 9.30 所示。

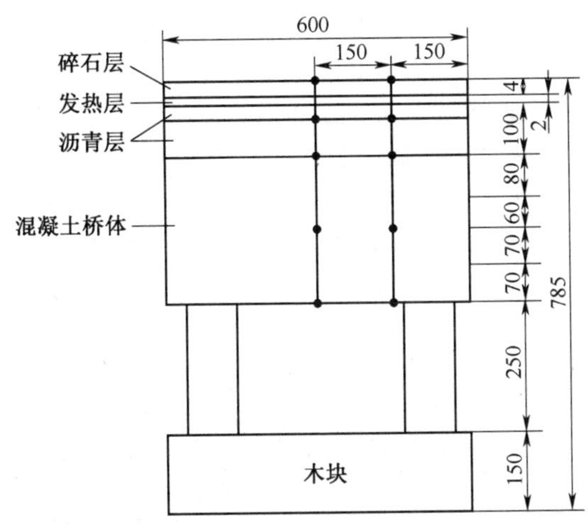

注：1. 总布点数为30个。
2. 每根热电偶长度为2 m，共60 m。
3. 电源功率在200～500 W范围内可调，供电电压为直流24～36 V。

图 9.27 导电磨耗层除冰系统试验热电偶布置立面图 2

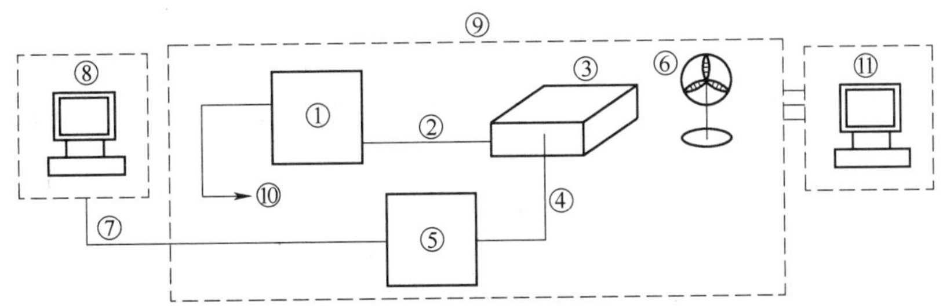

图 9.28 桥梁防冻融冰试验系统示意图

①调压器；②电缆接线端；③试验模型块；④热电偶接线；⑤Agilent 34972A 数据采集器；⑥工业落地扇；⑦网络电缆；⑧个人计算机（PC）；⑨人工环境室；⑩插头；⑪人工环境室终端控制 PC

图 9.29 试验测试监控界面

	仪器	通道	测量	读数	报警	最小	最大	平均
1	<1.TCPIP0::169.254.9.72::ins	101	温度（K型）	942 mC	关闭	942 mC	7.245000 C	2.892300 C
2	<1.TCPIP0::169.254.9.72::ins	102	温度（K型）	1.027000 C	关闭	1.027000 C	7.052000 C	2.735944 C
3	<1.TCPIP0::169.254.9.72::ins	103	温度（K型）	748 mC	关闭	747 mC	7.202000 C	2.766188 C
4	<1.TCPIP0::169.254.9.72::ins	104	温度（K型）	1.381000 C	关闭	1.381000 C	7.024000 C	3.456977 C
5	<1.TCPIP0::169.254.9.72::ins	105	温度（K型）	1.291000 C	关闭	722 mC	7.512000 C	2.832811 C
6	<1.TCPIP0::169.254.9.72::ins	106	温度（K型）	1.319000 C	关闭	1.274000 C	7.083000 C	3.257855 C
7	<1.TCPIP0::169.254.9.72::ins	107	温度（K型）	3.910000 C	关闭	3.868000 C	5.798000 C	4.978177 C
8	<1.TCPIP0::169.254.9.72::ins	108	温度（K型）	3.612000 C	关闭	3.612000 C	5.297000 C	4.501566 C
9	<1.TCPIP0::169.254.9.72::ins	109	温度（K型）	3.326000 C	关闭	3.313000 C	5.621000 C	4.649700 C
10	<1.TCPIP0::169.254.9.72::ins	110	温度（K型）	3.326000 C	关闭	3.326000 C	5.495000 C	4.543311 C
11	<1.TCPIP0::169.254.9.72::ins	111	温度（K型）	3.727000 C	关闭	3.727000 C	5.457000 C	4.700411 C
12	<1.TCPIP0::169.254.9.72::ins	112	温度（K型）	5.051000 C	关闭	3.593000 C	5.180000 C	4.574566 C
13	<1.TCPIP0::169.254.9.72::ins	113	温度（K型）	4.499000 C	关闭	3.777000 C	4.590000 C	4.401966 C
14	<1.TCPIP0::169.254.9.72::ins	114	温度（K型）	4.484000 C	关闭	4.441000 C	5.196000 C	4.894911 C
15	<1.TCPIP0::169.254.9.72::ins	115	温度（K型）	4.687000 C	关闭	4.185000 C	5.025000 C	4.796122 C
16	[illegible]	116	温度（K型）	4.591000 C	关闭	3.958000 C	4.871000 C	4.637900 C
17	<1.TCPIP0::169.254.9.72::ins	117	温度（K型）	4.986000 C	关闭	4.243000 C	5.606000 C	4.997344 C
18	<1.TCPIP0::169.254.9.72::ins	201	温度（K型）	1.175000 C	关闭	245 mC	3.848000 C	1.129044 C
19	<1.TCPIP0::169.254.9.72::ins	202	温度（K型）	1.666000 C	关闭	1.580000 C	5.483000 C	2.509166 C

图 9.30　温度测试数据采集界面

2. 测点的布置

发热电缆防冻融冰系统的热电偶布置示意图如图 9.31 所示。试件共布置了五层测温热电偶，试件上表面布置 101~106 六个测点，中面层上表面布置 107~111 五个测点，混凝土上表面布置 112~117 六个测点，混凝土中间层布置 205~210 六个测点，试件下表面布置 201~204 四个测点。上面三层连接数据采集的 101~117 端口，下面两层连接到 201~210 端口。

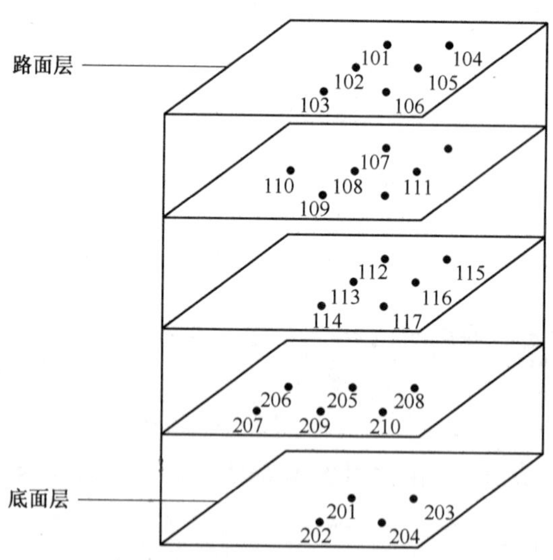

(共布置五层热电偶，上面三层连接数据采集的101~117端口，下面两层连接到201~210端口)

图 9.31　发热电缆防冻融冰系统的热电偶布置示意图

9.7.5 导电超薄磨耗层融冰室内模型实验

1. 导电超薄磨耗层试件防冻融冰实验（电阻 5 Ω）

导电超薄磨耗层（电阻 5 Ω）融冰实验结果见表 9.10。

表 9.10　导电超薄磨耗层（电阻 5 Ω）融冰实验结果

项　　目	试件上表面风速/(m/s)			
	0.5	3.0	5.5	8.0
磨耗层发热总功率/(W/m²)	320	320	435.6	435.6
环境温度/℃	-11.4~-4.5	-10.0~-5.0	-5.51~-1.43	-5.76~-2.44
融冰时间/min	126 (2.10 h)	186 (3.10 h)	171 (2.85 h)	121 (2.02 h)
融冰过程内室温湿度平均值/(℃/%)	-7.30/66.57	-6.64/63.24	-3.83/65.34	-4.40/62.82
磨耗层面最高温度/℃	12.02	5.43	10.64	10.67
(1) 融冰前后试件上表面平均温度/℃	-3.99/4.81	-0.82/2.17	-1.93/4.58	-1.67/4.483
试件上表面平均温度的变化率/(℃/h)	4.190	0.965	2.284	3.045
(2) 融冰前后沥青中面层表面平均温度/℃	-0.18/2.98	1.00/2.40	-0.59/3.60	1.16/3.51
沥青中面层表面平均温度的变化率/(℃/h)	1.505	0.452	1.470	1.163
(3) 融冰前后混凝土上面层平均温度/℃	1.53/1.60	1.13/0.42	-0.68/0.67	0.51/0.67
混凝土上面层平均温度的变化率/(℃/h)	0.033	-0.235	0.474	0.079
(4) 融冰前后混凝土中间层平均温度/℃	0.42/-0.36	-0.91/-1.89	-0.99/-1.13	-1.05/-1.30
混凝土中间层平均温度的变化率 (℃/h)	-0.371	-0.316	-0.049	-0.124
(5) 融冰前后试件下表面平均温度/℃	-2.87/-1.75	-2.95/-3.91	-2.80/-2.33	-3.19/-2.92
试件下表面平均温度的变化率/(℃·h¹)	0.533	-0.310	0.165	0.134

由表 9.10 可知，电阻为 5 Ω 的导电超薄磨耗层在发热功率为 320 W/m²，室内平均环境温度为-7.3 ℃，试件上表面风速为 0.5 m/s 工况下融冰时间为 126 min，试件上表面温升速率为 4.19 ℃/h，磨耗层最高温度 12.02 ℃；在发热功率为 320 W/m²，室内平均环境温度为-6.64 ℃，试件上表面风速为 3.0 m/s 工况下融冰时间为 186 min，试件上表面温升速率为 0.965 ℃/h，磨耗层最高温度为 5.43 ℃，此工况下大部分冰都未融，磨耗层提供的功率不够；在发热功率为 435.6 W/m²，室内平均环境温度为-3.83 ℃，试件上表面风速为 5.5 m/s 工况下融冰时间为 171 min，试件上表面温升速率为 2.284 ℃/h，磨耗层最高温度为 10.64 ℃；在发热功率为 435.6 W/m²，室内平均环境温度为-4.4 ℃，试件上表面风速为 8.0 m/s 工况下融冰时间为 121 min，试件上表面温升速率为 3.045 ℃/h，磨耗层最高温度为 10.67 ℃。

导电超薄磨耗层（电阻 5 Ω）防结冰实验结果见表 9.11。

由表 9.11 可知，当磨耗层的发热功率为 320 W/m² 时，对 3.0 m/s（室内温度-5.37 ℃）、5.5 m/s（室内温度-4.32 ℃）的工况都能防冰，但对 8.0 m/s（室内温度-5.32 ℃）的工况会有结冰的可能；当磨耗层的发热功率提高到 376 W/m² 时，对 8.0 m/s（室内温度-4.33 ℃）的工况能防冰。

2. 导电超薄磨耗层试件防冻融冰实验（电阻 3 Ω）

导电超薄磨耗层（电阻 3 Ω）融冰实验结果见表 9.12。

表 9.11 导电超薄磨耗层（电阻 5 Ω）防结冰实验结果

项　　目	试件上表面风速/(m/s)				
	0.5	3.0	5.5	8.0	8.0
磨耗层发热总功率/(W/m²)	320	320	320	320	376
环境温度/℃	-6.51~9.19	-7.23~-4.33	-6.20~-2.48	-6.51~-3.76	-6.87~8.07
加热时间/min	50 (0.83 h)	80 (1.33 h)	120 (2.00 h)	80 (1.33 h)	130 (2.17 h)
加热过程内室温湿度平均值/(℃/%)	-1.66/56.48	-5.37/66.14	-4.32/65.33	-5.32/65.13	-4.33/62.54
磨耗层面最高温度/℃	9.66	7.79	7.56	8.23	9.24
(1) 加热前后试件上表面平均温度/℃	0.87/4.78	2.46/3.58	1.07/2.93	3.76/3.21	4.23/3.84
试件上表面平均温度的变化率/(℃/h)	4.711	0.842	0.930	-0.414	-0.180
(2) 加热前后沥青中面层表面平均温度/℃	0.27/2.97	3.14/3.55	3.48/3.71	4.04/3.43	3.71/4.10
沥青中面层表面平均温度的变化率/(℃/h)	3.253	0.308	0.115	-0.459	0.180
(3) 加热前后混凝土上面层平均温度/℃	-0.31/0.74	0.87/1.27	1.38/1.38	1.42/1.19	1.67/1.47
混凝土上面层平均温度的变化率/(℃/h)	1.265	0.301	0.000	-0.173	-0.092
(4) 加热前后混凝土中间层平均温度/℃	0.07/0.37	0.22/-0.07	-0.21/-0.78	-0.93/-1.33	-0.01/-0.93
混凝土中间层平均温度的变化率/(℃/h)	0.361	-0.218	-0.285	-0.301	-0.424
(5) 加热前后试件下表面平均温度/℃	0.54/-1.43	-1.90/-2.18	-2.31/-3.42	-3.54/-3.79	2.24/-3.51
试件下表面平均温度的变化率/(℃/h)	-2.373	-0.211	-0.555	-0.188	-2.650

表 9.12 导电超薄磨耗层（电阻 3 Ω）融冰实验结果

项　　目	试件上表面风速/(m/s)			
	0.5	3.0	5.5	8.0
磨耗层发热总功率/(W/m²)	334	334	334	370
环境温度/℃	-8.46~-7.23	-6.81~-2.97	-6.89~-0.97	-6.15~-2.04
融冰时间/min	84 (1.40 h)	160 (2.67 h)	205 (3.42 h)	170 (2.83 h)
融冰过程内室温湿度平均值/(℃/%)	-7.78/64.78	-4.89/66.38	-3.51/66.74	-4.12/66.36

续表

项　　目	试件上表面风速/(m/s)			
	0.5	3.0	5.5	8.0
磨耗层面最高温度/℃	4.88	4.33	4.22	4.88
(1) 融冰前后试件上表面平均温度/℃	-1.36/2.93	-0.59/3.12	-0.55/3.26	-0.90/2.84
试件上表面平均温度的变化率/(℃/h)	3.064	1.390	1.114	1.322
(2) 融冰前后沥青中面层表面平均温度/℃	2.83/6.29	4.88/8.45	5.66/9.00	2.03/7.05
沥青中面层表面平均温度的变化率/(℃/h)	2.471	1.337	0.977	1.774
(3) 融冰前后混凝土上面层平均温度/℃	2.01/1.82	5.00/3.98	9.03/5.83	1.74/2.33
混凝土上面层平均温度的变化率/(℃/h)	-0.136	-0.382	-0.936	0.208
(4) 融冰前后混凝土中间层平均温度/℃	0.46/0.06	2.89/1.65	7.22/3.31	1.44/-0.02
混凝土中间层平均温度的变化率/(℃/h)	-0.286	-0.464	-1.143	-0.516
(5) 融冰前后试件下表面平均温度/℃	-2.34/-2.13	-1.19/-1.04	0.61/0.27	-1.65/-2.06
试件下表面平均温度的变化率/(℃/h)	0.150	0.056	-0.099	-0.145

由表9.12可知，电阻为3 Ω的导电超薄磨耗层在发热功率为334 W/m^2，室内平均环境温度为-7.78 ℃、试件上表面风速为0.5 m/s工况下融冰时间为84 min，试件上表面温升速率为3.064 ℃/h，磨耗层最高温度为4.88 ℃；在发热功率为334 W/m^2，室内平均环境温度为-4.89 ℃、试件上表面风速为3.0 m/s工况下融冰时间为160 min，试件上表面温升速率为1.390 ℃/h，磨耗层最高温度为4.33 ℃；在发热功率为334 W/m^2，室内平均环境温度为-3.51 ℃、试件上表面风速为5.5 m/s工况下融冰时间为205 min，试件上表面温升速率为1.114 ℃/h，磨耗层最高温度为4.22 ℃；在发热功率为370 W/m^2，室内平均环境温度为-4.12 ℃，试件上表面风速为8.0 m/s工况下融冰时间为170 min，试件上表面温升速率为1.322 ℃/h，磨耗层最高温度为4.88 ℃。

导电超薄磨耗层（电阻3 Ω）防结冰实验结果见表9.13。

表9.13　导电超薄磨耗层（电阻3 Ω）防结冰实验结果（一）

项　　目	试件上表面风速/(m/s)			
	0.5	3.0	5.5	8.0
磨耗层发热总功率/(W/m^2)	268	334	334	334
环境温度/℃	-5.97~-5.02	-7.39~-4.47	-5.99~-2.72	-4.99~5.41
加热时间/min	85 (1.42 h)	105 (1.75 h)	73 (1.22 h)	130 (2.17 h)
加热过程内室温湿度平均值/(℃/%)	-5.55/59.57	-5.42/60.14	-4.12/65.49	-3.72/61.45
磨耗层面最高温度/℃	7.50	4.83	6.11	5.81
(1) 加热前后试件上表面平均温度/℃	2.48/4.77	1.88/2.13	2.15/3.22	3.00/2.74
试件上表面平均温度的变化率/(℃/h)	1.613	0.143	0.877	-0.120

续表

项　　目	试件上表面风速/(m/s)			
	0.5	3.0	5.5	8.0
(2) 加热前后沥青中面层表面平均温度/℃	7.11/8.18	6.44/7.40	7.54/7.84	6.06/7.13
沥青中面层表面平均温度的变化率/(℃/h)	0.754	0.549	0.246	0.493
(3) 加热前后混凝土上面层平均温度/℃	2.31/2.66	1.84/2.14	2.15/2.19	2.34/2.28
混凝土上面层平均温度的变化率/(℃/h)	0.246	0.171	0.033	-0.028
(4) 加热前后混凝土中间层平均温度/℃	-0.02/0.17	0.03/-0.34	-0.41/-0.40	-0.16/-0.39
混凝土中间层平均温度的变化率/(℃/h)	0.134	-0.211	0.008	-0.106
(5) 加热前后试件下表面平均温度/℃	-2.37/-1.74	-2.14/-3.00	-2.98/-2.72	1.00/-3.50
试件下表面平均温度的变化率/(℃/h)	0.444	-0.491	0.213	-2.074

由表9.13可知，当磨耗层的发热功率为268 W/m^{2}时，对0.5 m/s（室内温度-5.55 ℃）的工况能防冰；当磨耗层的发热功率为334 W/m^{2}时，对3.0 m/s（室内温度-5.42 ℃）、5.5 m/s（室内温度-4.12 ℃）、8.0 m/s（室内温度-3.72 ℃）的工况都能防冰；但对8.0 m/s的工况，如果室内温度降到-5.0 ℃以下有可能会结冰。

导电超薄磨耗层（电阻3 Ω）防结冰实验结果见表9.14。

表9.14　导电超薄磨耗层（电阻3 Ω）防结冰实验结果（二）

项　　目	试件上表面风速/(m/s)		
	3.0	5.5	8.0
磨耗层发热总功率/(W/m^2)	268	268	300
向下传递的热流密度平均值/(W/m^2)	-58.61	-98.90	-92.67
环境温度/℃	-5.70~7.32	-5.02~5.35	-5.89~6.83
加热时间/min	120（2.00h）	115（1.92h）	120（2.00h）
加热时内室温湿度平均值/(℃/%)	-2.38/57.85	-3.95/59.18	-3.62/60.07
磨耗层面最高温度/℃	5.38	4.91	5.42
(1) 加热前后试件上表面平均温度/℃	2.33/3.52	3.26/1.95	2.48/2.38
试件上表面平均温度的变化率/(℃/h)	0.595	-0.682	-0.050
(2) 加热前后沥青中面层表面平均温度 ℃	1.50/5.70	4.59/6.10	4.12/6.22
沥青中面层表面平均温度的变化率/(℃/h)	2.100	0.786	1.050
(3) 加热前后混凝土上面层平均温度/℃	0.95/2.19	2.37/2.31	2.42/2.21
混凝土上面层平均温度的变化率/(℃/h)	0.620	-0.031	-0.105
(4) 加热前后混凝土中间层平均温度/℃	0.87/0.87	1.02/0.36	0.51/-0.07
混凝土中间层平均温度的变化率/(℃/h)	0.000	-0.344	-0.290
(5) 加热前后试件下表面平均温度/℃	0.90/-1.60	1.61/-2.72	1.95/-3.26
试件下表面平均温度的变化率/(℃/h)	-1.250	-2.255	-2.605

由表 9. 14 可知，当磨耗层的发热功率为 268 W/m^2 时，对 3. 0 m/s（室内温度-2. 38 ℃）的工况能防冰，但对 5. 5 m/s（室内温度-3. 95 ℃）的工况不能防冰；当磨耗层的发热功率为 300 W/m^2 时，对 8. 0 m/s（室内温度-3. 62 ℃）的工况勉强能防冰，但试件表面结了不少冰，如果室内温度降到-5. 0 ℃以下就会大部分区域结冰。

9.8　本 章 小 结

本章测试了导电磨耗层、沥青混凝土等铺装材料的比热、导热率等基本热力学参数，对于采用超薄导电膜融冰系统，混凝土层、中面层和上面层的导热系数越小对融冰越有利。基于热力学传热定律和有限元方法，分析了在不同温度、降雪量、风速等条件下的路面热传导规律，发现在设计条件（室外环境温度-2 ℃、风速 8 m/s、天空平均辐射温度-22. 24 ℃、桥面温度达到 2. 5 ℃）下，该桥防结冰负荷为 337. 7 W/m^2、融冰负荷为 441 W/m^2，最终选取防冰负荷为 340 W/m^2。同时，通过导电超薄磨耗层技术热力学模拟，发现当发热层功率大于 350 W/m^2 时，可使桥面温度维持在 2. 5 ℃以上，满足防冰要求。最后，通过对导电超薄磨耗层除冰实验测试，研究了不同电阻下磨耗层表面的结冰和融冰过程规律，得出如下结论。

（1）采用磨耗层除冰，电阻越小，磨耗层表面加热时温度分布越均匀，3 Ω 的磨耗层比 5 Ω 的磨耗层除冰效果要好。

（2）采用磨耗层融冰，融冰时间在相同工况条件下比发热电缆和热力管要短，一般为 2~3 h，对于试件上表面风速为 8 m/s、室内环境温度为-4. 12 ℃融冰时，磨耗层的融冰功率需要 370 W/m^2。

（3）当磨耗层的发热功率为 268 W/m^2 时，对 3. 0 m/s（室内温度-2. 38 ℃）的工况能防冰，但对 5. 5 m/s（室内温度-3. 95 ℃）的工况不能防冰；当磨耗层的发热功率为 300 W/m^2 时，对 8. 0 m/s（室内温度-3. 62 ℃）的工况勉强能防冰，如果室内温度降到-5. 0 ℃以下就会结冰。

第 10 章

导电超薄磨耗层温升及融冰试验研究

本章试验研究主要包括：导电超薄磨耗层的发热均匀性研究、加载功率与温升的关系研究、冰柜中混凝土小板融冰试验研究，以及融冰试验中影响因素的研究。试验目的为通过冰箱融冰模拟试验来验证导电超薄磨耗层用于路面融雪化冰的可行性[75-77]。

10.1　测试试件及测试设备准备

测试试件采用沥青混凝土板加铺导电超薄磨耗层的实体模型，沥青混凝土板尺寸为 300 mm×300 mm×100 mm，沥青混凝土板要平整，表面清洁。探究功率与温升之间关系的试件，必须能够捕捉试件表面的温度变化，所以应该在试件表面合理的位置安装温度传感器。

测试试件的制备过程如下。

（1）在沥青混凝土板上安装铜片电极。

（2）涂刷隔热层材料，铺装导电功能层于沥青混凝土板上。

（3）撒布磨耗层碎石，养生 1 d；部分备用测试试件如图 10.1 所示。

（4）根据所需测试的位置安装温度传感器。

（5）根据测试需要安装保温隔热层。

图 10.1　融冰性能测试试件（未装传感器）

主要试验设备如下。

（1）温度传感器：德国贺利氏 PT100 铂热防腐防水型电阻温度传感器，测量试件表面温度变化，如图 10.2 所示。

（2）温度显示仪：上海佳敏仪表 XMTD 数显调节仪。连接传感器，显示温度读数，如图 10.3所示。

（3）接触调压器：德力西 TDGC2 单相调压器。调节电压，从而控制输入功率，如图 10.4所示。

（4）冰柜：Homa BC/BD-143 冰柜。控制环境温度，制冷产冰，如图 10.5 所示。

（5）万用表：用于测量导电超薄磨耗层的电阻。

（6）DM60-S 红外热像仪：DM60-S 红外热像仪采用非制冷焦平面红外探测器，能将物体的红外热谱图以高清晰度、高灵敏度的伪彩图像展现出来，同时可满足各行业对物体表面温度场的分析、精确地非接触测温等需求，如图 10.6 所示。

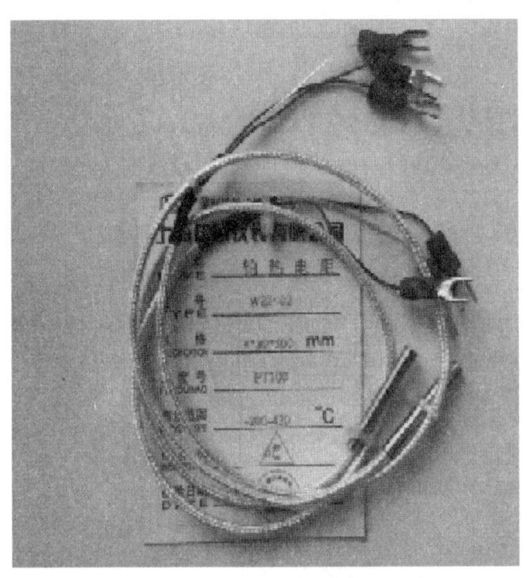

图 10.2　PT100 铂热防腐防水型电阻温度传感器

图 10.3　XMTD 数显温度调节仪

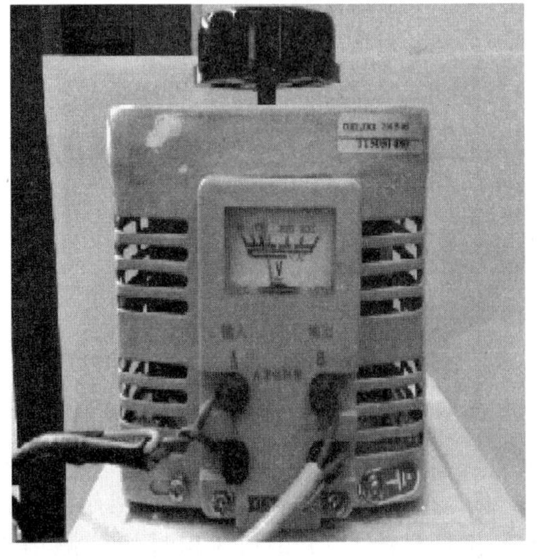

图 10.4　德力西 TDGC2 单相调压器

图 10.5　Homa BC/BD-143 冰柜

图 10.6　DM60-S 红外热像仪

10.2　导电超薄磨耗层发热均匀性检验

导电超薄磨耗层在通电融冰除雪过程中发热均匀性直接影响融冰除雪的应用效果，因此需要对导电超薄磨耗层通电发热过程中表面各点温度进行检测对比，对其发热均匀性进行检测。本研究中使用 DM60-S 红外热像仪来进行导电超薄磨耗层通电加热过程中表面红外线图像的采集，使用 DM60_ Client 红外热成像系统软件（系统界面如图 10.7 所示）和大立红外报表分析系统对采集的红外线温度图像进行处理。

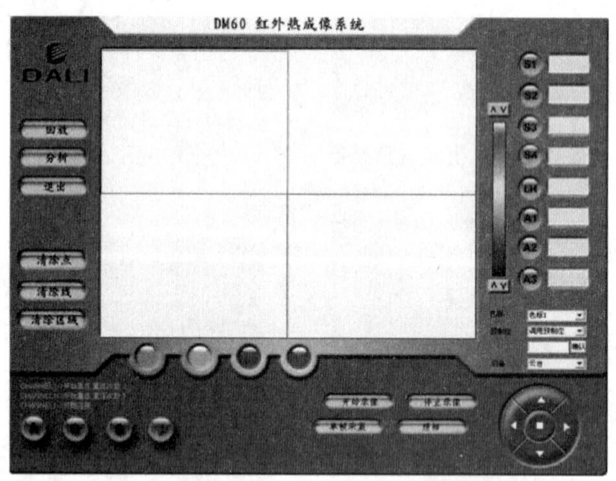

图 10.7　DM60_ Client 红外热成像系统

在室温 15 ℃下对导电超薄磨耗层进行通电，输入功率为 250 W/m^2，在通电过程中使用红外线热像仪对其表面温度进行观测（观测位置点取 9 个），1 h 和 4 h 时的检测结果如图 10.8和图 10.9 所示。

在室温-10 ℃下对导电超薄磨耗层进行通电，输入功率为 250 W/m^2，在通电过程中使用红外线热像仪对其表面温度进行观测（观测位置点取 9 个），1 h 和 3 h 时的检测结果如图 10.10和图 10.11 所示。

摄像机信息	数值
摄像机型号	DM60-S
摄像机序列号	22DM60sp15035
点分析	数值
点01温度	31.8
点02温度	31.4
点03温度	32.2
点04温度	31.1
点05温度	31.3
点06温度	31.8
点07温度	32.1
点08温度	32.6
点09温度	32.2
温度均值	31.8

图 10.8　空气温度 15 ℃，250 W/m^2 加热 1 h 板表面红外检测结果

摄像机信息	数值
摄像机型号	DM60-S
摄像机序列号	22DM60sp15035
点分析	数值
点01温度	44.2
点02温度	44.9
点03温度	44.1
点04温度	44.7
点05温度	44.3
点06温度	45.1
点07温度	45.2
点08温度	45.0
点09温度	44.7
温度均值	44.7

图 10.9　空气温度 15 ℃，250 W/m^2 加热 4 h 板表面红外检测结果

摄像机信息	数值
摄像机型号	DM60-S
摄像机序列号	22DM60sp15035
点分析	数值
点01温度	−2.1
点02温度	−2.8
点03温度	−3.2
点04温度	−3.1
点05温度	−2.7
点06温度	−2.5
点07温度	−2.2
点08温度	−2.6
点09温度	−3.2
温度均值	−2.7

图 10.10　空气温度−10 ℃，250 W/m^2 加热 1 h 板表面红外检测结果

综合图 10.8~图 10.11 可以看出，导电超薄磨耗层在通电加热过程中具有良好的均匀发热性能，各个点的温度差在 1 ℃以内。导电超薄磨耗层发热时良好的均匀性使得在融冰试验

摄像机信息	数值
摄像机型号	DM60-S
摄像机序列号	22DM60sp15035
点分析	数值
点01温度	6.3
点02温度	6.2
点03温度	6.9
点04温度	7.3
点05温度	7.5
点06温度	6.4
点07温度	6.4
点08温度	7.1
点09温度	6.1
温度均值	6.7

图 10.11 空气温度-10 ℃，250 W/m^2 加热 3 h 板表面红外检测结果

中通过在导电超薄磨耗层表面几个位置点安装温度传感器的检测，并采用几个位置点温度读数取平均值的方法来作为导电超薄磨耗层融冰时表面温度的方法具有一定的可行性。

10.3 导电超薄磨耗层输入功率与温升的关系

本节试验主要研究在通电加热时导电超薄磨耗层的输入功率与表面温升的关系。试验时的空气环境温度分别为 20 ℃、-10 ℃和-15 ℃。

首先对室温 15 ℃和低温-8 ℃的导电超薄磨耗层输入功率和试件表面温升试验作对比研究。选取的输入功率分为 6 挡：100 W/m^2、150 W/m^2、200 W/m^2、250 W/m^2、300 W/m^2、350 W/m^2，导电超薄磨耗层实际输入功率为 9.0 W、13.5 W、18.0 W、22.5 W、27.0 W、31.5 W。试件的尺寸与 10.2 节相同，除去试件的表面，其余各面均使用聚苯乙烯泡沫塑料板包裹，在试件表面安装三个传感器，以实测温度均值作为最终温度值。常温试件和低温试件的表面均布置三个温度监测点，如图 10.12 所示。

（a）常温试件

（b）低温试件

图 10.12 功率与温升关系测试试件

试件升温过程中表面各监测点温差不超过 1.5 ℃，取平均值后板表面温度随时间变化数值见表 10.1 和表 10.2，变化曲线如图 10.13 和图 10.14 所示。

表 10.1　15 ℃温度下不同功率试件表面温度随时间变化的测试结果

时间/h	温度均值/℃					
	100 W/m²	150 W/m²	200 W/m²	250 W/m²	300 W/m²	350 W/m²
0.0	15	15	15	15	15	15
0.5	18	20	20	22	23	25
1.0	20	24	25	27	29	31
1.5	22	27	30	32	33	35
2.0	24	30	33	36	37	38
2.5	26	32	36	37	38	40
3.0	28	34	38	40	41	42
3.5	29	35	40	41	42	43
4.0	30	37	41	42	43	45
4.5	31	38	42	43	44	47
5.0	31	39	42	44	45	48
5.5	32	39	43	45	46	50
6.0	32	40	43	45	46	50
6.5	33	40	43	45	46	51
7.0	33	40	43	45	46	50
7.5	33	40	43	45	46	50

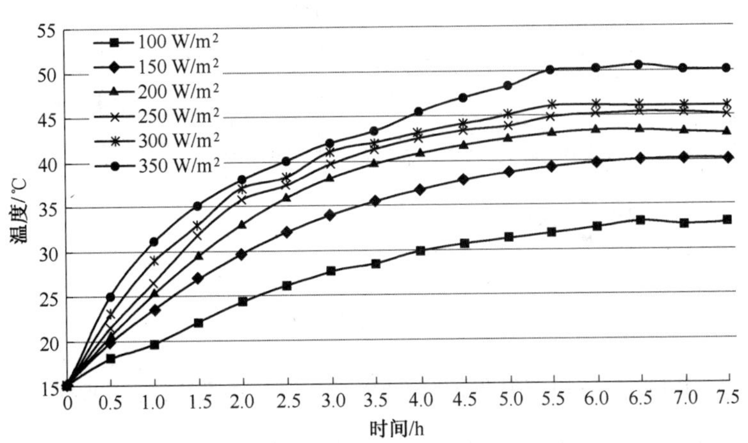

图 10.13　15 ℃温度下不同功率试件表面温度随时间变化曲线

表 10.2 −10 ℃温度下不同功率试件表面温度随时间变化的测试结果

时间/h	温度均值/℃					
	100 W/m²	150 W/m²	200 W/m²	250 W/m²	300 W/m²	350 W/m²
0.0	−10	−10	−10	−10	−10	−10
0.5	−9	−6	−5	−3	−3	−2
1.0	−8	−4	−2	0	0	0
1.5	−6	0	0	1	2	3
2.0	−4	0	1	2	3	5
2.5	0	1	1	3	6	9
3.0	0	1	2	6	8	11
3.5	0	2	3	8	10	13
4.0	1	2	3	9	12	15
4.5	1	3	4	10	13	17
5.0	1	4	5	11	14	18
5.5	2	5	6	11	15	19
6.0	2	5	6	11	15	19
6.5	2	6	7	12	16	20
7.0	2	6	8	12	16	20
7.5	2	6	8	12	16	20

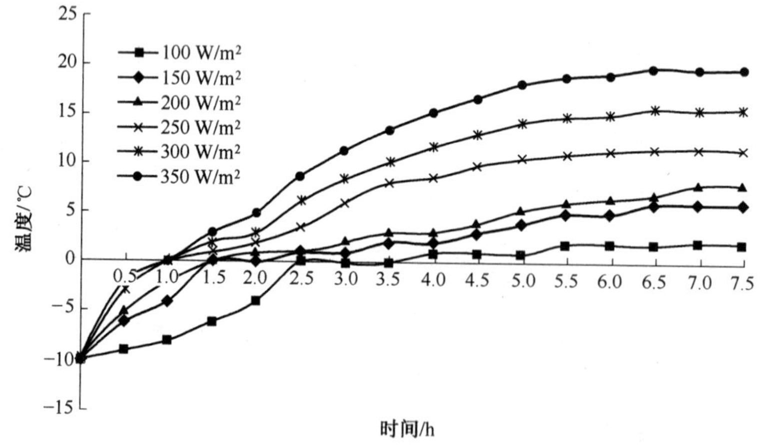

图 10.14 −10 ℃温度下不同功率试件表面温度随时间变化曲线

根据表 10.1 和表 10.2 绘制 15 ℃和−10 ℃环境温度下导电超薄磨耗层试件表面温度随时间变化的曲线，分别见图 10.13 和图 10.14。可以看出，板表面温度升高的速率随着加热时间的增加逐渐变缓，最后板表面温度逐渐趋于稳定。

15 ℃的室温环境下，100 W/m^2、150 W/m^2、200 W/m^2、250 W/m^2、300 W/m^2、350 W/m^2 的输入功率（对应输入功率值：9.0 W、13.5 W、18.0 W、22.5 W、27.0 W、31.5 W）下导电超薄磨耗层表面的温度在加热第 5.5 h 时均可达到稳定温度 32 ℃、39 ℃、43 ℃、45 ℃、46 ℃、50 ℃，相对于 15 ℃的环境温度分别上升了 17 ℃、24 ℃、28 ℃、30 ℃、31 ℃、35 ℃。加热功率越大，导电超薄磨耗层板表面所能达到的稳定温度越高，温度升高的速率越快，达到稳定温度所需的时间越短。

-10 ℃的空气温度环境下，100 W/m^2、150 W/m^2、200 W/m^2、250 W/m^2、300 W/m^2、350 W/m^2 的输入功率（对应输入功率值：9.0 W、13.5 W、18.0 W、22.5 W、27.0 W、31.5 W）下导电超薄磨耗层表面的温度在加热第 6.5 h 时均可达到稳定温度 2 ℃、4 ℃、7 ℃、12 ℃、16 ℃、20 ℃，相对于-10 ℃的环境温度分别上升了 12 ℃、14 ℃、17 ℃、22 ℃、26 ℃、30 ℃。加热功率越大，导电超薄磨耗层板表面所能达到的稳定温度越高，温度升高的速率越快。

对比空气温度 15 ℃和-10 ℃的温度曲线图 10.13 和图 10.14 能够看出，相同输入功率下空气温度 15 ℃的温度升高值比-10 ℃要高，100 W/m^2、150 W/m^2、200 W/m^2、250 W/m^2、300 W/m^2、350 W/m^2 的输入功率（对应输入功率值：9.0 W、13.5 W、18.0 W、22.5 W、27.0 W、31.5 W）下 15 ℃空气温度的试件比-10 ℃的温度升高值分别高 9 ℃、10 ℃、11 ℃、8 ℃、5 ℃、5 ℃。这说明外界环境温度越低，试件热量损失就越大。15 ℃空气温度下的导电超薄磨耗层试件，由于辐射散热造成的热损失比较小；-10 ℃空气温度下的低温试件，由于冰箱内空间封闭而且白色的内壁对于热辐射具有很好的反射性，故热辐射损失也很小。因此，可知对流散热是导电超薄磨耗层试件热损失的主要原因，空气温度越低，则板表面的对流散热系数越大，对流造成的热量损失也越大。

10.4　导电超薄磨耗层融冰性能研究

本节研究采用的试件与 10.3 节相同。研究内容为确定在不同空气温度、不同冰层厚度、不同功率下融冰所需的时间，同时对比不同空气温度、不同冰层厚度、不同功率下融冰的温度变化过程。

10.4.1　融冰模拟试验的可行性研究

融冰模拟试验是在冰柜中进行的，试验过程中冰柜的空气温度直接决定模拟结果的可靠性。冰箱温度设置为-10 ℃，输入功率采用 150 W/m^2 和 250 W/m^2 两个等级，冰箱内空气温度采用内挂德国贺利氏 PT100 铂热防腐防水型电阻温度传感器进行检测，传感器距离试件表面 15 cm。对冰箱内的空气温度以及试件表面温度随时间的变化情况进行记录，具体数据见表 10.3。

表 10.3 冰箱设置-10 ℃下试件表面和空气温度变化的测试结果

时间/h	温度均值/℃			
	150 W/m²		250 W/m²	
	板表面温度	空气温度	板表面温度	空气温度
0.0	-10	-10	-10	-10
0.5	-6	-10	-3	-10
1.0	-4	-10	0	-9
1.5	0	-9	1	-8
2.0	0	-9	2	-9
2.5	1	-10	3	-10
3.0	1	-9	6	-10
3.5	2	-10	8	-10
4.0	2	-10	9	-10
4.5	3	-10	10	-9
5.0	4	-9	11	-9
5.5	5	-9	11	-8
6.0	5	-10	11	-10
6.5	6	-10	12	-10
7.0	6	-10	12	-10
7.5	6	-10	12	-10

根据表 10.3 绘制冰箱设置-10 ℃下输入功率分别为 150 W/m^2 和 250 W/m^2 的条件下导电超薄磨耗层试件表面和冰箱内空气温度随时间变化的曲线，分别如图 10.15 和图 10.16 所示。

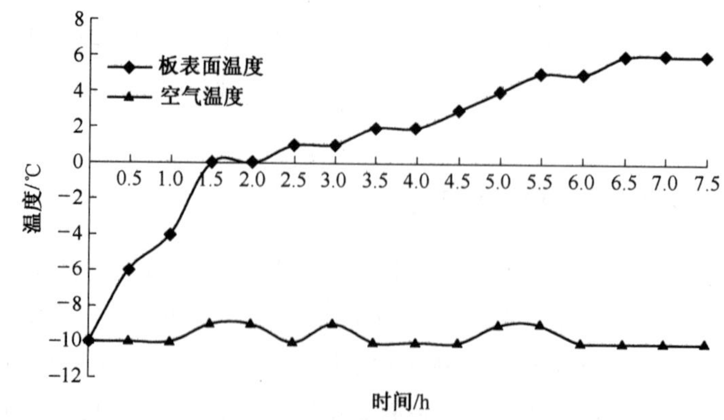

图 10.15 功率 150 W/m^2 试件表面和冰箱内空气温度随时间变化曲线

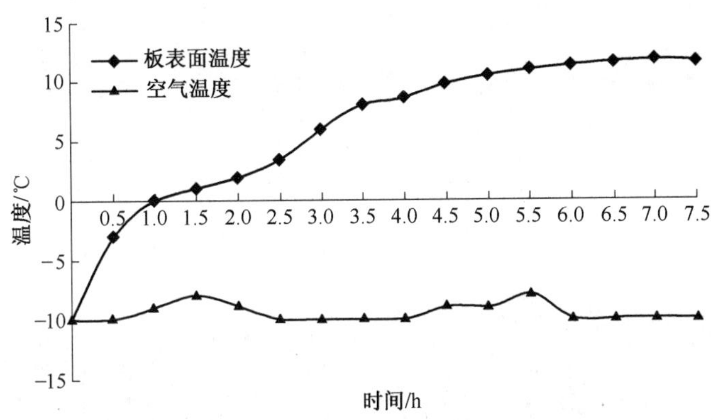

图 10. 16　功率 250 W/m^2 试件表面和冰箱内空气温度随时间变化曲线

图 10. 15 所示为冰箱温度为-10 ℃、输入功率为 150 W/m^2 的导电超薄磨耗层试件表面温度和冰箱内空气温度随时间变化的曲线，图 10. 16 所示为冰箱温度为-10 ℃、输入功率为 250 W/m^{2}的导电超薄磨耗层试件表面温度和冰箱内空气温度随时间变化的曲线。从图中可以看出 150 W/m^2 的试件表面温度在 4 h 的时候达到 0 ℃以上，250 W/m^2 的试件表面温度在 1. 5 h 的时候达到 0 ℃以上，达到融冰化雪的需要，且在加热过程中冰柜中的空气温度变化不大，这说明在冰箱内模拟导电超薄磨耗层融冰化雪试验是可行的。

10. 4. 2　不同温度、冰厚及功率下的融冰性能测试

为尽可能模拟实际情况，试验中的冰是将水倒在混凝土板上后与板同时冻结生成的，混凝土板除上表面外其余各面均包有聚苯乙烯泡沫塑料板，其侧面高出导电超薄磨耗层上表面 18 mm，目的是使板上表面持有的水冻结，待冻结后给边框一角开一小洞，使融化的水可以流出。试验中冻结一定厚度的冰所需的水量均为计算后精确称取。

本节的试验目的是研究不同环境温度、不同冰层厚度、不同输入功率下所需的化冰时间，进而判断在不同环境温度、不同冰层厚度、不同输入功率下导电超薄磨耗层的融冰效果。试验空气温度取四个等级：-5 ℃、-10 ℃、-15 ℃、-20 ℃；冰层厚度取三个等级：5 mm、10 mm、15 mm；功率取六个等级：150 W/m^2、200 W/m^2、250 W/m^2、300 W/m^2、350 W/m^2、400 W/m^2，即加载在导电超薄磨耗层的输入功率分别为 13. 5 W、18. 0 W、22. 5 W、27. 0 W、31. 5 W、36. 0 W。

温度为-5 ℃、冰厚为 5 mm、导电超薄磨耗层输入功率为 150 W/m^2（板上功率为 13. 5 W）时导电超薄磨耗层的融冰过程如图 10. 17 所示。融冰试验中板每隔 15 min 记录一次导电超薄磨耗层表面的温度，温度持续高于 0 ℃时（冰已完全融化）停止温度记录，导电超薄磨耗层板表面温度随时间的变化情况见表 10. 4～表 10. 7。

图 10.17 导电超薄磨耗层融冰过程

表 10.4 −5 ℃空气温度下导电超薄磨耗层化冰表面温度随时间变化的值

时间/h	温度/℃		
	冰厚 5 mm，输入功率 150 W/m²	冰厚 10 mm，输入功率 250 W/m²	冰厚 15 mm，输入功率 350 W/m²
0.00	−5	−5	−5
0.25	−4	−4	−3
0.50	0	−5	0
0.75	0	−3	0
1.00	1	−1	0
1.25	2	0	2
1.50	2	0	3
1.75	2	0	6
2.00	3	0	6
2.25	4	1	7
2.50	4	3	7
2.75	4	6	—
3.00	5	6	—

表 10.5　−10 ℃空气温度下导电超薄磨耗层化冰表面温度随时间变化的值

时间/h	温度/℃		
	冰厚 5 mm，输入功率 150 W/m^2	冰厚 10 mm，输入功率 250 W/m^2	冰厚 15 mm，输入功率 350 W/m^2
0.00	−10	−10	−10
0.25	−10	−10	−6
0.50	−10	−8	−3
0.75	−9	−3	0
1.00	−8	−2	0
1.25	−6	−1	0
1.50	−6	0	1
1.75	−2	0	0
2.00	0	0	0
2.25	0	0	1
2.50	0	0	2
2.75	0	1	3
3.00	0	2	5
3.25	0	3	—
3.50	1	3	—
3.75	1	3	—

表 10.6　−15 ℃空气温度下导电超薄磨耗层化冰表面温度随时间变化的值

时间/h	温度/℃		
	冰厚 5 mm，输入功率 250 W/m^2	冰厚 10 mm，输入功率 350 W/m^2	冰厚 15 mm，输入功率 400 W/m^2
0.00	−15	−15	−15
0.25	−15	−14	−12
0.50	−12	−10	−4
0.75	−9	−4	−3
1.00	−8	−1	0
1.25	−3	−1	0
1.50	−2	0	0
1.75	−2	0	1
2.00	−1	0	1
2.25	0	1	2
2.50	0	1	2
2.75	0	1	—

续表

时间/h	温度/℃		
	冰厚 5 mm, 输入功率 250 W/m^2	冰厚 10 mm, 输入功率 350 W/m^2	冰厚 15 mm, 输入功率 400 W/m^2
3. 00	0	2	—
3. 25	0	—	—
3. 50	1	—	—
3. 75	1	—	—

表 10. 7　-20 ℃空气温度下导电超薄磨耗层化冰表面温度随时间变化的值

时间/h	温度/℃		
	冰厚 5 mm, 输入功率 250 W/m^2	冰厚 10 mm, 输入功率 350 W/m^2	冰厚 15 mm, 输入功率 400 W/m^2
0. 00	-20	-20	-20
0. 25	-20	-19	-17
0. 50	-19	-18	-15
0. 75	-19	-15	-14
1. 00	-18	-15	-10
1. 25	-18	-14	-3
1. 50	-17	-10	-2
1. 75	-18	-7	0
2. 00	-10	-2	0
2. 25	-5	0	0
2. 50	-3	0	0
2. 75	-1	1	0
3. 00	0	0	1
3. 25	0	1	2
3. 50	0	1	3
3. 75	0	—	—
4. 00	0	—	—
4. 25	1	—	—
4. 50	2	—	—
5. 00	2	—	—

根据表 10. 4~表 10. 7 绘制不同空气温度下导电超薄磨耗层板化冰表面温度随时间变化的曲线，见图 10. 18~图 10. 21 所示。

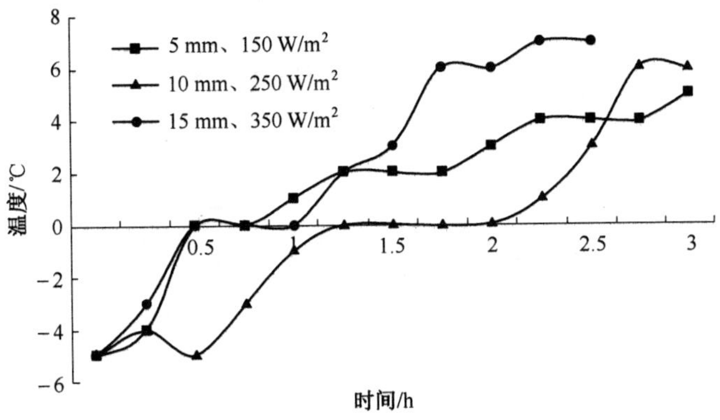

图 10.18 -5 ℃冰表面温度随时间变化曲线

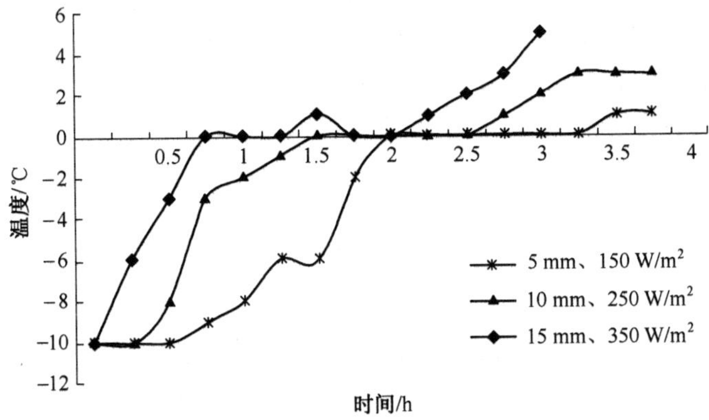

图 10.19 -10 ℃冰表面温度随时间变化曲线

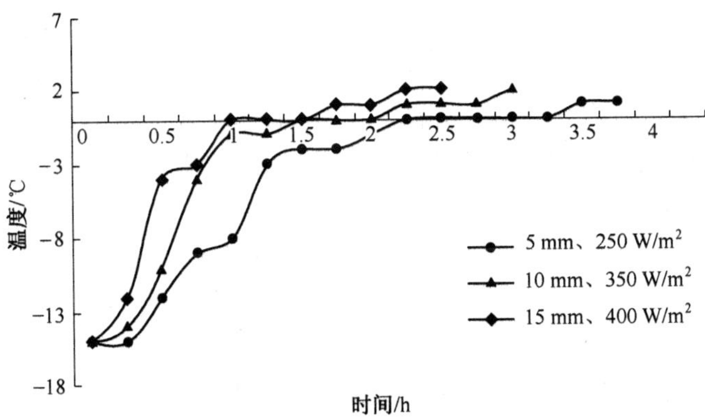

图 10.20 -15 ℃冰表面温度随时间变化曲线

从图 10.18~图 10.21 可以看出，所有曲线都在温度到达 0 ℃以后有一个较平稳的缓升段，这是由于冰融化成水的相变过程吸热形成的，当板表面冰基本化完时，温度又逐渐上升。同一空气温度和冰厚的情况下，输入功率越大，融冰时板表面温度滞留于 0 ℃的时间越短(融冰时间越短)。融冰时板表面温度升高到 0 ℃需要的时间占整个融冰过程很大的比例，这

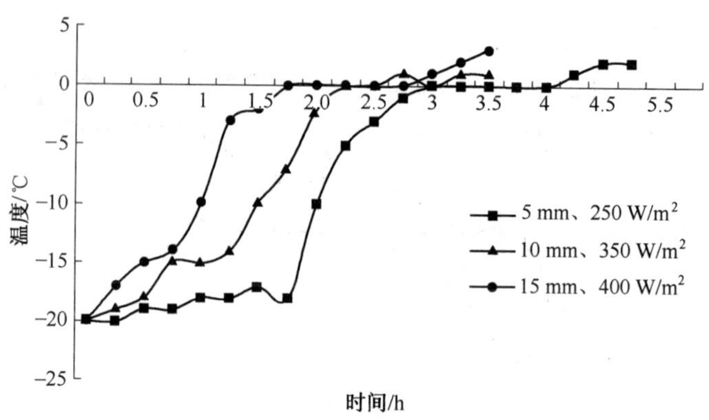

图 10.21 −20 ℃冰表面温度随时间变化曲线

也说明在实际工程应用时可以通过对导电超薄磨耗层进行提前通电预热加快融冰进程。输入功率越大，融冰所需时间越短，不同空气温度、不同厚度冰层在适当输入功率情况下基本上在 3 h 左右化完，在化冰结束时，导电超薄磨耗层的表面温度基本稳定在 3~5 ℃，故导电超薄磨耗层的融冰效果非常好。

10.5 本章小结

（1）使用 DM60-S 红外热像仪来进行导电超薄磨耗层通电加热过程中表面红外线图像的采集，通过对几个温度段的图像采集处理发现，导电超薄磨耗层发热均匀性良好。

（2）导电超薄磨耗层在通电加热过程中板表面温度升高的速率随着加热时间的增加逐渐变缓，最后板表面温度逐渐趋于稳定。对流散热是导电超薄磨耗层试件热损失的主要原因，空气温度越低，则板表面的对流散热系数越大，对流造成的热量损失也越大。

（3）在−10 ℃空气温度下输入功率 150 W/m^2 的导电超薄磨耗层试件表面温度在 4 h 的时候达到 0 ℃以上，200 W/m^2 的试件表面温度在 1.5 h 的时候达到 0 ℃以上，达到融冰化雪的需要，且在加热过程中冰柜中的空气温度变化不大，这说明在冰箱内模拟导电超薄磨耗层融冰化雪试验具有可行性。

（4）融冰过程中导电超薄磨耗层表面温度到达 0 ℃以后有一个较平稳的缓升段，这是由于冰融化成水的相变过程吸热形成的，当板表面冰基本化完时，温度又逐渐上升。输入功率越大，融冰所需时间越短。不同空气温度、不同厚度冰层在适当输入功率情况下基本上在 3 h 左右化完，在化冰结束时，导电超薄磨耗层的表面温度基本稳定在 3~5 ℃，说明导电超薄磨耗层具有很好的融冰效果。

第 11 章

导电超薄磨耗层路用性能研究

导电超薄磨耗层以一种薄层罩面形式附着于公路、桥梁、机场铺面表面，受到交通荷载、温度应力的作用，同时还有来自环境的光、湿度的作用。因此，要保证导电超薄磨耗层长期正常工作，必须具备良好的路用性能。本书对导电超薄磨耗层的路用性能及耐久性能进行试验测试。主要进行的试验有抗滑性能及抗滑衰减测试、冻融循环试验、加速加载试验、浸水加速加载试验等[78-80]。

11.1 路用性能测试试件制备

路用性能测试试件采用沥青混凝土板加铺导电超薄磨耗层的实体模型，沥青混凝土板尺寸为 300 mm×150 mm×100 mm，碳纤维掺量为 4%，石墨掺量为 25%。沥青混凝土板要平整，表面清洁无杂物。

路用性能测试试件成型步骤如下。

（1）将尺寸 10 mm×100 m 的紫铜电极抛光打磨处理。

（2）将紫铜内芯电线捆紧在电极片上，为了确保电极与电线之间的导电可靠性，防止电线与电极接触处因测试时种种外界干扰产生氧化层而导致接触处导电性能下降，在电极的三处（两端和中间位置）做锡焊焊接处理。

（3）用环氧树脂涂覆电极片一侧，并黏附于沥青混凝土板的两侧，养生 2 h 后环氧树脂固结完毕，电极板牢牢粘在沥青混凝土板上，对电极板用粗细砂纸再次做抛光打磨处理。

（4）用高硬度纸板围沥青混凝土板一圈，并粘牢控制纸板高出混凝土板表面 10 mm，如图 11.1 所示。

（5）首先在模具内涂覆隔热黏结材料；其次将搅拌好的导电功能层混合物平铺在模具内，并将混合物表面刮平整（与纸板高度相同）；再次在导电功能层混合物表面涂刷环氧树脂底层油；最后采用满布撒铺法向导电功能层的表面均匀地撒上粒径为 3~5 mm 的石子，并将其压入 2~3 mm。

（6）室温养生，待树脂胶混合物完全固结后方可进行后续试验。成型后试件如图 11.2 所示。

图 11.1 试模

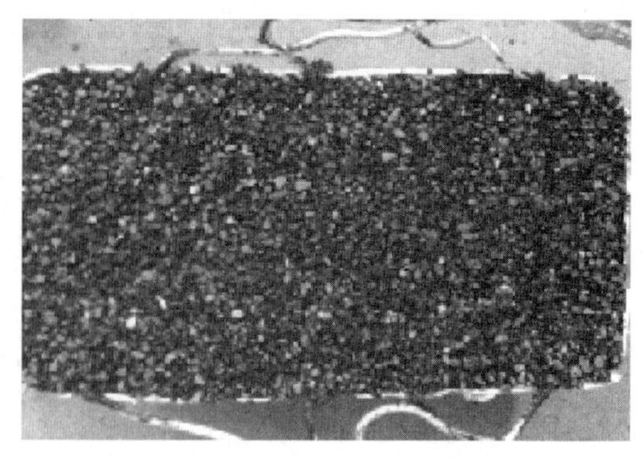
图 11.2 路用性能测试试件

11.2 抗滑性能及抗滑衰减研究

导电超薄磨耗层位于道路表面，从路用功能角度可看作一种薄层铺装。导电超薄磨耗层的抗滑性能和抗滑性能衰变规律测试是路用功能的重要测试部分之一。本研究中使用摆式仪（BPN）（见图 11.3）来对导电超薄磨耗层的抗滑性能进行测试，并使用 MMLS3 小型加速加载系统（见图 11.4）模拟车辆轮载作用下导电超薄磨耗层的抗滑性能衰变规律。

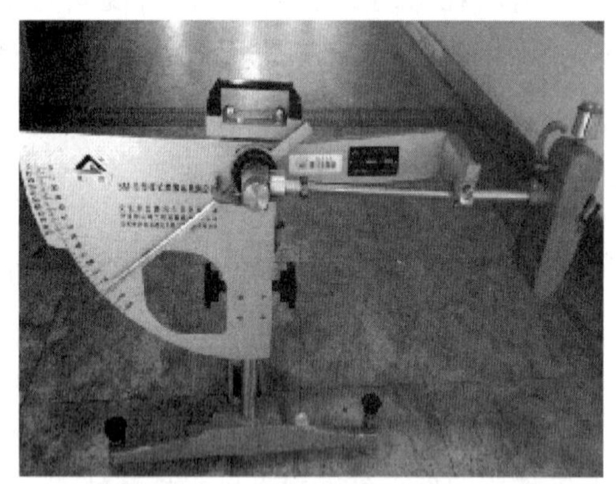
图 11.3 摆式仪

图 11.4 MMLS3 小型加速加载系统

在使用摆式仪进行测试后需对抗滑值进行温度修正：当路面温度为 T 时测得的值为 F_{BT}，必须按式（11.1）换算成 20 ℃的摆值 F_{B20}。

$$F_{B20} = F_{BT} + \Delta F \tag{11.1}$$

式中 F_{B20}——换算为标准温度 20 ℃时的摆值，BPN；

F_{BT}——路面温度 T 时测得的摆值，BPN；

T——测定的路表潮湿状态下的温度；

ΔF——温度修正值，按表 11.1 选用。

表 11.1　温度修正值

温度 T/℃	0	5	10	15	20	25	30	35	40
温度修正值 ΔF	-6	-4	-3	-1	0	+2	+3	+5	+7

测试导电超薄磨耗层试件的初始摆值 BPN，测试完毕后将编号 1、2、3 的三块试件依次铺于 MMLS3 小型加速加载设备试槽中（见图 11.5）进行加速加载试验（见图 11.6），加载一定次数后对测试导电超薄磨耗层试件的摆值。修正后的标准温度 20 ℃摆值见表 11.2。

图 11.5　MMLS3 加速加载试件安装图

图 11.6　MMLS3 加速加载系统运行

表 11.2　不同轮载次数作用下试件的 20 ℃摆值

试件编号	20 ℃摆值/BPN							
	0 万次	5 万次	10 万次	20 万次	30 万次	40 万次	50 万次	100 万次
1 号	67	65	64	64	63	62	63	62
2 号	65	65	64	65	63	61	60	61
3 号	65	64	63	62	63	61	61	62
均值	66	65	64	64	63	61	61	62

从图 11.7 可以看出导电超薄磨耗层具有良好的抗滑性能，初始摆值的均值为 66BPN；在

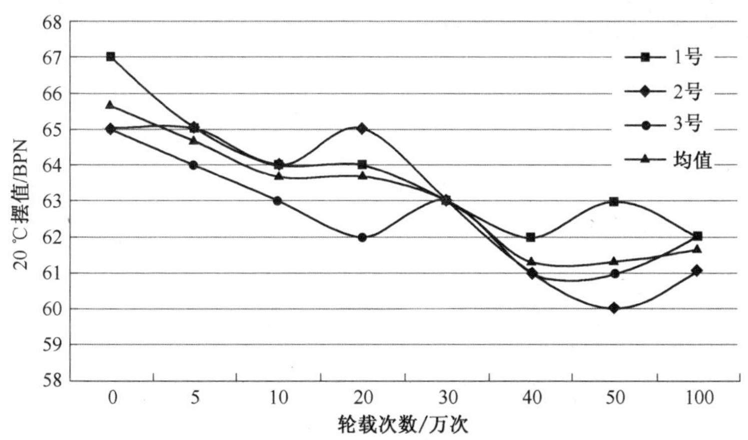

图 11.7　不同轮载次数下的试件抗滑性能

加载过程中抗滑性能逐渐下降，100 万次加载的整个过程中摆值一直在 60BPN 以上，在轮载 100 万次后导电超薄磨耗层的摆值均值为 62BPN，说明导电超薄磨耗层满足路面防滑要求。加载结束后导电超薄磨耗层表面未出现明显车辙和磨耗碎石脱落，说明导电超薄磨耗层具有良好的抗车辙性能。

11.3 抗冻融循环性能研究

抗冻融性能是超薄磨耗层路用性能的一个重要指标，直接影响到融雪除冰路面的使用寿命。结合冻融循环试验和 MMLS3 小型加速加载试验对导电超薄磨耗层冻融循环环境下的电阻稳定性、抗滑衰减性能进行测试。测试试件分 A、B、C 三组，其中试件 A 和 B 进行冻融循环处理，试件 C 未经冻融循环处理。

11.3.1 冻融循环过程中的电阻稳定性测试

冻融循环试验过程如下。

(1) 测量 A、B、C 试件的初始电阻。

(2) 将 A 试件放入 60 ℃水浴箱中（见图 11.8），将 B 试件放入-20 ℃的冰浴箱中（见图 11.9），24 h 后分别测量两个试件的电阻。

图 11.8 60 ℃水浴箱中保温

图 11.9 -20 ℃冰浴箱中保温

(3) 步骤（2）结束后，将 A 试件放入-20 ℃冰浴箱中，将 B 试件放入 60 ℃的水浴箱中，24 h后测量两个试件的电阻。因为考虑到试件内部和表面的水会对试件有影响，所以试验中将试件取出后室温 0.5 h 后测量电阻，但变化并不明显，故在实际工程应用中可忽略水对导电超薄磨耗层电阻率的影响。

(4) 按照步骤（2）、(3) 进行 4 次冻融循环，并测试冻融循环过程中的电阻变化，冻融循环处理过程中的试件如图 11.10 所示，测试数据见表 11.3。

由以上试验结果可知，冻融循环过程中导电超薄磨耗层试件的电阻率波动很小，试验结束后电阻率较初始值变化并不明显，试件并未出现明显破坏，说明导电超薄磨耗层在冻融循环环境下电阻率稳定性能良好。

（a）试件A

（b）试件B

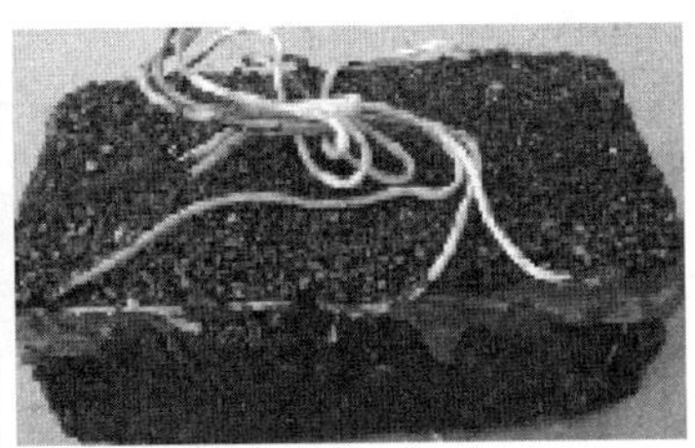
（c）试件C

图 11.10　冻融循环处理过程中的试件

表 11.3　冻融循环过程中各试件的电阻率值

测试条件/时间	试件 A 电阻率/(10^{-3} Ω·m)	测试条件/时间	试件 B 电阻率/(10^{-3} Ω·m)	测试条件/时间	试件 C 电阻率/(10^{-3} Ω·m)
初始电阻	4.18	初始电阻	4.22	初始电阻	4.05
60 ℃/24 h	4.24	-20 ℃/24 h	4.03	室温 24 h	4.05
-20 ℃/24 h	3.85	60 ℃/24 h	4.35	室温 24 h	4.05
60 ℃/24 h	4.32	-20 ℃/24 h	4.00	室温 24 h	4.05
-20 ℃/24 h	4.11	60 ℃/24 h	4.36	室温 24 h	4.05
60 ℃/24 h	4.21	-20 ℃/24 h	4.05	室温 24 h	4.05
-20 ℃/24 h	3.95	60 ℃/24 h	4.46	室温 24 h	4.05
室温 24 h	4.15	室温 24 h	4.34	室温 24 h	4.05

11.3.2　抗滑衰减和电阻率稳定性

往复循环的轴载作用是造成沥青路面破坏的主要原因，为模拟车辆荷载的循环作用和自然环境的耦合作用下导电超薄磨耗层的使用性能，本节使用 MMLS3 小型加速加载设备对冻融循环后的导电超薄磨耗层试件进行加载处理，并对其一定轮载作用次数下的电阻率、抗滑性能和表面变化情况进行研究。

将 11.3.1 小节中冻融循环处理后的试件 A、试件 B 和未做任何处理的试件 C 装入 MMLS3 小型加速加载系统中进行加载，加载过程中各试件的摆值测试数据见表 11.4。

表 11.4　不同轮载次数作用下试件的 20 ℃摆值

轮载次数/万次	20 ℃摆值/BPN		
	试件 A	试件 B	试件 C
0	65	66	67
5	64	65	67
10	64	64	66
20	63	65	66
30	62	64	66

续表

轮载次数/万次	20 ℃摆值/BPN		
	试件 A	试件 B	试件 C
40	61	63	65
50	59	62	64
100	58	60	63

依据表 11.4 中的数据，绘制冻融循环处理的导电超薄磨耗层试件在加速加载过程中摆值随加载次数的变化曲线，如图 11.11 所示。

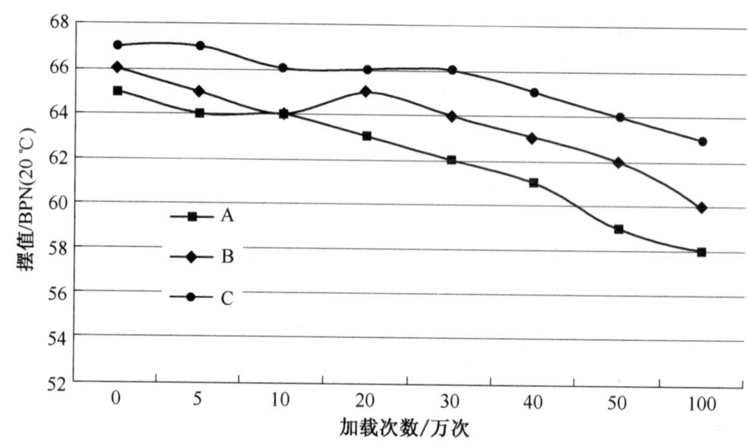

图 11.11　加载过程中试件 A、B、C 的摆值变化

从图 11.11 可以看出，经过冻融循环处理后的导电超薄磨耗层试件比常温未处理的试件抗滑衰减要快；未经冻融循环处理的试件 C 在加载 100 万次后的摆值为 63 BPN，经过冻融循环处理后的试件 A、B 在加载 100 万次之后的摆值分别为 58 BPN、60 BPN，说明经过 100 万次加载之后导电超薄磨耗层仍然具有良好的抗滑性能。

加载前后试件 A、B、C 的电阻率值见表 11.5，可以看出经冻融循环和加速加载处理的试件电阻率虽有所下降但变化不大，说明导电超薄磨耗层电阻率比较稳定，满足路面工程融冰稳定性要求。

表 11.5　加载前后各试件电阻率值

加载次数/万次	试件 A 电阻率/($10^{-3}\Omega\cdot m$)	试件 B 电阻率/($10^{-3}\Omega\cdot m$)	试件 C 电阻率/($10^{-3}\Omega\cdot m$)
0	4.15	4.34	4.05
100	4.36	4.55	4.16

试件 A、B、C 在加载前后表面细节对比如图 11.12 所示。加载后试件 A、B、C 的表面均无明显碎石（如脱落现象），试件表面平整未出现明显车辙，说明导电超薄磨耗层具有良好的抗冻融循环性能。

（a）试件A

（b）试件B

（c）试件C

图 11.12　加载前后试件表面细节对比（左为加载前，右为加载 100 万次后）

11.4　水稳定性研究

路面在工程应用中会遇到各种天气情况，雨雪天气的存在决定了道路材料的水稳定性能一定要好。导电超薄磨耗层的水稳定性是指其抵抗水损坏的能力。沥青路面的水损害是指沥青路面结构在有水存在的条件下，经受交通荷载和温度胀缩的反复作用，水分逐渐侵入到沥青与集料的界面上，形成隔离水膜，又由于水动力的物理作用，沥青膜渐渐从集料表面剥离，并导致集料之间的黏结力丧失而发生路面破坏的过程。水稳定性是导电超薄磨耗层路用性能的另一重要指标。

本书采用 MMLS3 小型加速加载设备对导电超薄磨耗层试件进行浸水加速加载试验，测试导电超薄磨耗层的水稳定性能。对 D、E、F 三组导电超薄磨耗层试件进行 50 万次浸水加速加载试验（见图 11.13），并对加载过程中试件的抗滑性能、抗车辙性能、电阻率进行分析研究。

浸水加速加载前后导电超薄磨耗层试件的摆值均值、电阻率测试结果见表 11.6。可以看出 50 万次浸水加速加载测试后导电超薄磨耗层的抗滑性能下降但仍满足路面防滑要求，电阻

(a) 试件安装+试槽注水

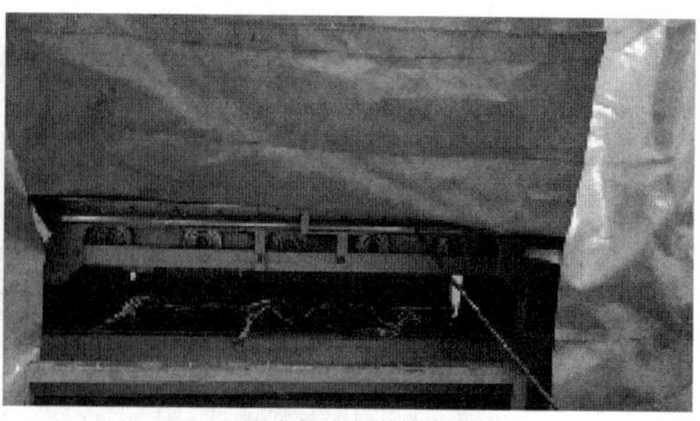
(b) 浸水加速加载系统运行

图 11.13 MMLS3 浸水加速试验

率变化不大，表面无明显车辙和集料脱落，说明导电超薄磨耗层的水稳定性能良好。

表 11.6 浸水加速加载前后试件的摆值和电阻率变化情况

加载次数/万次	摆值均值/BPN	电阻率均值/(Ω·m)
0	67	3.98
50	63	4.11

11.5 本章小结

(1) 对导电超薄磨耗层进行 MMLS3 加速加载试验过程中的抗滑衰减性能、抗车辙性能进行了测试，试验结果表明导电超薄磨耗层具有良好的抗滑性能和抗车辙性能。

(2) 对导电超薄磨耗层试件进行冻融循环后的加速加载试验。冻融循环过程中导电超薄磨耗层试件的电阻率波动很小，试验结束后电阻率较初始值变化并不明显，试件并未出现明显破坏，说明导电超薄磨耗层在冻融循环环境下电阻率稳定性能良好，冻融循环后的试件经历过 100 万次加速加载测试后仍具有良好的抗滑性能和抗车辙性能。

(3) 对导电超薄磨耗层试件进行 50 万次浸水加速加载测试后发现导电超薄磨耗层的抗滑性能下降，但仍满足路面防滑要求，电阻率变化不大，表面无明显车辙和集料脱落，说明导电超薄磨耗层水稳定性能良好。

第12章 导电超薄磨耗层路面力学分析

12.1 荷载作用下的路面力学响应

12.1.1 计算模型

模型采用导电超薄磨耗层由 4 mm 玄武岩碎石层、2～3 mm 环氧树脂+15%～20%石墨、40 mm细粒式改性沥青铺装层 SMA-13、60 mm 中粒式沥青混凝土 AC-20、80 mm 水泥混凝土层 C40，以及 200 mm 的 C55 水泥混凝土模拟桥面板组成，结构如图 12.1 所示。

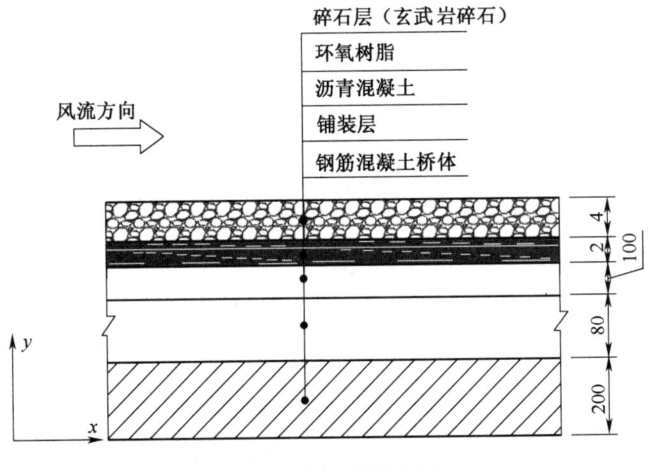

图 12.1　桥面铺装结构

假设路面各结构层为均匀、连续、各向同性的连续弹性体，层与层之间完全连续，考虑铺设方案 1 为双向两车道铺筑，因此计算宽度取 4 m，行车方向计算长度为 10 m。由于导电超薄磨耗层的制备工艺为在环氧树脂与石墨混合层上均匀铺撒玄武岩碎石，并将其压入，如图 12.1 所示。因此，将环氧树脂、石墨混合层与玄武岩碎石层合成一层，并按式（12.1）计算合成后的弹性模量及厚度，分别为 2 128 MPa、4.85 mm（≈5 mm）。

$$E_x = \frac{h_1^2 E_1 + h_2^2 E_2}{h_1^2 + h_2^2}$$

$$h_x = \left(\frac{12D_x}{E_x}\right)^{1/3}$$
$$D_x = \frac{E_1h_1^3 + E_2h_2^3}{12} + \frac{(h_1 + h_2)^2}{4}\left(\frac{1}{E_1h_1} + \frac{1}{E_2h_2}\right)^{-1} \tag{12.1}$$

式中 E_x——合成后的当量回弹模量，MPa；

h_x——合成后的当量厚度，m；

h_1，h_2——环氧层和玄武岩碎石层的厚度，m；

E_1，E_2——环氧层和玄武岩碎石层的回弹模量，MPa；

D_x——环氧层和玄武岩碎石层的等效板（见图 12.2）的当量弯曲刚度，MN · m。

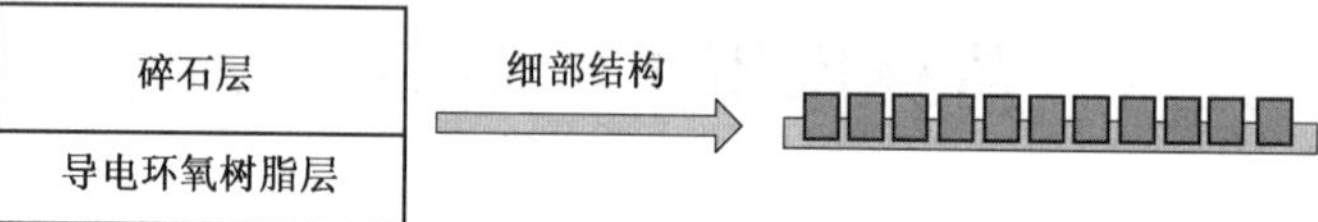

图 12.2 环氧层和玄武岩碎石层的等效板

结构层材料参数见表 12.1。

表 12.1 结构层材料参数

材　　料	弹性模量/MPa	泊松比	厚度/mm
玄武岩碎石层	160	0.28	4
环氧树脂层	10 000	0.34	2
玄武岩碎石层+环氧树脂层	2 128	0.29	5
沥青混凝土层	1 300	0.32	100
C40 水泥混凝土层	32 500	0.24	80
C55 水泥混凝土层	35 500	0.17	200

行车计算荷载采用规范规定的标准双轮轴载 100 kN，胎压为 0.7 MPa。边界条件为各结构层法向方向约束，玄武岩碎石层+环氧树脂层、SMA-13 层、AC-20 层、C40 层侧向自由，C55 水泥混凝土层侧向约束，其底部完全约束。荷载应力整体模型如图 12.3 所示，边界及加载模式如图 12.4 所示，荷载布置形式如图 12.5 所示。

图 12.3 荷载应力整体模型

图 12.4 边界及加载模式

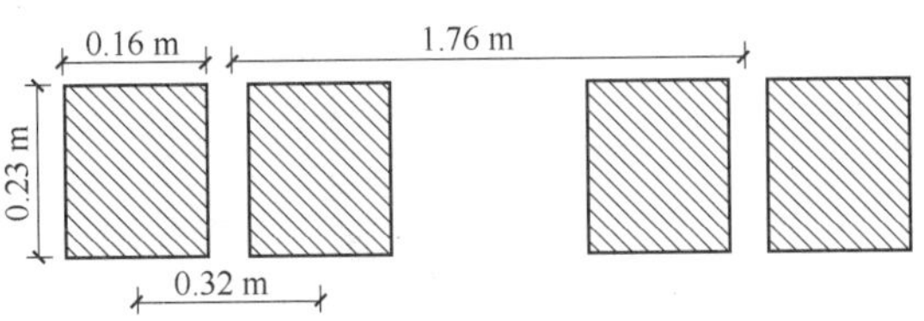

图 12.5　荷载布置形式

12.1.2　计算结果与讨论

分别选用铺装层最大剪应力、最大拉压应变、最大拉压应力作为路面结构的受力分析。通过计算得到 Mises 应力云图，如图 12.6 所示。最大应力为 0.227 9 MPa，有限元计算结果见表 12.2。

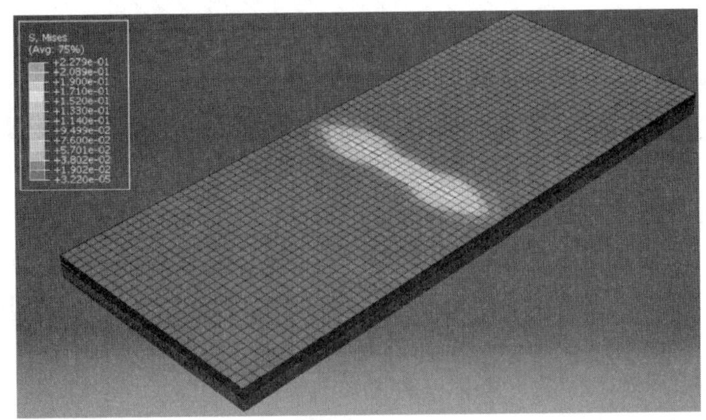

图 12.6　路面 Mises 应力云图

表 12.2　有限元计算结果

层内最大剪应力/MPa	SMA 层底最大拉应变/με	AC 层底最大拉应变/με	层内最大拉应力/MPa	桥面板顶面最大竖向/με
0.236	396	191	0.180	1 774

从上述的分析结果来看，导电超薄磨耗层路面在行车荷载的单独作用下能够满足路面结构要求。

12.2　温度作用下的路面力学响应

12.2.1　计算模型

导电超薄磨耗层的融雪化冰主要依赖于导电磨耗层的电热效应。本节利用 ABAQUS 进行有限元建模，考察发热功率、磨耗层厚度对融雪化冰效果的影响。计算模型如图 12.7 所示，与图 12.1 的区别在于考虑了 1.2 mm 厚度的冰层的影响。

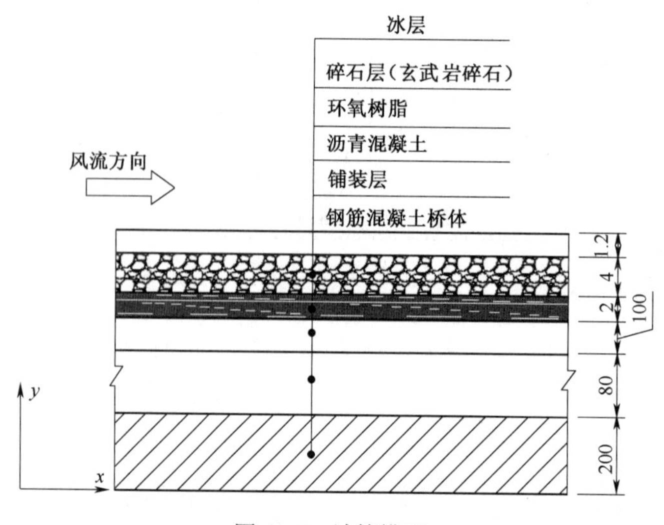

图 12.7 计算模型

本节计算的环境温度为-5 ℃、风速为 12 m/s、桥面模拟的计算长度及宽度分别为 4 m，具体说明如下。

(1) 在热量损失方面，由于水平方向的温度是均一的，因此，模型的侧面为绝热。路表面顶层为冰雪与气候温度相同。按照前文的设计方案，玄武岩碎石是镶嵌于导电覆层的表面，但是导电覆层与玄武岩碎石封层的热力学参数相差较大，因此将玄武岩封层与导电覆层范围两层考虑。

(2) 传热过程由导热、对流、辐射三种基本传热方式组成。在导电超薄磨耗层导电发热的过程中，热量通过这三种方式作用于结构，一般情况下，冷/热气流通过热辐射及对流传递给结构边界面，结构内部主要以导热方式传递热量，其中，导电磨耗层为持续发热层。考虑风速为 12 m/s 时的对流换热系数为 38 W/(m^2 · ℃)、冰的热辐射率为 0.98、Stefan-Boltzmann 常数为 5.67×10^{-8} W · m^2/K^4，导热、对流及热辐射可用式 (12.2) 来描述。

$$\frac{Q}{t}=\frac{KA(T_{\text{hot}}-T_{\text{cold}})}{d} \tag{12.2}$$

式 (12.2) 为热传导基本定律，其中：Q 为时间 t 内的传热量，K 为热传导系数，T 为温度，A 为平面面积，d 为两平面之间的距离。

$$q''=h(T_s-T_B) \tag{12.3}$$

式 (12.3) 中 q'' 为热对流牛顿冷却方程，h 为对流换热系数，T_s 为固体表面的温度，T_B 为周围流体的温度。下式用 Stefan-Boltzmann 方程来描述两物体之间的热辐射：

$$q=\varepsilon\sigma A_1F_{12}(T_1^4-T_2^4) \tag{12.4}$$

其中，q 为热流率，ε 为实际物体的辐射率，σ 为 Stefan-Boltzmann 常数，A_1 为辐射面 1 的面积，F_{12} 为由辐射面 1 到辐射面 2 的形状系数，T_1 为辐射面 1 的绝对温度，T_2 为辐射面 2 的绝对温度。

(3) 在除雪融冰的过程中存在着固/液一同相变的过程。在此过程中将要吸收或释放出一定的潜热。对于融雪化冰过程而言，相变潜热是足以影响其温度场的最重要的因素之一。

ABAQUS 软件在处理相变潜热方面有着独特的优势，只需定义材料液相线和固相线处的温度与潜热即可。由于环境温度为-10 ℃，因此，冰从-10 ℃变化到 0 ℃作用，将会产生相变，即由 0 ℃的冰变成 0 ℃的水，在此过程中冰的潜热为 332.73 kJ/kg，相变温度假设由-1 ℃到 0 ℃，对流换热系数仍为 38 W/(m^2 · ℃)，考虑 2 mm 厚冰层。导电超薄磨耗层路面各层材料热力学参数见表 12.3。

表 12.3　导电超薄磨耗层路面各层材料热力学参数

材　料	密度/(kg/m^3)	比　热 /[J/(kg · ℃)]	导热系数 /[W/(m · ℃)]	线膨胀系数 /(1×10^{-5}/℃)
冰层	917	2 050	2.2	5.1
导电覆层	1 191	468	1.2	1.24
沥青混凝土层	2 100	1 680	1.05	2.0
水泥混凝土层	2 500	920	1.7	1.0
钢筋混凝土	2 500	920	1.74	1.1

（4）假设不考虑桥墩与承台的变形，分析时主要考虑在温度场作用下沥青混凝土层、水泥混凝土层等各层层内及各层层间的受力情况。因此，在设定荷载边界条件时，钢筋混凝土桥面板底部固结。

12.2.2　计算结果及讨论

根据第 9 章实验测得防冰热负荷发热功率为 340 W/m^2，但实验发现该功率偏大，所以取 300 W/m^2 进行力学计算。计算分两步：首先计算在发热功率为 300 W/m^2 时的路面温度场，然后利用计算得到的温度场进一步分析在边界条件制约下所产生的温度应力。

通过有限元计算发现，当施加的发热功率为 300 W/m^2 时，通电 150 min 后冰层顶面温度已从-5 ℃上升到 1.007 ℃，说明此时顶层的冰雪已经完全融化。图 12.8 所示为通电 150 min 后融冰路面结构温度云图。

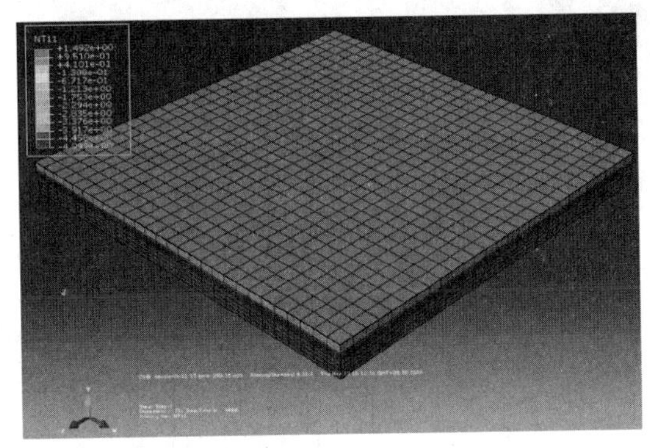

图 12.8　通电 150 min 后融冰路面结构温度云图

根据上述有限元计算得到的温度场进一步计算在该温度场下导电沥青混凝土路面所产生的温度应力，其控制指标为最大剪应力、最大竖向应变和最大拉应力。图 12.9 和图 12.10 所示分别为整个路面温度场由-5 ℃变化至图 12.8 所示温度场时温度荷载所产生的温度应力。由于温度的升高，四周又受到边界的约束，因此，从有限元分析结果来看，路面结构层内主要以压应力为主，最大压应力值为-0.21 MPa，而整体路面结构的最大主应力值仅为 0.03 MPa、最大剪应力值为 0.012 MPa，而最大拉力应变为 296.9 με。

从以上分析结果来看，在无行车荷载作用下，导电超薄磨耗层的结构承载层（除功能层外）在融雪化冰过程中所产生的温度应力对路面整体结构不会产生太大的影响。

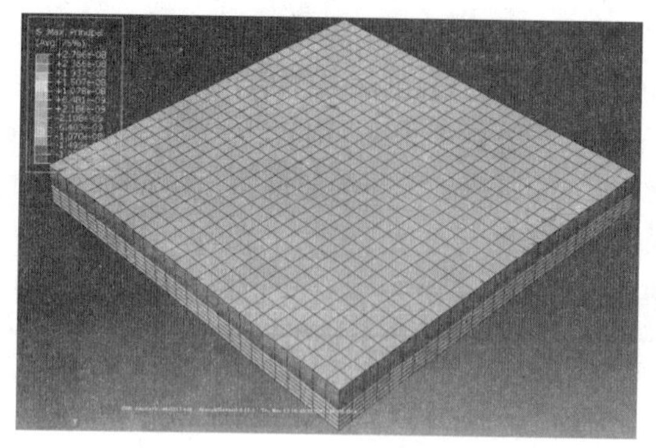

图 12.9　路面结构层主应力云图

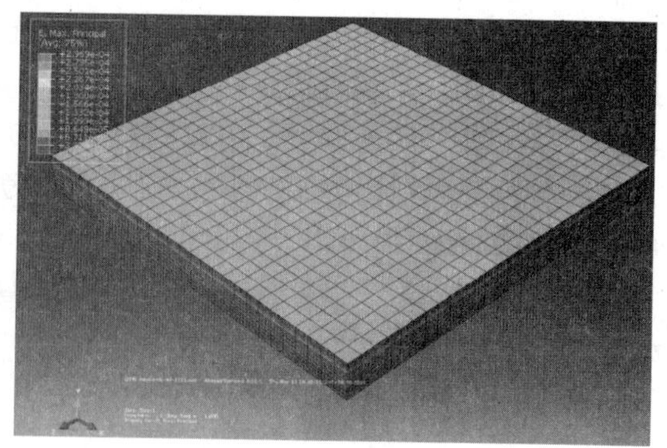

图 12.10　路面结构层应变云图

12.3　荷载与温度耦合作用下的路面力学响应

同时考虑车辆荷载与温度场共同作用下的路面力学响应，温度场仍为发热功率为 300 W/m^2、环境温度为-5 ℃、对流换热系数为 38 W/(m^2 · ℃）情形下得到。图 12.11～图 12.13 给出了各结构层的应力云图。层内最大拉应力为 0.314 MPa，层内最大剪应力为 0.386 MPa，结构内最大拉应变及竖向应变分别为 172.0 με 和 377.9 με ，有限元计算结果见表 12.4。

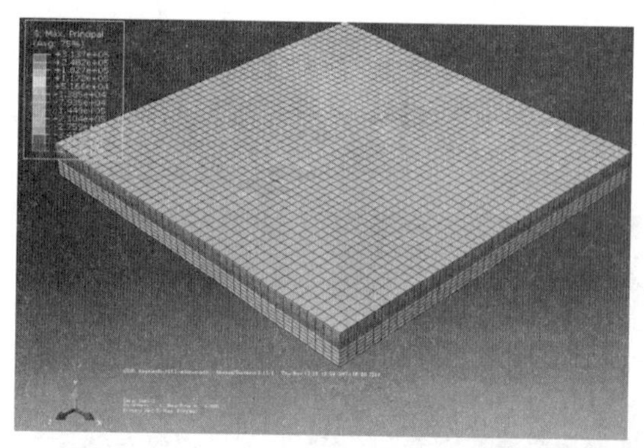

图 12.11　路面结构层应力云图

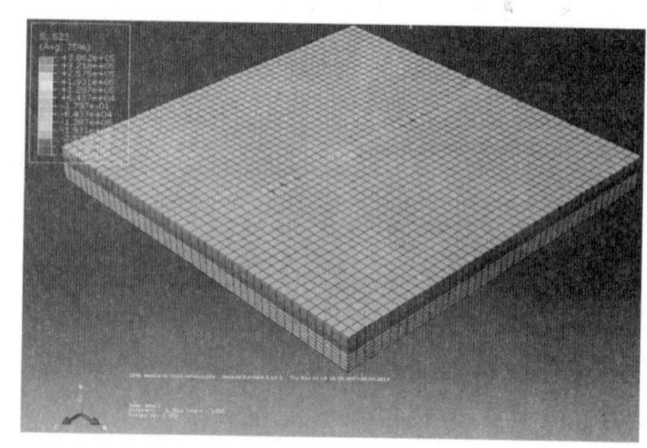

图 12.12　路面结构层剪应力云图

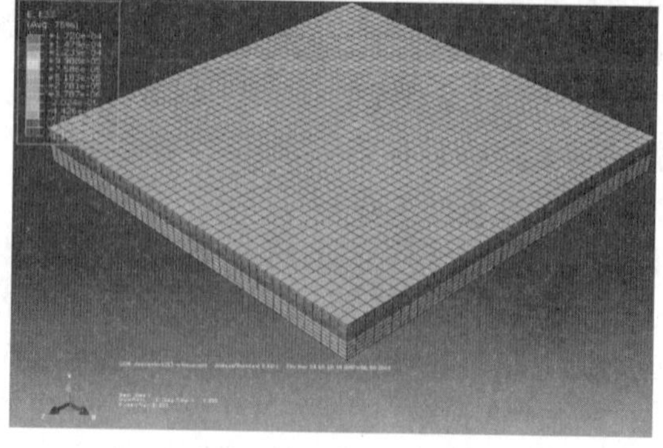

图 12.13　路面拉应变云图

表 12.4　有限元计算结果

层内最大拉应力/MPa	层内最大拉应变/με	层内最大剪应力/MPa	层内最大竖向应变/με
0.314	172.0	0.386	377.9

从上述的分析结果来看，导电超薄磨耗层的结构承载层（除功能层外）在行车与温度的耦合作用下基本能够满足路面的结构要求。

12.4　影响因素及其敏感性分析

导电超薄磨耗层技术的效率及融冰过程中的路面结构受力状态与路面结构形式、材料参数、发热功率及外部环境相关。本节着重进行不同因素影响下的路面结构受力敏感性分析。考察不同参数，包括环境温度、发热功率、磨耗层厚度及对流换热系数的影响下，温度应力及车辆荷载耦合作用下的路面力学分析。有限元模型及各材料参数同 12.1 节中描述。计算结果仅考虑结构承载层（除功能层外）。

12.4.1　环境温度的影响

导电超薄磨耗层的路面结构形式及材料不变，发热功率为 300 W/m^2，对流换热系数为 38 W/(m^2·℃)，考虑不同环境温度下的影响，计算结果见表 12.5。从计算结果来看，环境温度的改变对路面整体结构的受力状态影响不大，仅对层内的最大竖向应变的影响较大。这是因为，当环境温度降低，在相同的发热功率下，路表所能升至的最大温度也相应降低，路面整体的温度梯度变化大致相同，因而，计算得到的受力状态变化也不大。

表 12.5　不同环境温度下的有限元计算结果

环境温度/℃	层内最大拉应力/MPa	层内最大拉应变/με	层内最大剪应力/MPa	层内最大竖向应变/με
-10	0.313	172.0	0.386	379.1
-8	0.313	172.0	0.386	378.6
-5	0.314	172.0	0.386	377.9
-2	0.314	172.0	0.386	898.6

12.4.2　发热功率的影响

导电超薄磨耗层的路面结构形式及材料不变，环境温度为-5 ℃，对流换热系数为 38 W/(m^2·℃)，考虑不同发热功率的影响，计算结果见表 12.6。从计算结果来看，随着发热功率的增加，路表温度有所上升，最大增幅在 3 ℃左右，因而，路面整体结构的温度场变化并不大，导致路面受力状态尤其是最大拉应力及剪应力变化不大，但是随着发热功率的增大，层内最大竖向应变变化较大，而最大竖向应变主要出现在沥青混凝土层中，因此，发热功率的增大对路面结构会有更高的要求。

表 12.6 不同发热功率下的有限元计算结果

发热功率 /[W/(m^2·℃)]	层内最大拉应力 /MPa	层内最大拉应变 /με	层内最大剪应力 /MPa	层内最大竖向应变 /με
250	0.329	172.0	0.386	330.3
300	0.314	172.0	0.386	377.9
350	0.300	172.0	0.386	425.5

12.4.3 超薄磨耗层厚度的影响

考虑环氧树脂层厚度变化，玄武岩碎石层及其他各结构层材料厚度不变，环境温度为-5 ℃，对流换热系数为 38 W/(m^2· ℃)，发热功率为 300 W/m^2，计算结果见表 12.7。从计算结果来看，随着导电覆层厚度的增加，除层内最大竖向应变外，结构层内的应力水平都会有所缓解，因此，可适当考虑增加磨耗层厚度。

表 12.7 不同超薄磨耗层厚度下的有限元计算结果

环氧树脂厚度 /mm	层内最大拉应力 /MPa	层内最大拉应变 /με	层内最大剪应力 /MPa	层内最大竖向应变 /με
3	0.526	295.9	0.386	388.7
5	0.314	172.0	0.386	377.9
7	0.278	169.6	0.380	504.5

12.4.4 对流换热系数的影响

导电超薄磨耗层的路面结构形式及材料不变，环境温度为-5 ℃，发热功率为 300 W/m^2，考虑对流换热系数的影响。路表面的对流换热系数与风速有密切关系，风力等级越大则对流换热系数越大。计算结果见表 12.8。从计算结果来看，对流换热系数对路面结构有一定的影响，但影响并不大。对流换热系数越高，结构内部的温度梯度变化也相对越大，因此，结构层内的最大拉应力及剪应力会有所上升，但总体均能保证路面结构的可靠性。

表 12.8 不同对流换热系数下的有限元计算结果

对流换热系数 /[W/(m^2·℃)]	层内最大拉应力 /MPa	层内最大拉应变 /με	层内最大剪应力 /MPa	层内最大竖向应变 /με
8	0.190	172.0	0.386	779.8
18	0.243	172.0	0.386	682.2
28	0.277	172.0	0.386	514.8
38	0.314	172.0	0.386	377.9

12.5 本 章 小 结

本章考察了导电超薄磨耗层路面在行车荷载单独作用、导电加热单独作用及荷载与温度耦合作用下的路面结构受力状态。从上述分析结果来看，在各受力状态下，结构承载层基本能够满足路面结构要求。导电超薄磨耗层路面在汽车与温度耦合作用下能够满足路面结构要求。层内最大拉应力及剪应力对各参数（环境温度、发热功率、磨耗层厚度及对流换热系数）的敏感性不强，在环境的变化下均能满足路面结构的可靠性。

第 13 章

导电超薄磨耗层技术施工方案研究

13.1 施 工 方 案

（1）隔热黏结层施工。施工前，需要对下承层进行清扫，去除泥土、粉尘、杂物等污染物，必要时可采用机械钢刷进行打磨。表面清理后，人工涂刷隔热黏结层。设计厚度为 2 mm，隔热黏结层材料设计用量为 2.0 kg/m^2。

（2）电极安装。待隔热黏结层表干后，安装电极。电极采用 3.5 m 长、100 mm 宽、0.3 mm厚的铜片，施工前按 150 mm 间距在铜片上打孔（直径 10 mm）。电极端部采用 1 mm 厚的铜片加厚，螺栓固定，如图 13.1 所示。

图 13.1　电极安装

（3）导电胶水层施工。称重预制好的导电层材料（环氧树脂+石墨+碳纤维+固化剂的混合物），倒入画线区域，抹平。导电胶水层设计厚度为 5 mm，材料设计用量为 10 kg/m^2。

（4）导电纤维布层施工。在隔热层上布设导电纤维布，拉紧、平顺后固定电极端部，如图 13.2 所示。

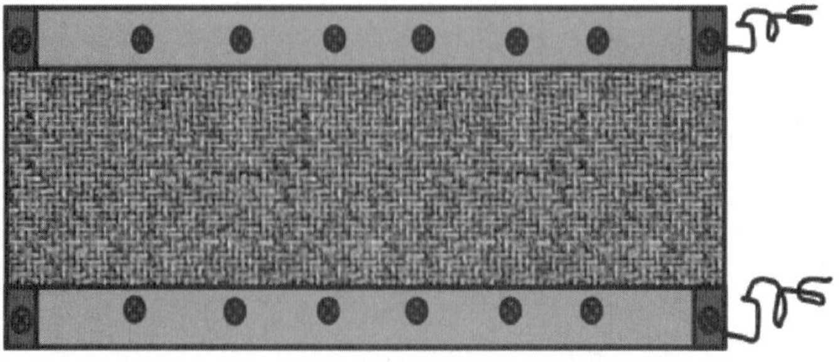

图 13.2　导电纤维布安装

（5）抗滑磨耗层施工。涂覆环氧树脂胶水后，立即满铺撒布碎石，形成碎石封层。抗滑磨耗层设计厚度为 3 mm，环氧胶水用量为 2 kg/m^2，2 mm 单一粒径的高硬度碎石用量为 6 kg/m^2，必要时，铺装两层。

13.2　基于导电胶水的导电超薄磨耗层铺设

导电胶水磨耗层由下至上依次分为隔热黏结层、电极、导电胶水层、磨耗层。隔热黏结层的设计厚度为 2 mm，导电胶水层的设计厚度为 5 mm，磨耗层的设计厚度为 3 mm。主要施工步骤如下。

（1）试验区定位。采用钢卷尺定位，然后在各试验区四周粘贴胶带，以免试验区材料污染原沥青路面。

（2）涂刷隔热黏结层。隔热黏结层采用钢刷涂抹均匀，厚度控制在约 2 mm，刮涂后路面为白色。隔热黏结层固化时间约 30 min，固化后与沥青路面黏结良好。

（3）布置并固定电极。在隔热层完全固化前，布置电极（10 cm 宽、0.2 mm 厚铜片），铜片与隔热黏结层黏结效果较好，路面不平整位置采用钢钉进行固定。

（4）涂刮导电胶水。待隔热黏结层完全干燥后，采用 5 mm 厚的胶带粘贴在试验区四周，以便确定导电胶水层的厚度，然后涂挂导电胶水层，导电胶水由于掺有石墨和短纤维，和易性较差，较难保证其平整度。

（5）涂刷非导电填充层。为防止各试验区相互联通，需在不同的试验区间布置非导电填充层。非导电填充层材料中的胶水与导电胶水层一致，但采用石英砂取代了导电胶水层中的石墨和碳纤维。

（6）涂刷第一层环氧树脂胶水。待导电胶水层完全固化后（约 2 h），在导电胶水层上均匀涂刷 1～2 mm 厚环氧树脂。

（7）抛撒第一层碎石。涂刷环氧树脂后立刻抛撒碎石，碎石需完全盖住环氧树脂，抛撒的碎石厚度约 5 mm。

（8）回收碎石。待环氧树脂完全干燥后（约 12 h），回收松散的碎石，回收后粘贴在环氧树脂上的碎石厚度约 3 mm。

（9）涂刷第二层环氧树脂。碎石完全回收后，采用热喷枪对磨耗层进行加热，加速环氧树脂硬化，再次涂刷环氧树脂，步骤与（6）一致。

（10）抛撒第二层碎石。与步骤（7）一致。

（11）再次回收碎石。与步骤（8）一致。

（12）清理现场。

13.3　基于导电纤维格栅的导电磨耗层铺设

导电纤维布磨耗层的施工布置与导电胶水层基本一致，最大的区别在于其采用纤维布取代导电胶水层，主要流程如下。

（1）试验区定位。

（2）固定纤维布。将纤维布通过卯扣固定在铜片上。

（3）涂刷隔热黏结层。

（4）布置纤维布。隔热黏结层完全干燥前需将纤维布布置到试验区，通过隔热黏结层使纤维布与原沥青路面黏结。

（5）固定电极。

（6）修复纤维布不平整区域。采用打磨机对不平整区域进行处理，并利用钢钉再次固定电极。

（7）采用快速固化胶水+抛撒碎石修复纤维布空鼓现象，快干胶水的材料与非导电填充层材料一致。

（8）回收碎石。

（9）再次涂刷环氧树脂并抛撒碎石。由于采用快干胶水施工后，磨耗层路面电极附近出现三条裂缝，并在胶水搭接位置存在不平整现象，需再次涂刷环氧树脂覆盖。

（10）清理现场。

13.4 试验中遇到的问题及改进建议

在进行室内试验时，遇到的问题如下。

（1）电极固定问题。在进行室内试验时发现，胶水黏结后，电极仍有翘起、空鼓等现象，如图 13.3 所示。

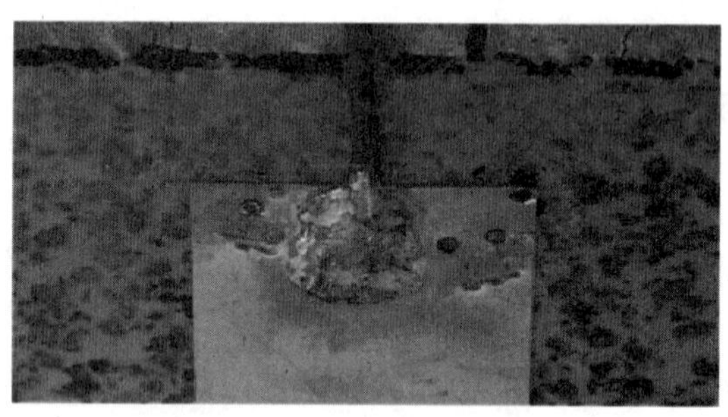

图 13.3 电极翘起、空鼓

主要原因：由于试验区设计电流较大（50 A 左右），需要较大面积的铜片作为电极，本次试验采用的电极宽度为 10 cm、厚度为 0.2 mm，原设计通过胶水使电极与路面黏结，原沥青路面不平且电极厚度过大是导致该问题的主要原因。

现场改进方法：通过钢钉将翘起、空鼓位置的电极与沥青路面固定，固定后没有明显的空鼓现象。

对下次设计的建议：①在满足电流的前提下，尽量采用薄铜片；②建议在电极上尽量多地开一些小圆孔，以便胶水与电极更好地接触并让胶水通过圆孔溢出形成铆钉。

（2）导电胶水和易性较差。在进行室内试验时发现的问题有导电胶水和易性较差，较难保证其平整度，如图13.4所示。

图13.4 导电胶水层平整度较差

主要原因：由于在胶水中掺入了25%的石墨、4%的短切碳纤维，导致其流动性较差，特别是由于短切碳纤维的掺入导致导电胶水在固化前易滑动，不便于施工。

改进方法：降低施工速度，尽量保证导电层厚度，并且在导电胶水层固化后人工切除部分不平整位置胶水。

对下次设计的建议：建议工厂预制好导电胶水层，并将电极（铜片）内置一起预制，预制成柔性卷材，现场摊铺，通过胶水黏结，这样既能保证其厚度，又能保证其平整度，便于大面积推广。

（3）环氧树脂固化时间太长。在进行室内试验时发现的问题有：环氧树脂固化时间太长，现场试验发现，在温度约6 ℃时，环氧树脂的初步固化时间约需12 h，完全固化时间预计至少3 d。

主要原因：气温过低。

改进方法：通过人工加热的方式（采用煤气喷枪、热得快）加热胶水再铺设。

对下次设计的建议：建议采用非环氧基的材料作为磨耗层的黏结剂，建议采用目前应用较广的丙烯酸酯聚合物溶液+碎石的组合。

（4）导电纤维布粘贴不平整。在进行室内试验时发现的问题有：电极附近的导电纤维布粘贴得不平整，易出现空鼓、起壳、皱褶等现象，且纤维布与隔热黏结层接触后较硬，若一次铺设未到位，极难调整，如图13.5所示。

图13.5 纤维布不平整区域

主要原因：纤维布裁剪不规则，未较好地固定在电极上，另外，通过固化时间较快（10 min）的隔热黏结层与黏结纤维布使得纤维布缺乏调整纠错的时间。

现场改进方法：人工裁剪多余部分的纤维布可能会影响导电效果，并在纤维布上涂刷3层磨耗层。

对下次设计的建议：①建议纤维布与电极的固定采用工厂预制的方式；②采用缓凝型胶水粘贴纤维布。

第 14 章 其他电加热融冰雪技术研究

14.1 发热电缆的研究现状

发热电缆加热系统是以电力为能源，发热电缆为发热体，将电能转化为热能，通过结构层内的导热将热量传到物体表面，再通过物体表面与冰雪之间的显热和潜热交换进行融雪化冰。发热电缆加热系统具有无污染、运行费用低、热稳定性好、控制方便等优势。随着中国经济的不断发展，高速公路和桥梁建设的发展异常迅速。高速公路桥梁、隧道进出口等特殊路段冬季冰雪状况是影响高速公路交通安全、造成交通事故的一个重要因素。各国的道路交通部门多年来一直都非常重视路面的防冻融冰问题，而且做了大量的研究工作，国外发热电缆加热融冰系统技术应用比较广泛。

近几年来，芬兰、丹麦、挪威、俄罗斯等国已经有不少单位进行发热电缆的制造、安装和技术研究工作，他们对于发热电缆的设计、材料、施工安装、检验、调试和验收都已经具备了相当丰富的经验。发热电缆低温辐射系统以其特有的优势，很快得到了广泛的应用，如地板辐射采暖系统，管道伴热系统，足球场、草坪、花坛供热系统，特殊建筑（如厂房、机库等）供热系统，屋顶及屋顶天沟冰雪融化系统，等等。其中应用最广泛和发展最快的是地板辐射采暖系统，国内外许多机场、体育馆、大型居住小区等都采用了电热辐射采暖技术。

目前，国内在电缆加热融雪化冰研究上还处于现场试验阶段，伍海琴开展了对发热电缆融雪化冰的实验研究，对不同气象条件下的融雪效果、化冰效果、表面温升进行了测试。黄勇等人对道路热融雪过程进行了三种不同埋管间距实验，分析了路面温度、单位面积耗热量和单位流程温差的变化规律。管数园对电缆加热系统进行了融雪的数值分析，研究了影响电缆加热系统运行效果的主要因素。李炎锋等人对公路试件发热电缆路面融雪化冰表面及内部温度分布和升温过程进行测量，得到了北京地区路面融雪化冰的发热电缆铺装功率。赵四龙等人对隧道路面发热电缆融雪化冰的试验段实验测量，探讨了发热电缆系统最佳防设长度。这些研究主要仅限于北方地区道路融雪所做的试验段现场测试。庄猛、刘冠军详细介绍了发热电缆的用途和性能试验要求。罗延龄、黄新武介绍了自控温加热电缆的工作原理、性能、结构和特点。

孔祥强、李瑛等人对列车客车用低温发热电缆地面辐射供暖系统进行了模拟计算和实验研究，提出了详细的数学模型，并对其进行了实验验证。北京工业大学赵志强、贾衡、李炎锋等人对低温电热地板辐射采暖的热舒适性和能耗进行了实验研究与模拟计算。发热电缆在管道采暖系统的应用也有很多研究，2000 年，北京工业大学贾衡、李炎锋对北京地铁四惠东站大平台的露天水管道层（包括供水、排水、消防管网）的冬季防冻实验研究采用绝热保温加电伴热技术，对该技术进行了经济性分析、试验研究、模拟研究等，研究结果表明该防冻方案满足工程防冻要求，得到了一系列有价值的成果。

发热电缆用于路面融雪化冰在国外（如北欧国家）已有应用，但对工程应用一些主要的问题包括如何进行实际工程设计，没有见到有关的标准和详细报道，而国内该项技术的应用研究处于空白状态。由于不同国家具有各自的地理、气候特征以及道路施工的规范，不能简单引进照抄国外的设计规范。中国的情况则需要依据我国气候条件进行确定。由于目前国内已经开始拥有发热电缆制造技术，结合国情进行自主知识产权开发使该项技术在我国的推广具有非常重要的现实意义。课题组对发热电缆进行了室内力学性能研究，并且与碳纤维加热进行了加速加载试验对比。

14.2　发热电缆性能测试

14.2.1　力学性能测试

经过比选，课题组采用不锈钢电缆作为发热电缆除冰系统的加热元件。通过拉伸试验分别对华宁及汉堡阁的电缆进行了测试以评估其力学性能，发热电缆抗拉破坏形态如图 14.1 所示，其力学性能测试结果见表 14.1。

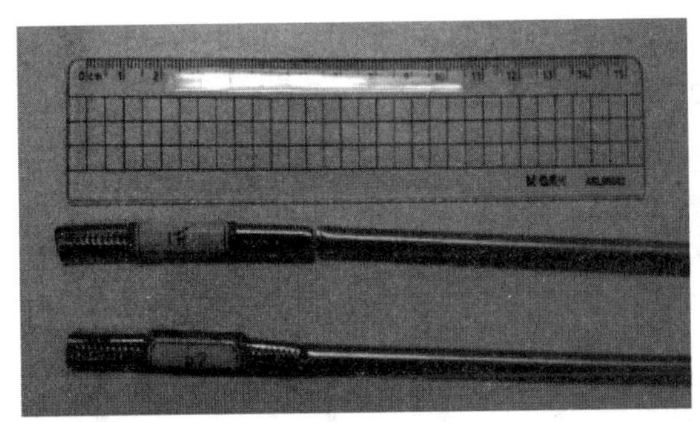

(a) 汉堡阁电缆破坏形态

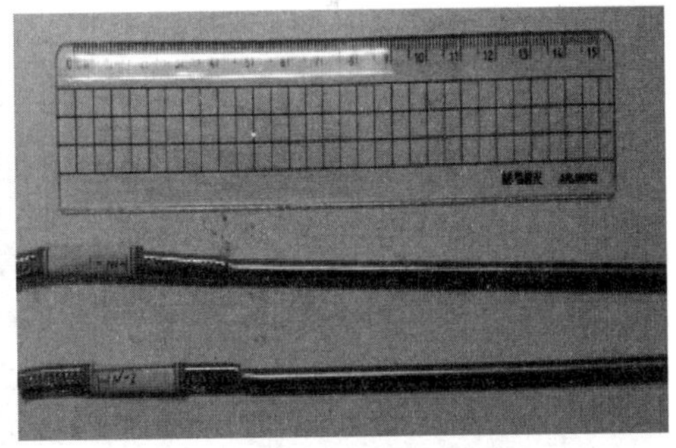

(b) 华宁电缆破坏形态

图 14.1　发热电缆抗拉破坏形态

表 14.1　发热电缆力学性能测试结果

型　　号	序　　号	极限荷载/kN	极限强度/MPa
华宁 3.8×0.4	1#	3.34	781.7
	2#	3.46	809.8
	均值	3.40	795.8

续表

型　　号	序　　号	极限荷载/kN	极限强度/MPa
汉堡格	1#	6.05	—
	2#	6.36	—
	均值	6.21	—

由图 14.1 可以发现，由于电缆直径太小，不利于夹具夹紧，试验过程中电缆均发生在夹具位置，山东华宁的电缆极限强度均值为 795.8 MPa，该强度满足路面力学分析中电缆强度的要求。汉堡格的电缆型号暂未提供，未能计算其极限强度。

14.2.2　热力学模拟分析

对某单箱 4 室薄壁箱梁桥及预制 T 梁桥进行了不同除冰方式的热力学模拟。依据两种除冰系统的初步设计方案，采用 ANSYS 中 FLUENT 模块建立数值分析模型（见图 14.2），对两种除冰系统进行了数值模拟并进行了相应的数据分析。图 14.3 所示为发热电缆（90 mm 间距）的温度分布。

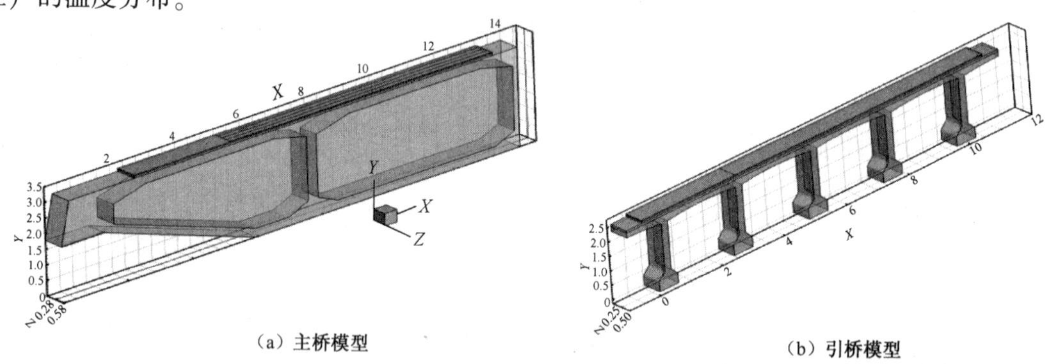

（a）主桥模型　　（b）引桥模型

图 14.2　计算模型

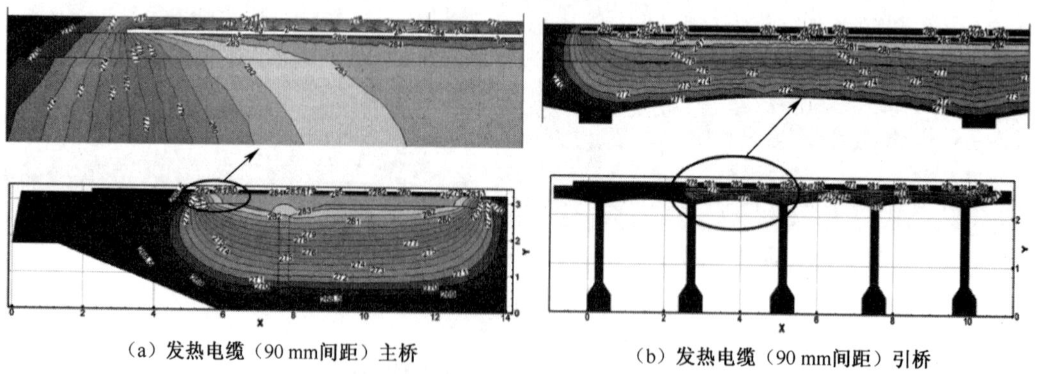

（a）发热电缆（90 mm间距）主桥　　（b）发热电缆（90 mm间距）引桥

图 14.3　发热电缆的温度分布（K）

发热电缆融冰系统，对于主桥，140 mm 和 120 mm 间距的发热电缆不能满足防冰要求，90 mm 间距的发热电缆基本上能达到防冰要求。对于引桥，采用发热电缆融冰系统，稳态条件下，在发热电缆 30 W/m 额定线功率条件下，三种间距（90 mm、120 mm、140 mm）均很难进行有效的融冰。

14.2.3 发热电缆融冰试验

发热电缆融冰试验试件尺寸如图 14.4 所示，室内模型试验基本参数见表 14.2。

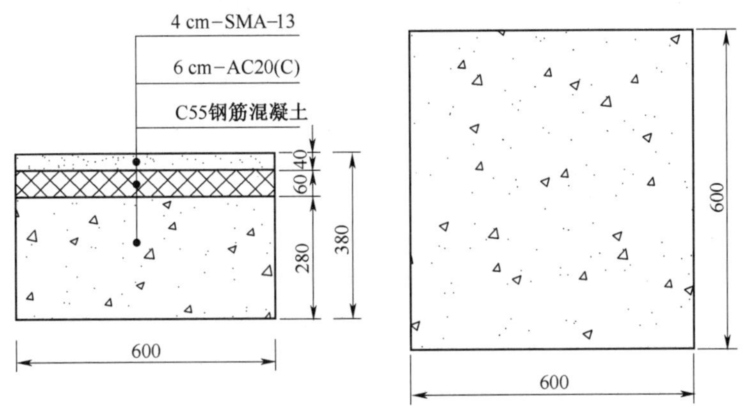

图 14.4　试件尺寸（单位：mm）

表 14.2　室内模型试验基本参数

序号	除冰系统	材料及间距/mm	是否布置隔热层	是否采用导热沥青	数量
1	发热电缆	汉堡阁 90	是	否	2
2	发热电缆	汉堡阁 90	否	否	1
3	发热电缆	汉堡阁 140	是	否	2
4	发热电缆	汉堡阁 140	否	否	1
5	发热电缆	华宁 90	是	否	1
6	发热电缆	华宁 90	是	是	1
7	发热电缆	华宁 90	是	否	1
8	发热电缆	华宁 140	否	否	1

每个试件分别进行 4 个工况试验，4 个工况的风速分别为 0 m/s、2 m/s、5 m/s、8 m/s。其中华宁电缆融冰系统 90 mm 间距、三挡风（8.0 m/s）时测试结果如图 14.5 所示，不同工况、不同间距试件试验结果见表 14.3。

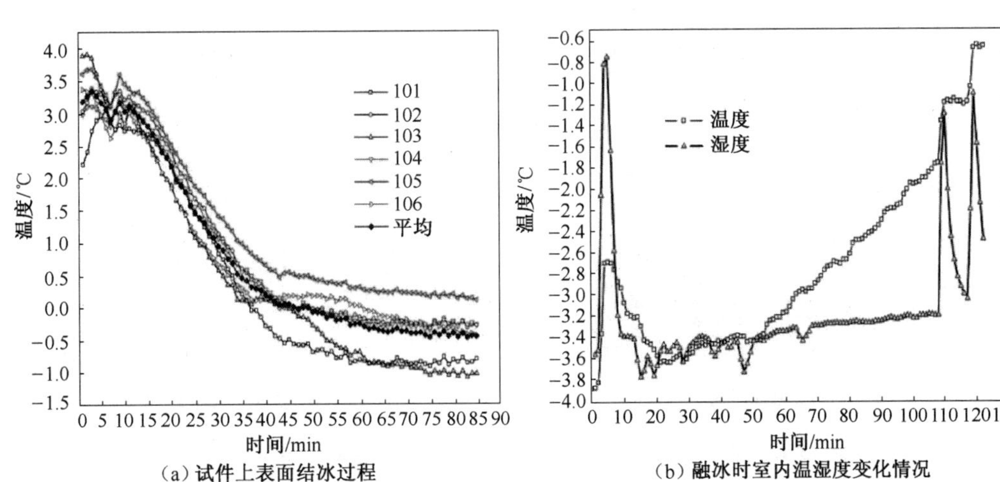

(a) 试件上表面结冰过程　　(b) 融冰时室内温湿度变化情况

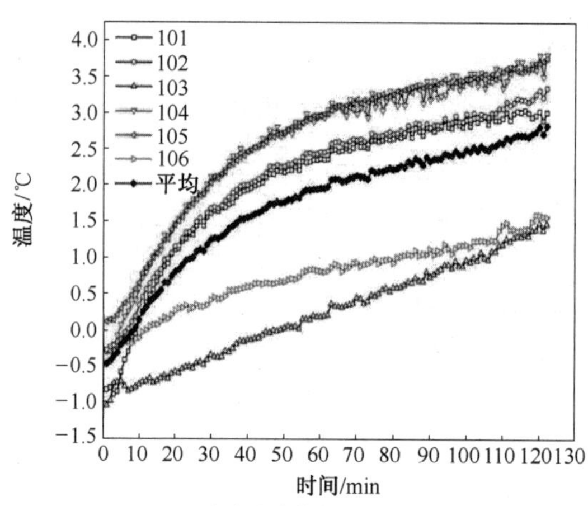

(c) 融冰时试件上表面温度变化情况

图 14.5 华宁电缆（90 mm 间距、风速 8 m/s）除冰试验结果

表 14.3 华宁电缆（90 mm 间距）除冰试验结果汇总

参数名称	无风	一挡风	二挡风	三挡风
电缆发热总功率/(W/m²)	333.3	333.3	333.3	333.3
环境温度/℃	-3.7~1.9	-3.8~1.4	-2.2~0.1	-3.9~0.6
融冰时间/min	58 (0.97 h)	94 (1.57 h)	81 (1.35 h)	122 (2.03 h)
融冰时室内温湿度平均值/(℃/%)	-2.72/71.58	-3.19/67.76	-1.26/70.85	-2.74/67.92
电缆最高温度/℃	13.1	13.8	13.2	13.6
融冰前后试件上表面平均温度/℃	-0.38/2.83	-0.35/3.00	-0.24/2.95	-0.44/2.83
试件上表面平均温度的平均变化率/(℃/h)	3.320	2.134	2.363	1.611

华宁电缆的 4 个试件、16 个工况除冰试验结果对比如图 14.6 所示。

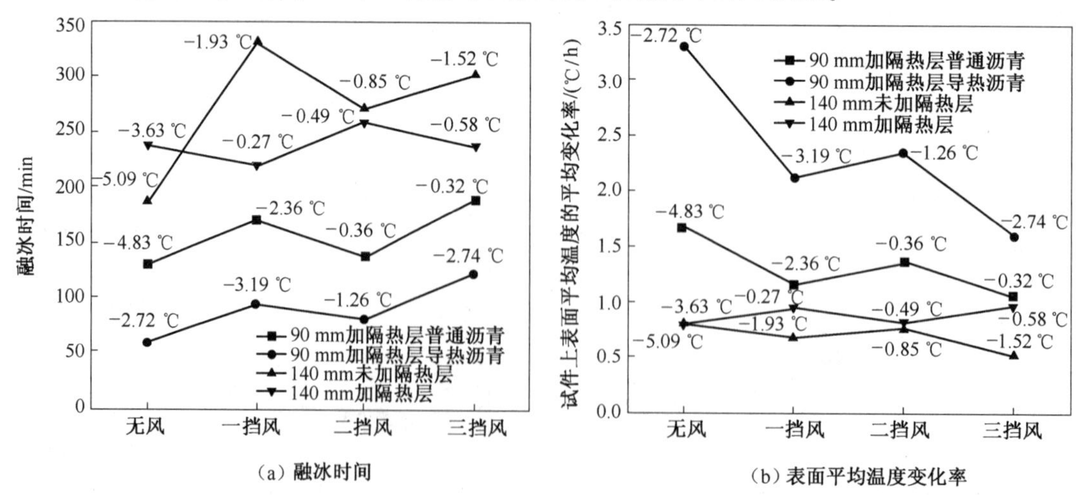

(a) 融冰时间　　(b) 表面平均温度变化率

图 14.6 华宁电缆的 4 个试件、16 个工况除冰试验结果对比

汉堡阁电缆融冰系统 90 mm 间距加隔热层二挡风（5.5 m/s）工况，测试结果如图 14.7 所示，不同工况、不同间距试件试验结果见表 14.4。

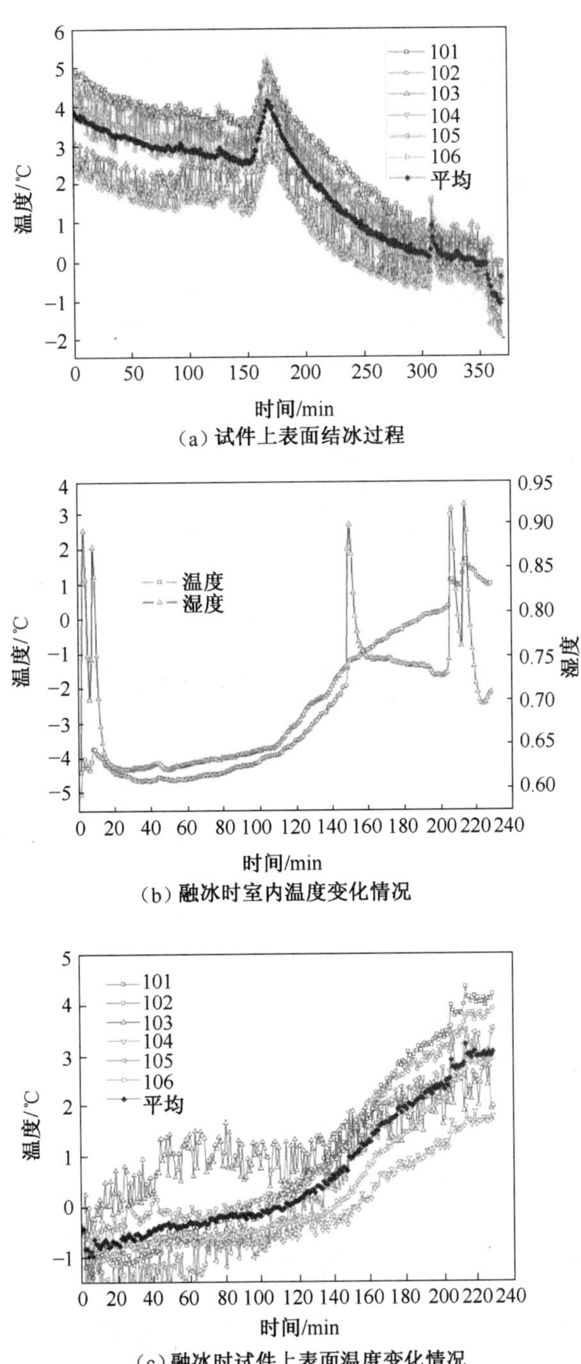

(a) 试件上表面结冰过程

(b) 融冰时室内温度变化情况

(c) 融冰时试件上表面温度变化情况

图 14.7　发热（汉堡阁）电缆融冰系统（90 mm 间距、风速 5.5 m/s）除冰试验结果

表 14.4 汉堡阁除冰系统（90 mm 间距）除冰试验结果汇总

参数名称	无风	一挡风	二挡风	三挡风
电缆发热总功率/(W/m²)	320	331	326	326
环境温度/℃	-2.3/-0.5	-1.2/2.0	-5.0/1.8	-5.0/2.0
环境平均温度/℃和平均湿度/%	-1.69/68	0.80/71	-2.6/69	-1.74/69
融冰时间/min	130（2.2 h）	139（2.3 h）	227（3.8 h）	278（4.6 h）
电缆最高温度/℃	12.4	11.7	13.5	13.9
融冰前后试件上表面平均温度/℃	-1.3/3.9	-0.67/3.1	-0.42/3.1	-0.68/3.58
试件上表面平均温度的平均变化率/(℃/h)	2.4	1.627	0.93	0.92

发热电缆除冰系统 4 个试件 16 个工况除冰效果对比如图 14.8 和图 14.9 所示。

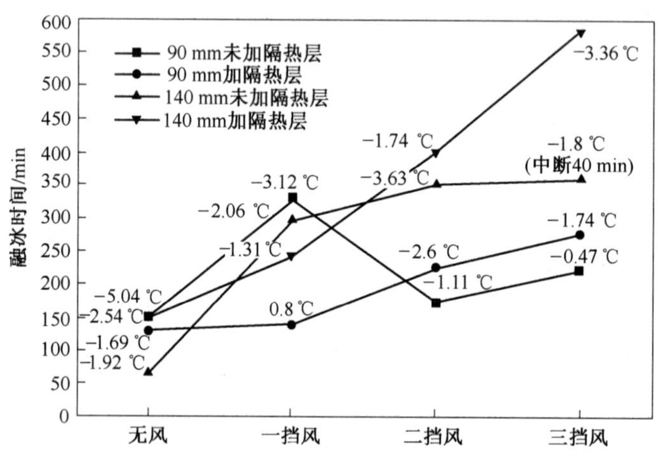

图 14.8 融冰时间对比

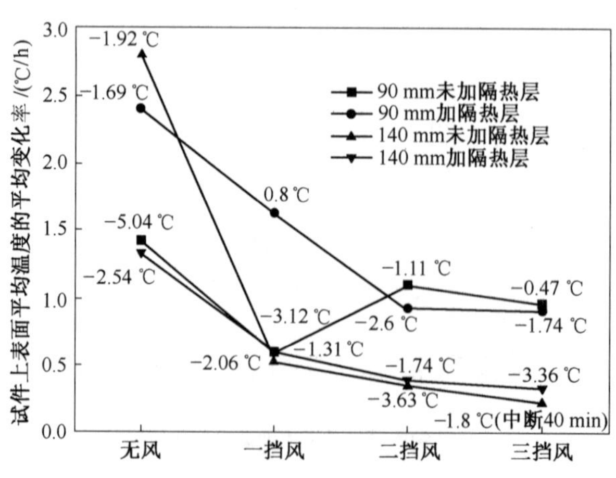

图 14.9 表面平均温度变化率

通过对发热电缆除冰实验测试，研究了不同间距下的发热电缆的结冰和融冰过程规律，得出如下结论。

（1）采用发热电缆除冰，宜采用 90 mm 间距，140 mm 间距发热电缆除冰时间太长。

（2）在电缆敷设层加隔热材料对阻止热量向下传递有一定的作用，未加隔热层的 140 mm 间距的电缆除冰能力很差，在三挡风（8.0 m/s）工况下除冰时试件上表面会继续结冰。

（3）通过实验研究发现，140 mm 间距的发热电缆对一挡风（3.0 m/s）工况可以起到一定的防结冰作用，但对二挡风（5.5 m/s）以上则很难防止桥面结冰。

（4）在电缆敷设层加隔热材料对阻止热量向下传递有一定的作用，若上面层采用导热沥青，则除冰效果更明显。

（5）对桥面防止结冰，桥面温度宜控制在 2.5~3.0 ℃。

14.2.4　加热融冰和路用性能试验

1. 导热 SMA 路用性能测试结果

对掺入一定量石墨材料的沥青进行试验，其中石墨掺量为合成级配中小于 0.075 mm 含量的 15%，并替代同等质量的矿粉。试验结果见表 14.5~表 14.7。

表 14.5　浸水马歇尔、冻融劈裂、析漏试验结果

序号	试 验 项 目	技术要求	试验结果		试验结论
			未掺石墨	掺加石墨	
1	残留稳定度/%	≥85	95.3	92.7	合格
2	冻融劈裂强度比/%	≥80	92.8	90.8	合格
3	析漏损失/%	≤0.1	0.03	0.05	合格

表 14.6　低温弯曲、飞散试验结果

序号	试 验 项 目	技术要求	试验结果		试验结论
			未掺石墨	掺加石墨	
1	飞散损失（20 ℃）/%	≤15	3.9	6.9	合格
2	破坏应变/με	≥2 500	2 943.6	2 593.1	合格

表 14.7　车辙试验结果

是否掺加石墨	试件厚度/cm	试验温度/℃	试验轮压/MPa	技术要求/(次/mm)	动稳定度/(次/mm)	试验结论
未掺	5	60	0.7	DS≥5000	10 328	合格
掺加					11 052	合格

经室内配合比设计对比试验，掺加一定量石墨对 SMA-13 沥青混合料级配和沥青用量无影响；通过相关验证对比试验，掺加一定量石墨对 SMA-13 沥青混合料高温性能无影响，其他性能指标略有降低。

2. 隔热层路用性能测试结果

为测试隔热层的力学性能，采用斜剪试验，测试层间黏结强度，抗剪切强度试验装置如图 14.10 所示，试件剪切破坏后形态如图 14.11 所示。

图 14.10　抗剪切强度试验装置

图 14.11　试件剪切破坏后形态

对隔热层养生 48 h、乳化沥青养生 24 h 后进行斜面剪切试验，剪切后发生夹层材料未完全干燥，斜面剪切试验测试数据见表 14.8。

表 14.8　隔热层斜面剪切测试数据

试件编号		剪力/kN	剪切强度/MPa
水泥混凝土+沥青混凝土试件	1-1	4.3	0.43
	1-2	3.9	0.39
	1-3	4.3	0.43
	均值	4.2	0.42
沥青混凝土+沥青混凝土试件	2-1	3.1	0.31
	2-2	3.3	0.33
	2-3	3.6	0.36
	均值	3.3	0.33

路面要求的黏层剪应力为 0.18~0.36 MPa，隔热层材料满足力学要求。

14.2.5　加热融冰系统对路面结构的影响

采用 ABAQUS 及 ANSYS 进行有限元建模，分析主动融冰温度及车轮荷载共同作用对路面的影响。图 14.12、图 14.13 及表 14.9 所示为发热电缆除冰系统计算结果。

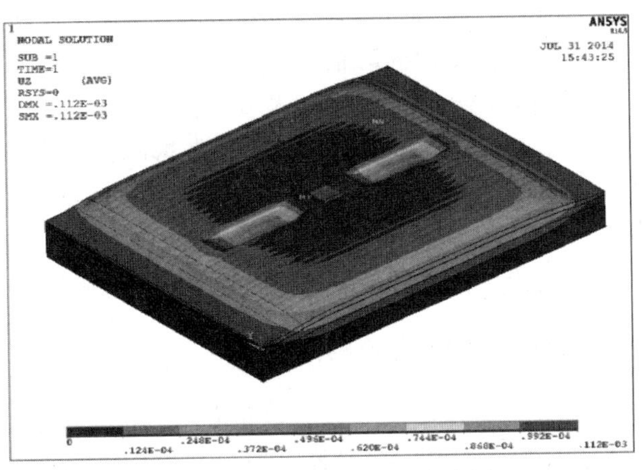

图 14.12　路面结构竖向位移图

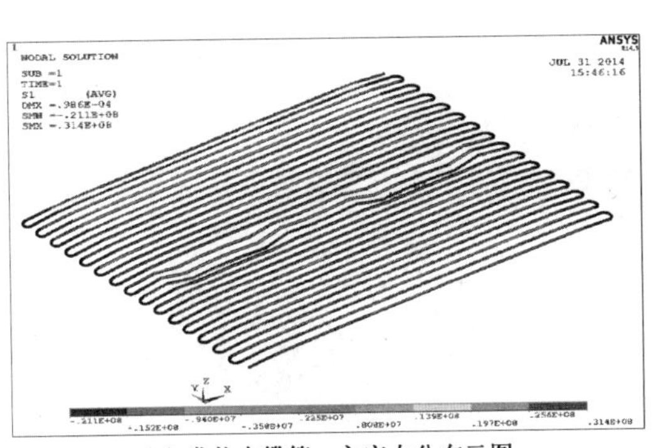

（a）发热电缆第一主应力分布云图

（b）SMA-13沥青层第一主应力分布云图

（c）AC-20沥青混凝土层第一主应力分布云图

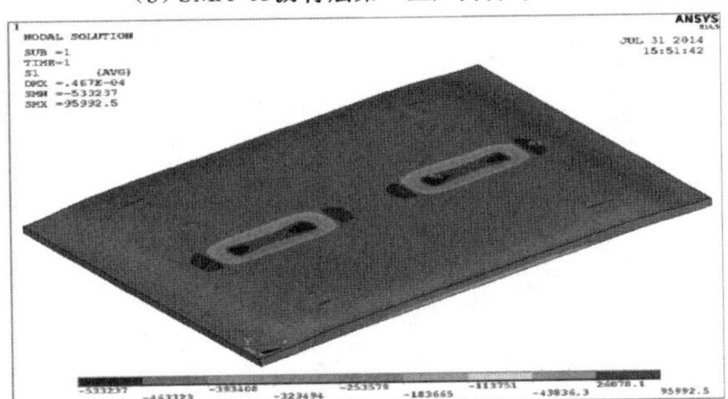

（d）混凝土层第一主应力分布云图

图 14.13　发热电缆计算结果

表 14.9　发热电缆计算结果汇总

SMA 层内最大拉应力/MPa	SMA 层内最大剪应力/MPa	AC 层内最大剪应力/MPa	AC 层内最大应力/MPa	层内最大拉应变/με	层内最大竖向应变/με	钢管最大应力/MPa
0.64	0.58	0.079	0.12	526	461	11.8

依据理论分析结果，得出以下主要结论。

（1）超薄导电磨耗层路面在汽车与温度耦合作用下能够满足路面结构要求。层内最大拉应力及剪应力对各参数（环境温度、发热功率、磨耗层厚度及对流换热系数）的敏感性不强，在环境的变化下均能满足路面结构的可靠性。

（2）发热电缆融冰理论计算结果基本满足规范要求。SMA-13 沥青混凝土层的绝大部分区域最大拉应力值均小于 0.6 MPa，此外，由于应力耗散影响，在行车荷载及温度场的耦合作用下，AC-20 沥青混凝土层及 C40 混凝土层中的最大拉应力也较小。但由于局部不锈钢管弯头区域受应力集中影响，会在包裹的沥青混凝土层内出现较大的拉应力及剪应力，尽管出现的范围非常小，但仍必须重点关注弯管区域可能出现的结构性破坏。

14.2.6 加热融冰系统对桥梁结构的影响

基于热力学分析报告，采用 Midas-FEA 建立空间模型，完成了三种热力融冰雪方案的温度荷载对桥梁结构受力性能影响的分析，计算模型如图 14.14 所示。发热电缆（90 mm 间距）的理论分析结果如图 14.15 所示。

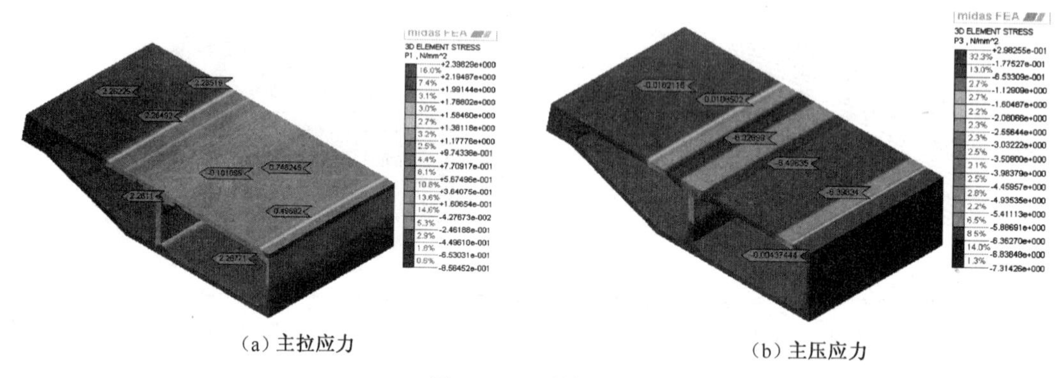

（a）主拉应力　　（b）主压应力

图 14.14　计算模型

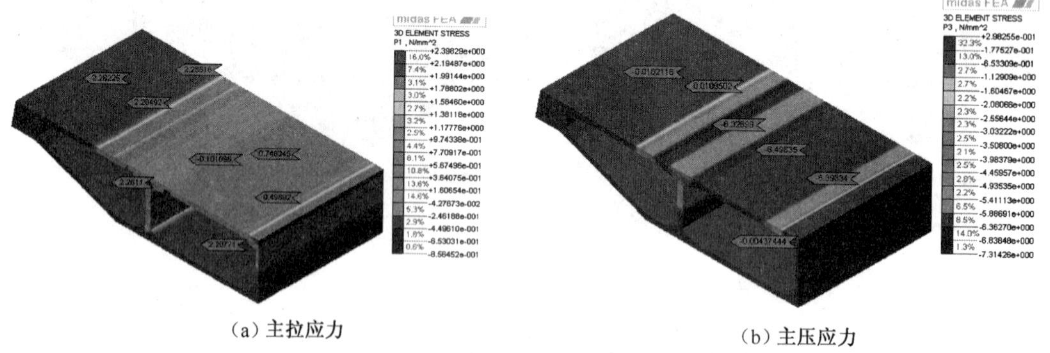

（a）主拉应力　　（b）主压应力

图 14.15　理论分析结果

该试验得出以下主要结论。

（1）融冰温度荷载使主梁产生较大顺桥向正应力，“温度较高区域”产生压应力，“温度较低区域”产生拉应力，“温度过渡区域”则由受压迅速过渡到受拉。

（2）融冰雪温度荷载产生的箱梁横桥向正应力分布规律为：箱梁顶底板上表面以受拉为主，顶底板下表面以受压为主。

（3）融冰雪温度荷载产生的结构响应与规范温度梯度荷载产生的效应基本相当。初步认为热力融冰方案不会影响桥梁结构的安全性，从结构受力的角度来看，该方案基本可行。

14.3　发热电缆加速加载试验

14.3.1　加速加载设备

加速加载设备 MLS66（mobile load simulator 66）为足尺路面加速加载车，可施加真实轮载作用于路面结构。MLS66 长宽高尺寸为 15 m×2.87 m×3.8 m，其外观如图 14.16 所示。

图 14.16　MLS66 设备外观

小型移动荷载模拟系统 MMLS3（1/3 model of mobile load simulator）设备尺寸为长 2.4 m、高 1.2 m、宽 0.6 m，采用 4 组胶轮模拟实际路面的加载情况。轮胎直径为 300 mm、宽为 80 mm，相当于标准轮胎尺寸的 1/3。最大轮胎接地压力为 0.75 MPa，荷载为 1.9~2.7 kN，运行最大速度为 2.5 m/s，单向轮作用为 2 800~7 200 次/h。MMLS3 设备外观如图 14.17 所示。

图 14.17　MMLS3 设备外观

14.3.2 试验场地平面布置

大型、小型加速加载试验共用一块场地，场地平面布置如图 14.18 所示。湖南省交通科学研究院、山东交通学院联合发热电缆企业技术人员进行了加速加载试验段的施工，检测了发热电缆的施工工艺。主要施工图如图 14.19 所示。

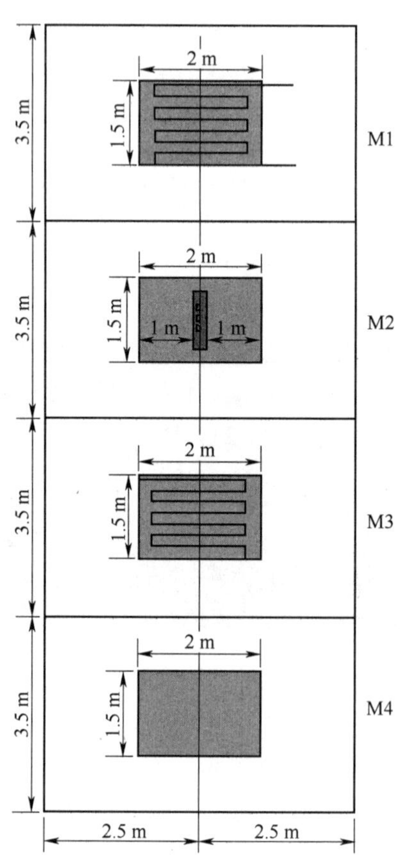

图 14.18 加速加载试验平面布置

利用光纤光栅传感器实时测量 MMLS 加载作用下的纵、横向应变及车辙。加载设备、加载效果、传感器布置如图 14.20 所示。在国外沥青路面设计中，通常将容许拉应变作为控制沥青层发生疲劳开裂的重要设计指标。因此，依据加速加载试验纵、横向应变的实测结果，分析最大拉应变随加载次数的变化，以评价不同融雪化冰路面的耐久性、抗变形及开裂能力。

1. M1 区

M1 区采用电缆 SDHN（山东华宁电缆）铺设，上面层为导热 SMA，导热系数为 1.637 W/(m·K)。分别对 1、3、5、15、22、30、40 万次加载时的应变值进行测量，如图 14.21所示。表 14.10 及图 14.22~图 14.24 给出了上表面最大拉应变随荷载作用次数的变化情况。从实测结果来看，随着作用次数的增加，应变值持续上升，在经历 15 万次的加载后，应变增量开始减缓，40 万次后的最大拉应变值为 246.4 με 。表 14.11 给出了完成 40 万次后的车辙实测值，最大相对变形为 7.0 mm（不在同一断面），平均车辙为 2.74 mm，轮迹

（a）发热电缆区域隔热层涂刷

（b）发热电缆铺设及固定

（c）SMA-13摊铺及压实

（d）钢管气密性测试

（e）发热电缆绝缘性及电阻测试

图 14.19　加速加载施工图

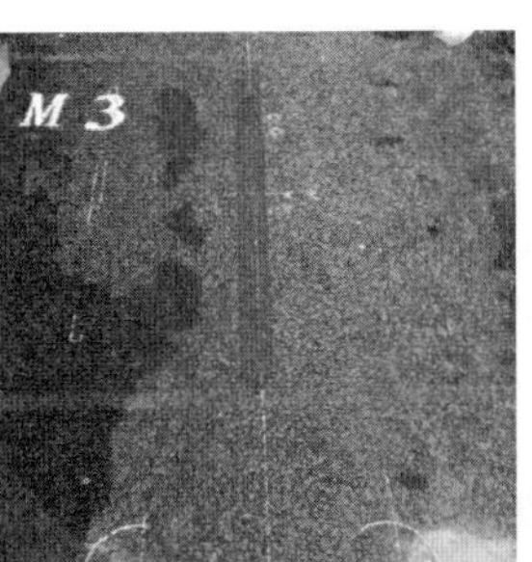

（a）

（b）

（c）

图 14.20　测试设备与加载区域

中心平均相对变形为 2. 27 mm。

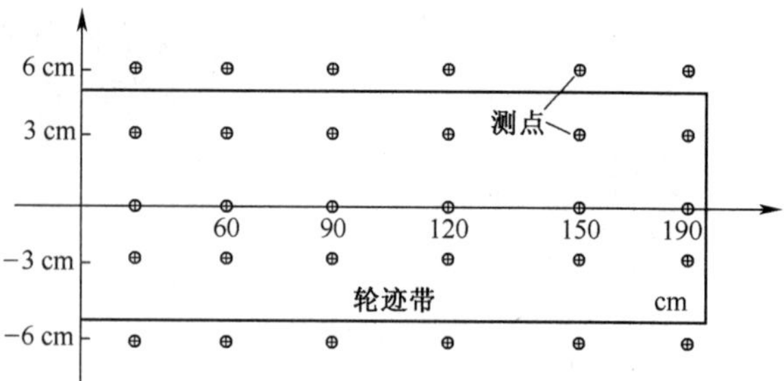

图 14. 21　轮迹带相对变形测试点布置

表 14. 10　不同加载次数下的应变变化值

次数/万	1	3	5	15	22	30	40
横向微应变/με	109. 2	121. 9	152. 7	231. 9	235. 5	232. 7	246. 4

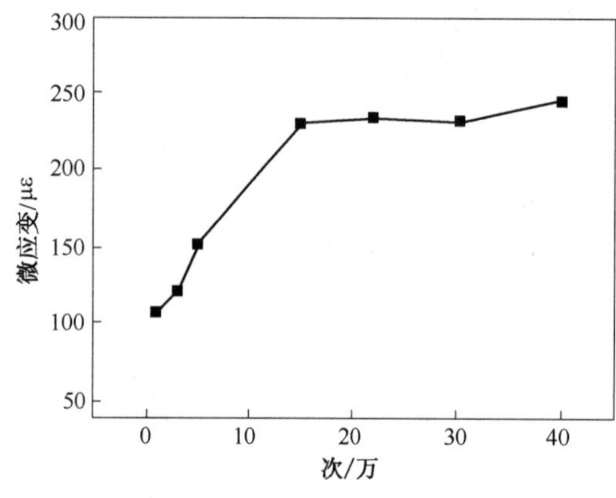

图 14. 22　M1 区应变变化趋势

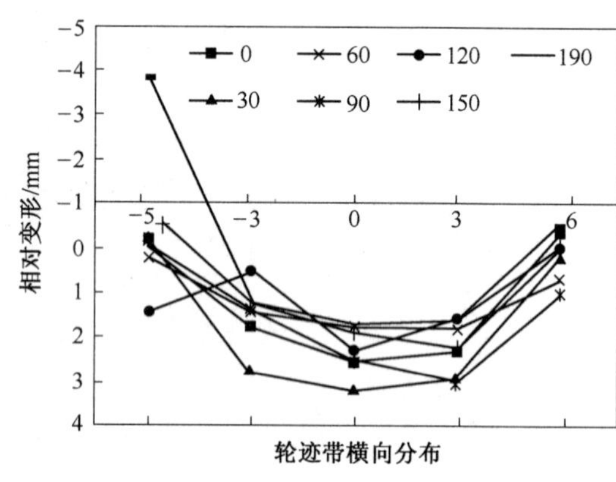

图 14. 23　M1 区轮迹带相对变形测试结果

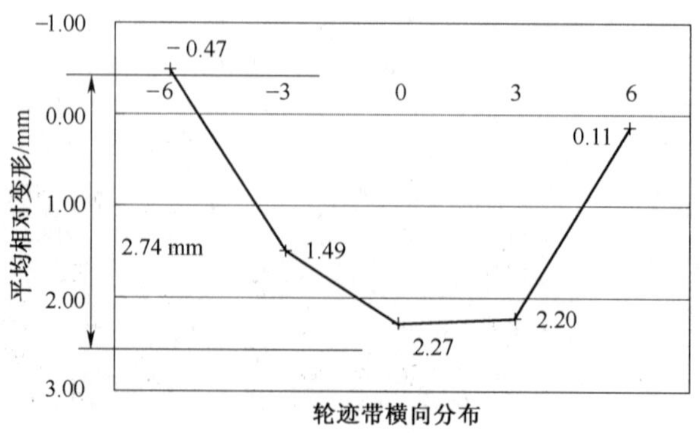

图 14. 24　M1 区车辙平均结果

表 14.11 加载后车辙深度实测值 单位：mm

纵向分布/cm	横向分布/cm				
	-6	-3	0	3	6
0	-0.1	1.8	2.5	2.3	-0.4
30	-0.2	2.8	3.2	2.9	0.1
60	0.2	1.5	1.8	1.8	0.7
90	0	1.4	2.5	3	1.0
120	1.4	0.5	2.3	1.6	0
150	-0.8	1.2	1.9	2.2	0
190	-3.8	1.2	1.7	1.6	-0.6

2. M2 区

M2 区采用与其他几区完全一致的材料及面层结构，但不采取任何融雪化冰措施，以此作为参考组。从实测结果来看，完成 40 万次加载时的路面最大拉应变为 80.443 3 με，最大相对变形为 5.7 mm（不在同一断面），平均车辙深度为 2.05 mm，轮迹中心平均相对变形为 1.91 mm。如表 14.12、图 14.25 和图 14.26 所示。

表 14.12 M2 区加载后车辙深度实测值 单位：mm

纵向分布/cm	横向分布/cm				
	-6	-3	0	3	6
0	0.5	0.6	3.9	1.8	0
30	-1.8	2.6	3.8	1.5	0.2
60	1.4	0.9	1.4	0.1	0.1
90	0.3	1.5	-3	0.9	0.1
120	0.2	1.5	2.7	-1.1	0
150	-1.4	2.6	2.2	0.7	0.1
190	-0.2	2.2	2.4	0.6	0.4

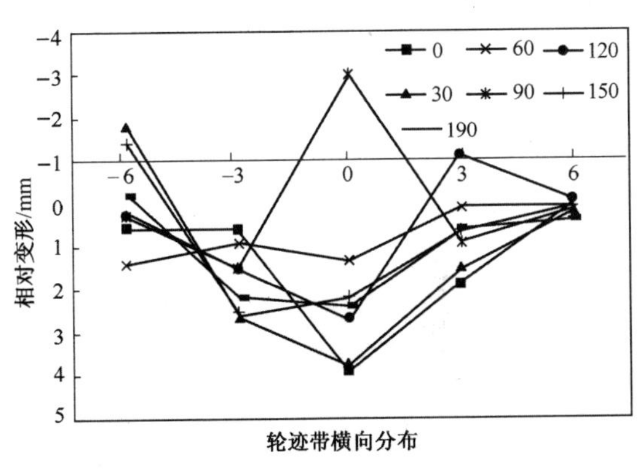

图 14.25 M2 区轮迹带相对变形测试结果

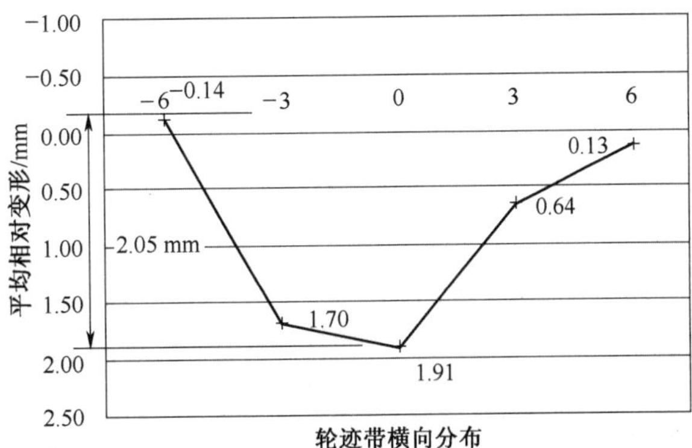

图 14.26 M2 区平均车辙测试结果

3. M3 区

采用电缆 HBG（德国汉堡阁电缆），未采用导热 SMA，分别对 1、3、5、15、20、50 万次加载时的应变值进行测量。图 14.27~图 14.29 给出了上表面最大拉应变随荷载作用次数的变化情况。从实测结果来看，随着作用次数的增加，应变值总体呈上升趋势，50 万次后的最大拉应变值为 129.4 με 。与 M1 区的实测值 246.4 με（40 万次）相比（采用山东华宁电缆铺设，且上面层为导热 SMA），应变值约减少一半。表 14.13 和表 14.14 给出了完成 50 万次后的车辙实测值，最大相对变形为 9.4 mm（不在同一断面），平均车辙为 2.30 mm，轮迹中心平均相对变形为 1.27 mm。

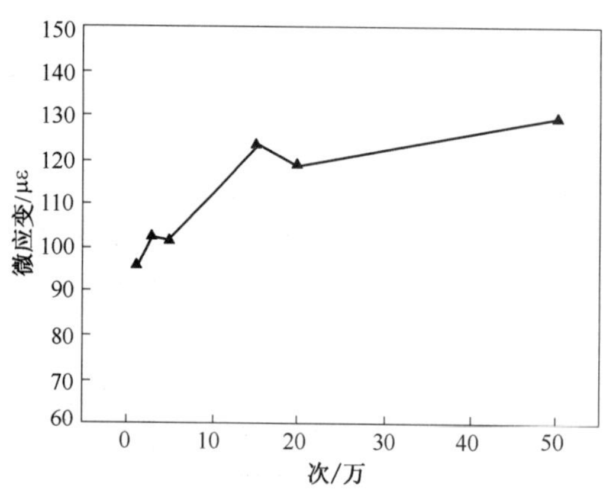

图 14.27　M3 区应变变化趋势

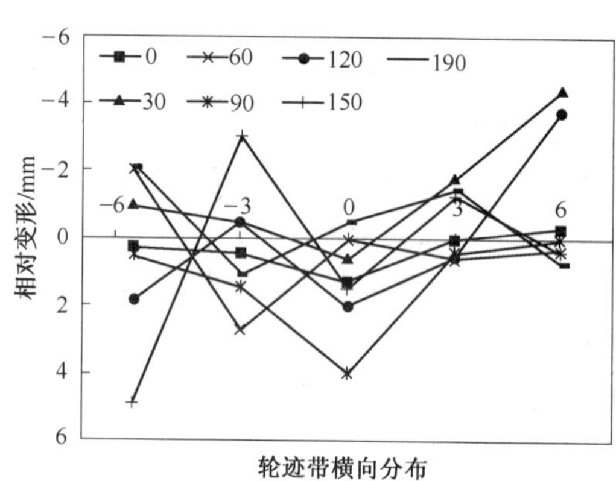

图 14.28　M3 区轮迹带相对变形测试结果

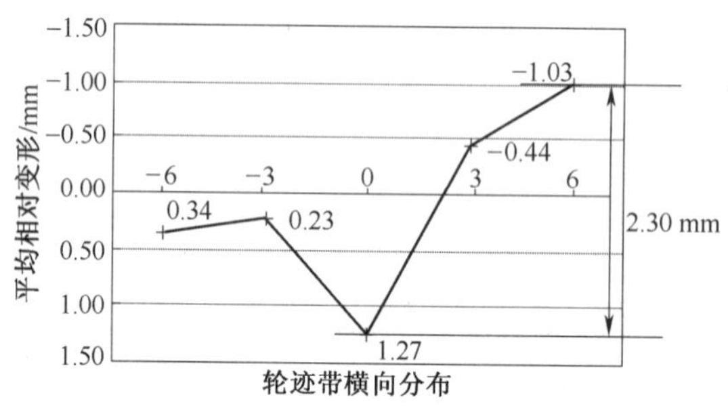

图 14.29　M3 区平均车辙测试结果

表 14.13　应变变化值

次数/万	1	3	5	15	20	50
横向微应变/με	95.6	102.7	101.9	123.8	118.8	129.4

表 14.14　M3 区加载后车辙深度实测值　　单位：mm

纵向分布/cm	横向分布/cm				
	-6	-3	0	3	6
0	0.3	0.4	1.3	0	-0.3
30	-1	-0.5	0.6	-1.8	-4.5

续表

纵向分布/cm	横向分布/cm				
	-6	-3	0	3	6
60	-2	2.7	0	0.6	0.3
90	0.5	1.4	4	0.4	0
120	1.8	-0.5	2	0.5	-3.8
150	4.9	-3	1.5	-1.3	0.4
190	-2.1	1.1	-0.5	-1.5	0.7

4. M4 区

采用电缆 SDHN（山东华宁电缆），未采用导热 SMA，分别对 1、6.5、14、25、48 万次加载时的应变值进行测量。表 14.15 和表 14.16 及图 14.30~图 14.32 给出了上表面最大拉应变随荷载作用次数的变化情况。从实测结果来看，随着作用次数的增加，应变值总体呈上升趋势，15 万次以后，应变值变化不大，48 万次时的最大拉应变值为 205.7 με 。与 M1 区的实测值 246.4 με（40 万次）相比（采用山东华宁电缆铺设，且上面层为导热 SMA），应变值有所降低。表 14.16 给出了完成 48 万次后的车辙实测值，最大相对变形为 8.7 mm（不在同一断面），平均车辙为 1.23 mm，轮迹中心平均相对变形为 0.34 mm。

表 14.15　应变变化值

次数/万	1	6.5	14	25	48
横向微应变/με	134.3	248.5	219.6	217.6	205.6

表 14.16　M4 区加载后车辙深度实测值　单位：mm

纵向分布/cm	横向分布/cm				
	-6	-3	0	3	6
0	0.4	2	1.5	0.6	-4.3
30	0	0.6	1.2	1.2	1.5
60	-0.2	-0.7	-0.7	0.7	1.1
90	0.1	2.1	2.2	0.3	0.4
120	0.4	-0.3	-3	0.4	0.2
150	-1.4	1.5	1.4	1.1	-0.2
190	0.3	1.7	-0.2	2	-0.4

表 14.17 给出了实测值（初始值可近似认为是静态一次性加载时的应变值）与有限元数值模拟结果的比较，图 14.33 和图 14.34 给出了最大拉应变的有限元模拟结果。从比较来看，实测值与数值模拟的结果比较接近，可进一步说明两种方法的有效性。

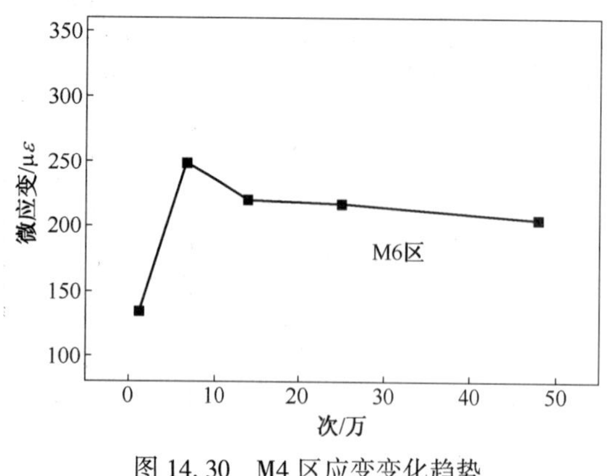

图 14.30　M4 区应变变化趋势

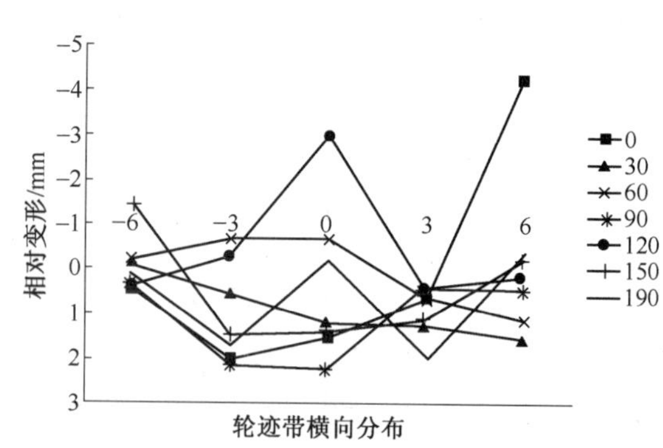

图 14.31　M4 区轮迹带相对变形测试结果

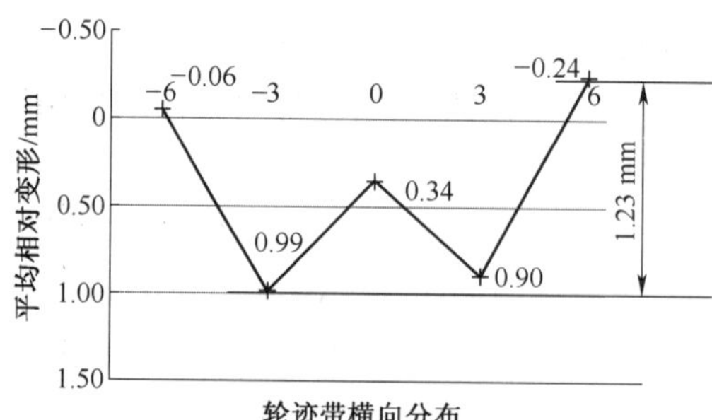

图 14.32　M4 区平均车辙测试结果

表 14.17　初始值与有限元数值模拟比较

区域	路面结构	实测值/mm	有限元计算值/mm
M1 区	电缆（山东华宁）+导热 SMA	100.0	90.4
M4 区	电缆（山东华宁）+普通 SMA	85.9	65.4
M3 区	电缆（德国汉堡阁）+普通 SMA	82.6	

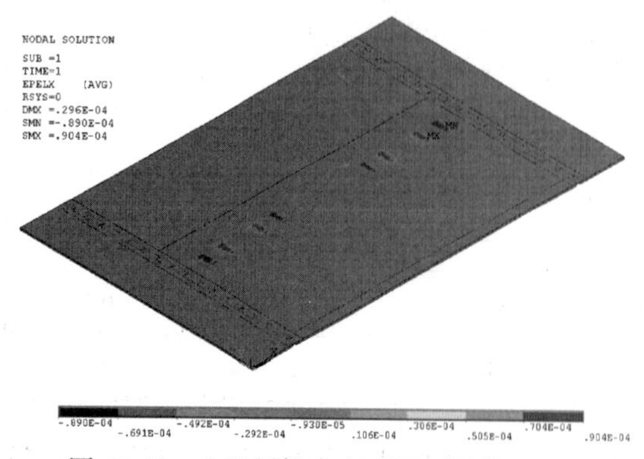

图 14.33　上面层拉应变云图（导热 SMA）

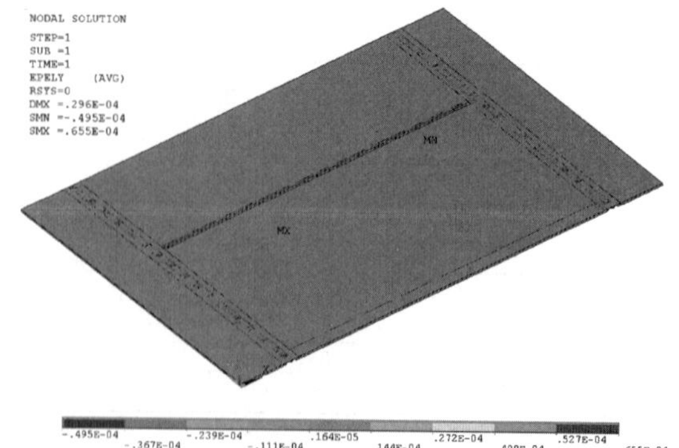

图 14.34　上面层拉应变云图（无导热 SMA）

表 14.18 给出了加载完成后的最大拉应变值。与对照区域 M2 相比，埋入电缆和热管区域的路面最大拉应变变大，这与有限元分析计算结果相符。其中，M1 区最大拉应变最大，约

为 M2 区的 3 倍。

表 14.18 完成 32 万～50 万次加载后最大拉应变实测值（微应变）

区域	路 面 结 构	最大拉应变/με
M2 区	对照组	80.4
M1 区	电缆（山东华宁）+导热 SMA	246.4
M3 区	电缆（德国汉堡阁）+普通 SMA	129.4
M4 区	电缆（山东华宁）+普通 SMA	205.6

表 14.19 给出了车辙的平均深度实测值。M1、M3 的车辙深度大于对照区 M2，但差异不大，基本处于同一水平；M4 车辙深度小于 M2。值得注意的是导热 SMA 没有表现出期望的抗车辙能力。

表 14.19 加载后车辙平均深度实测值

区域	区域与结构	平均车辙/mm	车辙排序
M2 区	对照组	2.05	③
M1 区	电缆（山东华宁）+导热 SMA	2.74	①
M4 区	电缆（山东华宁）+普通 SMA	1.23	④
M3 区	电缆（德国汉堡阁）+普通 SMA	2.30	②

加载结束后，路面未产生开裂损坏；连续加载 40 万次后，各区域平均车辙深度均小于 3 mm，符合预期要求，表明各种技术的抗车辙能力和抗疲劳开裂能力可以接受。

14.4 石墨烯超薄导电磨耗层室内试验研究

石墨烯作为一种单原子层六角晶体结构，由于其独特的能带结构和大 π 键稠环芳香烃共轭体系，使得它在力学、电学、光学、热学等方面表现出优异的性能。在力学性能方面，它的 σ 键具有超高的键能（670 kJ/mol），因而赋予其优良的力学韧性和强度，使其成为目前已知报道中强度最高的材料。在导电性方面，它是目前已知的温室下电阻率最低的导电材料。目前，石墨烯在很多领域都展现出广阔的应用前景。特别的，其超高的导电特性成为发热材料研究领域的良好选择。而且，该材料出色的可加工性可以在路面等诸多结构物中耦合使用，同时不会对被植入结构造成破坏导致功能退化。基于前人的研究工作和现阶段诸多方法工艺存在的难题，采用石墨烯功能材料作为目标发热体，研究集经济、环保、便捷、低能耗、高效、安全等特点于一体的可靠实用型融雪化冰技术，对解决冬天路面积雪结冰问题、保障国民经济建设健康稳定的发展等均具有十分重要的实践意义。

14.4.1 材料的选择

14.4.1.1 沥青

沥青是沥青混合料中重要的组成部分之一。综合考虑交通量、气候条件、施工方法、经济性、耐久性等各种情况，本次试验使用70#沥青，其技术指标通过实验测得，见表14.20，试验测得70#沥青的各项指标符合超薄导电磨耗层融雪融冰技术研究。

表14.20 70#沥青性能试验指标

针入度（25 ℃，100 g，0.1 mm）	延度（5 cm/min，15 ℃，cm）	延度（5 cm/min，25 ℃，cm）	软化点/℃	闪点/℃	蜡的质量分量/%	溶解度（三氯乙烯）/%	薄膜烘箱加热试验损失质量的比例	密度（25 ℃）/(g/mm³)
72	>150	>150	51.2	310	1.2	99.6	0.51	1.04

14.4.1.2 集料

1. 级配设计

集料在沥青混合料中起到骨架和填充的作用。本次试验选取石灰岩集料，由粗到细分为四挡规格，AC-20为10~20 mm、5~10 mm、0~5 mm、矿粉，AC-13为10~15 mm、5~10 mm、0~5 mm、矿粉。集料物理力学指标见表14.21，级配曲线如图14.35和图14.36所示。

表14.21 集料物理力学指标

集料	表观相对密度				针片状含量/%		吸水率/%				压碎值/%	磨耗值/%
	粒径10~20 mm	粒径10~15 mm	粒径5~10 mm	粒径0~5 mm	粒径>9.5 mm	粒径<9.5 mm	粒径10~20 mm	粒径10~15 mm	粒径5~10 mm	粒径0~5 mm		
石灰岩	2.752	2.748	2.742	2.739	2.1	3.4	0.41	0.50	0.54	0.57	12.8	10.6

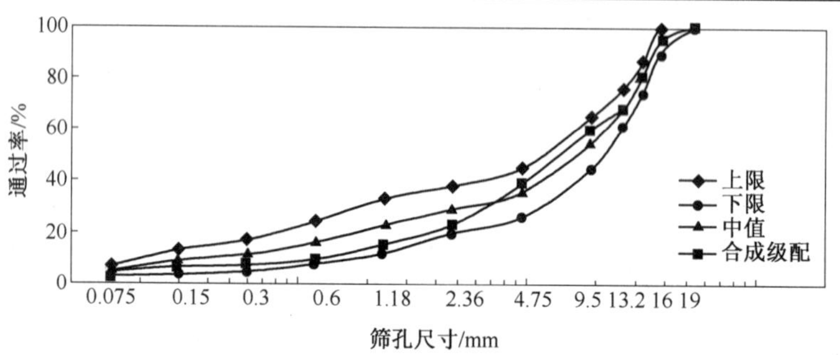

图14.35 AC-20级配曲线

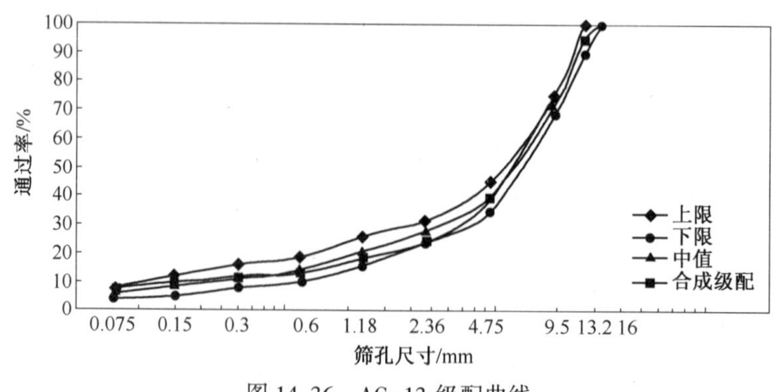

图14.36 AC-13级配曲线

设计级配比例见表 14.22 和表 14.23。

表 14.22　AC-13 集料配合比

集料类型	所占比例/%
10~15 mm	50
5~10 mm	25
0~5 mm	23
矿粉	2

表 14.23　AC-20 集料配合比

集料类型	所占比例/%
10~20 mm	42
5~10 mm	31
0~5 mm	25
矿粉	2

2. 最佳油石比

本书采用马歇尔试验确定最佳油石比。通过粗集料、细集料、矿粉以及沥青之间的比例关系，使沥青混合料的各项指标达到工程要求，选取范围为 3.5%~5.5%，共三组油石比，如图 14.37 和图 14.38 所示。

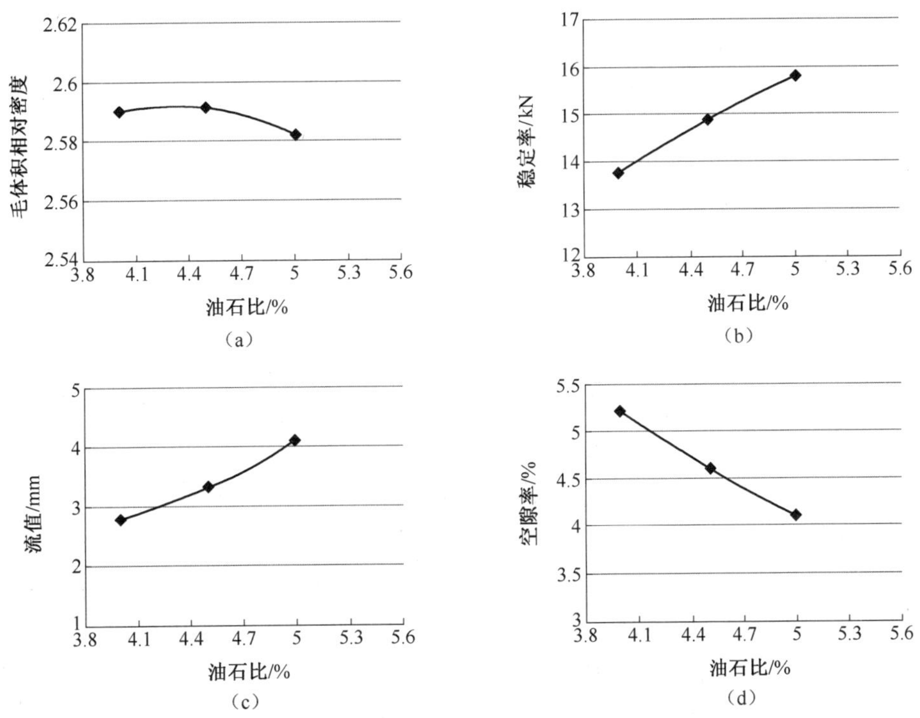

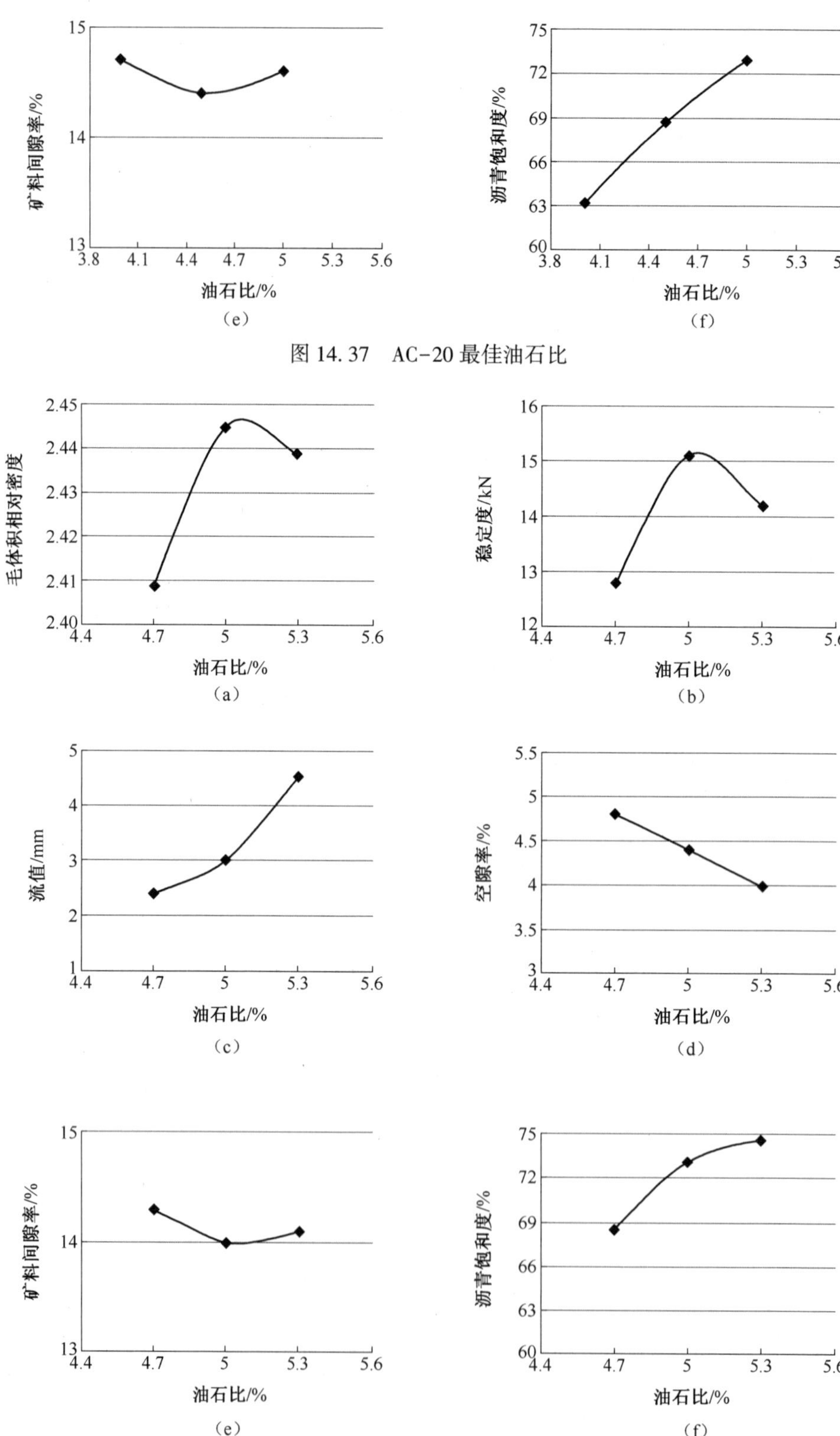

图 14.37 AC-20 最佳油石比

图 14.38 AC-13 最佳油石比

14.4.1.3　环氧树脂

实验中使用的环氧树脂是一种双组分试剂，分为 A 类材料和 B 类材料。A 类材料为双酚增韧改性剂，B 类材料为活性稀释剂，两者形成三维立体网状结构。该环氧树脂具有耐老化、耐冻融、耐腐蚀、无毒、无污染等特性，具有较好的环境效益，环氧树脂性能指标见表 14.24。

表 14.24　环氧树脂性能指标

参 数 名 称	A 料	B 料
外观	黏稠黄色	黏稠褐色
混合比例	A：B=3：1	A：B=3：1
密度（混匀后 25 ℃，3 min）/(g/cm^3)	1.05±0.02	1.07±0.02
黏度（混匀后）/S	60±20	40±20
挥发分（%，质量分散）	≤1.0	≤1.0
凝胶时间（25 ℃）/min	40±20	40±20

14.4.1.4　石墨烯电加热膜

石墨是一种新型超轻材料，导热性能很强，本书采用条状加热膜和孔状加热膜进行除冰试验，孔状加热膜功率为 547 W/m^2，条状加热膜功率为 307 W/m^2，如图 14.39 所示。

（a）条状加热膜

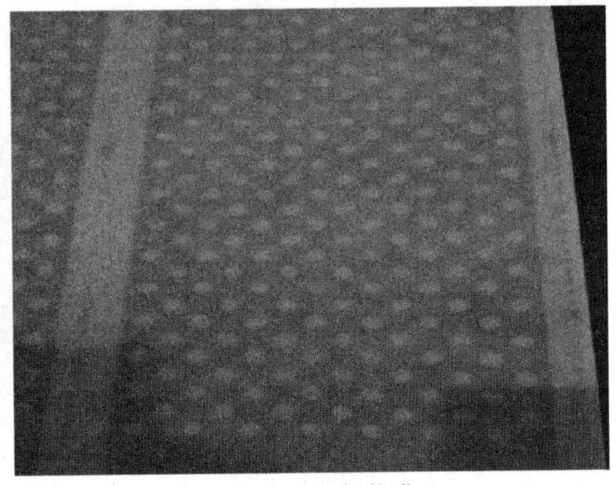

（b）孔状加热膜

图 14.39　石墨烯加热膜

14.4.2　石墨烯电加热膜融冰除雪试验

14.4.2.1　试验过程

1. 试验方法

本次试验选取 AC-20 沥青混合料和 AC-13 沥青混合料，试验方法为轮碾法。

2. 成型方法

（1）将尺寸为 500 mm×500 mm×100 mm 的金属试模及小型击实锤等置于 100 ℃左右的烘箱加热 1 h 备用。

（2）将预热的试模从烘箱中取出，在试模底部垫上一张厚度为 10 mm 的垫板，然后四周铺一张裁剪好的普通报纸，将底面与侧面均被纸隔离；将拌和好的全部沥青混合料用小铲稍加拌和后均匀地沿试模由边至中按顺序转圈装入试模，中部要略高于四周，如图 14.40 和图 14.41 所示。

（a）

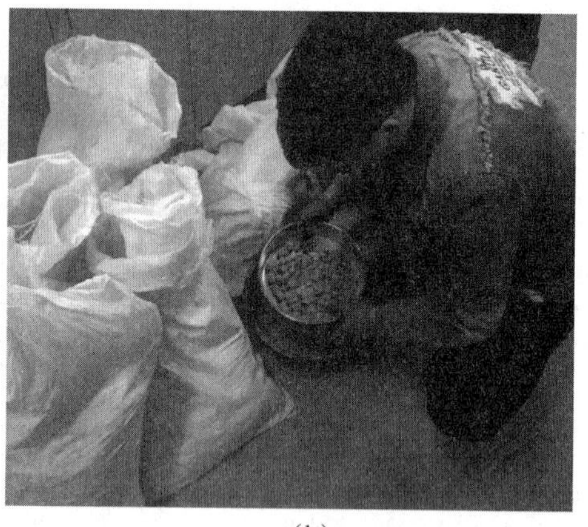

（b）

图 14.40 放置垫板与集料筛分

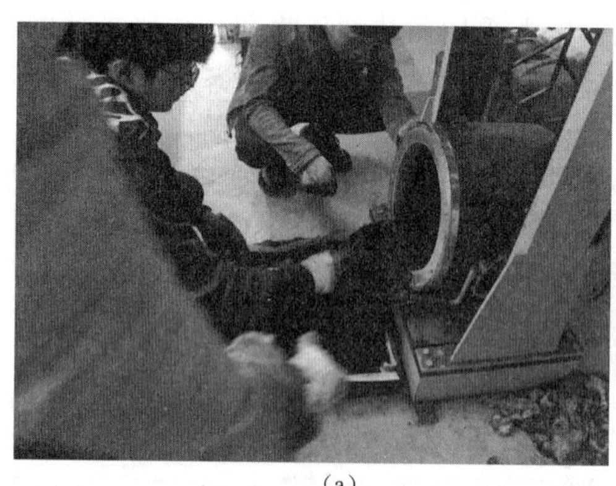

（a）

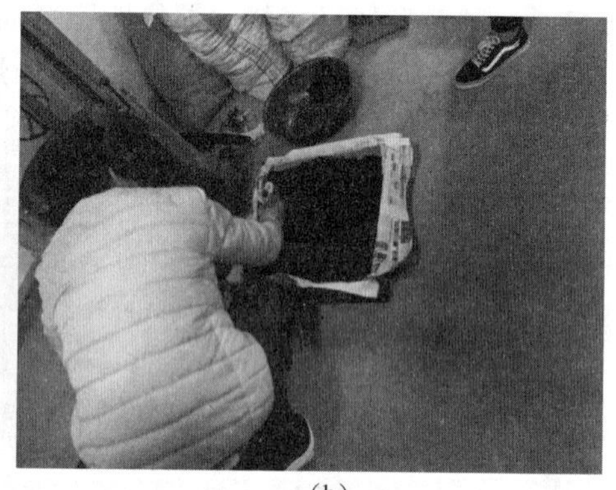

（b）

图 14.41 拌料与集料初压

（3）预热碾压轮 100 ℃左右，然后将盛有沥青混合料的试模置于轮碾机的平台上，轻放碾压轮，调荷 9 kN。

（4）启动碾压轮，共进行 12 次往返碾压，如图 14.42 所示。

（5）碾压完成后。放置室温冷却 12 h，然后脱模，获得尺寸为 500 mm×500 mm×90 mm 的沥青车辙板，如图 14.43 所示。

（6）铺设内部温度传感器。首先，用高于车辙板 10 mm 厚的塑料薄板粘于车辙板四周，如图 14.44 所示。其次，清扫干净车辙板表面，在车辙板中央部位开设小孔，将温度传感器埋入车辙板表面，如图 14.45 所示。

（7）拌和环氧树脂铺设隔热层。特制环氧树脂 A 料和 B 料，拌和质量比例为 A∶B＝3∶1,取 A 料 300 g、B 料 100 g 放置于小桶中，用搅拌棒搅拌均匀，搅拌完毕后，将桶中环氧树脂混合料均匀倒在沥青车辙板表面，隔热层 1~1.5 mm 厚，如图 14.46 所示。

图 14.42　轮机碾压

图 14.43　试件脱模成型

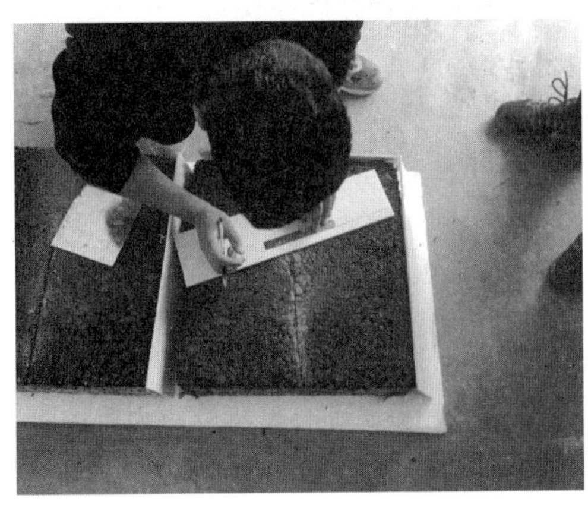

图 14.44　板四周贴塑料薄板

图 14.45　埋设内部温度传感器

（8）铺设电加热膜。去除石墨烯电加热膜外表层无纺布，将其放置在隔热层上，固定 4 个边角，取 A 料 600 g、B 料 200 g，搅拌混合均匀，将环氧树脂倒入电加热膜上，用毛刷刷均匀，如图 14.47 所示。

图 14.46　涂刷环氧树脂

图 14.47　拌和环氧树脂

（9）铺撒玄武岩。环氧树脂用毛刷刷均匀后，筛出 4~5 mm 玄武岩粒径铺于沥青车辙板上，用作抗滑磨耗层，玄武岩集料依靠自身的重力和环氧树脂的渗透力使其将二者混合均匀，整平表面，将垫板盖至上面，室温下养护 3 d，整个抗滑磨耗层厚度为 10 mm，如图 14.48 和图 14.49 所示。

图 14.48　固定 4 个边角

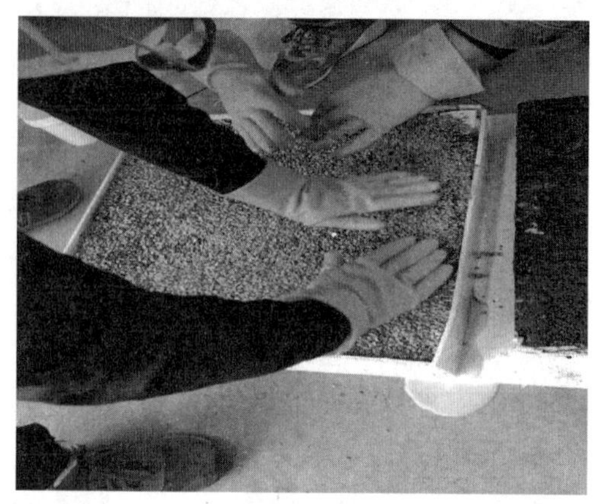

图 14.49　整平玄武岩表面

（10）铺设底层传感器和顶层传感器。养护 3 d，在车辙板底部和磨耗层顶部铺设温度传感器，检测温度变化。

14.4.2.2　石墨烯电加热膜除冰雪试验

为了直观地比较添加电加热膜的沥青混合料除冰、除雪效果，在环境试验箱中进行降温、降雪来模拟，环境试验箱参数见表 14.25。

表 14.25　环境试验箱参数

温度/℃	湿度/%	地温/℃	大气压/HPa	能见度
−18	71.4	−16	1009.6	9102

1. AC-20 条状电加热膜

AC-20 条状电加热膜温度曲线如图 14.50 所示。

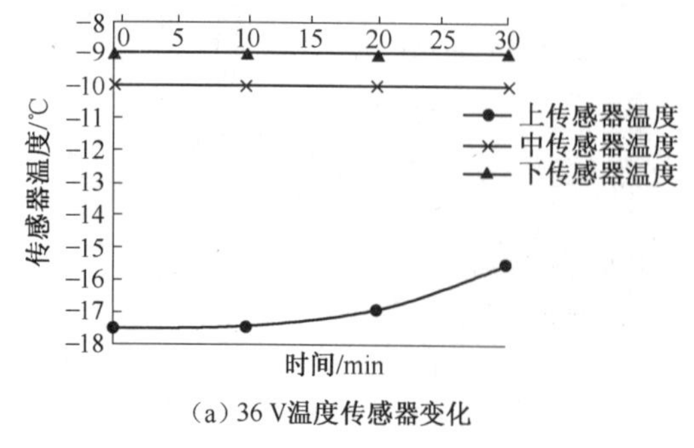

（a）36 V温度传感器变化

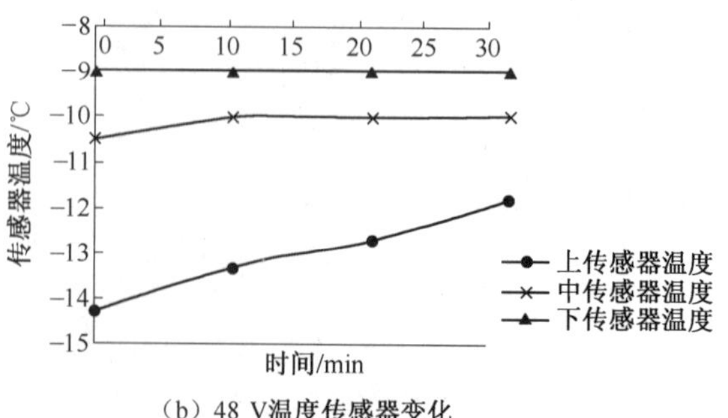

（b）48 V温度传感器变化

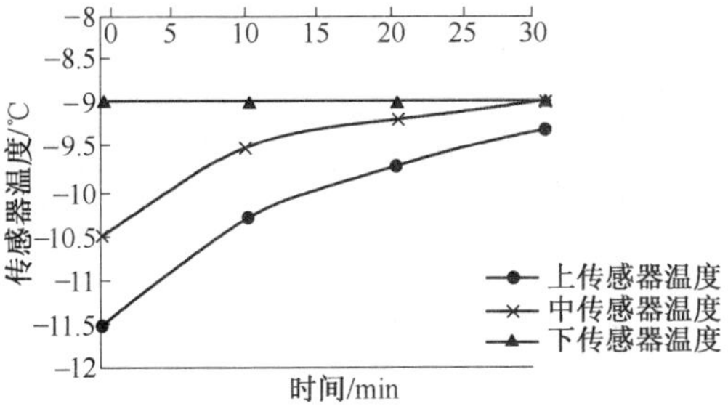

（c）60 V温度传感器变化

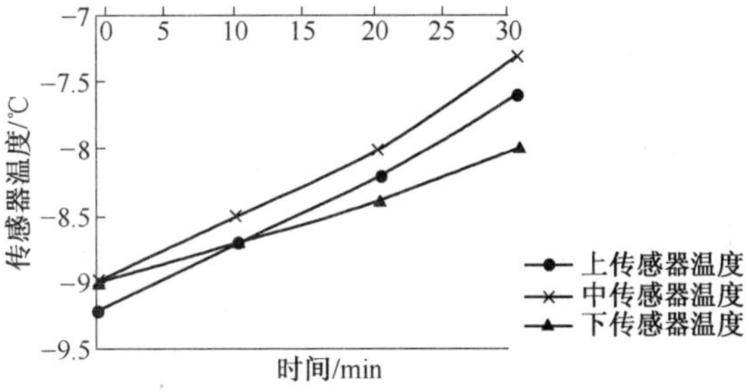

（d）120 V温度传感器变化

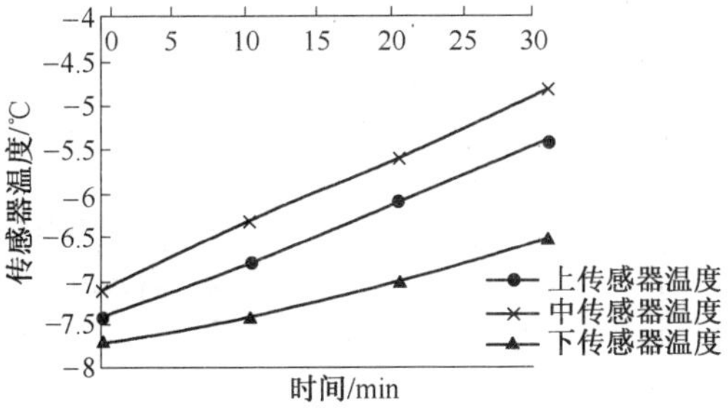

（e）180 V温度传感器变化

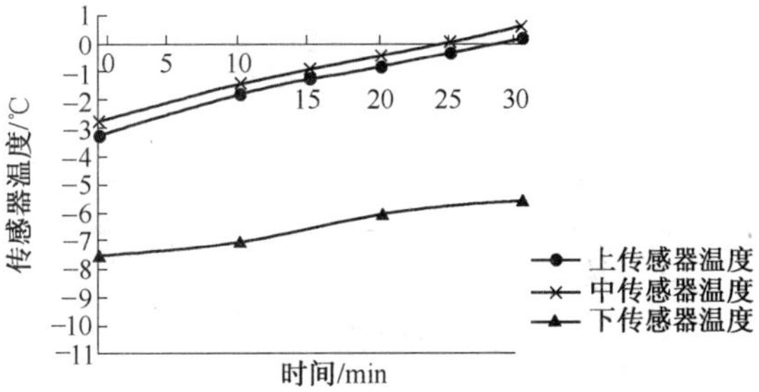

（f）220 V温度传感器变化

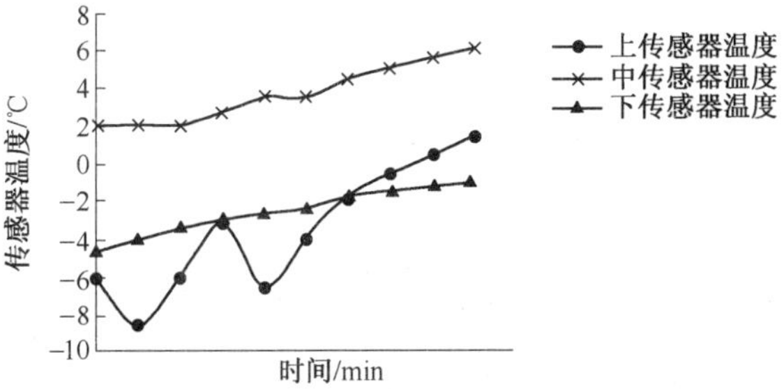

（g）环境箱−6℃开始进行降温处理20 min
至−18℃，220 V温度传感器变化

图 14.50　AC−20 条状电加热膜温度曲线

2. AC−20 孔状电加热膜

AC−20 孔状电加热膜温度曲线如图 14.51 所示。

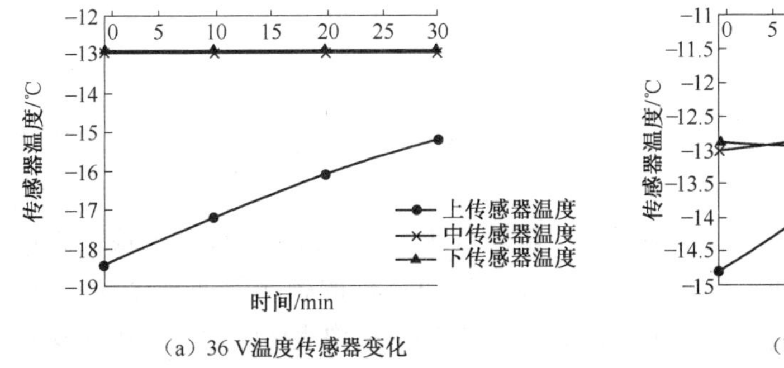

（a）36 V温度传感器变化

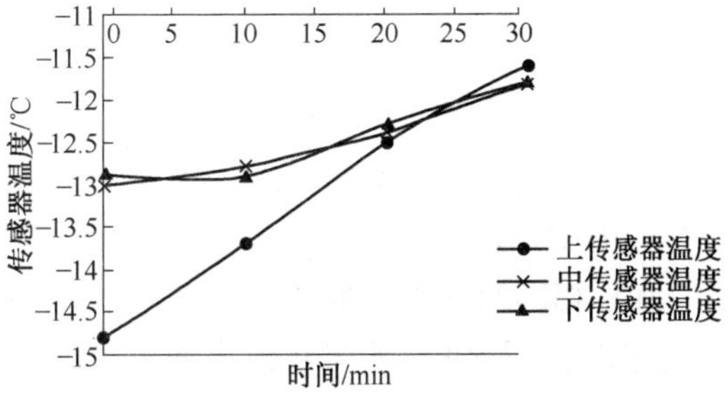

（b）48 V温度传感器变化

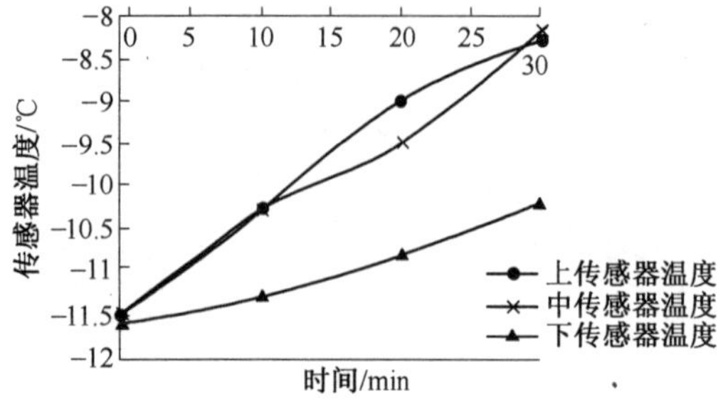

（c）60 V温度传感器变化

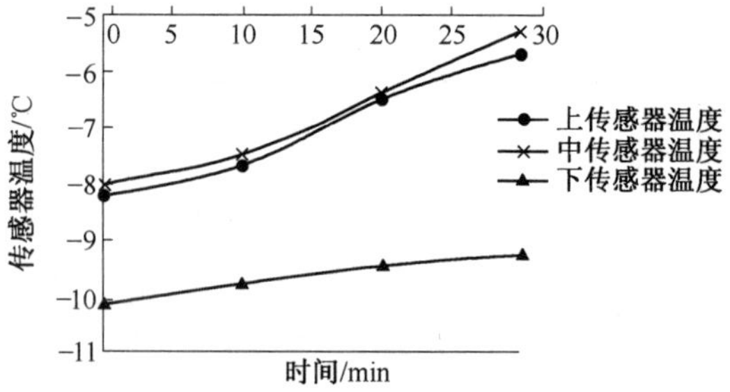

（d）120 V温度传感器变化

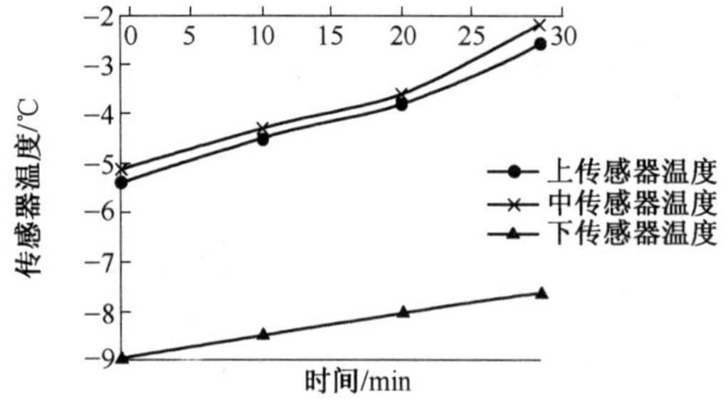

（e）180 V温度传感器变化

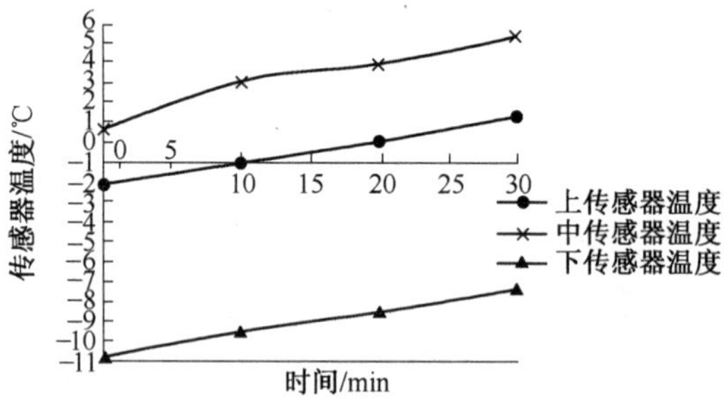

（f）220 V温度传感器变化

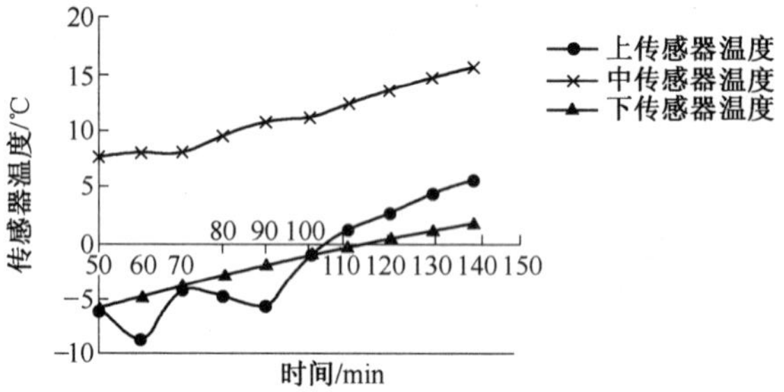

（g）环境箱-6℃开始进行降温处理20 min至-18℃，220 V温度传感器变化

图 14.51　AC-20 孔状电加热膜温度曲线图

3. AC-13 条状电加热膜

AC-13 条状电加热膜温度曲线如图 14.52 所示。

4. 电加热膜融雪试验

环境箱降雪如图 14.53 所示，其车辙板温度曲线如图 14.54 所示。

在试验中，为了观察电压对于电加热膜效率的影响，使用变压器来变换不同的电压进行工作，得出以下结论。

（1）相同配合比的车辙板，在 30 min 时间内，随着电压的升高，融冰效率加快，220 V 电压融冰时间最快，且车辙板表面温度能够达到零上；三组试件的融冰效率排序为：$AC-20_{孔状加热膜}>AC-20_{条状加热膜}>AC-13_{条状加热膜}$，$AC-20_{孔状电加热膜}$在 20 min 内表面温度可以达到零上，融冰效率优于其他两种结构；在 220 V 电压下加热 30 min 后，并随后进行 20 min 降温处理，

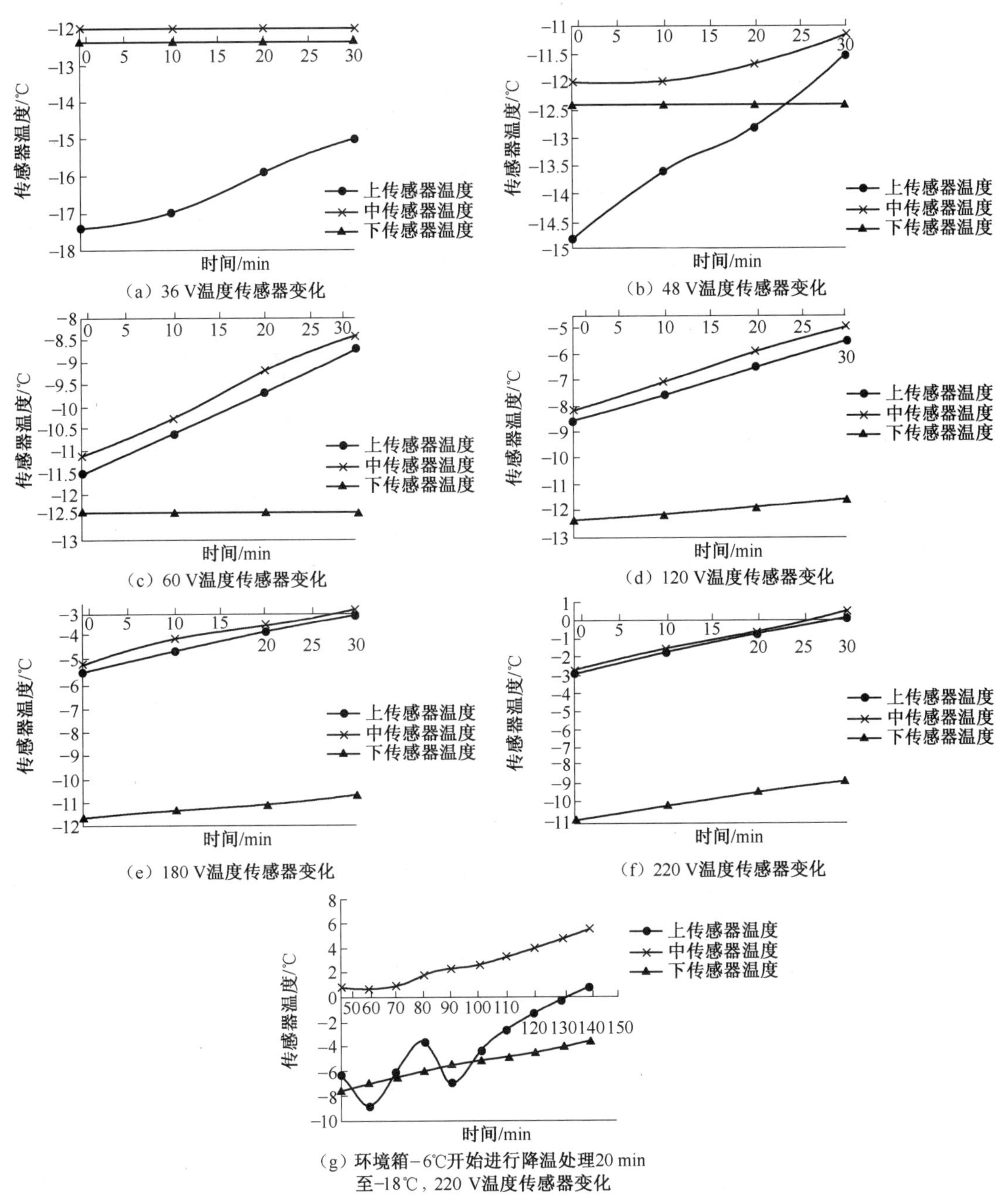

（a）36 V温度传感器变化

（b）48 V温度传感器变化

（c）60 V温度传感器变化

（d）120 V温度传感器变化

（e）180 V温度传感器变化

（f）220 V温度传感器变化

（g）环境箱−6℃开始进行降温处理20 min至−18℃，220 V温度传感器变化

图 14.52　AC−13 条状电加热膜温度曲线

可以发现，车辙板表面温度受环境影响较大，内部温度和底面温度变化受环境影响较小，此时石墨烯加热膜需要持续供电才能对车辙板表面进行融冰。

（2）在低电压 36 V 工况下，30 min 时间内，三组试件的中温度传感器和下温度传感器的温度均无变化，这说明在低电压下，环氧树脂隔热层起到了较好的隔热效果；在高电压 48 V 及以上工况下，30 min 时间内，三组试件的中温度传感器和下温度传感器的温度变化为 1～

图 14.53　环境箱降雪

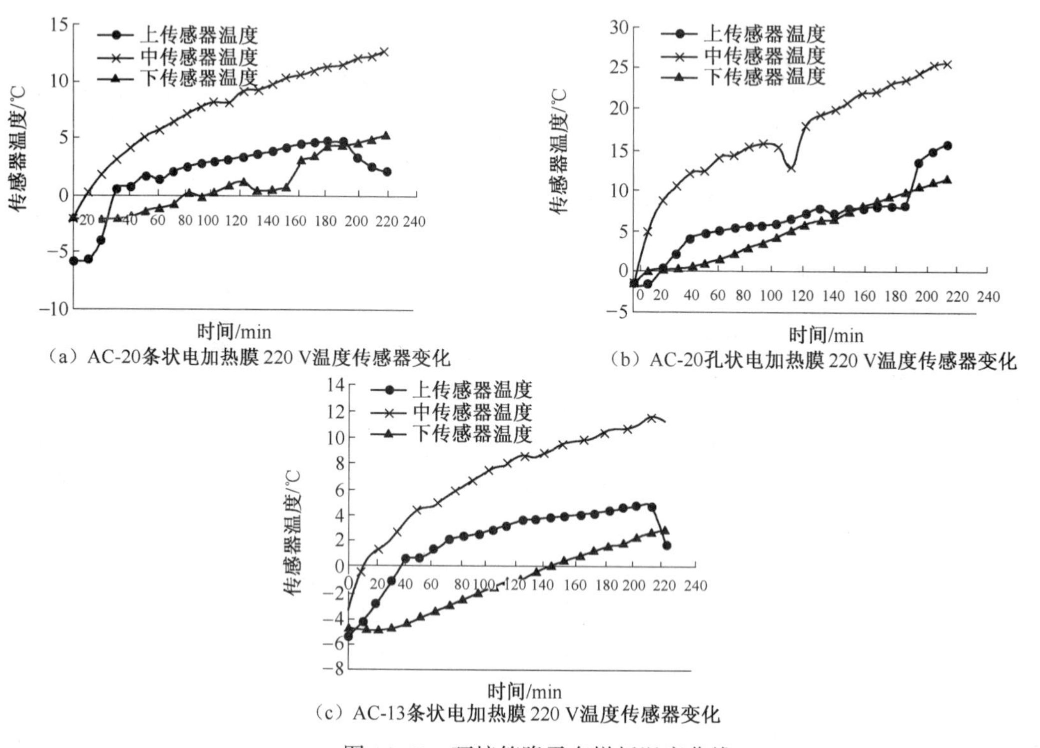

（a）AC-20条状电加热膜 220 V温度传感器变化

（b）AC-20孔状电加热膜 220 V温度传感器变化

（c）AC-13条状电加热膜 220 V温度传感器变化

图 14.54　环境箱降雪车辙板温度曲线

4 ℃，隔热层传递的温度较低，满足沥青混合料试验要求。

（3）在相同电压下，同一级配车辙板的上、中、下三个部位热传导速率为 $v_{中}>v_{上}>v_{底}$；在相同电压下，不同级配车辙板的上、中、下三个部位热传导速率为 $v_{AC-20孔状加热膜}>v_{AC-20条状加热膜}>v_{AC-13条状加热膜}$。这主要是因为：其一，孔状电加热膜电阻率较小，发热功率比较大，热传导速率高；其二，集料粒径大的沥青混凝土空隙率大，对热传导具有较好的促进效果。

（4）在环境箱模拟下雪的工况条件，雪厚为 12 mm，初始温度为-14.6 ℃。AC-20 孔状电加热膜在 20 min 出现融雪现象，AC-20 条状电加热膜在 30 min 出现融雪现象，AC-13 条状电加热膜在 40 min 出现融雪现象，从试验结果可以看到，随着环境温度升高，试件温度上升越快，融冰效果越好，且 AC-20 孔状电加热膜融雪效率优于其他两种材料。

AC-20 条状电加热膜沥青车辙板融雪变化如图 14.55 所示。

AC-20 孔状电加热膜沥青车辙板融雪变化如图 14.56 所示。

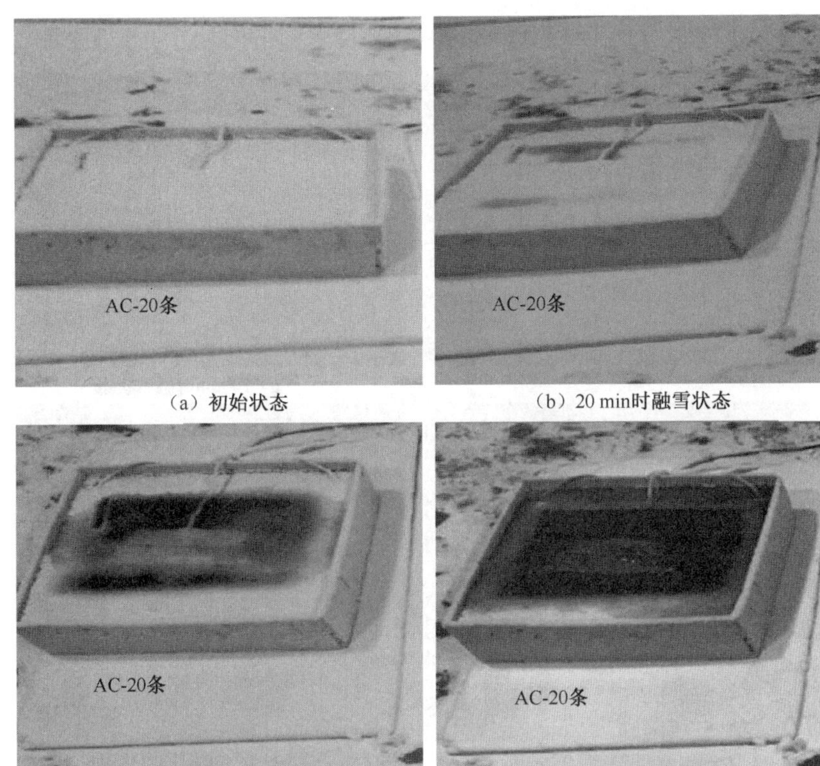

（a）初始状态　（b）20 min时融雪状态　（c）40 min时融雪状态　（d）60 min时融雪状态

图 14.55　AC-20 条状电加热膜沥青车辙板融雪变化

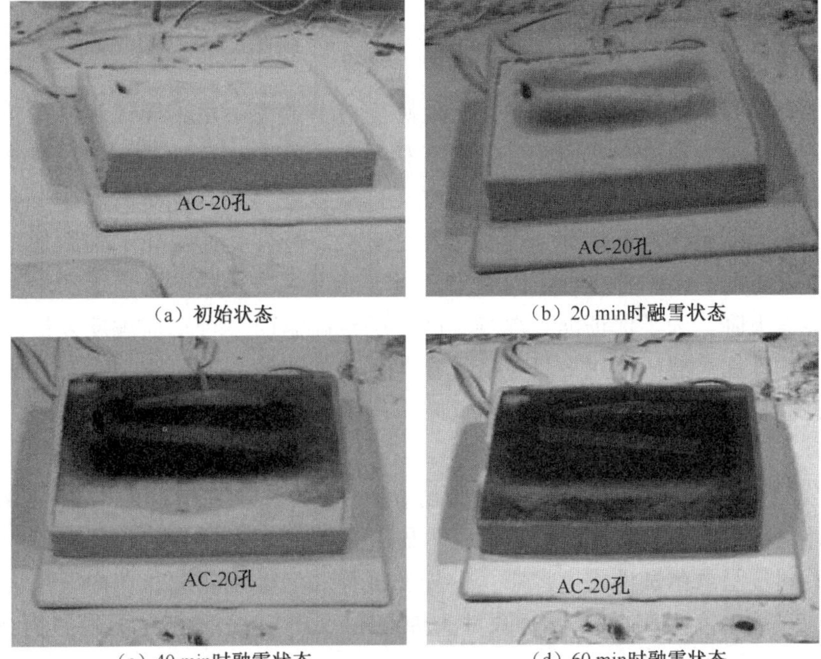

（a）初始状态　（b）20 min时融雪状态　（c）40 min时融雪状态　（d）60 min时融雪状态

图 14.56　AC-20 孔状电加热膜沥青车辙板融雪变化

AC-13 条状电加热膜沥青车辙板融雪变化如图 14.57 所示。

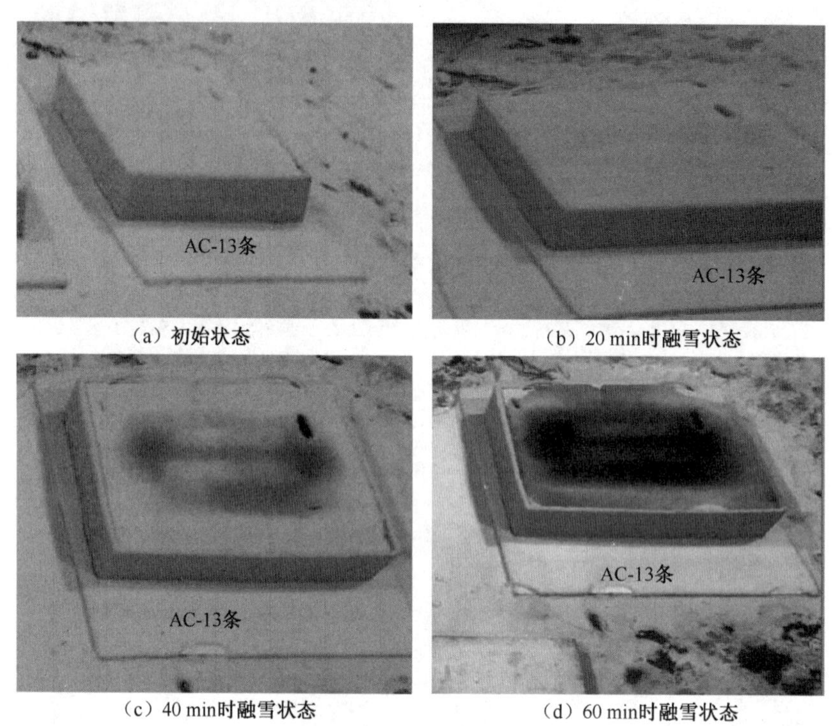

（a）初始状态　（b）20 min时融雪状态

（c）40 min时融雪状态　（d）60 min时融雪状态

图 14.57　AC-13 条状电加热膜沥青车辙板融雪变化

14.4.3　石墨烯加热膜路用性能试验

1. 高温稳定性试验

沥青路面在高温下往往劲度下降迅速，使路面抗剪能力不足，导致矿料在外力作用下产生滑移与错位，使混合料进一步压密，细集料相对集中并产生剪切破坏，形成高温变形，如推移、拥包、搓板和车辙等。尤其在道路的交叉口或变坡路段，此类高温变形更易发生，这主要与较大的水平荷载作用下抗剪强度相对不足有关。随着交通渠化和轴载加重，高等级沥青路面中主要发生的高温病害多以车辙为主。由于沥青混凝土路面的强度和刚度（模量）随温度升高而显著下降，为了保证沥青混凝土铺装层在高温季节行车荷载反复作用下具有良好的高温稳定性，即在荷载的作用下具有抵抗永久变形的能力。本研究采用车辙试验来评价沥青混凝土的高温抗车辙能力。它能较好地反映车辙的形成过程，得到世界各国的广泛认可与采用。

依据《公路工程沥青及沥青混合料试验规程》（JTG E20—2011）T0719—2011 进行车辙试验，用来评价沥青混合料的高温稳定性。本研究采用的车辙仪为我国开发研制的双轮车辙试验仪。混合料按马歇尔试件密度控制，由拌和机拌和后，用轮碾机单向碾压成型，成型温度为 140 ℃，试验温度为 60 ℃，试件尺寸为 300 mm×300 mm×50 mm，轮压为 0.7 MPa。试验步骤如下。

（1）将试件连同试模一起置于已达到试验温度（60±1）℃的恒温室中，保温不少于5 h，也不得多于 24 h。在试件的试验轮步行走的部位上粘贴一个热电偶温度计（也可在试件制作时预先将热电偶导线埋入试件一角），控制试件温度稳定在（60±0.5）℃。

（2）将试件连同试模置于轮辙试验机的试验台上，试验轮在试件的中央部位，其行走方向须与试件碾压或行车方向一致。开动车辙变形自动记录仪，然后启动试验机，使试验轮往返行走，时间约 1 h，或最大变形达到 25 mm 时为止。试验时，记录仪自动记录变形曲线及试件温度。

按以下步骤进行计算。

（1）从图上读取 45 min（t_1）及 60 min（t_2）时的车辙变形 d_1 及 d_2，准确至 0.01 mm。当变形过大，在未到 60 min 变形已达到 25 mm 时，则以达到 25 mm（d_2）时的时间为 t_2，将其前 15 min 为 t_1，此时的变形量为 d_2。

（2）沥青混合料试件的动稳定度按式（14.1）计算。

$$DS = (t_1 - t_2) \times N \times C_1 \times C_2 / (d_2 - d_1) \tag{14.1}$$

式中　DS——沥青混合料的动稳定度，次/mm；

d_1——对应于时间 t 的变形量，mm；

d_2——对应于时间 t 的变形量，mm；

C_1——试验机类型修正系数，曲柄连杆驱动试件的变速行走方式为 1.0，链驱动试验轮的等速方式为 1.5；

C_2——试件系数，实验室制备的宽 300 mm 的试件为 1.0，从路面切割的宽 150 mm 的试件为 0.8；

N——试验轮往返碾压速度，本书采用 21 次/min。

高温稳定性试验结果见表 14.26，高温稳定性试验如图 14.58 所示。

表 14.26　高温稳定性试验结果

混合料类型	DS/（次/mm）	DS 均值/(次/mm)
AC-20	1 763	1 700
	1 639	
	1 698	
AC-20（带加热膜）	1 945	1 845
	1 864	
	1 727	
AC-13	1 427	1 389
	1 324	
	1 415	
AC-13（带加热膜）	1 611	1 675
	1 735	
	1 678	

（a）

（b）

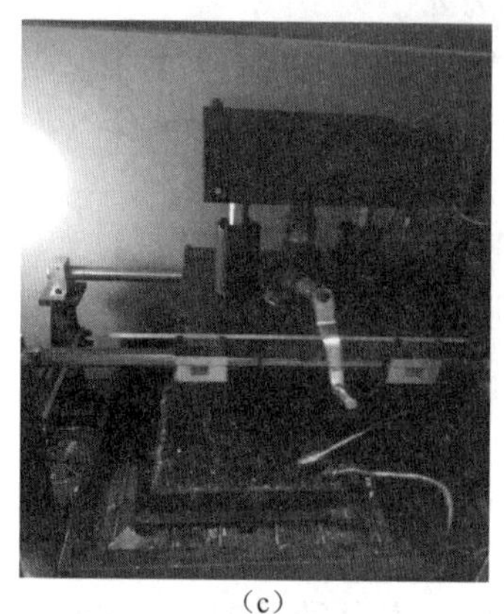

（c）

图 14.58 高温稳定性试验

由表 14.27 分析可知，70#基质沥青混合料的 90%保证率置信区间为 1 566～1 739 次/mm，取整后可知 70#基质沥青混合料的动稳定度应不小于 1 500 次/mm，根据《公路沥青路面施工技术规范》（JTG F40—2004）中沥青混合料车辙试验动稳定度技术要求，山东省 7 月平均最高气温在 20～30 ℃为夏热区，普通沥青混合料的动稳定度应不小于 800 次/mm，本书得出的 70#基质沥青混合料动稳定度数值高于现行规范要求。通过表 14.27 中数据可以看出，带加热膜的车辙试验比常规车辙试验动稳定度高，采用带加热膜的沥青混合料车辙板高温稳定性能良好，符合超薄磨耗层的高温稳定性指标。

表 14.27 70#基质沥青混合料动稳定度描述性统计分析 单位：次/mm

动稳定度		统计数据
均值		1 653
标准差		184.55
90%保证率置信区间	下限	1 566.261 5
	上限	1 739.738 5
中位数		1 688
最小值		1 324
最大值		1 945

2. 水稳定性试验

沥青路面在使用过程中直接与外界环境接触，由于水或冻融循环的作用，加之车辆行驶过程中施加的动态荷载，不断对沥青及混合料进行冲刷、浸蚀，使得水分逐渐渗入沥青混合料的集料与沥青界面之间，使沥青的黏附性大大降低，甚至丧失，从而导致集料表面的沥青薄膜剥离，最终使得路面出现坑槽等早期病害。我国通常通过对沥青与集料的黏附性或者混合料的水稳定性的评价这两种方法评定沥青混合料的水稳定性能。目前广泛应用的评价沥青混合料的水稳定性的试验主要有浸水马歇尔试验、真空饱水马歇尔试验、浸水饱水劈裂试验以及浸水车辙试验等，这些试验的相同点是采用冻融循环或者动水循环的方式在室内模拟沥青路面在使用过程中水分的浸蚀作用，并通过对比相关试验参数的变化来评价混合料的水稳定性。

此次研究参照《公路工程沥青及沥青混合料试验规程》（JTG E20—2011）中 T0729—2000《沥青混合料冻融劈裂试验》检验 5 种改性沥青的抗水损害性能。将直径为（101.6±0.25）mm、高为（63.5±1.3）mm 的标准马歇尔试件浸没在水中并保持真空状态，使水分能够充分进入沥青混合料的缝隙中，将真空吸水饱和状态的标准马歇尔试件置于-18 ℃环境下持续 16 h，在该低温条件下，进入混合料内部的水分由于结冰从而导致体积增大，附着在集料表面的沥青薄膜受到压迫，冻融循环后将试件置于恒温 60 ℃水浴中24 h，在相对高温环境下固态冰融化，再次发生体积变化，集料表面的沥青薄膜再次受到压迫，这样一次完整的冻融循环过程能够很好地模拟实际路面的水损害现象。试验温度为25 ℃，加载速率为 50mm/min，获得冻融劈裂强度比，并以此评价上面层沥青混合料抗水损害性能。冻融劈裂抗拉强度比由下式确定：

$$\mathrm{TSR}=(R_{\mathrm{T2}}/R_{\mathrm{T1}})\times 100 \tag{14.2}$$

式中　TSR——冻融劈裂抗拉强度比，%；

R_{T2}——冻融循环后试件劈裂抗拉强度，MPa；

R_{T1}——未冻融试件劈裂抗拉强度，MPa；

$$R_{\mathrm{T}}=0.006\,287\times P_{\mathrm{T}}/h \tag{14.3}$$

式中　R_{T}——冻融试验前后的试件劈裂抗拉强度，MPa；

P_{T}——冻融试验前后的试件试验荷载的最大值，N；

h——冻融试验前后的试件高度，mm。

冻融劈裂试验结果见表 14.28，水稳定性试验如图 14.59 所示。

表 14.28　冻融劈裂试验结果

混合料类型	TSR/%	TSR 均值/%
AC-20	85.2	85.8
	85.8	
	86.4	
AC-20（带加热膜）	83.6	84.2
	84.3	
	84.8	
AC-13	88.4	87.5
	87.5	
	86.7	
AC-13（带加热膜）	84.2	83.3
	82.1	
	83.6	

(a)

(b)

图 14.59 水稳定性试验

由上述分析可知，70#基质沥青混合料的冻融劈裂强度比 90%保证率置信区间为 84.3%~86.1%，取整后可知 70#基质沥青混合料的冻融劈裂强度比应不小于 84%，根据《公路沥青路面施工技术规范》(JTG F40—2004) 中沥青混合料水稳定性技术要求，山东地区年降水量在 500 mm 以上，普通沥青混合料的冻融劈裂强度比应不小于 75%，本书得出的 70#基质沥青混合料冻融劈裂强度比数值高于现行规范要求。通过表 14.29 中数据可以看出，带加热膜的冻融劈裂强度比比常规的冻融强度比要低，这主要是因为带环氧树脂的沥青混合料受冻融循环作用后，环氧树脂抗低温能力减弱，采用带加热膜的沥青混合料车辙板高温稳定性能良好，符合超薄磨耗层的高温稳定性指标。

表 14.29 70#基质沥青混合料冻融劈裂强度比描述性统计分析

冻融劈裂强度比		统计数据/%
均值		85.2
标准差		184.55
90%保证率置信区间	下限	84.33
	上限	86.07
中位数		85.0
最小值		82.1
最大值		88.4

3. 低温抗裂性研究

沥青混合料的低温性能是指在环境温度骤降过程中路面抵抗温度应力产生开裂的能力。随着环境温度的降低，沥青路面弹性增加，柔性消失而变脆，延展性变差，由于沥青混合料中温度下降产生的应力大于混合料的抗拉应力，沥青混合料不足以提供足够的温缩应变，或者说沥青混合料的劲度模量超过其开裂的最大模量，便会导致上面层沥青混合料开裂，课题组对 70#基质沥青混合料进行低温弯曲试验，以研究其低温性能。

低温弯曲试验可以很好地评价沥青混合料的变形能力，本书拟采用 SANS 万能试验机进行试验，在某一温度下用相同的加载速率对制作完成的小梁试件进行单点加载至试件破坏。参照《公路工程沥青及沥青混合料试验规程》（JTG E20—2011）中 T0715—2011 的试验方法，在本次试验中，集料的加热温度为 180~185℃，沥青加热温度为 165~170℃，在 175~185 ℃的温度条件下进行拌和，马歇尔试件成型温度为 170~175 ℃，双面各击实 75 次，将沥青混合料试件切割成长（250±2.0）mm、宽（30±2.0）mm、高（35±2.0）mm 的试件，在-10 ℃、50 mm/min 加载速率的实验条件下进行小梁弯曲试验。计算试件破坏时的抗弯拉强度 R_B、破坏时的梁底最大弯拉应变 ε_B 及破坏时的弯曲劲度模量 S_B。实验结果见表 14.30，低温抗裂性试验如图 14.60 所示。

$$R_B = \frac{3LP_B}{2bh^2} \tag{14.4}$$

$$\varepsilon_B = \frac{6hd}{L^2} \tag{14.5}$$

$$S_B = \frac{R_B}{\varepsilon_B} \tag{14.6}$$

式中　R_B——试件破坏时的抗弯拉强度，MPa；

ε_B——试件破坏时的最大弯拉应变，με；

S_B——试件破坏时的弯曲劲度模量，MPa；

b——跨中断面试件的宽度，mm；

h——跨中断面试件的高度，mm；

d——时间破坏时的跨中挠度，mm；

L——试件的跨径，mm。

表 14.30　70#基质沥青混合料低温弯曲试验结果

混合料类型	破坏应变/με	破坏应变均值/με
AC-20	3 217	3 483
	3 685	
	3 547	
AC-20（带加热膜）	4 296	4 342
	4 561	
	4 169	
AC-13	2 123	2 368
	2 535	
	2 446	
AC-13（带加热膜）	3 536	3 582
	3 798	
	3 412	

由表 14.30 分析可知，70#基质沥青混合料的破坏应变 90%保证率置信区间为 3 800~

（a）

（b）

图 14.60 低温抗裂性试验

3 087 με，取整后，70#基质沥青混合料的破坏应变应不小于 2 000 με，根据《公路沥青路面设计规范》（JTG D50—2017）中沥青混合料低温弯曲试验破坏应变技术要求，山东省年极端最低气温在-21.5～-9.0 ℃为冬冷区，普通沥青混合料的破坏应变应不小于 2 000 με，本书得出的 70#基质沥青混合料破坏应变数值与现行规范要求保持一致。通过表 14.31 中数据可以看出，带加热膜的低温弯曲破坏应变比常规的低温弯曲破坏应变大，这是因为石墨烯加热膜阻碍了混合料的破坏应变增长，增加了沥青混合料的低温抗裂性和整体稳定性，符合超薄磨耗层的低温抗裂性指标。

表 14.31 70#基质沥青混合料低温抗裂描述性统计分析

冻融劈裂强度比		统计数据/με
均值		3 444
标准差		758.08
90%保证率置信区间	下限	3 800.3
	上限	3 087.7
中位数		3 541.5
最小值		2 123
最大值		4 561

第3篇　固定喷淋式智能防冰除冰系统研制与技术研究

第15章　道路结冰预警研究

15.1　问题的提取

在防冰除冰系统中除了控制系统的稳定性之外，结冰预警给系统带来的精确性也是非常重要的。结冰预警不仅会使得系统获得充足的响应时间，还会真正实现预防路面结冰，提升路面通行能力。所谓结冰预警，即根据当前天气和路面情况综合判断和提前预测路面是否会结冰问题，从根本上可以把它认为是时间序列预测[81-82]。

时间序列预测法基本原理是：一方面承认事物发展的延续性，运用过去时间序列的数据进行统计分析，推测出事物的发展趋势；另一方面充分考虑到偶然因素影响而产生的随机性，为了消除随机波动的影响，利用历史数据进行统计分析，并对数据进行适当处理和进行趋势预测。

时间序列模型是依赖于事件发生的先后顺序的，同样大小的值改变顺序后输入模型产生的结果是不同的。

15.2　解决方案——神经网络模型

时间序列模型最常用、最强大的工具就是递归神经网络（recurrent neural network，RNN）。相比于普通神经网络的各计算结果之间相互独立的特点，RNN的每一次隐含层的计算结果都与当前输入以及上一次的隐含层结果相关。递归神经网络模型如图15.1所示。

在示例图中，神经网络的模块A正在读取某个输入 x_t，并输出一个值 h_t。循环可以使得

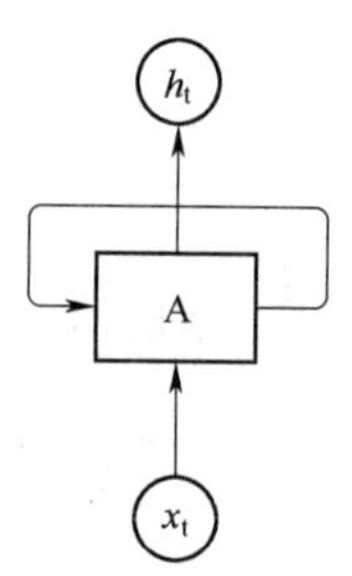

图 15.1 递归神经网络模型

信息从当前步传递到下一步。

RNN 可以被看作同一神经网络的多次复制，每个神经网络模块会把消息传递给下一个。神经网络循环展开图如图 15.2 所示。

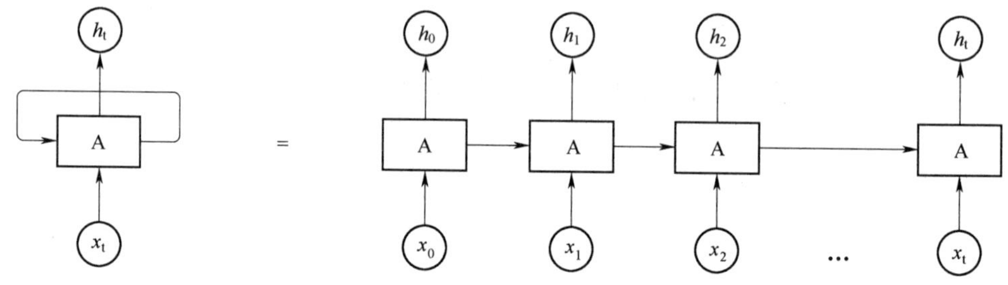

图 15.2 神经网络循环展开图

RNN 的关键点之一就是可以用来连接先前的信息到当前的任务上，使用过去的信息来推测当前信息。相关的信息和预测的词位置之间的间隔是非常小的，RNN 可以学会使用先前的信息。间隔不断增大时，RNN 会丧失学习到连接较远信息的能力。

长期依赖的问题可以通过 LSTM（long short-term memory）方法来解决。LSTM 是长短期记忆网络，是一种时间递归神经网络，适合于处理和预测时间序列中间隔和延迟相对较长的重要事件，其模型如图 15.3 所示。

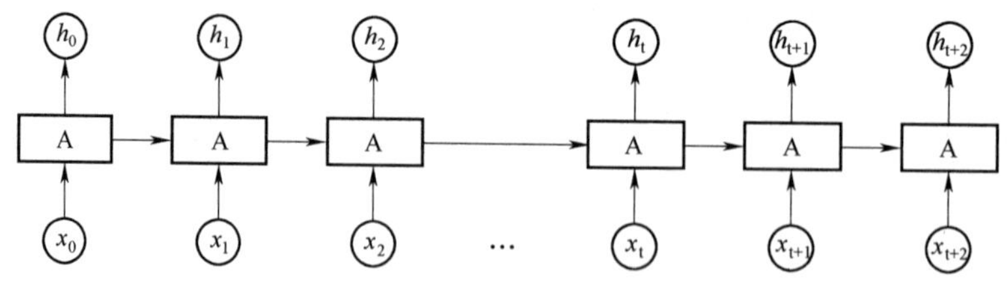

图 15.3 LSTM 神经网络模型

在标准的 RNN 中，重复的模块只有一个非常简单的结构，如一个 tanh 层，如图 15.4 所示。

LSTM 同样是这样的结构，但是重复的模块拥有一个不同的结构。不同于单一神经网络层，这里是 4 个，以一种非常特殊的方式进行交互。LSTM 神经网络中的神经网络层 A 如图 15.5所示。

LSTM 的关键就是细胞状态，水平线在图上方贯穿运行，如图 15.6 所示。细胞状态类似

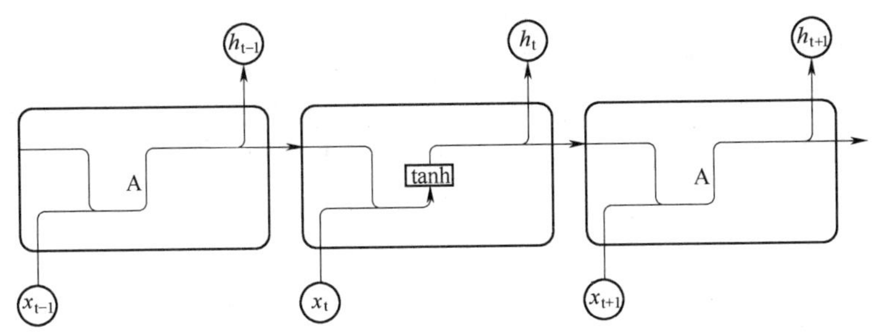

图 15.4　RNN 神经网中的神经网络层 A

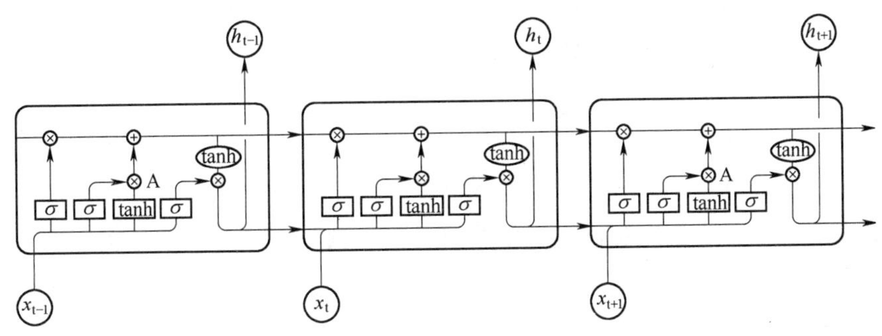

图 15.5　LSTM 神经网络中的神经网络层 A

于传送带。直接在整个链上运行，只有一些少量的线性交互。信息在上面流传保持不变会很容易。

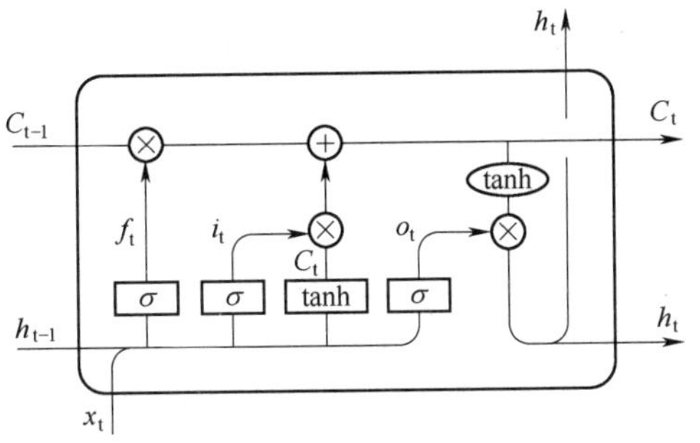

图 15.6　LSTM 神经网络中的水平线

LSTM 有通过精心设计的称为“门”的结构来去除或者增加信息到细胞状态的能力。门是一种让信息选择式通过的方法。它们包含一个 sigmoid 神经网络层和一个 pointwise 乘法操作，其中黄色模块就是学习到的神经网络层，如图 15.7 所示。

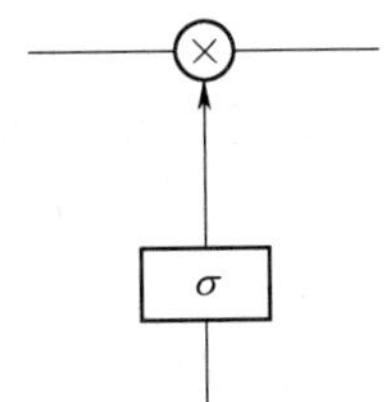

图 15.7　LSTM 神经网络中的门结构

LSTM 拥有三个门，来保护和控制细胞状态，这三个门分别是遗忘门、输入门和输出门。

（1）遗忘门如图 15.8 所示。选择忘记过去某些信息，是决定从细胞状态中丢弃什么信息。这个决定通过一个称为忘记门的层完成。该门会读 h_{t-1} 和 x_t，输出一个在 0 到 1 之间的数值给每个在细胞状态 C_{t-1} 中的数字。1 表示“完全保留”，0 表示“完全舍弃”。其中 h_{t-1} 表示的是上一个 cell 的输出，x_t 表示的是当前细胞的输入，σ 表示 sigmoid 函数。

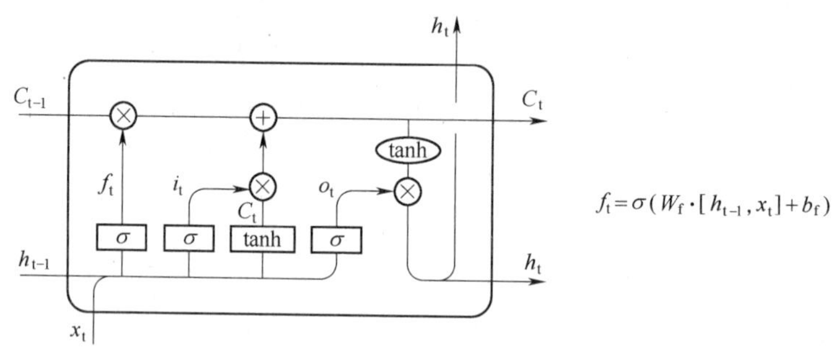

图 15.8　LSTM 神经网络中的遗忘门

（2）输入门。下一步是决定让多少新的信息加入到 cell 状态中来。实现这步需要包括两个步骤，如图 15.9 所示。首先，一个叫作“输入门层”的 sigmoid 层决定哪些信息需要更新；一个 tanh 层生成一个向量，也就是备选的用来更新的内容 $\tilde{C}_t$。在下一步把这两部分联合起来，对 cell 的状态进行一个更新。

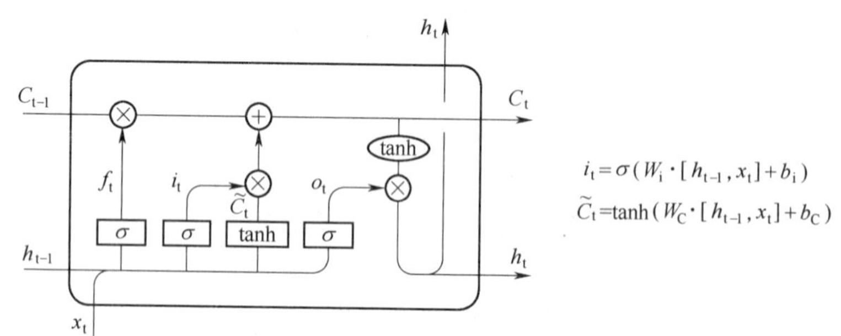

图 15.9　LSTM 神经网络中的新信息生成

现在是更新旧细胞状态的时间了，C_{t-1} 更新为 C_t，如图 15.10 所示。前面的步骤已经决定了将会做什么，现在就是实际去完成。把旧状态与 f_t 相乘，丢弃掉确定需要丢弃的信息，接着加上 $i_t\cdot\tilde{C}_t$。这就是新的候选值，根据决定更新每个状态的程度进行变化。

（3）输出门如图 15.11 所示。要确定输出什么值。这个输出将会基于细胞状态。首先，运行一个 sigmoid 层来确定细胞状态的哪个部分将输出出去。接着，把细胞状态通过 tanh 进行处理（得到一个在-1 到 1 之间的值），并将它和 sigmoid 门的输出相乘，最终仅仅会输出确定输出的那部分。

一个完整的 LSTM 模型如图 15.12 所示。LSTM 模型的记忆功能就是由这些阀门节点实现的。当阀门打开的时候，前面模型的训练结果就会关联到当前的模型计算，而当阀门关闭的时候，之前的计算结果就不再影响当前的计算。因此，通过调节阀门的开关就可以实现早期

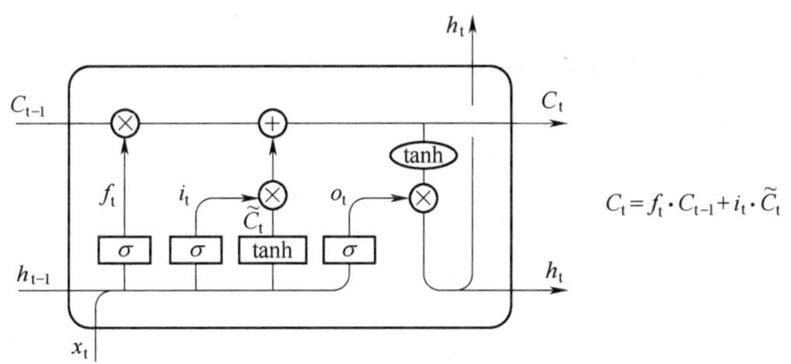

图 15.10　LSTM 神经网络中的信息更新

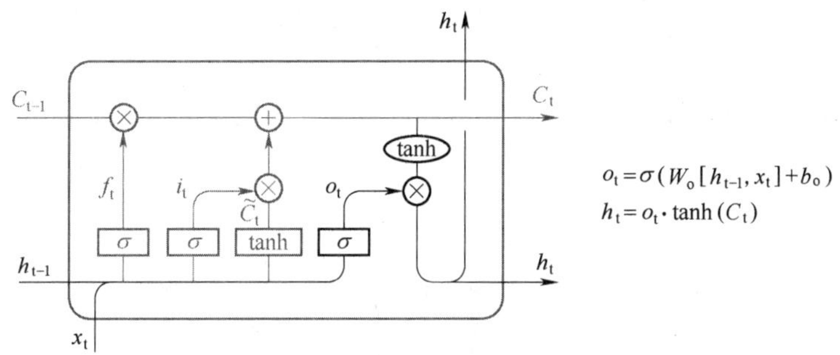

图 15.11　LSTM 神经网络中的输出门

序列对最终结果的影响。实心圆代表对该节点的计算结果输出到下一层或下一次计算；空心圆则表示该节点的计算结果没有输入到网络或者没有从上一次收到信号。

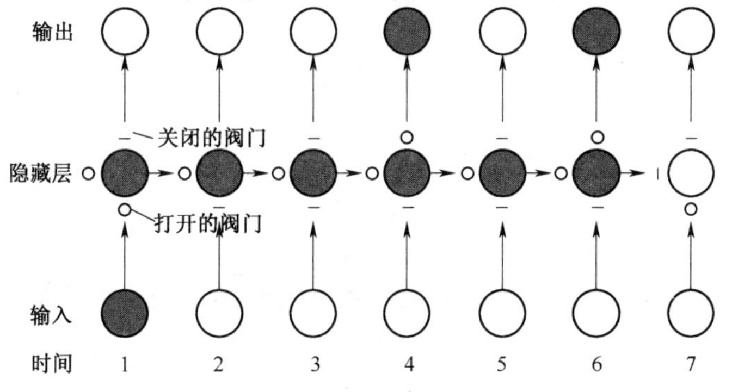

图 15.12　完整 LSTM 模型

15.3　实验步骤及结果

对于结冰预警系统，环境观察变量有路面温度、冰点温度、摩擦系数、水膜厚度（μm）、含冰量（%）、路面状况等。LSTM 模型训练过程如图 15.13 所示。

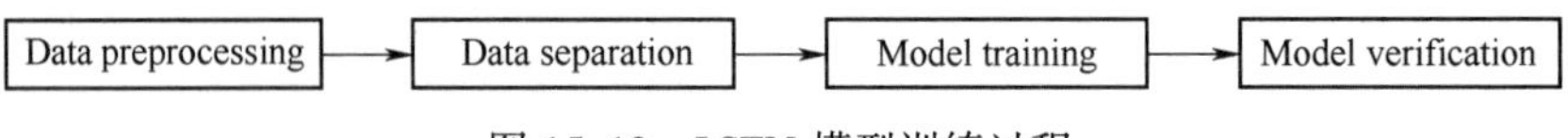

图 15.13　LSTM 模型训练过程

利用 LSTM 神经网络模型对结冰预警进行预测，其输入为观察到的各种数据，输出为结冰预警值，其预测过程如图 15.14 所示。

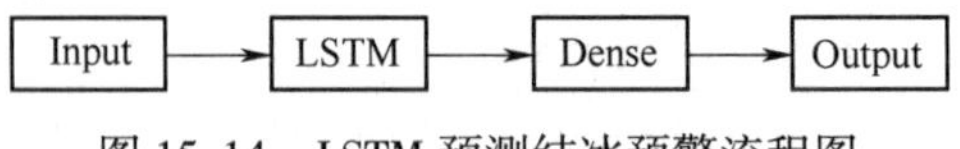

图 15.14　LSTM 预测结冰预警流程图

选取的二环南高架某点观测数据如图 15.15 所示。数据时间为 2016 年 12 月 5—26 日。

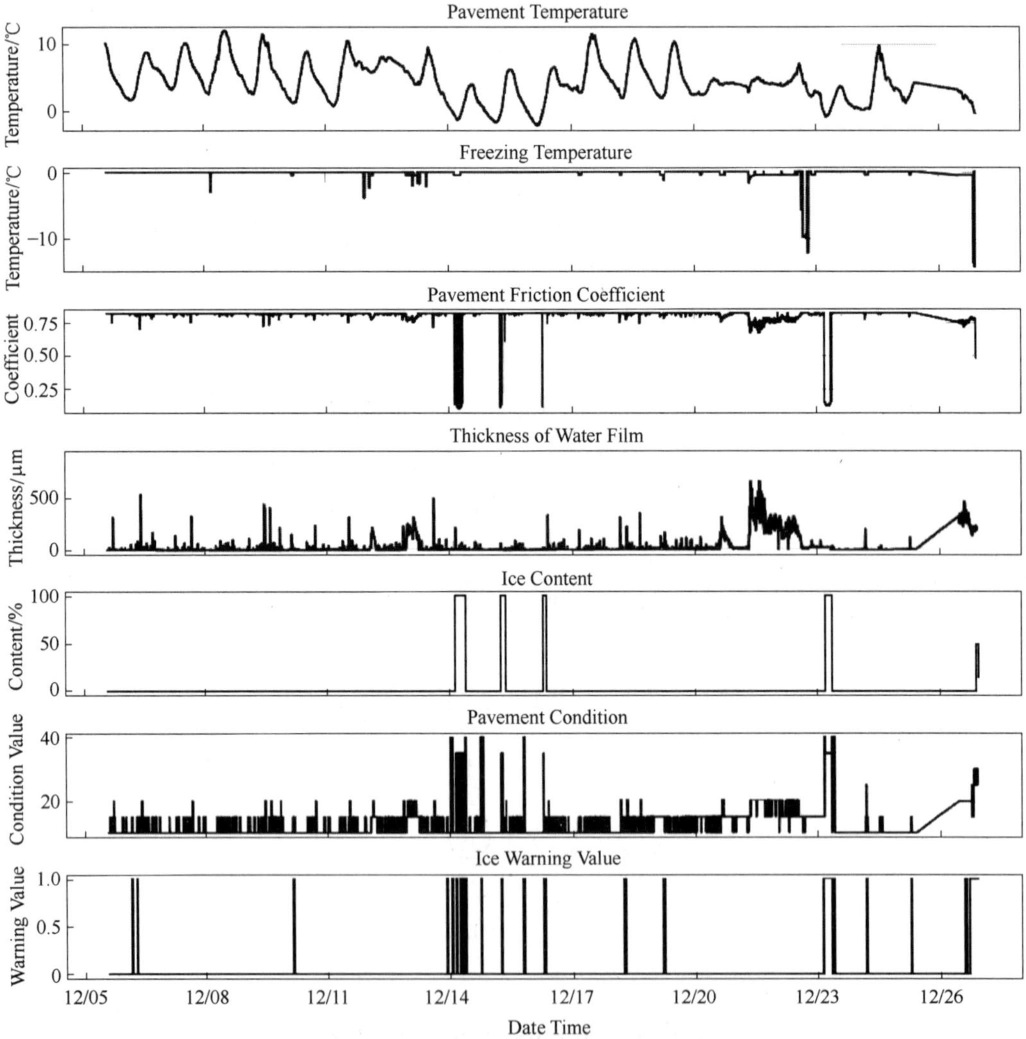

图 15.15　二环南高架某点观测数据

该数据一共有 20 d 左右的观测数据，该数据分割成训练数据和验证数据两部分，前 10 d 的数据为训练数据，后 10 d 的数据为验证数据。对训练数据进行训练，得到 LSTM 模型。利用该模型来对验证数据进行测试，验证模型预测数据与实际观测数据是否一致。预测的路面温度与实际观测温度比较图如图 15. 16 所示。预测的结冰预警与实际观测值比较图如图 15. 17 所示。

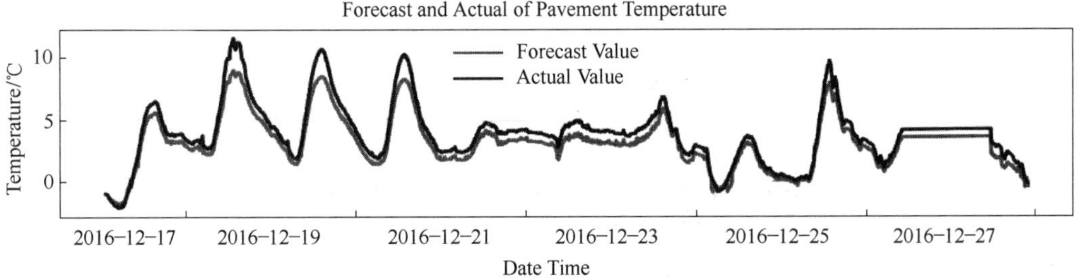

图 15. 16　预测的路面温度与实际观测温度比较图

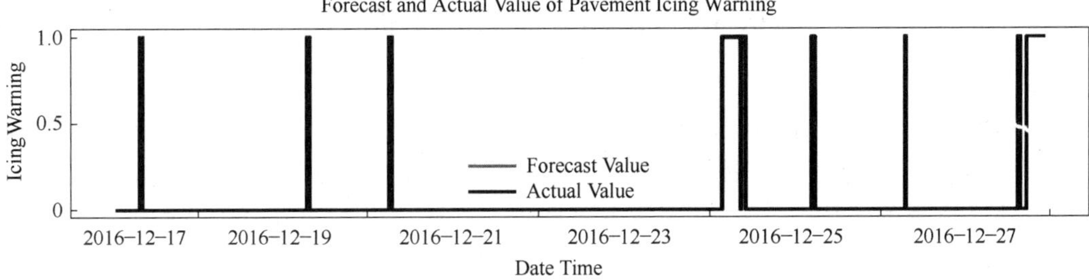

图 15. 17　预测的结冰预警与实际观测值比较图

把该模型用于不同地点的结冰预警和路面温度预测，其预警预测值和实际值比较图如图 15. 18所示。路面温度预测值与实际值比较图如图 15. 19 所示。

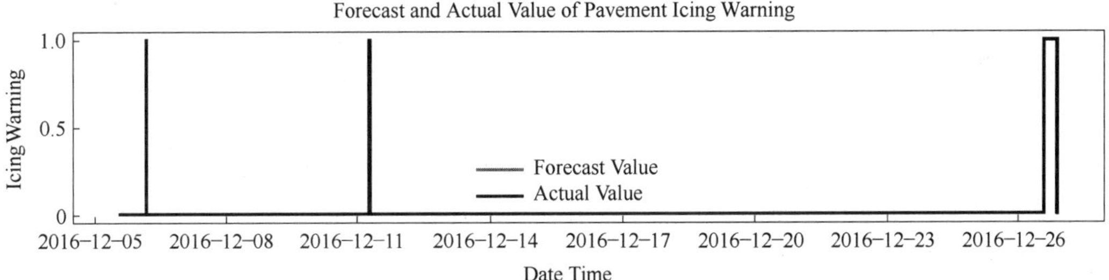

图 15. 18　不同地点的结冰预警预测值与实际值比较图

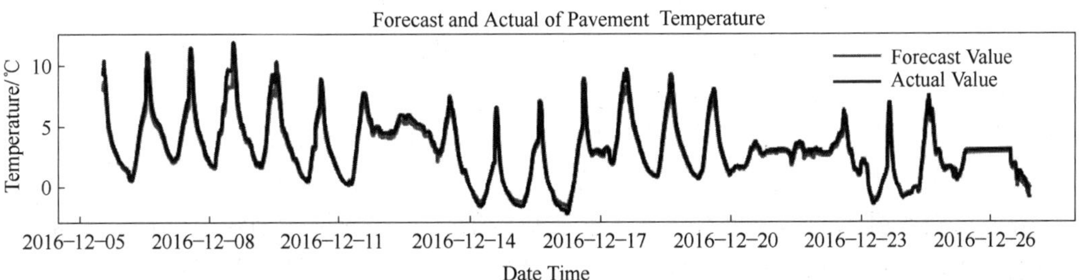

图 15. 19　不同地点的路面温度预测值与实际值比较图

通过对神经网络进行系统性分析可知：递归神经网络可以用来进行冰点预测，但是预测的准确性尚需要进一步测试。

第 16 章 固定喷淋式系统技术理论分析

16.1 凝冰信息检测概述

路面温度会随着气温的下降而降低，当大气降水、空气湿度过高时，在低温路面便会形成结冰（黑冰）、结霜、积雪、冰雪等现象。当空气温度略低于 0 ℃时，路面最易发生凝冰。我国南方地区出现的冻雨是产生凝冰的主要诱因，其厚度一般可达 10~20 mm，最厚的达 200 mm以上。而在北方地区，少量降雪后，白天较高的气温使路面上的雪逐渐融化，在夜间气温又降至 0 ℃以下，融化的雪立即凝结成冰，出现冰层覆盖地表，也可以形成路面凝冰，也称“黑冰”“暗冰”，被普遍解释为冬天或气温低于 0 ℃时，在柏油路上结成的薄冰。“黑冰”主要依靠空气中的水蒸气凝结形成，其含有的杂质较路面积水或大气降水形成的路面后期结冰要少很多，显得更为纯净，具有很高的光学透性，因此也更难察觉，带来安全隐患。凝冰（黑冰）的形成与冻雨有关，在南方地区，凝结在路面的冻雨便是凝冰。

另外，路面水膜也会形成凝冰。凝冰的形成不仅仅与降雪、冻雨有关，在适当的条件下，即使没有发生降水、降雪等，空气中的水蒸气仍有可能以析出的方式在路面液化，当路面温度低于 0 ℃时，液化的水膜凝固成薄冰，也会形成凝冰路面。这种路面凝冰的形成过程集中出现在冬季夜间空气湿度大的地区，除了具有普通凝冰难以察觉和湿滑的危害外，更不利的特点是很难被预报预测，严重影响道路交通安全。

除了降雪、降雨等因素可以引起路面凝冰外，在适当的天气条件下，路面也完全有可能被极薄的冰晶覆盖。路面冰霜的形成不仅和当时的天气条件有关，而且与路面的属性也有关。当路面温度很低，而近地面的空气温度较高时，空气和路面之间有一个温度差，如果路面与空气之间的温度差主要是由路面辐射冷却造成的，则在较暖的空气和较冷的路面相接触时空气就会冷却，达到水汽过饱和的时候多余的水汽就会析出。如果路面温度在当前路面冰点温度以下，则多余的水汽就在物体表面上凝结为冰晶，形成纯净的薄冰。

此外，风对于凝冰的形成也有影响。在微风的时候，空气缓慢地流过路面，不断地供应着从附近的水域中蒸发出来的水蒸气，有利于冰霜形成。但是，风大的时候，由于空气流动过快，其接触路面的时间太短，且上、下层的空气容易互相混合，不利于温度降低，也会妨碍凝冰的形成。空气中相对湿度超过 100%时，水蒸气一般会凝结出来。当公路表面温度低于附近空气露点温度时，空气中的水蒸气就会在路面上凝结，物体表面出现结露现象。当公路表面温度低于冰点温度（如果该路段未使用融冰剂等化学物质，在标准大气压下，环境温度为 0 ℃）时，析出的露水经过一段时间后有可能凝固成为薄冰，在温度足够低且路面上方有低温度空气对流的情况下，水蒸气也有可能直接凝华形成冰霜。英国气象局针对凝冰与气象条件进行了试验研究，并分析温度、风向、风速和结冰具有较好的一致性。通过大量的观测数据发现气温介于-10~0 ℃、相对湿度大于 80%、风速为 0~10 m/s、风向比较固定时，凝冰易形成。

16.2　凝冰信息采集常用技术

为了提高系统凝冰预测的准确性，降低系统误动作以及降低车辆行驶危险系数，所以本系统需要测量被布设路段的多种路面参数和气象参数，包括路面温度、路面水膜厚度、大气温度、大气湿度、风速、风向等[83-85]。

1. 路面温度和大气温度检测技术

检测路面温度和大气温度的常用技术有以下两种。

（1）电容式传感器技术。温度传感器的工作原理是基于不同材料热膨胀系数的失配和弹性电介质的电致伸缩增强效应。温度变化时在材料间热膨胀失配效应的作用下，使敏感结构产生弯曲变形，也产生了相应的应力。同时在电致伸缩增强效应的作用下，电容式温度传感器电极之间电介质的介电常数随应力的改变而产生相应的变化，通过检测电容的变化即可测得温度的变化。

（2）红外温度传感器技术。利用辐射热效应，使探测器件接收辐射能后引起温度升高，进而使传感器中一栏与温度的性能发生变化。检测其中某一性能的变化，便可探测出辐射。多数情况下是通过赛贝克效应来探测辐射的，当器件接收辐射后，引起一非电量的物理变化，也可通过适当变化变为电量后进行测量。

2. 路面水膜厚度检测技术

检测路面水膜厚度的技术方法有以下两种。

（1）电容式水膜厚度检测技术。通过电容传感器将两固定极板之间被测水膜厚度的变化转换成电容量的变化，再通过传感器内部的芯线将电容信号送至后续信号调理转换电路，将其转换成与电容相对应的电压输出，最后通过电路原理分析得出电压与水膜厚度两者之间的函数关系式。该方法相比于电导法不干扰水膜的流场，是一种非接触的测量方法；相比于光学测量法不仅具有性价比高的优势，而且克服了采用光学测量法对于环境和安装条件要求苛刻的限制。综合分析，本课题采用电容传感器对水膜厚度进行测量。采用电容法测量的是传感器探头金属有效测量面积内对应的平均水膜厚度，与降膜蒸发倾斜板上流动的水膜面积相比较而言，该测量处的平均水膜厚度面积可看作倾斜板面积中的一个测量点。既具有水膜测试点处膜厚值的代表性，又能满足膜厚测量的精度要求。

（2）微波式水膜厚度测试技术。基于微波反射原理的水膜厚度检测传感器工作原理。当微波在不同介质中传输的时候，由于特性阻抗的变化，微波的幅度和相位等参数会发生变化。本书中的水膜厚度检测传感器就是基于此原理实现的。水膜厚度检测传感器通过压控振荡器产生微波信号，然后天线将微波信号发射出去，并由接收天线接收反射波。微波检测器同时比较入射波和反射波，输出相应的电压值。

3. 大气湿度测量技术

湿敏元件是最简单的湿度传感器。湿敏元件主要有电阻式、电容式两大类。

湿敏电阻的特点是在基片上覆盖一层用感湿材料制成的膜，当空气中的水蒸气吸附在感湿膜上时，元件的电阻率和电阻值都发生变化，利用这一特性即可测量湿度。

湿敏电容一般是用高分子薄膜电容制成的，常用的高分子材料有聚苯乙烯、聚酰亚胺、酪酸醋酸纤维等。当环境湿度发生改变时，湿敏电容的介电常数发生变化，使其电容量也发生变化，其电容变化量与相对湿度成正比。

4. 风向测量技术

风向传感器有光电式、电压式和电子罗盘式。光电式风向传感器的核心采用绝对式格雷码盘编码（四位格雷码或七位格雷码），利用光电信号转换原理，可以准确地输出相对应的风向信息；电压式风向传感器的核心采用精密导电塑料传感器，通过电压信号输出相对应的风向信息；电子罗盘式风向传感器的核心采用电子罗盘定位绝对方向，通过 RS-485 接口输出风向信息。

5. 风速测量技术

风速传感器有很多种分类，主要可以分为皮托管式风速传感器、螺旋桨风速传感器、霍尔效应电磁风速传感器、热线式风速传感器以及超声波式风速传感器等。超声波式风速传感器主要是利用超声波时差法来实现风速的测量，声音在空气中的传播速度会和风向上的气流速度叠加。若超声波的传播方向与风向相同，它的速度就会加快；反之，它的速度会变慢。因此，在固定的检测条件下，超声波在空气中传播的速度可以和风速函数相对应。通过计算即可得到精确的风速和风向。螺旋桨风速传感器主要是由螺旋桨叶片、传感器轴、传感器支架以及磁感应线圈等组成。它利用的是流动空气的动能来推动传感器的螺旋桨旋转，然后通过螺旋桨的转速求出流过末端装置的空气流速。

16.3 喷淋控制技术

在本系统中 PLC（programmable logic controller，可编程逻辑控制器）通过定时（按照采样时间）执行 PID（proportional integral、derivative，比例-积分-微分）功能块，按照 PID 运算规律，把经过反复实验得出较为理想的比例-积分-微分数值作为基本固定设定值。当启动喷淋时，系统运行时每个喷头达到喷淋效果时会给定一个固定压力值，然后以管道中压力传感器检测出的实时压力值为反馈值，计算后得出的电压信号便是输出值。输出信号利用电缆与变频器的对应输入口连接，转化为可控频率（范围为 0~50 Hz），进而达到恒压喷淋的目的。

但是在实际工程中，由于管道壁与阀件会随着管道的延长与数量的增多对管道内溶液压力造成损失，使得远离水泵端的喷头喷淋压力在水泵出水压力恒定的情况下会随着管道距离的延长而降低，使得达不到喷淋效果。因此，在管道压力控制设计时每一段距离内的喷头对应不同的水泵运行频率，末端喷头对应的水泵运行频率最高。为了方便控制，以距离水泵最近的喷头为一号，随着距离延长，喷头号依次递增。在设计程序时以喷头编号为触发信号，实时改变输入 PID 模块的设计压力定值。

恒压输水技术与变压输水技术相结合能够控制喷头喷射出冰液的距离由近及远、由远及近地来回切换，能够有效地保证路面覆盖的均匀度，进一步提升喷淋效果。

为了能够适应偏远山区及高海拔地区后期维护困难的特点，加装备用水泵回路，如果系统喷淋启动，检测原有水泵出现故障系统可快速地控制电动阀切换到设备运行良好的备用管道，继续执行喷淋任务，提升了系统的稳定性。

第 17 章 固定喷淋式系统硬件设计

17.1 系统整体结构设计

随着社会的进步，科技的不断创新发展，为了节省人力资源的投入，增强控制系统的响应速度，提高控制系统的精确性，智能化的控制系统在工业化生产以及人们的日常生活中越来越重要。

本系统采用智能式全自动控制电气设备喷淋技术方案，包括中央控制处理单元，路面、气象数据采集单元，管道参数采集单元，变频调压控制单元，喷头控制单元，本地人机界面监控单元，远程监控单元[86-87]。

中央控制处理单元主要用来分析处理各类型传感器反馈的数据，根据智能控制算法判断系统是否达到喷淋条件，达到喷淋条件后中央控制器会下发执行控制命令，否则不做任何处理动作。

路面、气象数据采集单元由路面传感器、气象传感器及其附属模块组成，传感器接收中央控制单元的轮询命令，实时反馈已经采集到的路面、气象数据，包括路面温度、路面水膜厚度、溶液冰点、路面含冰量、路面摩擦系数、路况条件、大气温度、大气相对湿度、风速、风向、降水量、降水类型。

管道参数采集单元由压力计、流量计、液位计及其附属模块组成，传感器实时向中央控制器传送采集到的数据，包括主管道内的压力值、瞬时流量值以及除冰液储液罐内的液位值。

变频调压控制单元由变频器、水泵及其附属模块组成，作为执行元件实时等待控制器下发的工作命令，工作中变频器会根据中亚控制器设定好的 PID 算法控制水泵的转速，调节管道压力始终保持在适合的范围内。

喷头控制单元由电磁阀、喷头及其附属模块组成，在中央控制器判断达到喷淋条件后喷头控制单元接收到开启运行命令。电磁阀编号与喷头编号一一对应。

本地人机界面单元由触摸屏及其附属模块组成，经过组态软件的编辑触摸屏中可实时显示各传感器参数、系统运行状态、控制系统运行等。

远程监控单元由远程无线传输 DTU（数据传输单元）设备、服务器设备、远程终端（手机）设备及其附属模块，中央控制器会通过远程无线传输 DTU 设备向服务器实时上传系统运行参数及状态，同时服务器也可以通过远程无线传输 DTU 设备向中央控制器发送远程遥控命令。远程终端设备通过专用软件可实时调取服务器中系统的数据。

系统喷淋控制技术结构框图如图 17.1 所示。

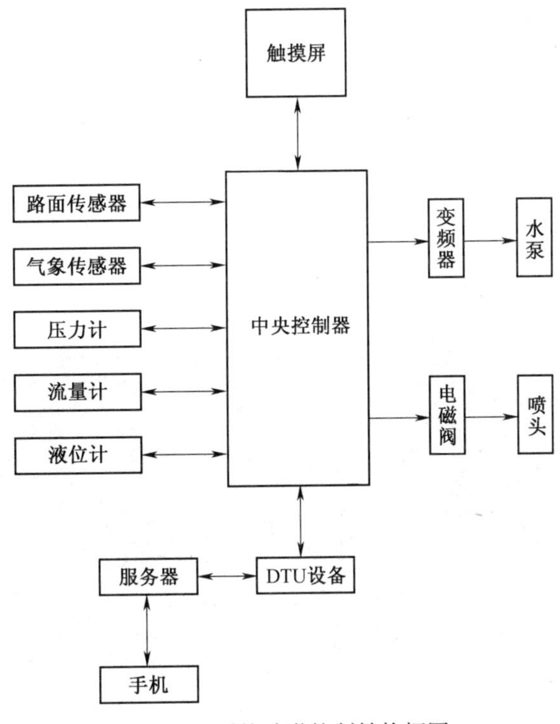

图 17.1　系统喷淋控制结构框图

17.2　控制器选择

17.2.1　中心控制器

控制器是整个系统的核心，由于本系统的建设站点大部分分布在室外环境相对恶劣的路段，为了提高系统的抗干扰能力，本系统不采用单片机及其附属元器件。本系统利用能够适应工业环境而且集成性较高的 PLC 及其附属模块作为系统的中心控制器[86-87]。

本系统采用的 S7-200 是一种小型的可编程控制器，适用于各行各业，各种场合中的检测、监测及控制的自动化。S7-200 系列的强大功能使其无论在独立运行中或相连成网络中皆能实现复杂控制功能。因此，S7-200 系列具有极高的性能/价格比。

S7-200 系列出色表现在以下几个方面。

（1）极高的可靠性。

（2）极丰富的指令集。

（3）易于掌握。

（4）丰富的内置集成功能。

（5）实时特性。

（6）强劲的通信能力。

（7）丰富的扩展模块。

S7-200 由 CPU221/222/224/224XP/226/CPU226CN 组成。本系统选用 CPU226 作为控制器。

本机集成 24 输入/16 输出共 40 个数字量 I/O（输入/输出）点。可连接 7 个扩展模块，最大扩展至 248 路数字量 I/O 点或 35 路模拟量 I/O 点。2 个 RS-485 通信/编程口，具有 PPI 通信协议、MPI 通信协议和自由方式通信能力。用于较高要求的控制系统，具有更多的输入/输出点、更强的模块扩展能力、更快的运行速度和功能更强的内部集成特殊功能。CPU226CN 的实物图如图 17.2 所示。

图 17.2　CPU226CN 的实物图

17.2.2　模拟量扩展模块 EM235

本系统采用压力传感器、液位传感器和流量计来检测管道压力与流量。压力传感器、液位传感器和流量计都是 4~20 mA 的传感器，系统需要一个模拟量模块来采集信号。EM235 是最常用的模拟量扩展模块，它实现了 4 路模拟量输入和 1 路模拟量输出功能。EM235 模块实物图如图 17.3 所示。

图 17.3　EM235 模块实物图

对于某一模块，只能将输入端同时设置为一种量程和格式，即相同的输入量程和分辨率。表 17.1 说明如何用 DIP 开关设置 EM235 扩展模块，开关 1~6 可选择输入模拟量的单/双极性、增益和衰减。

表 17.1　DIP 开关设置

EM235 开关						单/双极性选择	增益选择	衰减选择
SW1	SW2	SW3	SW4	SW5	SW6			
					ON	单极性		
					OFF	双极性		
			OFF	OFF			X1	
			OFF	ON			X10	
			ON	OFF			X100	
			ON	ON			无效	
ON	OFF	OFF						0.8
OFF	ON	OFF						0.4
OFF	OFF	ON						0.2

由表 17.1 可知，DIP 开关 SW6 决定模拟量输入的单双极性，当 SW6 为 ON 时，模拟量输入为单极性输入，SW6 为 OFF 时，模拟量输入为双极性输入。SW4 和 SW5 决定输入模拟量的增益选择，而 SW1、SW2、SW3 共同决定了模拟量的衰减选择。根据表 17.1 中 6 个 DIP 开关的功能进行排列组合，所有的输入设置见表 17.2。

表 17.2　量程选择

单极性						满量程输入	分辨率
SW1	SW2	SW3	SW4	SW5	SW6		
ON	OFF	OFF	ON	OFF	ON	0~50 mV	15.5 μV
OFF	ON	OFF	ON	OFF	ON	0~100 mV	25 μV
ON	OFF	OFF	OFF	ON	ON	0~500 mV	125 μA
OFF	ON	OFF	OFF	ON	ON	0~1 V	250 μV
ON	OFF	OFF	OFF	OFF	ON	0~5 V	1.25 mV
ON	OFF	OFF	OFF	OFF	ON	0~20 mA	5 μA
OFF	ON	OFF	OFF	OFF	ON	0~10 V	5.5 mV
双极性						满量程输入	分辨率
SW1	SW2	SW3	SW4	SW5	SW6		
ON	OFF	OFF	ON	OFF	OFF	±25 mV	15.5 μV
OFF	ON	OFF	ON	OFF	OFF	±50 mV	25 μV
OFF	OFF	ON	ON	OFF	OFF	±100 mV	50 μV
ON	OFF	OFF	OFF	ON	OFF	±250 mV	125 μV
OFF	ON	OFF	OFF	ON	OFF	±500 mV	250 μV
OFF	OFF	ON	OFF	ON	OFF	±1 V	500 μV
ON	OFF	OFF	OFF	OFF	OFF	±5.5 V	1.25 mV
OFF	ON	OFF	OFF	OFF	OFF	±5 V	5.5 mV
OFF	OFF	ON	OFF	OFF	OFF	±10 V	5 mV

6 个 DIP 开关决定了所有的输入设置。也就是说开关的设置应用于整个模块，开关设置也只有在重新上电后才能生效。图 17.4 给出了 12 位数据值在 CPU（中央处理器）的模拟量输入字中的位置。

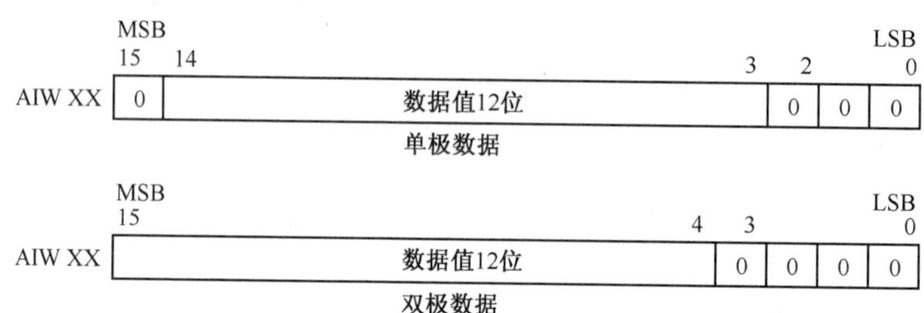

图 17.4 数据值格式

可见，模拟量到数字量转换器（ADC）的 12 位读数是左对齐的。最高有效位是符号位，0 表示正值。在单极性格式中，3 个连续的 0 使得模拟量到数字量转换器（ADC）每变化 1 个单位，数据字则以 8 个单位变化。在双极性格式中，4 个连续的 0 使得模拟量到数字量转换器每变化 1 个单位，数据字则以 16 为单位变化。图 17.5 给出了 12 位数据值在 CPU 的模拟量输出字中的位置。

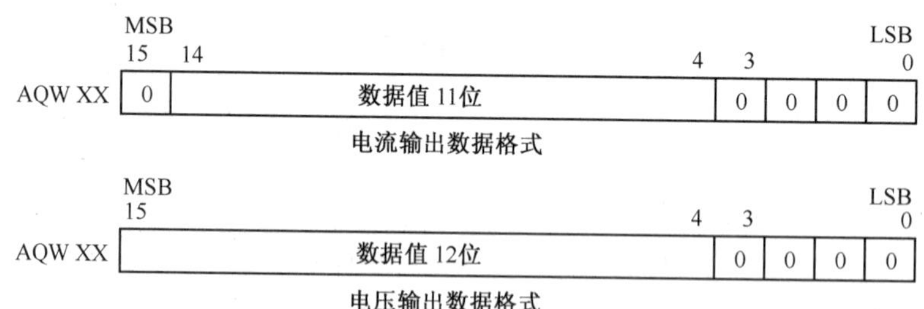

图 17.5 数据字格式

数字量到模拟量转换器（DAC）的 12 位读数在其输出格式中是左端对齐的，最高有效位是符号位，0 表示正值。

假设模拟量的标准电信号是 A0~Am（如 4~20 mA），A/D 转换后数值为 D0~Dm（如 6 400~32 000），设模拟量的标准电信号是 A，A/D 转换后的相应数值为 D，由于是线性关系，函数关系 A=f（D）可以表示为数学方程：

$$A=(D-D0)\times(Am-A0)/(Dm-D0)+A0$$

根据该方程式，可以方便地根据 D 值计算出 A 值。将该方程式逆变换，得出函数关系 D=f（A）可以表示为数学方程：

$$D=(A-A0)\times(Dm-D0)/(Am-A0)+D0$$

具体举一个实例，4~20 mA 为例，经 A/D 转换后，得到的数值是 6 400~32 000，即 A0=4，Am=20，D0=6 400，Dm=32 000，代入公式，得出

$$A=(D-6\,400)\times(20-4)/(32\,000-6\,400)+4$$

假设该模拟量与 AIW0 对应，则当 AIW0 的值为 12 800 时，相应的模拟电信号是 6 400×

16/25 600+4=8 mA。

又如，某压力传感器，0~1.6 MPa 与 4~20 mA 相对应，以 P 表示压力值，AIW0 为 PLC 模拟量采样值，则根据上式直接代入得出

$$P=1.6\times(\mathrm{AIW0}-6\,400)/25\,600$$

可以用 P 直接显示压力值。

17.2.3　PROFIBUS-DP 通信扩展模块 EM277

本系统需要 3 个通信口来分别连接触摸屏、GPRS 远程通信模块和被动式路面传感器、继电器控制板卡，但 CPU226 只有 2 个串行通信口，所以要扩展一个通信口。本系统扩展一个 EM277 和触摸屏进行通信。

EM277 PROFIBUS-DP 扩展从站模块，可将 S7-200 CPU 连接到 PROFIBUS-DP 网络。EM277 经过串行 I/O 总线连接到 S7-200 CPU。PROFIBUS 网络经过其 DP 通信端口，连接到 EM277 PROFIBUS-DP 模块。这个端口可运行于 9 600 波特率和 12 M 波特率之间的任何 PROFIBUS 波特率。作为 DP 从站，EM277 模块接收从主站来的多种不同的 I/O 配置，向主站发送和接收不同数量的数据。

EM277 能读写 S7-200 CPU 中定义的变量数据块。这样，使用户能与主站交换任何类型的数据。首先将数据移到 S7-200 CPU 中的变量存储器，就可将输入、计数值、定时器值或其他计算值传送到主站。类似地，从主站来的数据存储在 S7-200 CPU 中的变量存储器内，并可移到其他数据区。EM277 PROFIBUS-DP 模块的 DP 端口可连接到网络上的一个 DP 主站上，但仍能作为一个 MPI 从站与同一网络上如 SIMATIC 编程器或 S7-300/S7-400 CPU 等其他主站进行通信。EM277 实物图如图 17.6所示。

图 17.6　EM277 实物图

17.3　气象及路况检测传感器选择

路面及气象传感器在实际的工程应用中不仅要能够精确地测量上述各类数据，还要能够在特殊的工作环境下使用。所以需要传感器在结构、工作稳定性和封装技术等方面进行设计。

（1）传感器结构。路面凝冰预警智能传感器埋设于高速公路路面，以探测路面凝冰信息，由于道路环境的特殊性，传感器除了受到来往车辆高频荷载的作用之外，季节和天气的变化、化学侵蚀（酸雨、土壤中的化学物质、车辆可能带来的化学侵蚀）也会影响传感器的使用寿命，因此，传感器的结构与材料设计直接决定其寿命。

（2）工作稳定性。对于路面凝冰预警智能传感器，材料性能的稳定性直接决定了传感器探测路面凝冰信息的精确度。经常更换或标定传感器不仅会增加成本，而且还会造成道路通行能力的下降，因此，要求传感器能够长期可靠地稳定运行。

（3）封装技术。由于路面凝冰预警智能传感器长期在野外条件下工作，经受各类荷载汽车的重压，因此，有必要开发有别于传统传感器的封装材料和封装技术，保证预警传感器在长期重型荷载条件下的耐久性。

17.3.1 路面传感器的选择

现如今路面传感器分为嵌入式和非嵌入式两种。

嵌入式路面传感器采用独特的电容检测技术、微波雷达技术，结合多参数融合算法，通过检测传感器监测面的不同物质状态：结冰、结冰厚度、积水等条件下的电容值，并集成温度检测以及温度补偿技术进行结冰以及结冰厚度的监测。

遥感式路面传感器利用光学原理，水对不同波长的光吸收不同，所以路面水膜的变化会使路面光谱属性发生变化。或利用红外光谱法，当一束具有连续波长的红外光通过物质，物质分子中某个基团的振动频率和红外光的频率一样时，分子就吸收能量，由原来的基态振动能级跃迁到能量较高的振动能级，分子吸收红外辐射后发生振动能级的跃迁，该处波长的光就被物质吸收。将分子吸收红外光的情况用仪器记录下来，就能得到红外光谱图，根据不同的红外光谱图可以鉴别不同的物体。例如，路赋德的遥感式路面传感器 NIS31-UMB。

为了达到精确测量以及节约成本、方便施工的目的，需要把所测量数据所用到的测量传感器集成到一个单个的装置上，使得测量仪器体积减小，便于安装、运输。本系统采用德国路赋德的被动式路面传感器 IRS31-UMB 和主动式路面传感器 ARS31-PRO，两者结合使用使得测量数据更加精准。

路赋德路面传感器采用独特的电容检测技术、微波雷达技术，结合多参数融合算法，通过检测传感器监测面的不同物质状态：结冰、结冰厚度、积水等条件下的电容值，并集成温度检测以及温度补偿技术进行结冰以及结冰厚度的监测。

被动式路面传感器 IRS31-UMB 实物如图 17.7 所示。

图 17.7 被动式路面传感器 IRS31-UMB 实物

IRS31-UMB 被动式传感器是一款嵌入式传感器。由两种外壳组成，上表层是硬质耐磨塑料，其他为硬质合金材料，使得传感器封装更加紧密，耐久性更好，稳定性更强。凝冰预警智能传感器用于检测路面真实结冰温度点、路面温度、路面下温度、路面状态、路面水膜厚度等参数，同时还提供路面结冰早期预警信息和盐浓度参考值。该传感器可以检测路面上任何种类的盐溶液的真实结冰点，可以检测多达十几种类型的路面状态。该传感器可用于冬季道路和桥梁道路的防结冰管理，也可用于恶劣天气预警监测管理系统。此传感器采用可拆卸方式，当道路维修时，可将其核心部件取出，以减少成本损失。被动式路面传感器技术参数见表 17.3。

表 17.3　被动式路面传感器技术参数

技术参数	规格	直径 120 mm，高度 50 mm
	质量/g	800
	可测量的路面状态	干燥、潮湿、冰/雪、残余含盐量、冻雨
	额定电流/mA	<200
	接口	RS-485，波特率：2 400~38 400 b/s（标准 19 200b/s）
	防护等级	IP68
	工作电压	9~14 V/DC 标准 12 V
	工作温度/℃	-40~70
	工作湿度/%	0~100
道路表面温度	原理	NTC 负温度系数
	测量范围/℃	-40~70
	精度/℃	±0.2（-10~10），其他 0.5
	分辨率/℃	0.1
水膜厚度	原理	微波雷达
	测量范围/mm	0~4
	精度/mm	±0.1
	分辨率/mm	0.01

主动式路面传感器 ARS31-PRO 实物如图 17.8 所示。

图 17.8　主动式路面传感器 ARS31-PRO 实物

传感器可利用主动技术，对路表面液体直接冷却降温，直至结冰产生，从而获得当前真实的结冰温度，这种方法不受融雪剂成分的影响，是最真实的结冰温度。主动式路面传感器技术参数见表 17.4。

表 17.4 主动式路面传感器技术参数

技术参数	规格	直径 120 mm，高度 50 mm
	质量/g	900
	可测量的路面状态	干燥、潮湿、冰/雪、残余含盐量、冻雨
	功耗/W	大约 30
	接口	RS-485，波特率：2 400~38 400 b/s（标准 19 200b/s）
	防护等级	IP68
	工作电压	9~36 V/DC 标准 24 V
	工作温度/℃	-40~70
	工作湿度/%	0~100
冰点温度	原理	主动冷却和加热传感器
	测量范围/℃	-20~0
	精度/℃	±0.5（>-15） ±1.5（<-15）
	分辨率/℃	0.1

17.3.2 气象传感器的选择

气象传感器具有低成本、长寿命、智能化的特点，可以适应长期工作于工况恶劣的野外环境，满足全天候、多功能及探测精度高等要求。

（1）低成本。全天候实时探测系统建设路段气象信息，是本系统对气象传感器的基本要求，随着高速公路通行里程的增加，高危路段对气象传感器的需求也随之增长，因此气象传感器需要降低成本以适应市场需求。

（2）长寿命。与传统的传感器不同，本系统所用的气象传感器必须建设于道路旁边，长期暴露在大气环境中，因此，要保证传感器能够长期、可靠、稳定地工作于恶劣的野外工况，传感器的长寿命特点可避免由于对其维护而造成的高速公路通行能力下降现象。

在测量大气状况时可采用以下两种方案。

方案一：集成式气象传感器，把测量数据所用到的测量传感器集成到一个单个的装置上，使得测量仪器体积减小，便于安装、运输。通过电容式传感器元件测量相对湿度；使用精确的负温度系数元器件（NTC）测量气温；采用 24 kHz 多普勒雷达感知每一滴雨滴与每一片雪花，同时根据雨滴与雪花降落速度的不同来区分降水类型，利用雨滴（雪花）的降落速度与大小计算降水量和降水强度；采用超声波发送接收器检测风速和风向。集成多功能气象仪体积小，便于安装维护，但是成本较高。

集成多功能气象仪实物如图 17.9 所示。

方案二：非集成式气象传感器，利用单个的气象数据检测设备自行组装。利用温湿度传感器检测空气温度和空气相对湿度，利用风杯式仪测量风速，利用风向标测量风向，利用电容式传感器测量降水状况，利用降水测量斗测量降水量。非集成式气象传感器需要进行二次电路设计，占用空间相对较大，安装维护较为不便，但是价格相对便宜。非集成式气象传感器组装后实物如图 17.10 所示。

图 17.9　集成多功能气象仪实物

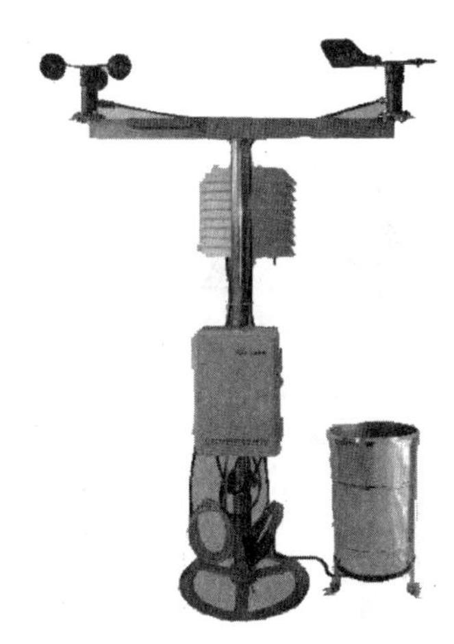

图 17.10　非集成式气象传感器组装后实物

由于本系统安装地点环境较为复杂恶劣，综合考虑后选择集成多功能气象仪。气象传感器通过电容式传感器元件测量相对湿度；使用精确的负温度系数元器件（NTC）测量气温；采用 24 kHz 多普勒雷达感知每一滴雨滴与每一片雪花，同时根据雨滴与雪花降落速度的不同来区分降水类型，利用雨滴（雪花）的降落速度与大小计算降水量和降水强度；采用超声波发送接收器检测风速和风向。

17.3.3　喷淋系统工况检测设计

由于本系统可以无须人员值守自动运行，工作人员怎样才能远程检测喷淋系统运行工况呢？本系统采用系统实时数据及状态远程传输监控与现场实时画面远程监控相结合的方式。

系统实时数据远程传输监控可以实时查看现场路面、气象及系统运行数据，查看系统各个工控元器件的工作状态，也可以远程遥控系统实施喷淋操作，查看系统运行日志，查看系统运行历史数据。

工作流程：各类传感器将检测到的数据实时反馈回控制器，控制器经过解析处理后，利用 S7-200 中的一个通信口经过无线 DTU 设备发送到云端服务器，由服务器向手机客户端实时发送更新数据及状态。系统实时数据及状态远程监控通信模式如图 17.11 所示。

由于大部分施工现场没有光纤网络接口，所以本系统采用 4G 网络传输监控视频影像资料。具体设计方案：远程监控摄像头利用网络电缆与硬盘刻录机相连。在硬盘刻录机中插入 4G 电话卡，由无线发送设备与专用服务器相连，手机下载安装专用 APP 或计算机安装相关软件后便可实时监控系统运行画面。本系统采用海康威视监控摄像头以及相关网络硬盘刻录机。系统视频监控通信模式如图 17.12 所示。

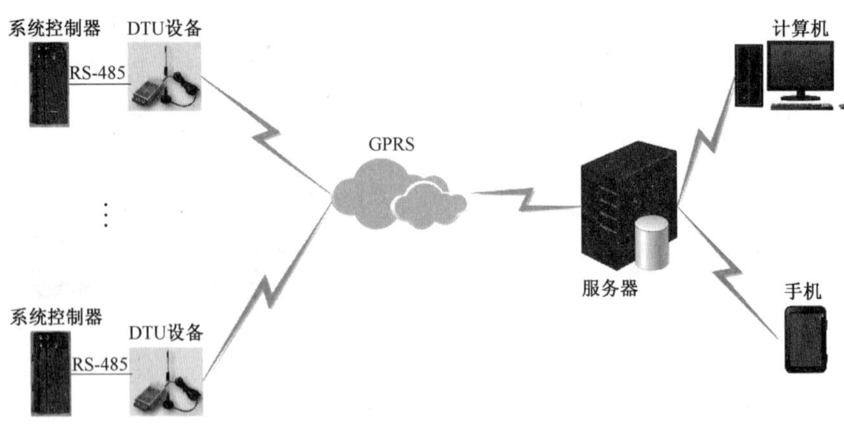

图 17.11 系统实时数据及状态远程监控通信模式

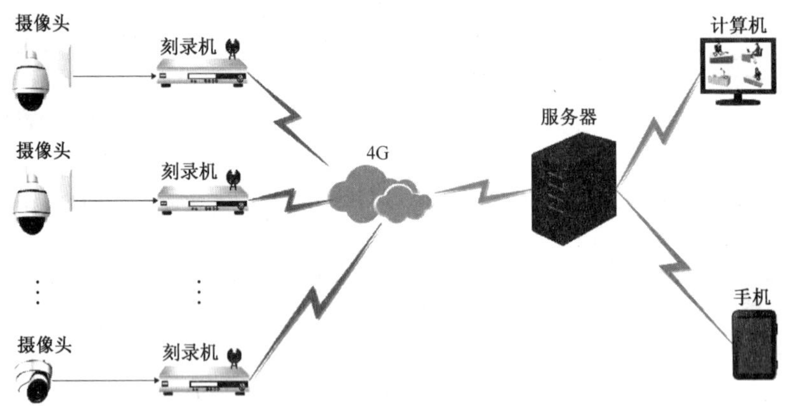

图 17.12 系统视频监控通信模式

现场监控图手机远程监控画面如图 17.13 所示。

图 17.13 现场监控图手机远程监控画面

17.4　信号传输设计

现在常用的工业设备通信方式有 RS-485 总线通信方式、光纤通信方式、无线 433 MHz 频段通信方式、电力载波通信方式等。

1. RS-485 总线通信方式

RS-485 采用平衡发送和差分接收方式实现通信：发送端将串行口的 TTL 电平信号转换成差分信号 a、b 两路输出，经过线缆传输之后在接收端将差分信号还原成 TTL 电平信号。由于传输线通常使用双绞线，又是差分传输，所以有极强的抗共模干扰的能力，总线收发器灵敏度很高，可以检测到低至 200 mV 的电压。故传输信号在千米之外都可以恢复。RS-485 最大的通信距离约为 1 219 m，最大传输速率为 10 mb/s，传输速率与传输距离成反比，在 100 kb/s的传输速率下，才可以达到最大的通信距离，如果需传输更长的距离，需要加 485 中继器。RS-485 采用半双工工作方式，支持多点数据通信。RS-485 总线网络拓扑一般采用终端匹配的总线型结构。即采用一条总线将各个节点串接起来，不支持环形或星形网络。如果需要使用星形结构，就必须使用 485 中继器或者 485 集线器才可以。RS-485 总线一般最大支持 32 个节点，如果使用特制的 485 芯片，可以达到 128 个节点或者 256 个节点，最大的可以支持到 400 个节点。

2. 光纤通信方式

光纤即为光导纤维的简称。光纤通信是以光波作为信息载体，以光纤作为传输媒介的一种通信方式。从原理上看，构成光纤通信的基本物质要素是光纤、光源和光检测器。光纤除了按制造工艺、材料组成以及光学特性进行分类外，在应用中，光纤常按用途进行分类，可分为通信用光纤和传感用光纤。传输介质光纤又分为通用与专用两种，而功能器件光纤则指用于完成光波的放大、整形、分频、倍频、调制以及光振荡等功能的光纤，并常以某种功能器件的形式出现。

光纤通信是利用光波作载波，以光纤作为传输媒介将信息从一处传至另一处的通信方式，被称之为“有线”光通信。当今，光纤以其传输频带宽、抗干扰性高和信号衰减小而远优于电缆、微波通信的传输，现已成为世界通信中的主要传输方式。

3. 无线 433 MHz 频段通信方式

无线 433 MHz 频段的传输特点是：433 MHz 是我们国家的免申请段发射接收频率，可直接使用不需要管理，433 MHz 频段抗干扰强，并支持各种点对点、一点对多点的无线数据通信方式，具有收发一体、安全隔离、安装隔离、使用简单、性价比高、稳定可靠等特点，只要发射功率足够大，长距离传输是没有问题的。

在一些工业现场应用恶劣不易布线，可用无线传输减少人力、物力的投资。有线方式有其固有的缺陷，如布线复杂、易遭雷击、安装及维护成本高等。近年来，无线通信和低功耗嵌入式技术的飞速发展孕育出无线传感器网络，并以其低功耗、低成本、分布式和自组织的特点带来了信息感知的一场变革。无线传输网络优势：增强了抗雷击能力，传统传感器网络是靠电缆传输数据和供电，而无线传感器网络节点采用电池供电，无线方式传输数据；产品施工时只需把产品节点固定在合适位置即可，安装位置灵活，节约了布置成本。

4. 电力载波通信方式

电力载波通信即 PLC，是英文 power line communication 的简称。电力载波是电力系统特有的通信方式，电力载波通信是指利用现有电力线，通过载波方式将模拟或数字信号进行高速传输的技术。最大特点是不需要重新架设网络，只要有电线，就能进行数据传递。

经过调研及实验发现，光纤传输通信的造价成本较高，无线 433 MHz 频段通信在环境较为恶劣的情况下容易发生数据丢包现象，电力载波通信与除冰控制器的相关技术还不是很成熟，所以经过对系统覆盖路段的长度以及周边环境的综合考虑，要求通信传输必须可靠、安装施工必须便捷，同时也要相对地降低系统造价成本。本系统的控制器与传感器、喷头控制器通信时采用 RS-485 总线传输方式，利用 modbus 协议传输数据指令。

系统内部控制器、传感器、电磁阀控制卡之间的通信设计方案如下：以 S7-200 作为主站控制中心，选择其中的一个通信口引出两根线经浪涌保护器与从站（被动式路面传感器、主动式路面传感器、气象传感器、电磁阀控制卡）以“手牵手”的连接方式连接。系统内部传感器通信连接方式如图 17. 14 所示。

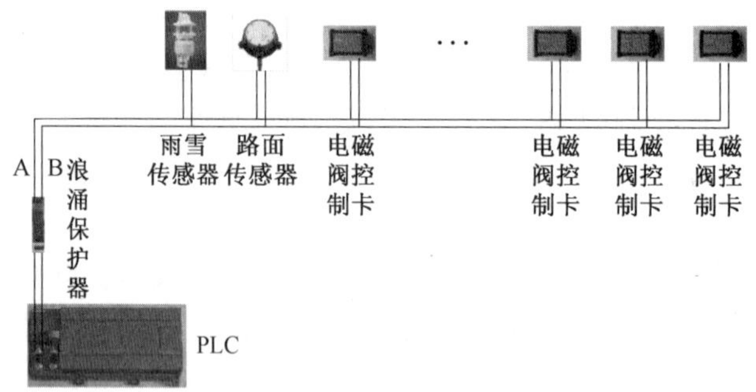

图 17. 14　传感器通信连接方式

17. 5　喷淋系统设计

17. 5. 1　泵站设计

由于除冰系统大多用在环境较为恶劣的特殊路段，所以在泵站的设计施工中不仅要求泵站外观与周边环境相协调，还要紧凑，以便于施工维护。

泵站整体架构由设备放置基座、除冰液储液罐放置室、泵站放置室、泵站控制柜组成。

泵站控制柜、储液罐共用同一个基座。基座垫层采用厚度为 15 cm 的钢筋混凝土结构，平台其余部分由砖垒砌而成，表面用水泥砂浆抹平。

泵站放置室整体外观高 1. 8 m，深 1. 8 m，宽 5. 5 m，材质为 1. 5 mm 厚度铁板，颜色为米黄色。前、后面做左右双开门，带锁，同时加装散热口，其他面各位置不开口，全封闭。内部有横、竖方向的加强筋。室内加装照明装置，与柜门开关配合，开门亮灯，关门闭灯。照明灯要求瓦数大，光线强。泵站控制柜底部加黑色槽钢。泵站放置室内包括泵站机组以及泵站控制柜。

泵站控制柜整体外观高 1.4 m，深 0.35 m ，宽 0.9 m，材质为 1.5 mm 厚度的铁板，颜色为米黄色。前面板下侧保留散热口，其他各面全封闭，不开孔。前面板分为上下两部分。上半部分高 40 cm，下半部分高 100 cm。上半部分面板做成可拆卸的活动形式，开一个矩形口，放置 HMI 触摸屏面板。下半部分面板做成对开门形式，加暗锁。

除冰液储液罐放置室依据储液罐的大小设计，储液罐出水口左右双开门，带锁，底部加黑色槽钢。每一块结构隔板做成可拆卸的活板结构，上方敞口。泵站整体外观如图 17.15 所示。

图 17.15　泵站整体外观

17.5.2　管道设计

现在市场中常用的除冰液介质有氯盐类（氯化钠、氯化钙、氯化镁）、非氯盐类（多元醇类、有机盐类），不同除冰介质导致除冰液呈现弱酸性或弱碱性，考虑到除冰液储液罐的耐腐蚀性，经过调研后发现聚乙烯有优异的化学稳定性，室温下耐盐酸、氢氟酸、磷酸、甲酸、胺类、氢氧化钠、氢氧化钾等各种化学物质腐蚀作用。所以在本系统中存放除冰液的储液罐决定采用聚乙烯材料。由于方形的储液罐在存放液体体积较大时容易发生变形，所以本系统除冰液储液罐采用圆形或椭圆形的外观结构。储液罐如图 17.16 所示。

图 17.16　储液罐

输液管道中常用的管件材质有镀锌钢管件、PPR 管件、304 不锈钢管件、液压胶管管件。

(1) 普通镀锌铁质材料。镀锌钢管分为冷镀锌钢管、热镀锌钢管。热镀锌钢管基体与熔融的镀液发生复杂的物理、化学反应，形成耐腐蚀的结构紧密的锌-铁合金层。合金层与纯锌层、钢管基体融为一体，故其耐腐蚀能力相对较强，常在消防、电力和高速公路上有广泛的应用。

（2）PPR是由PP和PE气相法合成的无规共聚聚丙烯，其结构特点是PE分子无规则地链接在PP分子当中。它以其自身优异的性能和较广泛的应用领域，已在塑料管材市场上占据一席之地，是公认的绿色环保产品。但是，PPR水管的主要缺陷是：耐高温性、耐压性稍差些，长期工作温度不能超过70 ℃；每段长度有限，且不能弯曲施工，如果管道铺设距离长或者转角处多，在施工中就要用到大量接头，管材便宜，但配件价格相对较高。

（3）304不锈钢是应用最为广泛的一种铬-镍不锈钢，作为一种用途广泛的钢，具有良好的耐蚀性、耐热性，低温强度和机械特性；冲压、弯曲等热加工性好，无热处理硬化现象（使用温度-196~800 ℃）。在大气中耐腐蚀，如果是工业性气氛或重污染地区，则需要及时清洁以避免腐蚀，适合用于食品的加工、储存和运输，具有良好的加工性能和可焊性。

（4）液压胶管一般分为钢丝编织液压胶管和钢丝缠绕液压胶管，主要由耐液体的合成橡胶内胶层、中胶层、多层增强层、耐天候的合成橡胶外胶层组成。内胶层具有使输送介质承受压力，保护钢丝或线纤维不受侵蚀的作用；外胶层保护增强层不受损伤；增强层是骨架材料，作用是保证胶管的使用压力。橡塑材料的液压胶管也称橡塑胶管，是一种新型胶管，其耐腐蚀和节能效果明显。

上述材质管件经过长时间浸泡除冰液试验，发现短时间（一周）内上述所有材质的管件都没产生明显的腐蚀现象。长时间（两个月）浸泡后发现镀锌管件锈蚀现象相对较为明显，会对系统后期的维护带来大量工作和成本。虽然新型环保除冰液（多元醇类产品）对其腐蚀程度较低，但是为了使系统更具有通用性，可以使用不同种类的除冰介质溶液，所以不建议使用普通镀锌管件。腐蚀试验后可选用PPR管件、304不锈钢管件、橡胶软管件。除冰液对各类型管件材料腐蚀实验如图17.17所示。

图17.17 除冰液对各类型管件材料腐蚀试验

在进行试压实验时，发现在低温高压下PPR塑料中起到方便拆卸安装的活接容易出现渗水或爆裂现象，随着管径的增加以及拆卸安装次数的增加会越来越明显。PPR管道试压实验数据见表17.5。

表 17.5　PPR 管道试压实验数据

测试管径	测试长度/m	测试压力/MPa	实验单次时间/min	实验现象
DN50	20	0.1	10	无异常
DN50	20	0.2	10	无异常
DN50	20	0.3	10	无异常
DN50	20	0.4	10	无异常
DN50	20	0.5	10	无异常
DN50	20	0.6	10	无异常
DN50	20	0.7	10	无异常
DN50	20	0.8	10	活接处微渗
DN50	20	0.9	10	渗水较为严重
DN50	20	1.0	10	开始滴水
DN50	20	1.1	10	漏水较为严重
DN50	20	1.2	10	漏水较为严重
DN50	20	1.3	10	漏水较为严重
DN50	20	1.4	10	漏水较为严重
DN50	20	1.5	10	漏水较为严重
DN50	20	1.6	1	漏水严重

经过大量的实验，结果表明，选用 304 不锈钢管件作为泵送主管道，不仅能够有效地解决不同除冰介质溶液对管件的腐蚀，还能够承受较大的压力，提高系统的耐久性与可靠性。喷淋主管道采用液压橡胶软管不仅能够解决溶液对管道的腐蚀，还可以解决不同路段管道弯曲的问题，使得管道安装方便快捷，提高系统的整体施工效率。

泵送主管道由球阀、滤网、水泵、流量计、压力计、止回阀、分流器、泄放阀及其连接管件组成。其中手动球阀实现控制储液罐出水功能，泵送主管道出现问题时便于停水维护。过滤网保证进泵溶液的清洁，防止溶液中存在的大颗粒杂质对水泵的影响。水泵实现除冰液的抽取及加压，为除冰液喷淋提供原始动力。流量计用来测量管道内输送溶液的瞬时流量，不仅可以计量除冰液的用量，还可以作为系统正常运行的有效数据。压力计实时测量管道内输送溶液的压力，作为系统稳定均匀喷淋的有效条件。止回阀用来防止水泵停止后管道溶液倒流，避免水泵损毁。小型变径压力器起到增加输送管道压力以及提供灵活变径的作用。泄放阀为系统清洗维护时及时排放管道内残余溶液提供方便。系统泵送主管道连接如图 17.18 所示。

喷淋主管道由输水橡胶软管、电磁阀、电磁阀控制器、出水软管、喷头及其附属管件组成。橡胶软管作为输送除冰液的主要管道；电磁阀及其控制器控制除冰液的喷洒；出水软管连接电磁阀与喷头；喷头喷洒除冰液。系统喷淋主管路组成及施工如图 17.19 所示。

图 17.18 系统泵送主管道连接

图 17.19 系统喷淋主管路组成及施工

17.5.3 喷嘴设计

现如今市场中喷嘴的形式多种多样。在除冰系统中应用较为广泛的有鱼鸟喷嘴、扇形喷嘴等。

鱼鸟喷嘴在管道内压力达到一定数值后喷嘴在管腔中伸出并按设置的角度旋转喷淋，鱼鸟喷嘴喷洒距离相对较远，但是存在喷淋盲区，致使被喷洒路面溶液占比不均匀，降低了路面除冰的效果。鱼鸟喷嘴喷淋流量相对较小，只有开启时间较长才能达到理想的除冰效果，降低了系统的时效性。鱼鸟喷头在喷洒过程中远端溶液的雾化效果太明显，冬天风速较强时对除冰液的损耗较多。同时，鱼鸟喷头在喷淋时伸出的凸起物也会对车辆行驶造成安全隐患。

扇形喷嘴喷雾通道大而流畅，虽然减少了阻塞现象，但是在实际应用中喷淋溶液相对浪费严重，同时在同等压力同等高度下喷淋距离比鱼鸟喷嘴喷淋距离大大缩短，而且喷淋覆盖面积相对较小。鱼鸟、扇形喷嘴喷淋实验数据见表 17.6。

表 17.6 鱼鸟、扇形喷嘴喷淋实验数据

喷头类型	测试压力/MPa	实验时间/min	最远距离/m	雾化情况
鱼鸟	0.1	3	4.2	不明显
扇形	0.1	3	1.2	不明显
鱼鸟	0.2	3	7.68	不明显
扇形	0.2	3	5.7	不明显
鱼鸟	0.3	3	9.7	不明显
扇形	0.3	3	6.2	不明显
鱼鸟	0.4	3	10.8	出现雾化现象
扇形	0.4	3	5.1	不明显
鱼鸟	0.5	3	11.2	雾化较为明显
扇形	0.5	3	5.9	出现雾化现象

续表

喷头类型	测试压力/MPa	实验时间/min	最远距离/m	雾化情况
鱼鸟	0.6	3	11.8	雾化明显
扇形	0.6	3	6.2	雾化较为明显
鱼鸟	0.7	3	15.4	雾化明显
扇形	0.7	3	6.4	雾化明显
鱼鸟	0.8	3	13	雾化严重
扇形	0.8	3	6.45	雾化明显
鱼鸟	0.9	3	16.1	雾化严重
扇形	0.9	3	6.45	雾化严重
鱼鸟	1.0	3	16.1	雾化严重
扇形	1.0	3	6.45	雾化严重

为了提高喷嘴在系统工作时的安全性，提高除冰介质的利用率，提高喷嘴的喷射距离，提高系统运行时效性，从而设计出一种新型喷头，体积小巧，表面圆滑，可以镶嵌于水泥护栏的假缝中，降低了对行驶车辆的安全影响，出水口由多个大小不一的喷孔排列组成，上方的大孔保证了喷射距离，下方的小孔保证了喷洒均匀，内部圆弧状的曲面减小了喷头的水锤效应，进一步提高了喷射距离与喷洒的均匀性。新型喷嘴实物如图 17.20 所示。

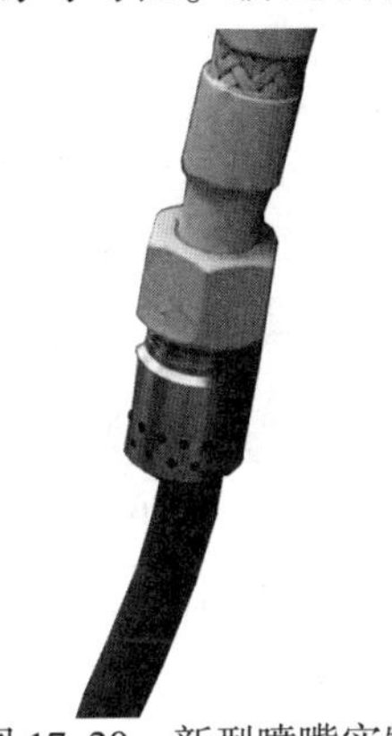

图 17.20　新型喷嘴实物

17.6　人机界面设计

本系统主要使用 WinCC flexible 软件进行系统人机界面的组态。WinCC flexible 是德国西门子（Siemens）公司工业全集成自动化（TIA）的子产品，是一款面向机器的自动化概念的 HMI 软件。WinCC flexible 用于组态用户界面以操作和监视机器与设备，提供了对面向解决方案概念的组态任务的支持。

WinCC flexible 工程组态软件可对所有 SIMATIC 操作面板直至基于 PC（个人计算机）的可视化工作站进行集成组态。

WinCC flexible 是高效的智能组态工具，确保了最高的组态效率：带有现成对象的库、可重用面板、智能工具，以及多语言项目下的自动文本翻译。根据价格和性能的不同，提供有多种版本的 WinCC flexible。各种版本相互依赖，经过精心设计可满足各类操作面板。较大的软件包中通常还包含用于组态小软件包的选项。现有项目也可轻松重复使用。通过功能块技术将组态成本降至最低可重复使用的对象，以结构化形式集中存储在库中。

WinCC flexible 包含大量可升级、可动态变化的对象，用于创建面板。对面板进行的任何更改仅需在一个集中位置执行即可。随后在使用该面板的任何地方，这些更改都会起作用。这样不仅可节省时间，而且还可确保数据的一致性。

本控制系统共由 7 个操作界面组成。

（1）主操作界面。在主界面中可以显示除冰液储液罐的液位动态画面，显示雨水收集器的液位动态画面，显示水泵的工作动态画面，显示管道电磁阀的工作状态，显示管道液体流向的动态画面，显示泵送主管道内的液体瞬时流量以及压力，运行模式切换按钮可以控制系统自动运行和手动运行两种状态，亮化灯控制按钮用来控制亮化灯的开闭，传感器数据按钮、手动控制按钮、参数设置按钮单击后可进入相对应的链接界面。主操作界面如图 17.21 所示。

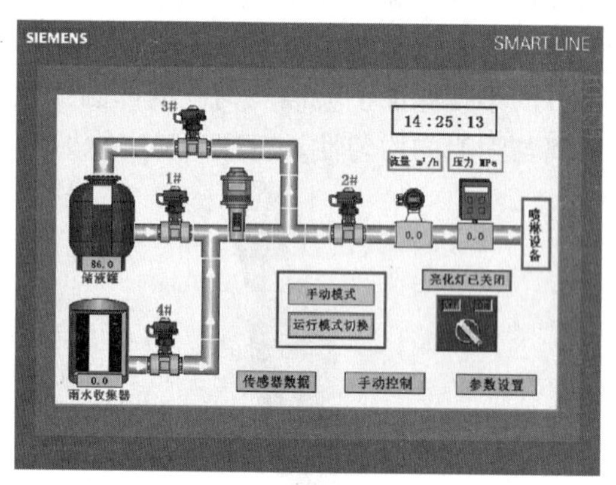

图 17.21　主操作界面

（2）本地手动选择喷淋方式界面。在本地手动选择喷淋方式界面中主要用来显示除冰液储液罐的液位动态画面，显示雨水收集器的液位动态画面，显示水泵的工作动态画面，显示管道电磁阀的工作状态，显示管道液体流向的动态画面，单击除冰液喷洒至路面按钮、雨水直接喷淋至路面按钮、雨水输送至储液罐按钮可以选择打开不同主管路中的电磁阀控制喷淋溶液的选择以及水流方向，同时选择其中一个选择后其他按钮呈现屏蔽锁定状态，单击重新选择按钮可以关闭所有主管路中的电磁阀，同时解除已经被屏蔽锁定状态的控制按钮，操作主界面按钮，单击后可进入相对应的链接界面。本地手动选择喷淋方式界面如图 17.22 所示。

（3）喷头控制界面。在喷头控制界面中主要用来实时数值显示除冰液储液罐的液位以及泵送主管道内的液体瞬时流量以及压力，单击不同编号的按钮可以打开相对应的喷头同时显示喷头的工作状态，单击启动按钮和停止按钮可以控制水泵的启停，显示水泵的工作动态画面，单击手动控制页面可进入本地手动选择喷淋方式界面，单击操作主页面按钮可进入主操

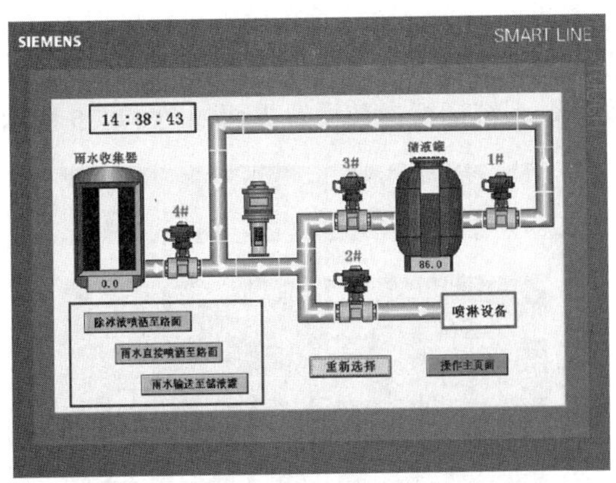

图 17.22　本地手动选择喷淋方式界面

作界面。喷头控制界面如图 17.23 所示。

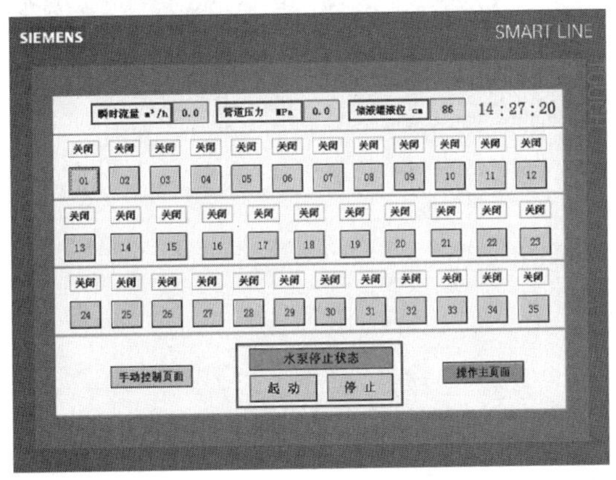

图 17.23　喷头控制界面

(4) 路面和气象参数显示界面。路面和气象参数显示界面可以实时数值显示传感器检测的相应数据：路面温度、冰点温度、含冰量、水膜厚度、路面摩擦系数、路况条件、空气温度、空气湿度、风速、风向、降水量、降水类型，单击进入操作主页面按钮可进入操作主界面。路面及气象参数显示界面如图 17.24 所示。

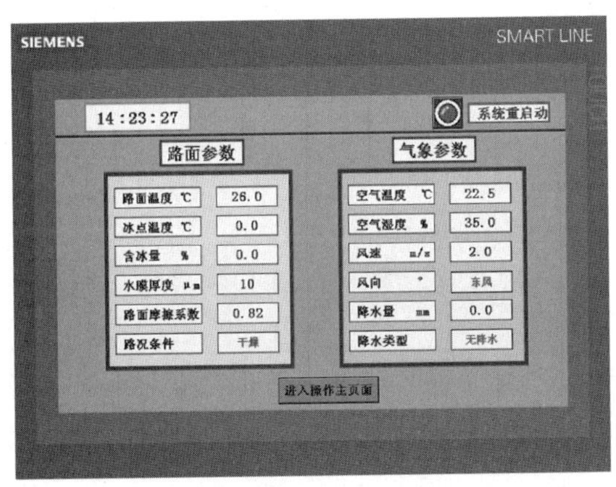

图 17.24　路面及气象参数显示界面

（5）系统运行参数设置界面。系统运行参数设置界面可以对冬季防冰除雪、夏季降温除尘、储液罐液位、主管道压力、单喷头喷淋时间、喷淋周期、亮化灯开闭时间、时钟校订等相对应的运行参数进行设置。系统运行参数设置界面如图 17.25 所示。

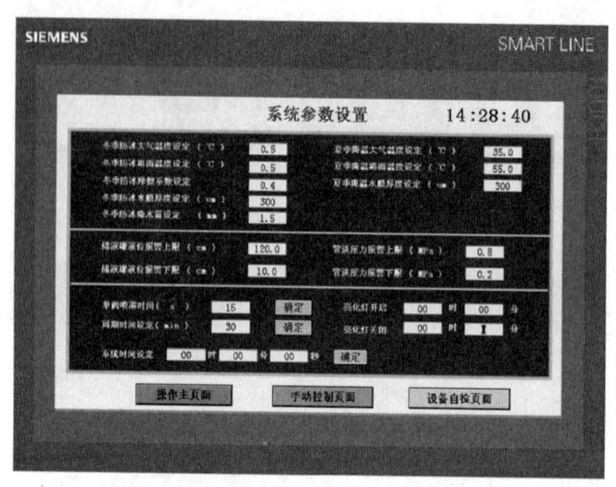

图 17.25　系统运行参数设置界面

第 18 章 系统软件设计

18.1 系统实现功能

系统软件程序包括系统初始化子程序，系统运行模拟量数据实时处理子程序，路面参数数据、气象参数数据的实时处理子程序，自动运行喷淋子程序，手动运行喷淋子程序，手机 APP 远程遥控子程序。

系统开启后，首先进入初始化子程序对程序所用到的数据缓存区进行清零或赋值。然后进入模拟量数据处理子程序处理系统压力传感器、流量传感器、液位传感器等上传的参数。然后进入传感器数据处理子程序处理路面传感器、气象传感器反馈回的数据。然后判断系统当前所在工作状态，如果是自动状态，则根据上述处理后的数据以及相应算法判断系统是否达到喷淋条件，达到喷淋条件则执行自动喷淋子程序，喷淋结束后流程结束，返回开始进入下次循环，如果是手动工作状态，系统则进入手动控制喷淋子程序，喷淋结束后，返回开始进入下次循环，如果是远程遥控状态，系统则进入远程遥控喷淋子程序，喷淋结束后，返回开始进入下次循环。系统工作流程如图 18.1 所示。

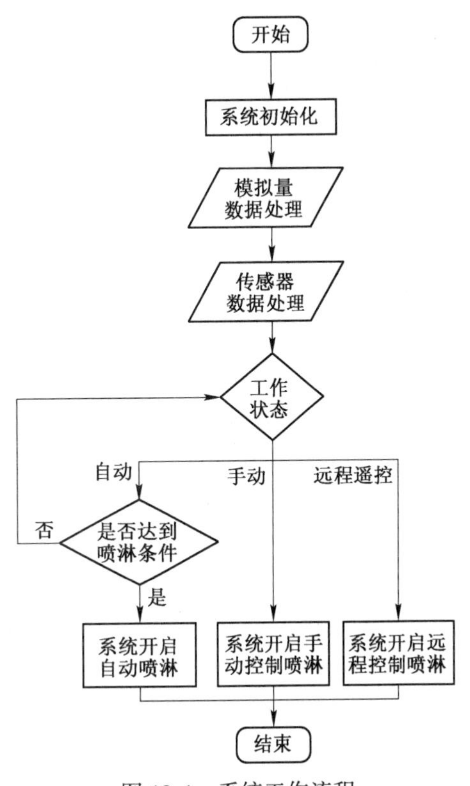

图 18.1　系统工作流程

18.2 变频器 PID 控制实现

在本系统中利用 S7-200 进行 PID 控制。S7-200 CPU 最多可以支持 8 个 PID 控制回路（8 个 PID 指令功能块）。在 S7-200 中 PID 功能是通过 PID 指令功能块实现的。通过定时

（按照采样时间）执行 PID 功能块，按照 PID 运算规律，根据当时的给定、反馈、比例-积分-微分数据计算出控制量。

PID 功能块通过一个 PID 回路表交换数据，这个表是在 V 数据存储区中开辟的，长度为 36 字节。因此每个 PID 功能块在调用时需要指定两个要素：PID 控制回路号以及控制回路表的起始地址（以 VB 表示）。

由于 PID 可以控制温度、压力等许多对象，它们各自都是由工程量表示，因此有一种通用的数据表示方法才能被 PID 功能块识别。S7-200 中的 PID 功能使用占调节范围的百分比的方法抽象地表示被控对象的数值大小。在实际工程中，这个调节范围往往被认为与被控对象（反馈）的测量范围（量程）一致。

PID 功能块只接收 0.0~1.0 的实数（实际上就是百分比）作为反馈、给定与控制输出的有效数值，如果是直接使用 PID 功能块编程，必须保证数据在这个范围之内，否则会出错。其他如增益、采样时间、积分时间、微分时间都是实数。因此，必须把外围实际的物理量与 PID 功能块需要的（或者输出的）数据之间进行转换。这就是所谓输入/输出的转换与标准化处理。

PID 参数的取值以及它们之间的配合对 PID 控制是否稳定具有重要的意义。这些主要参数如下。

（1）采样时间：计算机必须按照一定的时间间隔对反馈进行采样，才能进行 PID 控制的计算。采样时间就是对反馈进行采样的间隔。短于采样时间间隔的信号变化是不能测量到的。过短的采样时间没有必要，过长的采样间隔显然不能满足扰动变化比较快或者速度响应要求高的场合。

编程时指定的 PID 控制器采样时间必须与实际的采样时间一致。S7-200 中 PID 的采样时间精度用定时中断来保证。

（2）增益（Gain，放大系数，比例常数）：增益与偏差（给定与反馈的差值）的乘积作为控制器输出中的比例部分。过大的增益会造成反馈的振荡。

（3）积分时间（Integral Time）：偏差值恒定时，积分时间决定了控制器输出的变化速率。积分时间越短，偏差得到的修正越快。过短的积分时间有可能造成不稳定。

积分时间的长度相当于在阶跃给定下，增益为“1”的时候，输出的变化量与偏差值相等所需要的时间，也就是输出变化到 2 倍于初始阶跃偏差的时间。如果将积分时间设为最大值，则相当于没有积分作用。

（4）微分时间（Derivative Time）：偏差值发生改变时，微分作用将增加一个尖峰到输出中，随着时间流逝减小。微分时间越长，输出的变化越大。微分使控制对扰动的敏感度增加，也就是偏差的变化率越大，微分控制作用越强。微分相当于对反馈变化趋势的预测性调整。如果将微分时间设置为 0 就不起作用，控制器将作为 PI 调节器工作。

在 Micro/WIN 中的命令菜单中选择 Tools→Instruction Wizard 命令，然后在指令向导窗口中选择 PID 指令，如图 18.2 所示。

在使用向导时必须先对项目进行编译，在随后弹出的对话框中选择“Yes”，确认编译。如果已有的程序中存在错误或者有没有编完的指令，编译不能通过。如果你的项目中已经配置了一个 PID 回路，则向导会指出已经存在的 PID 回路，并让你选择是配置修改已有的回

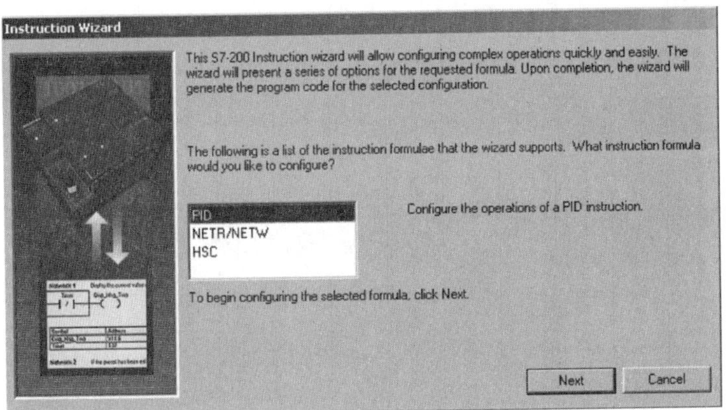

图 18.2　选择 PID 向导

路，还是配置一个新的回路，如图 18.3 所示。

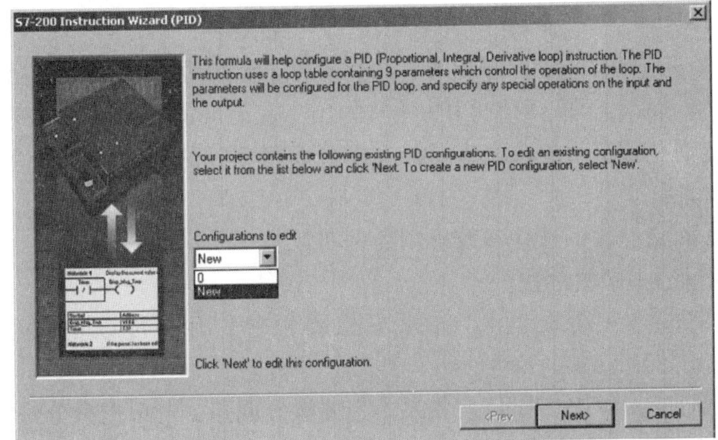

图 18.3　选择需要配置的回路

第一步：定义需要配置的 PID 回路号，如图 18.4 所示。

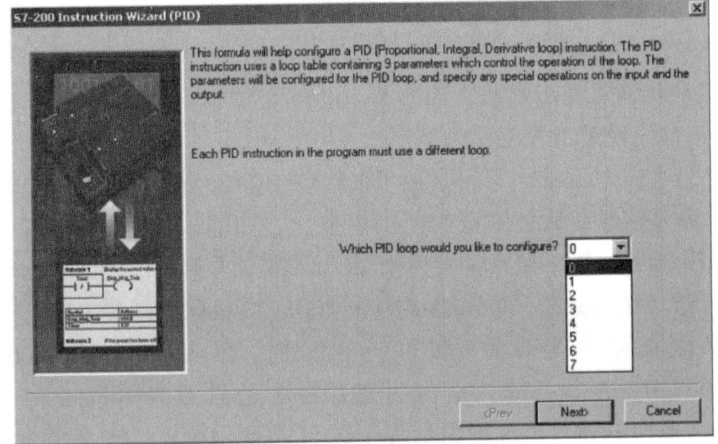

图 18.4　选择 PID 回路号

第二步：设定 PID 回路参数，如图 18.5 所示。

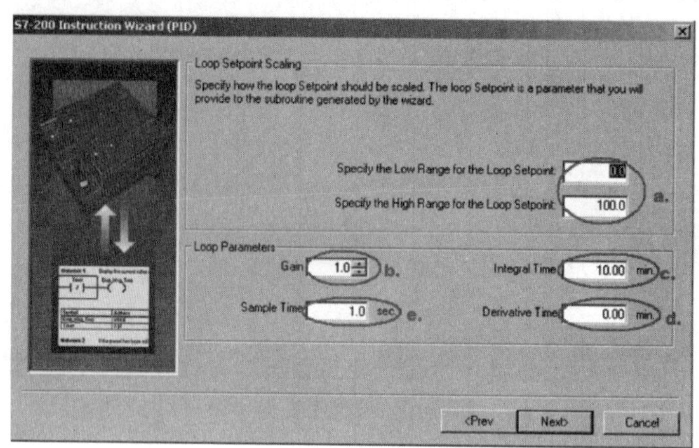

图 18.5　设置 PID 参数

在图 18.5 中：

（1）定义回路设定值（SP，即给定）的范围。在低限（Low Range）和高限（High Range）输入域中输入实数，默认值为 0.0 和 100.0，表示给定值的取值范围占过程反馈量程的百分比。这个范围是给定值的取值范围，它也可以用实际的工程单位数值表示。参见设置给定-反馈的量程范围。

以下定义 PID 回路参数，这些参数都应当是实数。

（2）Gain（增益）：比例常数。

（3）Integral Time（积分时间）：如果不想要积分作用，可以把积分时间设为无穷大 9999.99。

（4）Derivative Time（微分时间）：如果不想要微分回路，可以把微分时间设为 0。

（5）Sample Time（采样时间）：是 PID 控制回路对反馈采样和重新计算输出值的时间间隔。在向导完成后，若想要修改此数，则必须返回向导中修改，不可在程序中或状态表中修改。

注意：关于具体的 PID 参数值，每一个项目都不一样，需要现场调试来确定，没有所谓的经验参数。

第三步：设定 PID 输入输出参数，如图 18.6 所示。

在图 18.6 中，首先设定过程变量的范围。

（1）指定输入类型。Unipolar：单极性，即输入的信号为正，如 0~10 V 或 0~20 mA 等。Bipolar：双极性，输入信号在从负到正的范围内变化，如输入信号为±10 V、±5 V 等时，选用 20% Offset：选用 20%偏移。如果输入为 4~20 mA，则选单极性及此项，4 mA 是 0~20 mA 信号的 20%，所以选 20% 偏移，即 4 mA 对应 6 400，20 mA 对应 32 000。

（2）反馈输入取值范围。在 a 处设置为 Unipolar 时，默认值为 0~32 000，对应输入量程范围 0~10 V 或 0~20 mA 等，输入信号为正。在 a 处设置为 Bipolar 时，默认的取值为 -32 000~+32 000，对应的输入范围根据量程不同可以是±10 V、±5 V 等。在 a 处选中 20% Offset 时，取值范围为 6 400~32 000，不可改变。此反馈输入也可以是工程单位数值，参见设

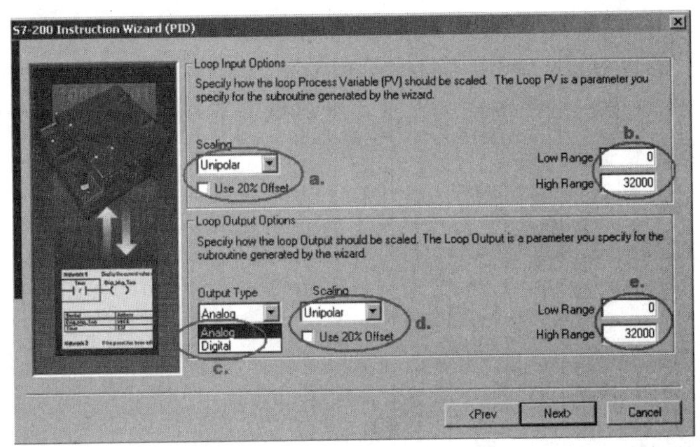

图 18.6 设定 PID 输入输出参数

置给定-反馈的量程范围。然后定义输出类型。

（3）Output Type（输出类型），可以选择模拟量输出或数字量输出。模拟量输出用来控制一些需要模拟量给定的设备，如比例阀、变频器等；数字量输出实际上是控制输出点的通断状态按照一定的占空比变化，可以控制固态继电器（加热棒等）。

（4）选择模拟量，则需设定回路输出变量值的范围，可以选择 Unipolar：单极性输出，可为 0~10 V 或 0~20 mA 等。选择 Bipolar：双极性输出，可为±10 V 或±5 V 等。选择 20% Offset：如果选中 20%偏移，使输出为 4~20 mA。

（5）取值范围：d 处为 Unipolar 时，默认值为 0~32 000；d 处为 Bipolar 时，取值-32 000~32 000；d 处为 20% Offset 时，取值 6 400~32 000，不可改变。如果选择了开关量输出，需要设定此占空比的周期。

第四步：设定回路报警限幅值，如图 18.7 所示。

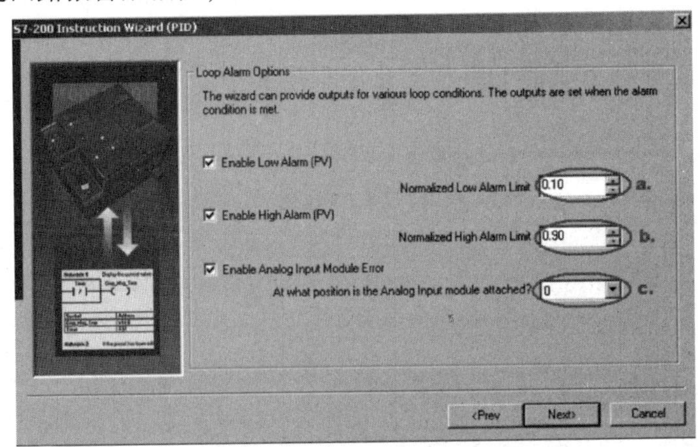

图 18.7 设定回路报警限幅值

向导提供了三个输出来反映过程值（PV）的低值报警、高值报警及过程值模拟量模块错误状态。当报警条件满足时，输出置位为 1。这些功能在选中了相应的选择框之后起作用。

使能低值报警并设定过程值（PV）报警的低值，此值为过程值的百分数，默认值为 0.10，即报警的低值为过程值的 10%。此值最低可设为 0.01，即满量程的 1%。

使能高值报警并设定过程值（PV）报警的高值，此值为过程值的百分数，默认值为0.90，即报警的高值为过程值的90%。此值最高可设为1.00，即满量程的100%。

使能过程值（PV）模拟量模块错误报警并设定模块于CPU连接时所处的模块位置。“0”就是第一个扩展模块的位置。

第五步：分配PID运算数据存储区，如图18.8所示。

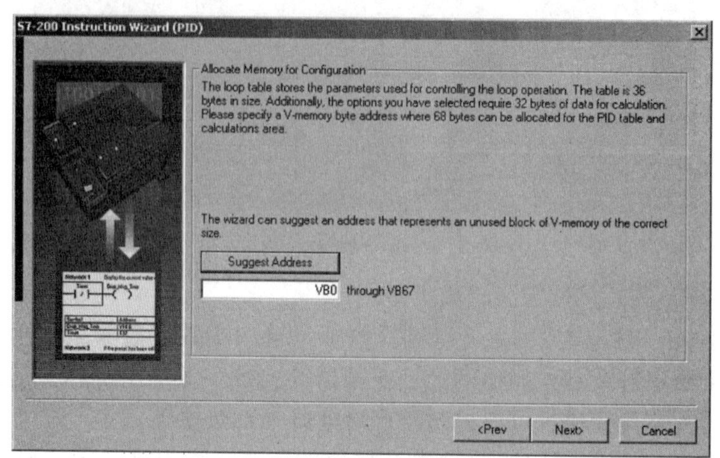

图18.8　分配运算数据存储区

PID指令（功能块）使用了一个120字节的V区参数表来进行控制回路的运算工作；除此之外，PID向导生成的输入/输出量的标准化程序也需要运算数据存储区。需要为它们定义一个起始地址，要保证该地址起始的若干字节在程序的其他地方没有被重复使用。如果单击“Suggest Address”按钮，则向导将自动为你设定当前程序中没有用过的V区地址。

自动分配的地址只是在执行PID向导时编译检测到空闲地址。向导将自动为该参数表分配符号名，用户不要再自己为这些参数分配符号名，否则将导致PID控制不执行。

第六步：定义向导所生成的PID初始化子程序和中断程序名及手动/自动模式，如图18.9所示。

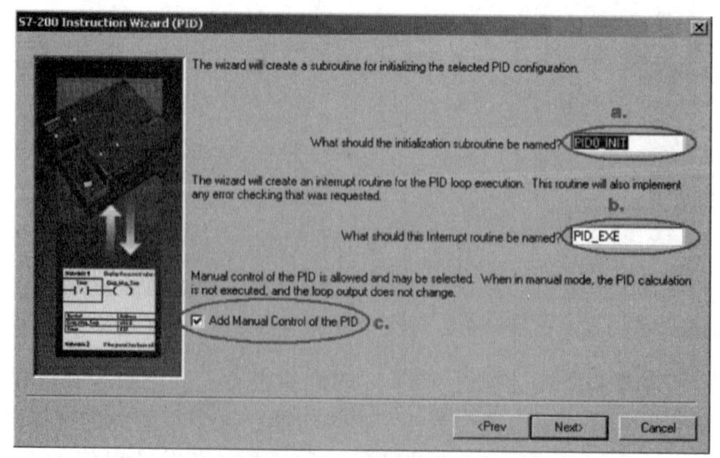

图18.9　指定子程序、中断服务程序名和选择手动控制

向导已经为初始化子程序和中断子程序定义了默认名，也可以修改成自己起的名字。

（1）指定 PID 初始化子程序的名字。

（2）指定 PID 中断子程序的名字

注意：①如果你的项目中已经存在一个 PID 配置，则中断程序名为只读，不可更改。因为一个项目中所有 PID 共用一个中断程序，它的名字不会被任何新的 PID 所更改。②PID 向导中断用的是 SMB34 定时中断，在用户使用了 PID 向导后，注意在其他编程时不要再用此中断，也不要向 SMB34 中写入新的数值，否则 PID 将停止工作。

（3）此处可以选择添加 PID 手动控制模式。在 PID 手动控制模式下，回路输出由手动输出设定控制，此时需要写入手动控制输出参数，一个 0.0~1.0 的实数，代表输出的 0%~100%，而不是直接去改变输出值。

此功能提供了 PID 控制的手动和自动之间的无扰切换能力。

第七步：生成 PID 子程序、中断程序及符号表等。

一旦单击“完成”按钮，将在你的项目中生成上述 PID 子程序、中断程序及符号表等，如图 18.10所示。

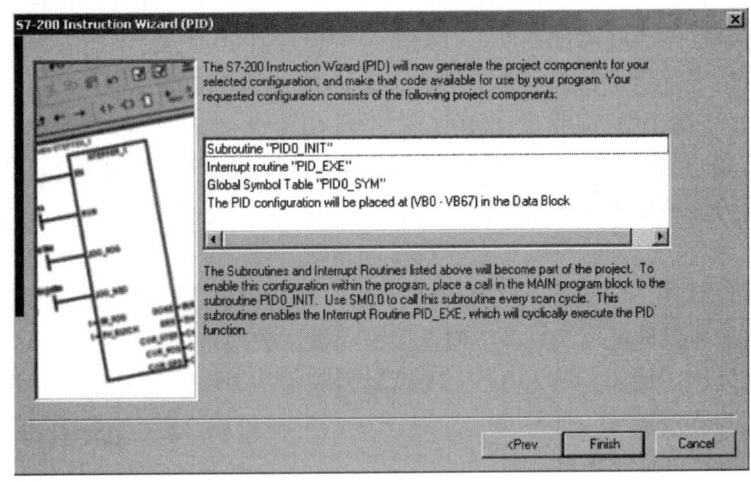

图 18.10　完成

第八步：配置完 PID 向导，需要在程序中调用向导生成的 PID 子程序，如图 18.11 和图 18.12所示。

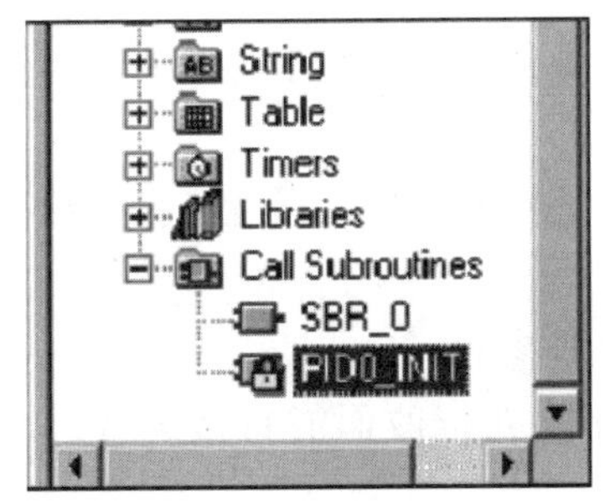

图 18.11　PID 子程序

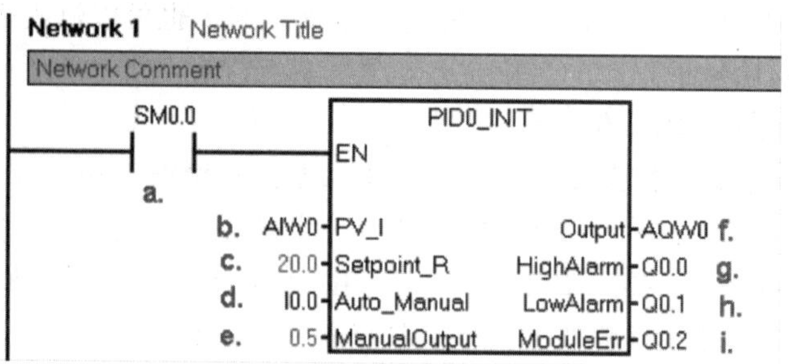

图 18.12 调用 PID 子程序

在用户程序中调用 PID 子程序时，可在指令树的 Program Block（程序块）中双击由向导生成的 PID 子程序，在局部变量表中，可以看到有关形式参数的解释和取值范围。

必须用 SM0.0 来使能 PID，以保证它的正常运行。

此处输入过程值（反馈）的模拟量，输入地址。

此处输入设定值变量地址（VDxx），或者直接输入设定值常数，根据向导中的设定 0.0~100.0，此处应输入一个 0.0~100.0 的实数。例如：若输入 20，即为过程值的 20%，假设过程值 AIW0 是量程为 0~200 ℃的温度值，则此处的设定值 20 代表 40 ℃（200 ℃的 20%）；如果在向导中设定给定范围为 0.0~200.0，则此处的 20 相当于 20℃。

此处用 I0.0 控制 PID 的手动/自动方式，当 I0.0 为 1 时，为自动，经过 PID 运算从 AQW0 输出；当 I0.0 为 0 时，PID 将停止计算，AQW0 输出为 Manual Output（VD4）中的设定值，此时不要另外编程或直接给 AQW0 赋值。若在向导中没有选择 PID 手动功能，则此项不会出现。

定义 PID 手动状态下的输出，从 AQW0 输出一个满值范围内对应此值的输出量。此处可输入手动设定值的变量地址（VDxx），或直接输入数。数值范围为 0.0~1.0 的一个实数，代表输出范围的百分比。例如：输入 0.5，则设定为输出的 50%。若在向导中没有选择 PID 手动功能，则此项不会出现。

此处输入控制量的输出地址。

当高报警条件满足时，相应的输出置位为 1，若在向导中没有使能高报警功能，则此项将不会出现。

当低报警条件满足时，相应的输出置位为 1，若在向导中没有使能低报警功能，则此项将不会出现。

当模块出错时，相应的输出置位为 1，若在向导中没有使能模块错误报警功能，则此项将不会出现。

调用 PID 子程序时，不用考虑中断程序。子程序会自动初始化相关的定时中断处理事项，然后中断程序会自动执行。

第九步：实际运行并调试 PID 参数。

没有一个 PID 项目的参数不需要修改而能直接运行，因此需要在实际运行时调试 PID 参数。

查看 Data Block（数据块），以及 Symbol Table（符号表）相应的 PID 符号标签的内容，可以找到包括 PID 核心指令所用的控制回路表，包括比例系数、积分时间等。将此表的地址复制到 Status Chart（状态表）中，可以在监控模式下在线修改 PID 参数，而不必停机再次做组态。

参数调试合适后，用户可以在数据块中写入，也可以再做一次向导，或者编程向相应的数据区传送参数。

18.3　各系统子程序

在 PLC 上电时对程序中所用到的通信口、中断号、数据缓存区、定时器、计数器进行初始化。PLC 运行过程中不再调用此程序。作用对系统程序初始化，保证系统整体程序不会出现不必要的干扰源。初始化子程序工作流程如图 18. 13 所示。

（1）模拟量数据检测处理子程序。利用 EM235 模块把液位计、压力计、流量计的电流模拟量转换成 0~32 000 的数值，经过相对应的计算公式把 0~32 000 的数值变成相对应的实数值。模拟量数据检测处理子程序工作流程如图 18. 14 所示。

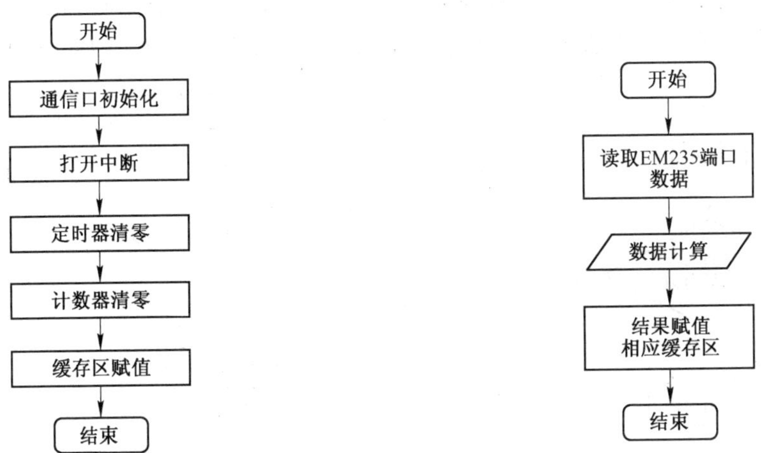

图 18. 13　初始化子程序工作流程　　图 18. 14　模拟量数据处理子程序工作流程

（2）路面、气象数据检测处理子程序。控制器按照时间顺序对路面、气象传感器下发轮询指令，然后把接收到的反馈数据解析，得到相对应的参数值。路面、气象数据检测处理子程序工作流程如图 18. 15 所示。

（3）自动喷淋子程序。系统默认为自动喷淋工作状态，此时系统根据核心控制算法自行判断是否达到喷淋条件。达到喷淋条件后系统会下发相应指令带动执行元件工作。没有达到喷淋条件系统则不动作。自动喷淋子程序工作流程如图 18. 16 所示。

（4）手动控制喷淋子程序。当工作人员单击触摸屏中手动控制按钮时系统进入手动控制子程序，此时工作人员可以选择打开任意一个喷头或多个喷头，然后打开水泵进行喷淋工作。当系统中没有喷头处于打开时，水泵不会被开启，以确保管道不会因压力过高而损坏。手动控制喷淋子程序工作流程如图 18. 17 所示。

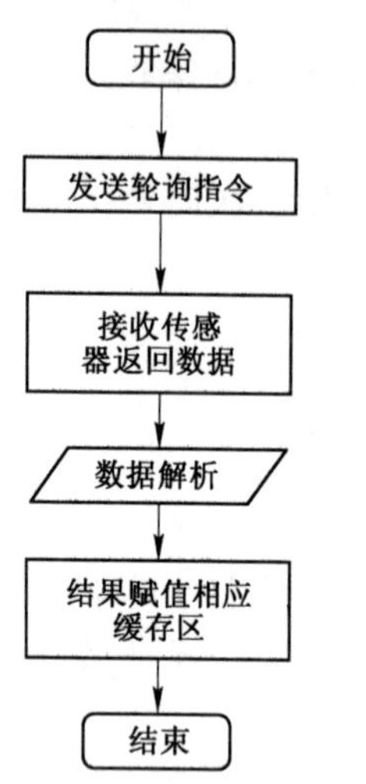

图 18.15　路面、气象数据检测处理子程序工作流程

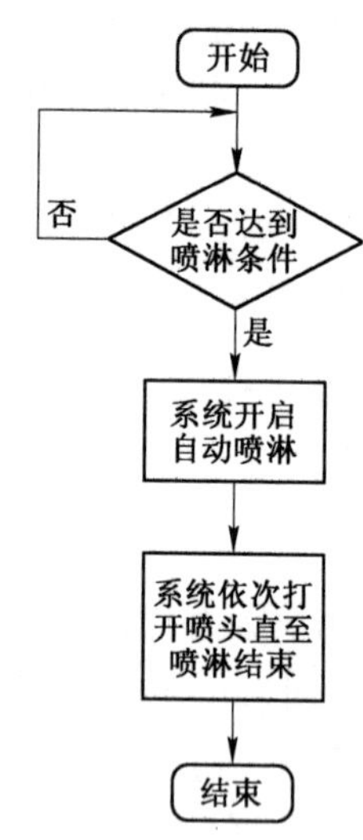

图 18.16　自动喷淋子程序工作流程

（5）手机 APP 远程遥控喷淋子程序。系统实时监测是否接收到手机远程控制命令，接收到指令，则进入手机远程控制子程序执行对应的喷淋指令。没有接收到手机远程控制指令，则保持原工作状态不变。手机 APP 远程遥控喷淋子程序工作流程如图 18.18 所示。

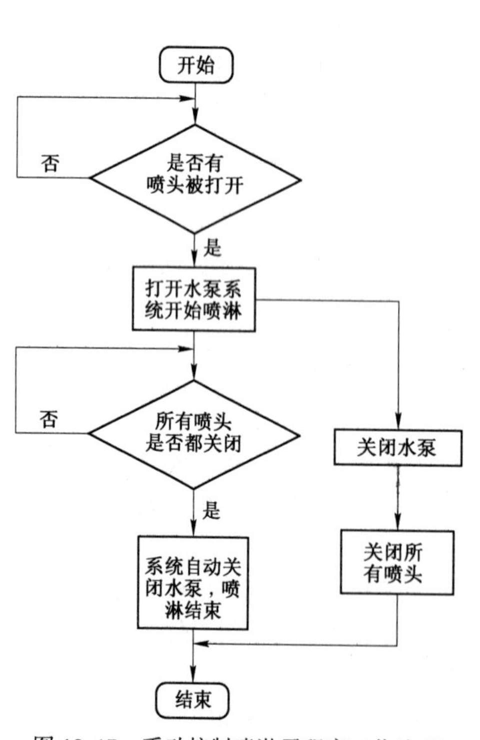

图 18.17　手动控制喷淋子程序工作流程

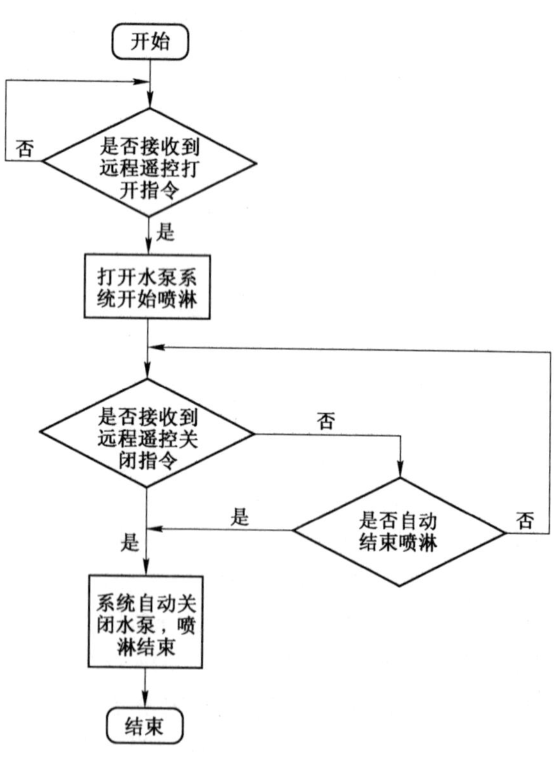

图 18.18　手机 APP 远程遥控喷淋子程序工作流程

第19章 固定喷淋式除冰施工技术研究

19.1 操作要点

19.1.1 施工准备

（1）封闭交通。为了保证施工人员和机具安全，防止车辆驶入施工作业现场，应在系统施工与调试期间封闭交通。

（2）作业面处理。为了保证喷淋系统、控制系统与传感器能够顺利完成安装与敷设，施工前应对作业面进行清扫、处理。控制系统基座地面的松散材料、杂草、油污和其他杂物应及时处理，检查原护栏结构是否稳定，若出现失稳、损坏等情况，应该及早修复或更换。

（3）施工机械、材料、人员准备。将施工中所需的材料提前购置并运至施工现场、就近摆放；施工机械在使用前应及时检修，以免影响施工进度或施工安全；现场施工人员应做好技术交底与安全交底，统一着装、佩戴有效证件进入现场。

19.1.2 自动洒布系统安装

1. 基础施工

为保证公路、市政工程等景观的协调一致，将自动喷淋系统的泵站机组与储液罐都安装在桥梁下方的空地或绿化带中。为防止土质疏松且地势较低，导致积水影响基础稳固，需建设基础安装、承载泵站机组与储液罐，基础高 80 cm，上部为 20 cm 钢筋混凝土，底部为 60 cm砖混结构，地上部分采用水泥砂浆抹面。基座建设完成外观图如图 19.1 所示。

（1）钢筋绑扎工艺流程：核对钢筋半成品→画钢筋位置线→运钢筋到使用部位→绑扎基础钢筋（墙体、顶板钢筋）→预埋管线及铁件→垫好垫块及马凳铁→隐检。

（2）模板安装工艺流程：准备工作（确定组装模板方案）→搭设内外支撑→安装内外墙模板（安装顶板模板）→合模前钢筋隐检→预检。

（3）混凝土施工工艺流程：作业准备→混凝土搅拌→混凝土运输→混凝土浇筑与振捣→养护。

2. 泵站控制室、储液罐安装

为保证公路、市政工程等景观的协调一致，泵站控制室、储液罐的外观设计与其他类似市政项目风格统一，同时保证储液罐出现意外损伤，为储液罐添加铁质保护层。泵站控制室、储液罐安装完成后外观如图 19.2 所示。

图 19.1 基座建设完成外观图

图 19.2 泵站控制室、储液罐安装完成后外观

（1）泵站控制室安装。泵站控制室、储液罐需用吊车吊至指定位置，再进行安装，具体施工流程为：泵站控制室、储液罐运至指定位置→作业准备→吊车作业→位置粗调→位置精调→储液罐固定。

1）将出厂检验合格的指定规格泵站控制室、储液罐运至施工现场指定位置。

2）清理现场，调试吊车，在预安装位置进行标识。

3）吊车起吊，注意起吊高度，不得触碰匝道桥底面。

4）当泵站控制室或储液罐接近指定位置时，应缓慢移动，先调整左右距离，再调整上下位置，使泵站控制室或储液罐逐步下落，在下落过程中，再及时调整位置，使之最终精确地落入指定区域。

5）泵站控制室、储液罐通过膨胀螺栓与基础固定。

（2）基础沉降观测。

1）在罐壁底部，沿圆周均布 4 个观测点。

2）基础沉降观察按以下六个阶段进行：充水前，充水到 $1/2H$，充水到 $3/4H$，充水到最高设计液位后，充水到最高设计液位 48 h 后，放水后。

3）沉降无明显变化为合格。如沉降有明显变化，应停止充水，处理后，方可继续进行试验和沉降观察。

（3）储液罐保护层安装。检测基座无沉降现象，并且储液罐没有出现渗漏水现象，再进行安装，具体施工流程为：储液罐保护层运至指定位置→作业准备→位置粗调→位置精调→储液罐保护层固定。

1）将出厂检验合格的指定规格储液罐保护层运至施工现场指定位置。

2）清理现场，在预安装位置进行标识。

3）利用螺丝以及特制支撑杆搭设保护层整体框架。

4）调整框架的位置，利用膨胀螺栓与基座相连。

5）固定铁质面板，使得保护层与控制室外观统一。

3. 泵站主管路安装

结合海绵城市发展规划，特将泵站主管路与雨水收集器相连接，可实现储液罐内液体的直接喷淋、雨水收集器内液体的直接喷淋、雨水直接注入储液罐等功能。管道安装设计示意图如图 19.3 所示。管道安装完成效果图如图 19.4 所示。

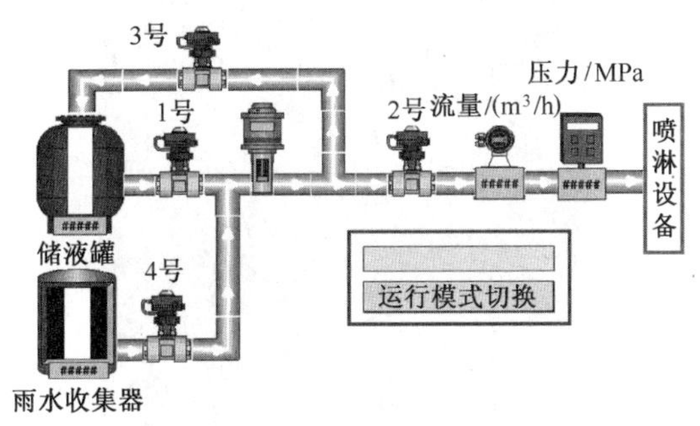

图 19.3　管道安装设计示意图

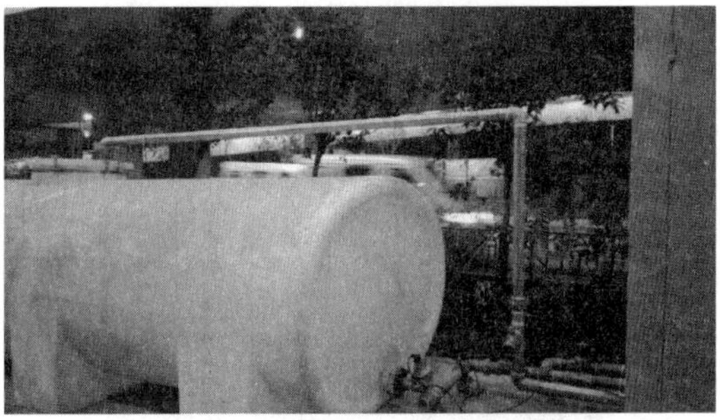

图 19.4　管道安装完成效果图

在安装前应根据泵的出厂说明书及技术文件进行详细的技术交底，如设备技术文件无明确要求，则执行以下规定。

（1）纵向安装水平偏差不应大于 0.1/1 000，横向安装水平偏差不应大于 0.2/1 000，并应在泵的进出口法兰面或其他水平面上进行测量。

（2）测量泵体密封环与叶轮密封环之间的径向间隙。对于多级泵，尚应检查级间隔板上支撑密封环与轴密封环间的径向间隔，并做记录。

4. 洒布管路安装

（1）桥架安装。

工艺流程：桥架制作→运至现场→弹线定位→桥架安装→金属膨胀螺栓固定。制作桥架，桥架采用不锈钢材质，制作完成后，统一进行喷塑。将制作好的桥架运至施工现场。弹线定位：根据设计图确定桥架的安装位置，从始端至终端（先干线后支线）找好水平或垂直线，用粉线袋沿桥墩、防撞护栏等处在线路的中心线进行弹线，按照设计图要求及施工验收规范规定，分匀挡距并用笔标出具体位置。

桥架安装完成效果如图 19.5 所示。

（2）管路安装。

工艺流程：材料购置→运至现场→施工安装→管道试压。

1）将所需管线、连接件等材料购置齐全，并运至施工现场。

2）管路利用三通连接时，需将固定用钢卡紧固。

3）管道安装前应对管路做认真检查，在确认无敞口、做好安全防护措施后，方可进行灌水。试验压力应为工作压力的 1.5 倍，但不得小于 1.0 MPa。

4）加压宜用手动泵，至规定试验压力稳压 1 h，压降不大于 0.06 MPa。降至工作压力的 1.15 倍状态下，稳压 2 h，压降不大于 0.03 MPa，同时检查各连接处不得渗漏。喷淋管道安装完成效果图如图 19.6 所示。

（3）喷嘴安装。

工艺流程：材料购置→运至现场→软管和喷嘴连接→软管和喷嘴固定。

图 19.5 桥架安装完成效果图

图 19.6 喷淋管道安装完成效果图

1）将定制的喷嘴按照所需个数运至施工现场。

2）利用软管将喷嘴与喷嘴控制器及主管路连接，接口位置使用生胶带，防止漏水，软管沿防撞护栏假缝位置向下延伸。

3）在假缝位置利用 3~4 个膨胀螺丝固定专用卡子，将软管与喷嘴利用卡子紧固，施工中需要注意：使软管和喷嘴紧贴防撞护栏假缝，避免过于突出护栏导致因车辆剐蹭而损坏；喷嘴固定时，应注意喷头的角度设置，使主喷口与车道垂直方向在同一直线上。

喷嘴安装完成效果图如图 19.7 所示。

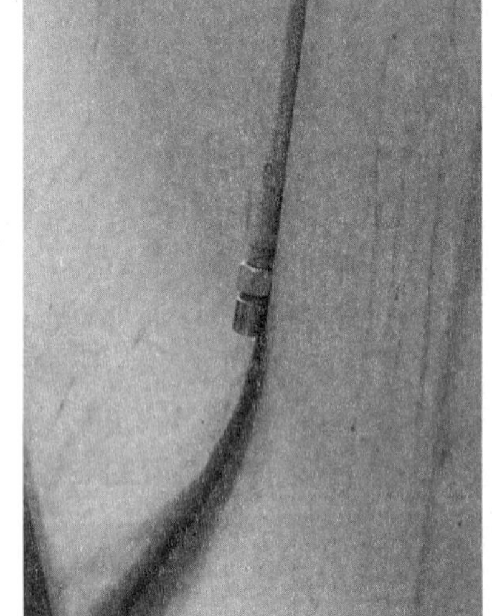

图 19.7 喷嘴安装完成效果图

19.1.3 传感器埋设与安装

1. 传感器埋设位置设计

为保证传感器正常工作，避免行车荷载的影响，设计将传感器埋置于路侧，具体位于行车标线与防撞护栏底部内边缘之间。

2. 切割路面及准备工作

传感器尺寸为直径 120 mm、高 50 mm，为埋置传感器，需在路面切割出圆形槽，如图 19.8 所示。如果路面无法切出圆形的槽，可以改切方形的，槽的大小与实物的大小越接近越好，这样利于传感器的水平和路面填平。传感器的数据线要用水管或者 PVC（聚氯乙烯）管套住，尤其是道路中埋设的部分，一定要进行有效保护。

3. 放置传感器

将传感器放入切好的槽中，V 形金属支架架在路面上，传感器底部与槽底部的空洞要用砂石填平，填平后要用水平仪检测传感器是否与路面水平。放置好传感器后，传感器的上方

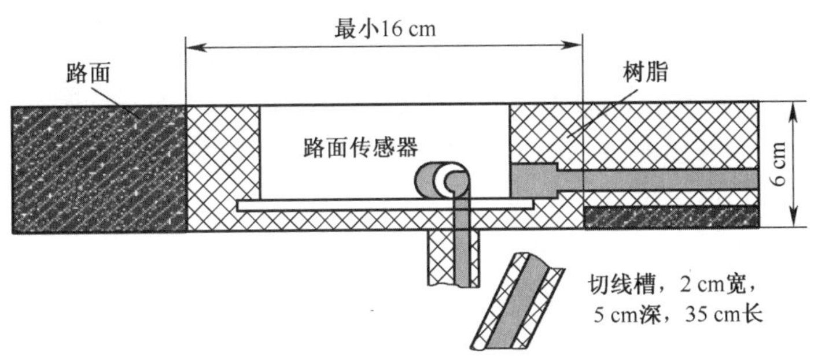

图 19.8　路面切槽示意图

要用重物压制，避免传感器发生移动。

4. 填补路面

填补传感器路面使用环氧树脂和凝固剂，一般调配的比例为 4∶1。混合后要充分、迅速搅拌，在凝固剂开始凝固前用漏斗或者木棒引流进入切槽内，在传感器口的部分要用石头先堵住，用环氧树脂先封住传感器。待凝固剂干后拆除金属支架。

(1) 如果凝固剂的比例过高，会使得环氧树脂凝固后变脆，所以配比的量要控制在≤4∶1的范围。

(2) 夏季施工时，环氧树脂容易调配，但是冬天需要适当地加热，使其融化。

(3) 不要将切槽完全使用环氧树脂填补，在表层需要留下一点空间，用沥青完成填平路面的填补与传感器类似，在路面上的部分都是先加入环氧树脂再用沥青填补的，或者直接用沥青填补。

5. 扫尾工作

待环氧树脂凝固后，拆除金属支架，撕下保护膜。

路面传感器安装完成效果如图 19.9 所示。

图 19.9　路面传感器安装完成效果

19.1.4　控制系统安装

(1) 电缆在施工过程中必须严加保护，布放时严禁在地面上拖拉，避免磨损；严禁车辗、人为踩踏、重物冲砸，严防铲伤、划伤、扭折、背扣等人为的损伤。

（2）在控制室内安装设备时，应当采取相应措施确保该项工作对原有传输设备和系统不会造成影响，特别应当注意，在上走线方式的控制室使用高架梯作业时，应避免触电、短路或断线等人为故障，且严禁在控制室内使用明火作业。

（3）施工时要掌握电缆所受牵引力在其安全范围内，避免因牵引力过大而损坏电缆。

（4）施工操作必须稳妥可靠。电缆布放时及布放后，其所受张力、侧压力和曲率应符合《市内通信全塑电缆线路工程施工及验收技术规范》（YD 2001—1992）标准中的有关要求。

（5）电缆应按实际长度铺设，铺设时不应超过电缆厂家规定的牵引张力和弯曲半径的要求。控制柜安装完成效果图如图 19.10 所示。

19.1.5 手机 APP 开发使用以及现场实时监控

为了更好地为用户服务，开发出专用手机 APP，使得相关工作人员可进行远程查询现场路况条件以及远程遥控系统。架设专用摄像头，进行现场画面实时监控。

1. 手机 APP 开发

工艺流程：设计功能总体框架→建设数据库服务器→APP 画面设计→形成 APP 安装包→APP 应用调试。

（1）按照相关标准设计开发手机 APP。

（2）APP 可实现实时数据显示、历史数据查询、手机远程控制、报警记录查询等功能。

（3）APP 画面简约而不失美观。

APP 开发完成后界面效果如图 19.11 所示。

图 19.10 控制柜安装完成效果图

图 19.11 APP 开发完成后界面效果

2. 摄像头安装

工艺流程：材料购置→运至现场→施工安装→调试运行。

(1) 将所需摄像头、连接件等材料购置齐全，并运至施工现场。

(2) 摄像头与安装点连接时，需将固定用钢卡紧固。

(3) 使用前做认真检查，在确认电力接线、信号接线无误后方可进行运行调试。

摄像头安装完成效果图如图 19.12 所示。

图 19.12　摄像头安装完成效果图

19.2　系统调试与检验

在系统全部安装完成后，应进行系统调试，系统调试包括软件调试与硬件调试两部分。

软件调试主要检验软件系统能否达到以下功能。

(1) 处理路面气象数据。

(2) 根据预测算法处理数据，得出控制命令。

(3) 处理稳压、泵送自检数据，得出控制泵送命令。

(4) 人机界面单元方便工作人员操控；无线通信单元实现人、机远程监测控制。

硬件调试包括以下方面。

(1) 路面气象信息采集系统，主被动式路面状态传感器与雨雪传感器能否有效监测路面状态、气象等信息。

(2) 处理控制系统检验，检验其能否处理气象信息处理系统的信息，实现除冰液或清水的喷淋控制；同时通过传输单元发送预警信息。

(3) 在储液罐中注入环保型除冰液。

(4) 自动喷淋系统检验，检验其能否根据处理控制系统的指令在需要时对路面实现除冰液或清水的喷洒。另外，还需要根据喷嘴安装高度调整喷射角度，完成喷淋的同时不影响往来交通车辆的正常通行。

首先测试电路部分，对系统进行初始上电，闭合总电源以及各个分电源开关，系统电路运行正常，2 min 后触摸屏的路面及气象数据显示界面显示数据正常，同时手机 APP 中数据量显示正常以及状态量显示正常，利用计算机和手机可以对系统进行视频监控。利用触摸屏可以正常切换系统的手动运行和自动运行。在手动运行状态下，喷头控制按钮可正常控制其对应的桥上喷头开闭，系统可按照参数设定中设定值进行自动开闭喷头。然后测试系统注水喷淋，给储液罐注入清水，打开主管道球阀，打开离心泵排气孔排空水泵腔体内空气，测试手动控制喷淋运行正常，测试自动控制喷淋系统运行正常。经过测试设计的喷头在正常工作管道压力为 0.54 MPa 时，喷头喷淋扇面角度覆盖 145°，覆盖半径长度为 7 m，流量为 0.5 L/s。新型喷头加压喷淋效果如图 19.13 所示。

在寒冷的冬季，本系统可根据被铺设路段的实时气象数据自动判断启动喷淋，图 19.14 所示为系统铺设路段在冬季下雪时防冰除雪效果图。从图中可以看出：近处的黑色路面为传感器检测到下雪系统启动喷淋除冰液后情况，路面形成一层薄薄的除冰液保护层，雪花落到路面后自动融化，避免形成路面积雪或黑冰，车辆可以快速安全通行；远处的白色路面为长时间下雪后路面已经形成较厚的积雪，由于气温与路温过低，积雪经过车辆的碾压后由松软变成一层较硬的冰雪混合物，车辆行驶缓慢而且容易诱发交通事故。

图 19.13 新型喷头加压喷淋效果

图 19.14 积雪对比图

第4篇　主动防冰除雪技术总结

第20章　研究总结

20.1　化学类主动融冰雪技术

化学类主动融冰雪技术如下。

（1）国产缓释型防冻剂基本性能评价：缓释型防冻剂的密度为2.08 g/cm^3，粒径都大于2.36 mm，采用外掺法添加到沥青混合料中，且防冻剂在沥青混合料成型过程中基本无损失，其碳钢腐蚀性能较弱，可用于路面材料，且不影响路面的使用寿命。

（2）缓释型防冻剂的融冰雪作用机理研究：在冬季气温较低的条件下，具有迅速被激活的特性，通过渗透压和毛细管现象及行驶车辆的摩擦作用使抗冻结材料析出，降低路面的冰点，以有效阻止路面结冰。

（3）防冻沥青混合料设计与路用性能评价：随着防冻剂掺量的增加，防冻混合料的水稳定性、低温性能和高温性能都有所降低，即防冻剂的添加会降低混合料的路用性能。但在适宜的掺量条件下，防冻混合料高、低温性能及水稳定性均能满足现行规范规定的沥青混合料性能指标要求，且与路丽美产品对高温性能影响程度相近。此时，对于AC-13防冻剂的最佳掺量为5.5%，SMA-13建议最佳掺量为5%。

（4）防冻沥青混合料性能优化设计：聚酯纤维替代木质素纤维加入到防冻混合料中能够很好地增加集料与集料之间的黏结力，提高混合料的长期飞散抵抗性，优化混合料的路用性能，保证了防冻混合料在交通荷载作用下集料不容易脱落而散失。

（5）进行防冻沥青混合料的动态模量试验结果表明，防冻剂能够很好地改善AC-13沥青混合料的动态模量；疲劳试验结果表明，掺防冻剂的AC-13沥青混合料的疲劳次数随着控制应变的增大而减小，低应变的疲劳寿命较长，在0.2P应力的作用下，疲劳次数高达14 751次，最终拟合得到的掺加防冻剂AC-13的混合料疲劳方程为$N_f = 42\ 276\sigma - 1.742$。

（6）通过动水冲刷试验模拟了现场的降水条件，试验结果表明在保证路用性能和抗凝冰效果的基础上，化学类主动融冰雪沥青路面盐分析出速率随着温度的升高而增加，但当环境温度较低时，盐化物有效成分的溶析速度减慢，其抑制冻结效果减小。防冻沥青路面的使用寿命与当地的年平均降水天数有关，根据对中国北方区域年均降水量调查结果，用于降水量大于 1 000 mm 的区域，防冻路面融冰雪作用时效为 5 年以上；用于湿润区（降水量 600~900 mm),其作用时效长达 6~8 年；用于半干区（300~400 mm)，其作用时效大于 10 年。

（7）温敏型防冻剂材料开发与性能研究：将温敏型聚合物取代传统抗冻材料中充当缓释控制剂的聚合物树脂，在控制抗冻材料中盐化物的释放速度的同时加入“温敏开关”，使得新一代的抗冻材料在高温潮湿的季节环境中盐化物释放缓慢，在低温寒冷的冬季才有正常的释放速度，有效地扩大抗冻材料的使用范围、延长抗冻材料的使用寿命。温敏型抗冻材料强度≥30 N，熔点≥180 ℃，要求释放温度≤20 ℃，高温条件下（20~30 ℃）盐化物释放速率明显低于国际同类产品，低温条件下（0 ℃）释放速率高于国际同类型产品，同时揭示了温敏型抗冻材料的缓释、融冰机理。

（8）防冻沥青混合料的经济效益与环境效益分析：通过本项目防冻剂产品与日本马飞龙、路丽美产品的经济效益分析，发现本项目防冻剂的成本可较马飞龙和路丽美成本降低40%左右。与普通的不含防冻剂的沥青路面相比，对单车道沥青路面每千米造价提升 20%~30%，考虑到防冻沥青路面在北方区域达到 6~8 年的有效使用期，即平均每年增加成本在3%~5%，且防冻剂对路面的路用性能无消极影响，铺筑的防冻沥青路面重复应用率高。与传统的撒布融雪盐的除冰方式相比，成本稍微有所提高，但节约了大量人力、物力，且不会影响交通，具有明显的经济效益和社会效益。

20.2 电加热融冰雪技术

导电超薄磨耗层的热力融冰雪技术如下。

（1）从导电性能和路用性能的角度对超薄导电磨耗层的导电相材料、黏结材料和磨耗层材料进行了遴选，选择了石墨和碳纤维作为导电相材料，环氧树脂胶作为黏结材料，黑刚玉作为磨耗层材料。根据导电相材料和黏结材料的材料特性给出导电功能层的拌和工艺。

（2）通过对固定石墨掺量下不同碳纤维掺量的导电超薄磨耗层试件电阻率进行对比发现，电阻率随着短切碳纤维掺量的增加而减小。碳纤维掺量低于 1.5%时电阻率的减小速率较慢，掺量在 1.5%~2.5%时电阻率的减小速率变快，碳纤维掺量大于 2.5% 时电阻率减小速率慢且电阻率渐渐趋于稳定，2.5%的碳纤维掺量是电阻率变化快慢的分界点；通过对固定碳纤维掺量下不同石墨掺量的导电超薄磨耗层试件电阻率进行对比发现，石墨掺量的增加可以显著降低导电超薄磨耗层的电阻率。石墨掺量小于 20%时，电阻率随着掺量的增加急剧减小；掺量大于 20%时，电阻率仍然随着掺量的增加而减小，但速率变慢；20%石墨掺量是电阻率变化快慢的分界点。

（3）对导电超薄磨耗层复合导电体系电阻率随温度的变化情况进行分析研究，发现导电超薄磨耗层像其他高分子复合导电材料一样存在正温度系数电阻现象，可用体积膨胀模型来进行解释；50 ℃的环境温度是电阻率变化快慢的分界，当温度大于 50 ℃时，电阻率随温度增高而增加的速率变快。

（4）冻融循环过程中导电超薄磨耗层的电阻率在升温曲线中明显比降温曲线低，电阻率在热循环过程中具有不可逆性，随着热循环次数的增加，电阻率随温度升降的变化曲线趋于重合。经过多次热循环后，导电超薄磨耗层的阻温特性将变得更加稳定，电阻率受温度变化的干扰会越来越小。

（5）对导电超薄磨耗层进行 MMLS3 小型加速加载试验过程中的抗滑衰减性能、抗车辙性能进行了测试。导电超薄磨耗层初始摆值的均值为 66 BPN，在加载过程中抗滑性能逐渐下降，100 万次加载的整个过程中摆值一直在 60 BPN 以上，说明导电超薄磨耗层满足路面防滑要求。加载结束后导电超薄磨耗层表面未出现明显车辙和磨耗层碎石脱落现象，说明导电超薄磨耗层具有良好的抗车辙性能，磨耗层碎石黏结性能良好。

（6）对冻融循环后的导电超薄磨耗层试件进行 MMLS3 加速加载试验。冻融循环过程中导电超薄磨耗层试件的电阻率波动很小，试验结束后电阻率较初始值变化不明显，试件并未出现明显破坏，说明导电超薄磨耗层在冻融循环环境下电阻率稳定性能良好；冻融循环后的试件经 100 万次加速加载后仍具有良好的抗滑性能和抗车辙性能；对导电超薄磨耗层试件进行 50 万次浸水加速加载测试后，发现导电超薄磨耗层的抗滑性能下降但仍满足路面防滑要求，电阻率变化不大，表面无明显车辙痕迹，磨耗层碎石无明显脱落，说明导电超薄磨耗层具有良好的水稳定性。

（7）在-10 ℃空气温度下输入功率 150 W/m^{2}的导电超薄磨耗层试件表面温度在 4 h 的时候达到 0 ℃以上，250 W/m^{2}的导电超薄磨耗层试件表面温度在 1.5 h 的时候达到 0 ℃以上，达到融冰化雪的需要，且在加热过程中冰柜内的空气温度变化不大，这说明在冰箱内进行导电超薄磨耗层融冰化雪模拟试验具有可行性。

（8）融冰过程中导电超薄磨耗层表面温度到达 0 ℃以后有一个较平稳的缓升段，这是由于冰融化成水的相变过程吸热形成的，当板表面冰基本化完时，温度又逐渐上升。输入功率越大，融冰所需时间越少，不同空气温度、不同厚度冰层在适当输入功率情况下，3 h 左右化完，化冰结束时，导电超薄磨耗层的表面温度基本稳定在 3~5 ℃，说明导电超薄磨耗层具有很好的融冰效果。

（9）通过对发热电缆除冰实验测试外，研究了不同间距下的发热电缆的结冰和融冰过程规律，采用发热电缆除冰，宜采用 90 mm 间距，140 mm 间距发热电缆除冰时间太长，140 mm间距的发热电缆对一挡风（3.0 m/s）工况可以起到一定的防结冰作用，但对二挡风（5.5 m/s）以上则很难防止桥面结冰。在电缆敷设层加隔热材料对阻止热量向下传递有一定的作用，未加隔热层的 140 mm 间距的电缆除冰能力很差，在三挡风（8.0 m/s）工况下除冰时试件上表面会继续结冰。在电缆敷设层加隔热材料对阻止热量向下传递有一定的作用，若上面层采用导热沥青，则除冰效果更明显。为了防止桥面结冰，桥面温度宜控制在 2.5~3.0 ℃。

（10）对石墨烯超薄磨耗层进行研究发现，在 30 min 时间内，随着电压的升高，融冰效率加快，220 V 电压融冰时间最快，且车辙板表面温度能够达到零上；三组试件的融冰效率排序为：AC-20 孔状加热膜>AC-20 条状加热膜>AC-13 条状加热膜，AC-20 孔状电加热膜在 20 min 内表面温度可以达到零上，融冰效率优于其他两种结构；在 220 V 电压下加热

30 min后，并随后进行20 min降温处理，可以发现，车辙板表面温度受环境影响较大，内部温度和底面温度变化受环境影响较小，此时石墨烯加热膜需要持续供电才能对车辙板表面进行融冰；在相同电压下，同一级配车辙板的上、中、下三个部位热传导速率为：$v_{中}>v_{上}>v_{底}$；在相同电压下，不同级配车辙板的上、中、下三个部位热传导速率为：$v_{AC-20孔状加热膜}>v_{AC-20条状加热膜}>v_{AC-13条状加热膜}$。这主要是因为：其一，孔状电加热膜电阻率较小，发热功率比较大，热传导速率高；其二，集料粒径大的沥青混凝土空隙率大，对热传导具有较好的促进效果；在环境箱模拟下雪的工况条件，AC-20孔状电加热膜在20 min出现融雪现象，AC-20条状电加热膜在30 min出现融雪现象，AC-13条状电加热膜在40 min出现融雪现象，从试验结果可以看到：随着环境温度的升高，试件温度上升越快，融冰效果越好，且AC-20孔状电加热膜融雪效率优于其他两种材料；通过路用性能实验研究发现，石墨烯超薄磨耗层的高温稳定性、水稳定性以及低温抗裂性均符合相关规范要求，具有较好的工程应用性能。

20.3 固定喷淋式智能防冰除冰系统

智能防冰除雪控制系统整合国内外智能防冰除冰的先进理念，依托电气自动化控制、电子通信、计算机、气象、给排水等诸多学科领域的技术成果，实现了道路状况的实时监控，同时可以实现自动、本地手动、远程遥控喷洒除冰剂的功能，有效地解决了冬季道路结冰、积雪等问题，有力地保障了道路行车的安全。经过一系列改进措施，使得本系统具有较高的安全性和可靠性，管理人员可以简单快捷地进行操作与维护。具体的关键技术总结如下。

1. 路面局部气象信息与路面实时状态采集技术

建设防冰除雪自动控制系统的主要目的是预防道路结冰积雪，保障恶劣的冰雪天气条件下车辆能够安全地行驶。在一般情况下，道路结冰积雪所需的主要数据条件有路面温度、大气温度、路面水膜厚度、降水状况，但是在实际的自然环境中影响结冰的次要因素还有风速、风向、大气压力、降水量等，所以防冰除雪自动控制系统必须拥有一套完备的路面及气象条件检测系统，为主控制器中控制模型提供实时可靠的数据，作为系统可靠运行的基础条件。

多传感器联合应用技术：为了适用于不同地段的路况及气象检测要求，在实际应用中本系统会应用不同类型的检测传感器，为了能够达到多传感器联合应用的目的，本系统具有单独的数据检测读取设备作为主控制的子站，这样不仅可以使得系统能够集中或分散地使用相关检测传感器，提升系统的通用性，还可以不受其他设备运行影响与主控制器进行不间断实时通信，避免不必要的干扰。

多方式通信技术：在实际的工程应用中，路面及气象的实时数据经过分析处理后，变成主控制器可识别的数字数据，利用不同的通信方式与主控制器对接，如RS-485有线传输、433 MHz频段无线传输、4G无线传输、电力载波有线传输、光纤光电传输等。灵活的通信方式更有利于提高系统的不同自然环境与施工条件的适用性。

2. 道路桥梁短时结冰预测预警技术

针对这一问题在智能防冰除雪控制系统的基础上利用云计算设计“道路安全预警与处置平台”，两者都是利用4G网络实现远程数据对接。其中云平台中嵌入结冰积雪预警功能，利用递归神经网络结冰积雪预警模型，把接收到的局部道路气象数据信息与当地整体天气预报信息相结合，预测出特殊路段路面产生结冰或积雪所剩余时间（大于 5 min），同时与现场控制器中的实时决策树预警功能相结合，并划分出危险等级：高度危险、中度危险、轻度危险、无危险。无危险时系统不做动作处理，轻度危险时系统下发车辆限速信号提醒驾驶员，同时给出车辆合理行驶速度，中度危险时在轻度危险动作的基础上开启喷淋机制喷淋少量的除冰液预防，高度危险时则需加大除冰液喷淋量确保路面防冰能力。现场利用可变情报板对路面及气象数据实时显示，同时发布预警信息，显示路面危险等级，为驾驶人员提供安全提醒，提高警惕，保障行车安全。

3. 长距离管网中喷淋压力控制及备用泵控制技术

专用控制器主要硬件包括主控制器（一般使用 PLC）、水泵、变频器等。在本系统中，PLC 通过定时（按照采样时间）执行 PID 功能块，按照 PID 运算规律，把经过反复实验得出较为理想的比例-积分-微分数值作为基本固定设定值。当启动喷淋时，系统运行时每个喷头达到喷淋效果时会给定一个固定压力值，然后以管道中压力传感器检测出的实时压力值为反馈值，计算后得出的电压信号便是输出值。输出信号利用电缆与变频器的对应输入口连接，转化为可控频率（范围 0~50 Hz），进而达到恒压喷淋的目的。

在管道压力控制设计时每一段距离内的喷头对应不同的水泵运行频率，末端喷头对应的水泵运行频率最高。在设计程序时以喷头编号为触发信号实时改变输入 PID 模块的设计压力定值。

为了能够适应偏远山区即高海拔地区后期维护困难的特点加装备用水泵回路，如果系统喷淋启动，检测原有水泵出现故障系统可快速地控制电动阀的切换到设备运行良好的备用管道，继续执行喷淋任务，以提升系统的稳定性。

4. 喷淋方式控制技术

由于主线和匝道宽度以及喷嘴安装位置，需要研制能够同时满足喷洒距离、喷射角度、均匀喷洒等条件，具有过滤装置、防堵塞、耐腐蚀等功能的喷嘴。结合恒压管路、控制器，形成独特的喷淋系统。复杂的喷淋系统需要良好的喷淋控制策略，首先喷淋喷头同时开闭个数控制，喷嘴编号由首端到末端依次从 1 编号，建立总喷嘴编组集合 U，在集合 U 中按照时间顺序不断调取可喷淋喷头编号，单次开启个数不得超过设计要求，可实现单个及多个喷头同时喷淋的控制。

参考文献

[1] 杨慧成．蓄盐材料制备及其除冰融雪研究［D］．西安：长安大学，2014.

[2] LI F Y，WU G Q，HU S. Growth behavior and physiological characteristics of chlorella vulgaris in the presence of deicing salt［J］. Procedia environmental sciences，2013，18.

[3] HESAMIS，ROSHANIH，HAMEDI G H，et al. Evaluate the mechanism of the effect of hydrated lime on moisture damage of warm mix asphalt［J］. Construction and building materials，2013，47.

[4] VILLANIC，NANTUNG T E，WEISS W J. The influence of deicing salt exposure on the gas transport in cementitious materials［J］. Construction and building materials，2013.

[5] 曹瑞实．道路混凝土在不同防冻剂盐冻环境下的耐久性研究［D］．包头：内蒙古科技大学，2014.

[6] MUTHUMANI A，Fay L，AKIN M，et al. Correlating lab and field tests for evaluation of deicing and anti-icing chemicals：A review of potential approaches［J］. Cold regions science and technology，2014，97.

[7] 相文森．城市冰雪道路交通事故成因及发生机理研究［D］．哈尔滨：哈尔滨工业大学，2010.

[8] 王锋，韩森，张洪伟，等．盐化物融冰雪沥青混合料的应用研究［J］．公路，2009，3：176-179.

[9] HARA S，MIURA M，UCHIUMI Y，et al. Suppression of deicing salt corrosion of weathering steel bridges by washing［J］. Corrosion science，2005，4710.

[10] GIULIANI F，MERUSI F，POLACCO G，et al. Effectiveness of sodium chloride-based anti-icing filler in asphalt mixtures［J］. Construction and building materials，2012，30.

[11] 王选仓，陆凯诠．公路路面融雪化冰技术与发展［J］．筑路机械与施工机械化，2013，1：26-31.

[12] 王桂良．复合型盐化物沥青路面除冰技术研究［J］．交通世界（建养．机械），2013，8：106-107.

[13] 赵青．新型融雪剂的研究［D］．西安：西北大学，2012.

[14] 孙玉齐．盐化物自融雪沥青路面性能研究［D］．西安：长安大学，2011.

[15] Pedro M. S. M. RODRIGUES，Ricardo M. M. RODRIGUES，Bruno H. F. COSTA，et al. Multivariate analysis of the water quality variation in the Serra da Estrela（Portugal）Natural Park as a consequence of road deicing with salt［J］. Chemometrics and Intelligent Laboratory Systems，2010，102（2）：130-135.

[16] XIE B L，LI Y，JIN L. Vehicle routing optimization for deicing salt spreading in winter highway maintenance［J］. Procedia - social and behavioral sciences，2013，96.

[17] 张丽娟．盐化物融雪沥青混合料研究［D］．西安：长安大学，2010.

[18] 张丽娟，孙青松，韩森．掺加盐化物融冰雪材料的沥青混合料路用性能研究［J］．中外公路，2011，4：269-273.

[19] ZHANG X N，LIU T，C L LIU，et al. Research on skid resistance of asphalt pavement based on three-dimensional laser - scanning technology and pressure - sensitive film［J］. Construction and building materials，2014，69.

[20] NAVARRO F M，SÁNCHEZ M S，GÁMEZ M C R，et al. The use of additives for the improvement of the mechanical behavior of high modulus asphalt mixes［J］. Construction and building materials，2014，70.

[21] 刘红梅．低温发热电缆在住宅工程中的应用［J］．建筑技术，2006，37（7）：507-508.

[22] 李仁福，戴成琴，于纪寿，等．导电混凝土采暖地面［J］．混凝土，1998（1）：47-48.

[23] 杨元霞，刘宝举，沈大荣．不同填料对导电水泥基复合材料物理性能影响的研究［J］．铁道科学与工程学报，1997（3）：21-25.

[24] 叶青，胡国君．掺石墨水泥基导电材料的物理性能研究［J］．硅酸盐通报，1995（6）：37-40.

[25] 侯作富，李卓球，唐祖全．融雪化冰用碳纤维混凝土的导电性能研究［J］．武汉理工大学学报，2002，24（8）：32 -34.

[26] YEHIA S, TUAN C Y. Conductive concrete overlay for bridge deck deicing [J]. ACI materials journal, 1999, 96 (3): 382-390.

[27] XIE P, GU P, BEAUDION J J. Electrical percolation phenomena in cement composites containing fibers [J]. Journal of materials science, 1996, 21 (15) : 4093-4097.

[28] ZALESKI P L, DERWIN D J, FLOOD Jr W H. Electrically conductive paving mixture and pavement system: U.S. Patent 5, 707, 171 [P]. 1998-1-13.

[29] HUANG B S, CHERT X W, SHU X. Effects of electrically conductive additives on laboratory-measured properties of asphalt mixtures [J]. Journal of materials in civil engineering, 2009, 21 (10): 612-617.

[30] FITZGERALD R L. Novel applications of carbon fiber for hot mix asphalt reinforcement and carbon-carbon preforms [D]. Michigan Technological University, 2000.

[31] 孙旭．导电混凝土在变地站接地网中的应用 [J]. 高电压技术，2001，27（B07）：66-67.

[32] 侯作富，李卓球，胡胜良．硅灰对碳纤维导电混凝土电阻率和强度的影响 [J]. 混凝土，2003（2）：26-28.

[33] 沈刚，董发勤．碳纤维导电混凝土的性能研究 [J]. 公路，2004（12）：178-182.

[34] 朱四荣，李卓球，宋显辉，等．PAN 基碳纤维毡的电热性能 [J]. 武汉理工大学学报，2004，26（9）：13-16.

[35] 吴少鹏，磨炼同，水中和．石墨改性沥青混凝土的导电机制 [J]. 自然科学进展，2005，15（4）：446 -452.

[36] 曾正德，罗恒．路面除冰及主动抗凝冰防治措施探讨 [J]. 湖南安全与防灾，2013，12：54-55.

[37] 王锋，韩森，张丽娟，等．融冰雪沥青混合料盐分溶析试验 [J]. 长安大学学报（自然科学版），2010，6：16-19，55.

[38] 岳福青．公路除雪融冰技术研究现状与发展 [J]. 北方交通，2014，5：62-65.

[39] LOTTA T E. Regional increase of mean chloride concentration in water due to the application of deicing salt [J]. Science of the total environment, 2004, 3251-3.

[40] SNODGRASS J B, OWNBY J O, DAVID R. Relative toxicity of NaCl and road deicing salt to developing amphibians [J]. Copeia, 2015, 1031.

[41] ZEFZAFY H E, MOHAMED H M, MASMOUDI R, et al. Evaluation effects of the short-and long-term freeze-thaw exposure on the axial behavior of concrete-filled glass fiber-reinforced-polymer tubes [J]. Journal of composites, 2013.

[42] 陈艳鑫，吴红梅，王明明，等．高效复合型氯盐融雪剂的制备研究 [J]. 辽宁化工，2014，8：965-967.

[43] 李娜，王海峰，徐希娟．盐化物融冰雪沥青路面盐分溶析试验研究 [J]. 交通标准化，2014，13：63-65.

[44] 杨晓东，金敬福．冰的黏附机理与抗冻粘技术进展 [J]. 长春理工大学学报，2002，4：17-19.

[45] 李军．冰雪条件下高速公路危险驾驶行为研究 [D]. 哈尔滨：哈尔滨工业大学，2014.

[46] 洪乃丰．氯盐融雪剂是把“双刃剑”——浅议国外使用化冰盐的教训与经验 [J]. 城市与减灾，2005（4）：19-21.

[47] ZWAHLEN H T, RUSS A, VATAN S. Evaluation of odot roadway/weather sensor systems for snow and ice removal operations. part i, rwis [R]. 2003.

[48] KUEMMEL D A. Report on the 1998 scanning review of European winter service technology [J]. NCHRP research results digest, 1999 (238) : 159-292.

[49] PERSICHETTI B. Safe in the snow [J]. Bridges, 2006, 9 (6) : 22-23.

[50] CORSI S R, GEIS S W, LOYO-ROSALES J E, et al. Characterization of aircraft deicer and anti-icer components and toxicity in airport snowbanks and snowmelt runoff [J]. Environmental science & technology, 2006, 40 (10): 3195-3202.

[51] WANG K, NELSEN D E, NIXON W A. Damaging effects of deicing chemicals on concrete materials [J]. Cement and concrete composites, 2006, 28 (2): 173-188.

[52] 洪乃丰. 防冰盐腐蚀与钢筋混凝土的耐久性 [J]. 建筑技术, 2000, 31 (2): 102-104.

[53] 洪乃丰. 我国北方地区冬季撒盐的利害分析与对策 [J]. 低温建筑技术, 2000 (3): 12-13.

[54] GREEN S M, MACHIN R, CRESER M S. Effect of long-term changes in soil chemistry induced by road salt applications on N-transformations in roadside soils [J]. Environmental pollution, 2008, 152 (1): 20-31.

[55] BLOMQVIST G, JOHANSSON E L. Airborne spreading and deposition of de-icing salt — a case study [J]. Science of the total environment, 1999, 235 (s 1-3): 161-168.

[56] THUNQVIST E L. Regional increase of mean chloride concentration in water due to the application of deicing salt [J]. Science of the total environment, 2004, 325 (1): 29-37.

[57] BÄCKSTRÖM M, KARLSSON S, BÄCKMAN L, et al. Mobilisation of heavy metals by deicing salts in a roadside environment [J]. Water research, 2004, 38 (3): 720-732.

[58] NOVOTNY E V, MURPHY D, STEFAN H G. Increase of urban lake salinity by road deicing salt [J]. Science of the total environment, 2008, 406 (1): 131-144.

[59] GODWIN K S, HAFNER S D, BUFF M F. Long-term trends in sodium and chloride in the Mohawk River, New York: the effect of fifty years of road-salt application [J]. Environmental pollution, 2003, 124 (2): 273-281.

[60] NORRSTÖM A C. Metal mobility by de-icing salt from an infiltration trench for highway runoff [J]. Applied geochemistry, 2005, 20 (10): 1907-1919.

[61] THUNQVIST E L. Increased chloride concentration in a lake due to deicing salt application [J]. Water science and technology, 2003, 48 (9): 51-59.

[62] KAYAMA M, QUORESHI A M, KITAOKA S, et al. Effects of deicing salt on the vitality and health of two spruce species, picea abies karst, and picea glehnii masters planted along roadsides in northern Japan [J]. Environmental pollution, 2003, 124 (1): 127-137.

[63] HENDERSON D J. Experimental roadway heating project on a bridge approach [R]. Highway research record, 1965, 111 (14): 14-25.

[64] ZENEWITZ J A. Survey of alternatives to the use of chlorides for highway deicing [R]. 1977.

[65] 曹丽萍, 袁峻, 孙立军, 等. 福塔纤维沥青混凝土性能研究 [J]. 公路工程, 2006, 31 (4): 33-36.

[66] ZENEWITZ J A. Survey of alternatives to the use of chlorides for highway deicing [R]. 1977.

[67] Ferrara A A, Yenetchi G. Prevention of preferential Bridge Icing Using heat pipes [R]. 1976.

[68] LEE R C, SACKOS J T, NYDAHL J E, et al. Bridge heating using ground-pipes [J]. Transportation research record, 1984, (962): 51-57.

[69] CRESS M D. Heated bridge deck construction and operation in Lincoln, Nebraska [C] //IABSE Symposium, San Francisco. 1995: 449-454.

[70] FICENEC J A, KNEIP S D, TADROS M K, et al. Prestressed Spliced I-Girders: Tenth Street Viaduct Project, Lincoln, Nebraska [J]. Pci Journal, 1993, 38 (5): 38-48.

[71] Heated pipes keep deck ice free [J]. Civil Engineering, ASCE, 1998, 68 (1): 19-20.

[72] Frydman E. U. K., Patent Specification No. 604 695, 1948.

[73] RUSCHAU G R, YOSHIKAWA S, NEWNHAM R E. Resistivities of conductive composites [J]. Journal of

applied physics, 1992, 72 (3): 953-959.

[74] LUKL'YANCHUK I A, LUK'YANCHUK I A. Smart materials for energy, communications and security [M]. Springer Netherlands, 2008.

[75] PSARRAS G C. Hopping conductivity in polymer matrix-metal particles composites [J]. Composites part Applied science & manufacturing, 2006, 37 (10): 1545-1553.

[76] COMPTON R G. Electron tunneling in chemistry: chemical reactions over large distances [M]. Elsevier Science, distributors for the U. S. and Canada, Elsevier Science Pub. Co., 1989.

[77] KOHLER F. Resistance element. U. S., Patent 3243753, 1966.

[78] MEYER J. Glass transition temperature as a guide to selection of polymers suitable for PTC materials [J]. Polymer engineering & science, 1973, 13 (6): 462-468.

[79] OHE K, NAITO Y. Piezoresistance effect of graphite-papostor [J]. Japanese journal of applied physics, 1971, 10 (7): 868-872.

[80] 任毅，袁铜森，万智，等．国内外公路防冰除冰技术现状综述［J］．湖南交通科技，2014，40（2）：71-75.

[81] 欧彦，蒲翔，周旭驰，等．路面结冰监测技术研究进展［J］．公路，2013（4）：191-195.

[82] 屈直，梁佳，郑敏．借鉴西汉高速道路结冰监测系统——浅谈陕西省道路结冰监测系统建设方法［J］．海峡科技与产业，2016（10）：95-96.

[83] MUTHUMANI A, FAY L, AKIN M, et al. Correlating lab and field tests for evaluation of deicing and anti-icing chemicals: A review of potential approaches [J]. Cold regions science and technology, 2014, 97: 21-32.

[84] MA T, GENG L, DING X H, et al. Experimental study of deicing asphalt mixture with anti-icing additives [J]. Construction and building materials, 2016, 127: 653-662.

[85] 吴传宏．高速公路恶劣天气预警系统探析［J］．中国交通信息化，2016（2）：94-96.

[86] 傅珍，彭丹丹，孙国强，等．固定自动喷淋冰雪抑制技术在北美和欧洲的应用［J］．公路工程，214，39（4）：64-68.

[87] 吴力普，张龙，郑长兵．智能立交桥融雪喷洒远程监控系［J］．微型机与应用，2015，34（2）：69-71.